文|化|保|护

思想卷

文章 ｜ 讲话录

用一部书总结自己

如果你一生一直去掏自己的心，拿它写出一篇篇文章一本本书来，最后你以为把自己掏空了，可你会发现——你的一切都跑到你的书里，你的书就是你。

我甲子之年写了一首《笔墨歌》，歌曰：

笔墨伴我一甲子，谁言劳心又劳神。

墨自含情亦含爱，笔乃有骨也有魂。

如烟世事笔下挽，似水时光墨中存。

我书我画我文章，笔墨处处皆我人。

那时，我就想编一部自己的书，不是一般意义的文集，而是通过编这部书梳理和总结自己，用这部书体现自己。但如果那时我动手编了，今天一定后悔，因为我自甲子之后才启动了全国民间文化遗产和古村落的抢救，并口诛笔伐，与反文化的时弊作战，为此写下近百万字的激扬文字。没有这十多年来充满磨砺的人生，就无法完成一个更全面和完整的自己。于是，今天可以编这样一部书了，虽然我仍然没有辍笔，却很想梳理和总结一下自己了。

是不是人到了我现在这个年龄，都特别想看明白自己？

大前年，我七十岁整，是岁我在北京画院举办了一个特立独行的展览，题目叫作《四驾马车》，将我在文学、绘画、文化遗产保护与教育四个领域的所作所为，以成果的方式一并展示出来。同时出版了一部大型图集——《生命经纬》，用一千余张图片，见证我近一生在四个领域所倾尽的心力。然而，我还不满足，还需要以文字为主的书籍方式对自己再做整理与总结。因为，我的第一表达方式是文字。我相信，只有文字才是最深刻的，只有文字可以精确地刻画思想，只有自己的文字才是自己生命的文献。

所以，这部书主要是用自己所写的文字，表达我在文学、文化遗产保护、绘画及教育等各个领域的思考、感受、发现、想象、价值观，以及思想立场；自然还有各种体裁各类文本的文学创作。在绘画方面，由于不能用文字代言，则尚用一卷，让绘画自己说明自己。

几十年里，我一直在几个领域齐头并进。虽然某一时期——数月或数年，我生命的重心看似驻足于某个领域内，然而我却从来没有淡漠了对其他领域的关注与情怀。当一个人具备某一种艺术的素质，就会对于事物的这方面多一份敏感。比如绘画的人对色彩、光线和形象的敏感，比如写作的人对于个性细节、思想与心灵的敏感。他身上好像有这方面信息的接收系统，有意和无意之间都在工作，与写与不写、画或不画无关；笔不在写心在写，笔不在画心在画。只要写作和绘画不是职业，就不会中断。为此，我一直在这几个领域来回穿梭，有时是刻意的，有时是随性的。然而，只有这样才是我自己——充分和真实的自己。

于是，编纂这部书对于自己，就有两种意义：一是梳理，一是总结。所谓梳理，是将自己几个领域千头万绪的工作分开，理出时序与脉络，分清类别。所谓总结，则是在梳理的过程中，对自己的所写所画与所作所为进行再思考。人无法改变昨天，但可以决定明天。我前边还有不短的路，需要走得更清醒更自觉。

依照上边的想法，采用分卷方式来划清我的几个不同的领域。

首先是分作上下两部，上部诗文书画，下部文化保护；前者为个人创作，后者为社会事业。上部三卷，两卷文学作品，一卷书画作品及其理论文字。下部三卷，分别为近二十年在城市文化保护、民间文化抢救和传统村落保护方面的言论、文章、行动，以及大量的田野记录与田野散文。至于我在教育上的所思所为，未设专卷。今年是我的学院建院十周年，我将另行编写一部图文集进行整理和总结。

　　我在自己的几个领域所写的文字数量都很大，本书只能择精摘要，不敢因卷帙浩繁而有劳读者。由于不同领域的工作各有特点，故各卷的分类方式互不相同，具体的构想与方法都写在各卷的分卷《序》中了。

　　尚须说明的是，我一向重视图像的见证价值，甚至认为"珍贵的照片"等同于文献。故而，将我人生、经历、事件、创作等各方面重要的照片，分别系列地插入各卷之中；不是作为插图，而是作为本书一部分不可或缺的内容。

　　我天性是个爱好与涉猎广泛、关切多多的人，这就给我总结自己时带来很大麻烦。我常常羡慕那种单纯的作家或画家，活得简明纯粹，还可以用一生力气去挖一口深井，然而我却偏偏不肯那样活着，否则我不再是我，也没有了这部书。

　　当我把这部书整理出来，我竟说：原来我是这样一个人！

思想卷

　　思想者是痛苦的，因为真正有价值的思想都来自社会深层的困扰与求索。这种思想一定具有叛逆性，并不免有悖于现实的功利，而难被世俗所接受。应该说，它更属于明天，但是在"今天"，它永远处于一种弱势和孤独。

　　然而，思想是知识分子的天职，或者说知识分子首先就是思想者。

　　二十世纪末的中国进入社会与时代的转型。一方面从半个世纪贫瘠的计划经济走出来，进入市场；一方面从数千年农耕文明走出来，跨进现代。在这种一方面与过去诀别一方面激情地"拥抱新生活"的时期，很容易轻视精神，淡漠历史，甚至反传统，潜在的危机是传承的中断。在这样的背景下，先觉地发现这种隐性的致命的社会与文化的症兆，呼喊出来，警示世人，告诫社会，一定首先来自知识界。这不是由于我们高明，而是我们的职业责任与时代使命使然。

　　我们面临的问题既来势凶猛、难以阻遏，又是全新的，没有先例的，无章可循的。迎头碰上的大问题就是如何对待文化遗产。在一般的社会进程中，遗产问题不特别明显；社会转型期间，遗产问题便分外突出。为此，它的价值、意义、内涵、范畴、知识体系和保护体系，都需要一一认知、认定及在理论上进行由无到有的构建。

　　这些是我们必须要承担的，首先的工作是思考，思想是思考的果实。

　　自上世纪九十年代，我就陷入这种时代性的大文化紧张的思考中。我一直用三种方式——演讲、访谈和文化批评来阐述、传布和张扬我的思考，我独自的看法。这是我个人的思想方式，并与我近二十年文化遗产的保护行动形成因果。可以说，如果没有这些思考、思辨、思想，我也就没有任何作为。因此，我把"思想卷"列为我"文化保护"部分的首卷。

近二十年，我在这领域所写的文章过百篇，演讲应是文章的数倍，通过媒体发表的言论更是难以数计，本卷所选只能是摘要。从中却可以看出我致力于把时代的弱音放大为强音，唤起社会的文化自觉，求得愈来愈多的知己知音，推动文明进步。

需要说明的是，本卷的演讲录只限于文化的话题，其他话题——如文学与艺术的演讲未有列入。这次所选的演讲录分做了两部分，一部分放在"思想卷"中，一部分因与一些文化行动密切相关，放入"行动卷"中。

目 录

讲话录

文章

文化责任感

"责任感"这个词儿已被当今文学界所厌倦。以流行的看法,它像绳索——如果出于作家自身,写作就会如同自我捆绑起来,不得轻松,难以随心所欲、呼风唤雨地过把瘾。如果是来自某某人的要求呢,则是外加的束缚,更谈不上写作的自由了。于是,责任感几乎被当今文学推出门外。以致八十年代初那种"为民请命"的作品,干脆被定性为非文学。

前不久,牛津大学一位博士生写来一大堆问题叫我回答。其中一个问题是,中国作家太注重责任感,因此扼制了艺术创造。问我是否如此。看来,整个世界的文学都讨厌责任感了。

可是,到底什么是责任感呢?

中国作家大喊责任感是在"文革"刚刚终结的七十年代末。之所以这样大声鼓噪,首先是为了使文学对社会生活有"说不"的权利——是为了文学的自由,而不是不自由;同时还为了唤起同行,唤起良知,以笔为旗,以笔为矛。在那个时代,文学的责任感主要是社会责任感,因为那时社会问题压倒一切。倘有人弄些唯美的,再高超也不会被理睬;虚无缥缈的武侠言情更会被人们弃置一旁。尽管那种充满责任感、充满激情的文字,常常直白表露,但这样的写作,是发自内心的呐喊,一样会有进入自由状态的快感,让人"过瘾",只不过不是在玩文学。因为它神圣地充溢着社会良心。

不要把那个时代文学的直白归咎于责任感。直白恐怕正是那时代的一种需要。于是,我对那位牛津的博士生说——

责任感说到底是一种社会良心。当然作家写作的出发点不应该只是简单地出自良心或责任，而责任也并不单是社会责任，它还具有深广的内涵。人道主义同样是一种责任。再有，文化责任感也是一种社会良心。更准确地说，应叫作"文化良心"。

正像八十年代初我关注畸型社会中种种小人物的命运一样，进入九十年代后，我特别关注在急速现代化与市场化中文化的命运。一方面，由于文化问题跑到台前，变得紧迫和危急；另一方面也许我是文化人，便自觉地关注甚至关切到文化本身。如今，现代化的负面造成的生态环境与资源的问题，正在愈来愈成为人们关注的焦点，但文化——比如正在被大规模的"城改"所涤荡的城市的历史文化性格问题，至今依然被漠视着。可以说，每一分钟里，我们的城市中都有大批文化遗存在推土机的轰鸣中被摧毁。历史遗存和原始生态一样，都是一次性的，一旦毁灭，无法生还。生态关乎人的生存，所以容易被看到；文化关乎人的精神，就常常不在人们的视野之中。在当前城市正走向趋同化的飞速演变中，我相信自己的一种可怕的预感，即三十年后我们祖先留下的千姿百态的城市文化将会所剩无几，变为清一色全是高楼大厦。这是多么迫在眉睫又水深火热的文化问题！文化的魅力是个性，文化的乏味是雷同。那么，为此而呼、而争、而辩、而战，不应是我们的责任？

责任感是一种社会承担。

你有权利放弃这种承担，但没有权利指责责任——这种自愿和慨然担当的社会道义。为了强调这种文化责任，我更愿称之为文化良心。

我们这个自诩为文化大国的国家，多么迫切地需要多一些虔诚又火热的文化良心！

一九九九年十二月十一日

手下留情

文人的悲哀，是他们总以为自己庄严的呼吁，必然激起反响，随即取得良好的社会效应。然而实际上却如面对空谷一呼，其后了无回应。那喉咙的脆弱唯有自知。

近年来，知识界关于保护城市历史文化风貌的呼声，也算够响亮、够强烈、够急切的。但响应的声音只在文化圈子里转转罢了。反过来，那种被称作"建设性破坏"的城市改造狂潮，倒是更加猛烈。只要是旧房老屋，一律被称为"危房陋屋"。其中深层的历史文化内涵，说它有就有，说它没有就没有。文化价值本来是看不见的，有识者才能看见。当然，也可以视而不见，见而不言，装聋作哑推倒了再说。在推土机的巨铲面前，城市的历史如同城市的垃圾等待着清理。

前年，当具有六个世纪历史的天津老城面临被彻底铲除的命运时，我邀集了历史、建筑、文博、摄影等界人士入城考察，摘取文化遗存之精华，拍照后编印成册。本想以此促成一些文化拯救，但于事无补，没人理睬。在老城中雄赳赳拔地而起的第一座玻璃幕墙的大楼，便把一眼明代古井压在下边了。谁又料到，这画册竟然给古董贩子们帮了忙。贩子们以此为据，人手一册，按图索骥，将城中刻砖雕石，一一取去。历史就这样被肢解和毁灭了。

一时我痛恨自己，总是被无文化所愚弄。

我经常向一些城市管理者发问，你们到底要把城市改造成什么样子？回答有两种：前一种是，没想那么多，先解决老百姓的住房问题再说；后一种是，建成现代化城市。后一种回答听起来有明确目标。但只要追问一句：这

手下留情

现代
都市文化
的忧患

冯骥才 著

学林出版社

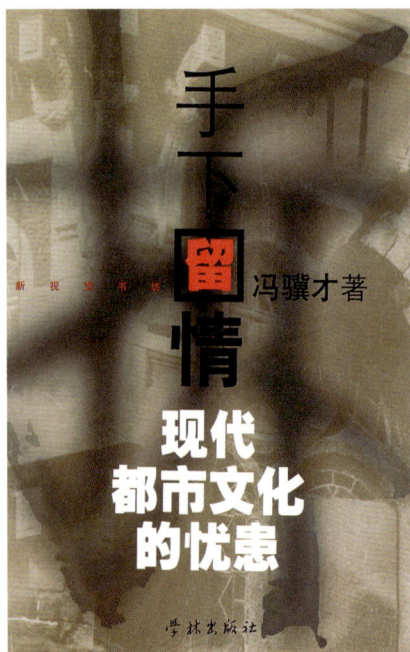

《手下留情》，二〇〇〇年由学林出版社出版。

现代化城市具体的形态呢？高楼林立，汽车飞驰，灯如繁星？像香港？像东京？像纽约？回答便卡壳了，或者又回到前一种回答：没想那么多。

你心中没有明确的城市形态，但城市最终会把你的观念呈现。于是，从关外到岭南，从滨海到河西，城市的面目开始相互同化。到处似曾相识，天下同一面孔。人在异地他乡，恍如本乡本土。这种奇怪的感受已经把一个悲剧性的事实摆在人们面前——城市正在失去个性！

我真奇怪，一个创造了那么灿烂多姿文化的民族，对环境文化变得如此雷同单一，怎么竟然毫无敏感和反应？

长期以来，我们只看重了城市的使用功能，忽略了城市是有性格的生命。任何一个城市，它独有的历史都是它的性格史和精神史。文字的历史只能启动想象，建筑的历史才是摸得着的物证。它所有的空间都神奇地充满着历史遗留下来的精神。而它们本身又是各个城市独具的思维方式、生存方式、审美方式，以及创造性和想象力的最生动的体现。一个城市不能被代替的个性内容，都在它的形态中了。为此，巴黎人不会创造出开罗，纽约人不会创造出雅典，太原人不会创造出苏州，广东人也不会创造出北京。一旦这个城市失去它固有的形态，不仅与历史中断，失却了精神载体和心灵的巢，看不到自己的性格轮廓，而必然在彼此走向雷同的城市中陷入迷茫。

可是，我们对待城市的态度一直过于功利化。以致今天说起城市的精神文化价值，仍然像是在说一个城市的神话。

城市，你若把它视为一种精神，就会尊敬它，保卫它，珍惜它；你若把它仅仅视为一种物质，就会无度地使用它，任意地改造它，随心所欲地破坏它。

于是，有一种荒唐的说法，把城市的改造和城市特色的保护说成一对矛盾，只有舍鱼才能获取熊掌，二者不可兼得。这说法成了放开手脚、不管不顾、对城市大拆大改的一种理由。同时，在这种说法的背后还有一种潜台词，似乎任何不加文化限定的城市改造都是为民谋利，而执意强调保护城市历史文化特征，则成了文化人的精神奢侈。

我曾把我国中原的三座古城——洛阳、郑州和开封，与意大利的三座名城——罗马、佛罗伦萨与威尼斯进行比较。这里，且不说那三座意大利古城怎样把自己的文化奉若神明，怎样给我们以深刻而崇高的文明感染，只说我们自己——

如今面对着我们这中原名城，哪里还能感受到什么"九朝古都""商城"和"大宋汴京"的气象？这分明是在内地常见的那种新兴城市。连老房子也多半是本世纪建造和失修的旧屋。郑州那条土夯的商代城墙，被挤在城市中间，好似一条废弃的河堤，落寞又尴尬。从历史文化的眼光看，白马寺差不多像个空庙。开封那条花花绿绿的仿古宋街呢？一条如同影城中常见的仿古街道，唤起我们的是自豪感还是自卑感？真实的历史给我们充填精神和力量，仿造的历史只为了向游客伸手讨钱。

我们曾经创造了无与伦比的文化，但必须承认，我们缺乏文化意识，也很少文化自珍。从无形的文化财富上说，我们极其富有；从有形的文化遗存上说，我们早已变得贫穷。如果今天仍然把这些觉悟和要求当作精神奢侈，那才是真正的文化的悲哀！

世界上有无数例子可以说明，城市的建设改造与特色保护，完全能够并行不悖。要做到这点其实不难。首先要对自己城市的精神文化有深刻认识，要有在文化上清醒的、富于远见的城市规划，还要有严格的法规保障。当然，在城市的建设发展过程中，固有文化不可能没有损失，必然有所牺牲，但这一切都必须是在高度的文化认识的层面上。

于是，问题就清楚了——我们很少站在这层面高瞻远瞩，规划缺乏法制保证而显得无力，这就不免受到开发商左右和金钱的支配。如果那些有历史人文价值的建筑的命运，主要看它是不是在黄金地段上，那么城市风貌必毁无疑。其实盖在黄金地段的并不是老百姓的安居工程。到底换取这历史文化的是什么？不言而喻，不说自明。任何精神文化性质的事物一旦听凭金钱驾驭，只能陷入危机与无奈。

城市的历史文化形态，是人类文化的重要财富。凡历史创造的，都是一次性的，失去了便无复再生。尤其那些历史文化名城，都是地球上活着的最大的文物，是千姿百态的人文奇迹，是一个个充满魅力的精神空间。任何文明的民族都懂得，必须珍惜它们，保护它们，加强它们和衍续它们。这样做既是为了先人，更是为了后人。凡是具有历史价值的事物，都更具有未来价值。那么，我们这华夏一代该怎么做？难道等着后代骂我们是文化空白的一代？没有文化才是最大的文盲！

现在的关键人物是城市的管理者们。如果他们先觉悟，未来的文明便提前一步来到今天。如果他们还没觉悟呢？我们只有大呼一声：手下留情！为了后代，请留住城市这些仅存的历史吧！

一九九七年六月二十五日

我为"古城会倡议"鼓而呼

　　九九岁尾，紫气东来，由《文汇报》得知我国十八个史逾千年的城市的市长，联合倡议于龙年召开"古城会"，以交流对古城的保护与建设的想法及经验。这十八城，北起临淄，南达桂林，西至咸阳，东抵扬州，覆盖了一大半神州大地。顿时感到自己的眸子一亮。此乃二十世纪终结前投来的一道期待已久的文明之光，它一定会照亮二十一世纪我国多彩多姿的都市繁华吧！

　　我惊喜地注意到，这些市长一致自豪地说："我们古老，但古老是我们的财富！"这句话明白地表示，他们已然与许多年来所谓的"破旧立新"——那种粗糙的、无知的、非文化的口号彻底分离，从而站在了现代文明的高度上。

　　比一比现在一些城市仍在把历史遗存不加分辨地列入"危房陋屋"，统统推倒了事，这些市长肯定是走到了社会进步的前沿。他们的城市观显然跨入了一个新境界。

　　特别是他们像亮出旗帜一般鲜明地写道：

　　我们谨借助《文汇报》，向全国有悠久历史的古城发出如下倡议：更加珍惜优秀的传统文化——对于祖先留给我们的文化遗产，夏迹殷墟、甲骨青铜、学术经典……所有古老的东西，我们都要想办法保护好，在保护的前提下加强科研和利用。我们建议，在新世纪到来前后，所有古城都能对自己的文化遗存的保护情况进行一次普查，看看有没有哪一件古文物没有得到妥善的保护，如果有的话，应立即采取补救的措施。

我尤其关注"所有古老的东西"和"哪一件古物"这两个短语的使用！

这气魄，这做法，使我联想到以珍视自己的文化遗产而得到世界赞赏的法国，自一九六四年在当时的文化部长马尔罗的倡议下，进行了法国文化史上最重大的一次文化遗产的"总普查"。那次对遗产的清理，涉及全法的六千个市镇。当时的口号是"大到教堂，小到汤匙"，可谓工程浩大，巨细无遗，凡历史遗存的有价值的文物，全要登记造册。这一历史性的行动，不仅把祖先留下来的财富搞得心中有数，更重要的是它大大加强了全民对民族文化的自豪感以及对乡土的热爱。如果没有把自己的文化家底弄清，就大谈对它的热爱则是一种虚伪。特别是，这个总普查正是在法国社会现代化的高潮中。当时，法国也在追求都市生活设施的现代化，这一行动便是法兰西人一次自我的文化提醒。它激发了人们文化的自尊——也是民族的自尊。从而使文化遗产经受住那次冲击，得到了全面和真正严格的保护，并由此完美地捍卫了它们独有的文化精神。今天的法国人一提起二十世纪六十年代的"总普查"，其满意甚至自豪之情就会溢于言表，因为他们已然从文化遗产中受惠于无穷了。

我国的历史文化遗存本来就多灾多难。虽说我们有着五千年光辉灿烂的历史，但地面遗存，历尽劫难，已是十分有限。如果我们拿中州的三座古城——郑州、开封与洛阳同意大利的罗马、威尼斯与佛罗伦萨比一比，就会一目了然。而如今又遭受到空前猛烈的冲击，此次冲击不亚于以往"大革命的洗礼"。如果说"大革命"是恶狠狠地砸毁它，这次则是美滋滋地连根除掉它，因为这是一次"旧貌换新颜"。城市的管理者们，或出于片面追求现代化速度，或迫切地积累任上的政绩，或只盯住眼前的经济利益，将成片成片的城区交给开发商任意挥洒。他们对这些城区的文化遗存的情况大多一无所知，甚至也不想知道。于是短短十余年，不少都市的个性特征、历史感和文化魅力，被涤荡得寥寥无几。北京的四合院，江南的小桥流水，还有我们一些城市的那些源远流长的老街，正在一片片从城市的版图上抹去。神州城市正在急速地走向趋同。文化的损失可谓十分惨重！世界许多名城都以保持自己古老的格局为荣，我们却在炫耀"三个月换一次地图"这种可怕的"奇迹"！毫不夸张地说，现在每一分钟，都有一大片历史文化遗产被推土机无情地铲去。

而每一个城市的历史特征都是千百年来不断的人文创造才形成的。它有如原始森林，都是一次性的，过往不复，去不再来。我们为什么不能容忍自然环境被破坏得一片荒芜，却公然放任这珍贵的人文环境被搞成一片空白？我们还是一个文化大国和文明古国吗？因故，各界的有识之士心急如焚，但有百呼却无一应。然而就在这几乎绝望之时，十八位市长将一张闪耀着文明之光的倡议摆在世人面前。

这是华夏的千古文明进入二十一世纪的通行证！

没有这种通行证，就不该进入二十一世纪！

在《文汇报》上，还有八位市长的"祝福千年"的短语。他们言及自己城市的历史遗存，侃侃而谈、如数家珍；谈到其文化优势，得意扬扬、眉飞色舞。他们的文化价值观，早已超越"文化搭台，经济唱戏"那种糊涂又愚昧的阶段。一个都市的历史文化遗存，固然有着极大和长远的经济意义，甚至一些历史名城的遗存会成为养活居民的摇钱树，但文化的自身价值却是独立的，不能以经济效益来判断。换句话说，精神的东西不能用实用主义来取舍，长远的事物不能以暂时的得失来取舍。一个城市的历史文化遗存首先是这个城市不可缺的历史见证，一个实实在在的历史存在，同时它又是这个城市独有的精神化身乃至象征，因而它常常在人的精神中转化为一种乡情的载体。当然，它还有文化学、建筑学、城市史、地方史以及美学上多种意义。这就是说——文化本身是有尊严的！它不能被当作历史的弃物随意处置。如果它旧了，那正是有一种珍贵的历史感注入其中；如果它破了，正说明我们保护得不好，更需要修复与精心地护理。它是祖先留给后人包括我们子子孙孙的，它绝不能在我们一代人手中信手抛却。任何人也没有权利这样做！

二战时，梁思成请求盟军轰炸日本时，对京都和奈良手下留情，从而使得这两座古都完好地保存下来。可是梁先生后来关于保护北京皇城的呼吁却成了泡影。难道我们的城市管理者还不如人家的一名军官？当然这已经成为历史，但社会进步的标志就是不再重复历史的错误。

在这个辽阔又紧迫的背景下，"古城会倡议"在中国城市史上，是有划时代意义的。它清晰地划分开文化的盲目与觉醒，昭示着我们新一代市长的文化品格，以及他们自觉的历史责任和文化责任。也许保护历史文化的作为一时还不会写入他们的政绩，但后世之人一定会用彩色的笔记下他们这一非凡和首创的举动。

我们期待着龙年的古城会，期待一次对古城文化遗产全面而严格的大普查，并立法保护——时间当然是愈早愈好！

一九九九年十二月二十八日

城市的文物与文化

——法国文化考察随笔之一

有一种说法：到美国去看新的，到欧洲去看老的。还有一种类似的说法：在美国想未来的事，在欧洲想历史的事。如果世上的任何道理，都是在讲事物的一个侧面，我看上边的说法没错。欧洲的名城全都浓浓而优美地充满着历史感，尤其是雅典、罗马与巴黎。

巴黎的历史感，并不仅仅来自于埃菲尔铁塔、凯旋门、罗浮宫和圣母院。那是旅游者眼里的历史，或只是历史的几个耀眼的顶级的象征。巴黎真正的历史感是在城中随处可见的那一片片风光依旧的老街老屋之中。

在这里，墙壁差不多全老化了，斑驳，脱落，生苔，并被大片簇密又婆娑的常青藤覆盖；阳台上美丽的铁栏大多锈红；铺在地上的方形石块也已经磨圆，走在上边更像大鹅卵石；那些石头台阶仿佛睡了一夜的枕头那样，中间部分生生地被踩得凹陷下去；又窄又弯的街巷，很少阳光通明，而总是被斜射下来的光束切割得一段明媚而灿烂，一段塞满黑黑的阴影。可就在这阴影里，常常会埋伏着一家老店，是面包店、酒店、鞋店还是书店？咖啡店总是香味四溢，店铺门上书写的年号只有在历史书上才能找到。至于店里陈设的瓷盘、画片和早年的遗物等，就是这家老店独有的迷人的见证了。

不要只用旅游者的眼睛去看，找一位这街上的老人聊一聊，也许他会告诉你毕加索曾经常和谁谁在这里见面，莫泊桑坐过哪一张椅子，哪一盏灯传说来自凡尔赛宫或爱丽舍宫，当然最生动的还是那些细节奇特的古老的故事。这时，你会忽然明白，巴黎那浩大而深厚的文化，正是沉淀在这老街老巷——这一片片昔日的空间里，而且它们不像博物馆的陈列品那样确凿而冰冷，在这里一切都是有血有肉，活灵灵的，生动又真实，而且永远也甭想弄清它们的底细。如果这些老街老巷老楼老屋拆了，活生生的历史必然会失散、飘落、无迹可寻，损失也就无法弥补！

从城市保护的角度看，文物与文化不是一个概念。

文物是指名胜古迹。它们多是历史上皇家与宗教遗产中的精华，显示着一个城市文化创造的极致。自然是首要保护的。

文化的内容却广泛得多，更多表现在大片大片的民居中。它是城市整个生活文化的载体，也是城市真正的独特性之所在。就好比北京的城市文化特征不是在故宫，而是在胡同和四合院里。但要保护起来并非易事。

记得与一位文友在电视上谈城市保护时，这位文友说："北京比天津古老得多，也经典得多，紫禁城、天坛、雍和宫、颐和园……天津有吗？要保护的首先是北京。"显然这位文友把文物与文化两个不同意义的事物混淆了。文物之间可以划分品级，文化之间却是完全平等的。各个民族、地域、城市的文化都是自己一方水土独自的创造，都是对人类多元文化的一己贡献。失去了自己的文化，就失去了自己的个性特征，乃至一种精神。从文化整体上说，也就失去其中一个独特的文化个性。

然而，巴黎的过去和我们今天一样，也经受过现代化的冲击。特别是五六十年代，高楼大厦要在巴黎市中心立足，成群的汽车都想在老城区内冲开宽阔的大道。老城区的街道狭窄，房子的设施陈旧，卫生条件差，供电不足，从实用的角度完全有理由拆掉和另建新楼——这些理由被房地产商们叫嚷得最凶。现在使我们为之倾倒的古老又迷人的沃日广场，在当初差不多已经被宣布了死刑。尽管法国最早的城市保护法颁布于一九一三年，但受保护的数万座建筑都属文物，没有民居。一九四三年以来的保护法规定有了进步，开始注重文物的"历史环境"，名胜古迹方圆五百米之内的所有民居建筑都受保护，但从民居的角度看还不过是沾了名胜古迹的光，并没有独立的民居的保护条例。这由于名胜古迹是一座座建筑，比较好保护；民居是一片片城区，而且其中良莠参杂，产权分散，很难规划。世界无论哪个国家，城市保护的最大问题都不在名胜古迹而在民居方面。那么究竟是谁把巴黎这大片大片的

从塞纳河上看巴黎圣母院的背影。

老屋老街原汁原味地保护下来了?

是巴黎人自己!是他们在报上写文章,办展览,成立街区的保护组织(如历史住宅协会、老房子协会等),宣传他们的观点——这些老屋绝非仅仅是建筑,这些老街也绝非仅仅是道路,它们构成了"历史文化空间"。巴黎人的全部精神文化及其长长的根,都深深扎在这空间里。而且这空间又绝非只属于过去。在文物中历史是死的,在这文化中历史却仍然活着。从深远的过去到无限的未来,它血缘相连,一脉相承,形成一种强大和进展的文化与精神。割断历史绝不是发展历史,除掉历史更不是真正地创造未来。因此,他们为保卫这空间而努力数十年。如今这些观点已经成了巴黎人的共识。巴黎已经有了清晰的民居保护区和严格的保护民居的法规。特别是一九六四年法国建立了"文物普查委员会",对本土的文化资源进行彻底又细密的清点,具有历史文化价值的民居便进了国家文化遗产的视野之中。这些,在阿尔斯纳尔馆——巴黎城市规划展览中心的彩色图表和电视屏幕上,都会一目了然。在保护区内,老屋老街享有名胜古迹同样的待遇。即使维修老屋,也必须获得政府有关部门批准，尤其临街的老墙是大家共享的历史作品，不准损害分毫。而这些老屋的房主们还会得到政府的经济补贴。一位巴黎人对我骄傲地说：巴黎到处是工地，但不是建新的，而是维修老的。为此，在这里官员们为了赢得选民们的票数也要大唱保护主义的高调，取悦于选民。当保护城市文化的愿望已经成为一种自觉而顽强的民意，谁还会为巴黎的文化操心与担心？如果再去问"难道巴黎人不想舒舒服服住上现代化的大房子"，岂不是可笑的么？

我思考着我们与他们的距离。

刚到巴黎的第一天，主人从机场接我们去旅馆。天色很晚，车子穿过华灯璀璨的夜巴黎，一头扎进一条漆黑的窄巷，停在一家小旅店的门洞口。待进了店，店员不叫我们把箱子放进电梯里。因为这种六十年代以来装配在老房子里的电梯最多能乘载两个人。我们只能提着重重的箱子沿着旋转的铁梯爬上三楼，而卧室又小又斜，其中一个墙角尖尖的大概只能立一根扫帚。可是推开卫生间的门，里边却是意外的漂亮舒适，设施十分先进。第二天醒来转转看，才明白这座旅店原来考究之极，家具全部仿古。整座楼处处都陈设着古老的艺术品。推开窗是一个很小的天井，上边红瓦蓝天，四面墙爬满青藤。此时天已深秋，叶子半绿半红，图画一般美丽。一扇扇窗子镶在其中，窗框漆着白漆。我忽然生出一种错觉——会不会哪扇窗子一开，邦斯舅舅或娜娜伸出头来？

第二天一早，主人来旅店见面就问我：

"这旅馆怎么样？习惯吗？"

"很美。应该是典型的巴黎吧！"我说。

主人听了特别高兴，而且整整一天都十分愉快。这便是巴黎人的观念，也是他们的一种情感——他们为自己生活其中的文化而骄傲。我还想听听她于此再说点什么，但一忙，没有往下说。后来我遇到一位城市保护专家，一句话把我的思考引向深入：

"城市的精神重于它的使用。"

除了巴黎人，谁还会这样想？我们？

一九九九年十一月二十日

城市的历史美

——法国文化考察随笔之二

对于古老建筑的维修，历来分为两种方式，也是两种观点。一是整旧如新，即粉饰一新；一是整旧如旧，即在修整中尽力保持古物历时久远的历史感。前一种方式多出于实用，后一种方式则考虑到古建筑蕴含的历史和文化的意义。在我国，很长时间都是整旧如新，及至近世，才有了整旧如旧的观念。

这些年，西方的古物修复专家又在探讨一种新的方式，便是用科学方法除去古物表层的污染物质，使古物再现它刚刚完成时最初的面貌与光辉。我曾著文，称之为"整旧如初"。这种方式被认为是更高层次的"整旧如旧"，即还历史以本来面目。它最成功的例子是梵蒂冈西斯廷教堂米开朗基罗的穹顶画《上帝创造人》的修复工程。但它也有失败的例子，而且十分惨重，便是近期修复完成的米兰那幅世人皆知的达·芬奇名作——《最后的晚餐》。

五年前我在意大利，听说达·芬奇《最后的晚餐》正在修复，便怀着很大兴趣到米兰修道院去看。几位专家在高高的架子上，专注而凝神地工作，像在为一位病人做大手术。据说他们每天只能完成一个火柴盒大小面积的壁画的修复工作。当年修复专家们对西斯廷教堂的穹顶画也是这样做的。而《最后的晚餐》是一幅残损尤重的艺术史名作，许多部位都剥落得一片模糊，因此人们很想知道五百年前达·芬奇完成这幅作品时最初的神采。当时我还在米兰的书店买了一张修复前的《最后的晚餐》的印刷品，以便将来对照来看。

然而，如今一看，竟然惨不忍睹！不但不相信这幅画最初会如此拙劣，连修复前那种历尽沧桑的历史感也荡然无存。这一修复工程失败的缘故，被专家认为是达·芬奇作画时最喜欢试用各种新型颜料。这幅画所使用的颜料

布鲁瓦的老街。

肯定与他一贯采用的"湿壁画"法相抗，所以传说这幅壁画在刚刚完成时就已经出现裂纹和开始剥落，这样一来，修复的一半工作成了修补。再说五百年来人们已经习惯了那种残破又古老的样子，即使修复后的画面和当年作品完成时一模一样，人们照旧会不买账。从来批评得最凶的总是批评家们，他们指责意大利修复专家的"胆大妄为"，甚至说意大利人"用'先进'技术破坏了《最后的晚餐》"。

比起意大利人，法国的修复专家要谨慎得多。但谨慎并非保守。在位于四区的巴黎市政府文化事务局里，一位宗教艺术品研究员安贝尔表示他坚持"整旧如旧"的原则。他认为意大利人"整旧如初"的做法，即便成功了——如西斯廷教堂穹顶画——也使古代遗存失去历史感，因为古物表面斑驳含混和漫漶不清的一层不仅仅是物质浸染（如烛火、灯烟和空气氧化的侵染），更是一种时间浸润的结果，这里边还包含一种珍贵的历史感，也就是历尽沧桑的味道。去掉这一层，就是除却历史。

我同意他的观点，但我追问他："你认为'整旧如旧'应当'如'哪个'旧'呢？事物的历史化是一个时间过程，也就是一个逐渐'旧'化的过程。应当锁定在哪个程度上？"我想同他认定修复的标准。

他想了想说："这个问题很有意思，也很难回答。应当是一种中间状态吧！"

他的话发动了我的思考。我喜欢把谈话逐层推向深入。我说出我的意见：

"我的想法是修复工作应尽量用减法，少用加法。减法是减去三种东西，一是朽坏糟烂、不能恢复并有碍观瞻的部分；二是有害的微生物；三是污染痕迹，如烟尘、酸雨、霉点等造成的污染。这个减法的极限是不能减去历史感和美感，我生造一个词吧，就是——历史美。"

安贝尔笑了。笑容表示他很欣赏这个词。他又加了一个注脚："历史美也是一种艺术美。"

法国人就是这样可爱，他们把一切美好珍贵的事物全视为艺术，因为唯有艺术才能在他们心中至高无上。

在凡尔赛宫，承蒙主人热情，让我参观了一间尚未公开开放的玛丽·安托瓦内特皇后内宫的休息间，屋内精致典雅，华贵沉静，充满着一种唯王室才有的考究到极致的气息。这间不足二十平方米的房间，据说竟然修复了近三十年！连窗帘、椅子的面料及壁布，全是仿照昔日残存的布料的图案复制的，不仅豪华地再现昨日的奢侈与辉煌，而且连古老物品那种历时久远的风韵也全然仿制出来。陪我参观的一位历史专家说，宫中古物的维修人员，都是毕业于文化遗产学院的高等人才。他们不单要对古物清洁、加固、维修，关键要整理出那种历史的味道。这种维修，远远比创造这件物品用时还长，因为他们明白历史感不是物品原有的，是历史的一种加工。在历时久远的时间长河里，物品不再仅仅是一种物质。时间是神奇又有力量的，它会把它深远的历史内容无形地注入进去，同时将潜在其间的特有的时代美与文化精神升华出来。时代美过后就变为一种历史美。但只有它成为历史才变得更加清晰和更加动人。于是，历史物品更重要的价值是一种精神，一种美。这种美往往与它的沉默、斑驳和残破同在，而修复古物的关键，不仅是技术高超，更要理解历史和懂得美之所在。我望着墙边一排刚刚修复不久的老椅子痴迷不已时，陪同者告诉我，这里的每把椅子的维修，都需要一位专家工作一年。一年？但谁会这样照料自己的城市的历史？倘若此时我们再放眼去看一看巴黎——这座博大、丰富、古雅、斑驳的正在精心保护与维修中的充满历史美感的城市，我们不是会被深深地感动吗？

一九九九年十一月二十三日

文化四题

近日走运，获得了一些宁静的间隙，所以把平日关注的文化的事，一样样理出来，再依着文人的毛病——或曰文人的习惯——写下来，并抄录出四节如下：

文学的无主流状态

文学终于进入这样一种状态：没有中流激涌，惊涛拍岸，旋涡疾转。它不仅彻底地平静下来，甚至找不到它的形态，看不到它的走向，摸不到它的脉搏。一种无主流的状态，已经使那些从新时期度过来的文学热心人颇为不习惯了，似乎文学进入了一种病态。

回首望去，整个新时期文学都沉浸在一种火爆又壮观的主流状态中。从伤痕文学、问题小说、改革文学到寻根文学、实验小说等等，一波未平一波起，不容停顿，不容喘息，目不暇接，耳不绝响。每一阶段都有主流。作家们拥挤在主流里，争先恐后，振聋发聩，不断地制造高峰。一声突起，天下回应。读者的热情给主流加温，评论家抢先表态为主流加热……正因为这样，如今失去主流的文学叫人备感寂寞，文学真像患了病，丢了魂儿，于是把这文学的失落归咎于商品大潮的冲击。

可是，沉下心想一想，新时期文学一个个高潮，实际上是一个又一个突破禁区。伤痕文学突破了写悲剧和写"文革"的禁区，问题小说突破了揭示社会矛盾的禁区，实验小说突破了艺术多元的禁区。这之间，还伴随着一连串小禁地的闯入与占领，比如写爱情，写官僚主义，写历史教训，写行政级别过高的人物，写性，写自我，等等。每个突破都带着一种勇气，一种激情，一种进取。这种文学的突破与社会生活的正常化同步前进。这样的文学所产生的轰动效应，实际上是文学与非正常的政治生活和社会生活撞击的反应。因此，当社会生活越过这道禁域，文学自然也就失去了昔日的气势与威风；留下来的不是具有永恒性的作品，而仅仅是一个时代的符号。但我们不应该因此就简单地责备这是一种"非文学"。一个时代需要一种文学。任何好的作家都不会推诿时代的责任和冷淡时代的情感，更无法超然地写出下个世纪的文学。我曾看到一些人为"未来人"而不为"未亡人"写作，但他们的作品在现实里找不到多少知音。他们不媚俗，"俗"也不媚他们，他们最大的悲哀是，他们的文学和他们的读者都是想象的。

也正因为那样的一种主流文学在前，才会出现当今这种非主流的文学状态。

在突破禁区的时代，文学充当了许多文学之外的角色。当许多社会职能逐步健全，比如记者的职能、社会监督职能、多渠道的参政职能、法制职能、政府职能、正当的理论批评职能，等等，文学便渐渐退回到自己的岗位上来。这时作家深感在直接改善社会生活方面，文学的能力极其有限，文学便从对生活表面的干预走向深层的思辨。于是，新时期以来那种含义的主流状态也就随之消失。

应该说，生活和文学都渐渐走向正常。

商品经济对文化最大的改变就是创造出文化市场。市场不属于卖方，它属于买方。千千万万买方的各种各样的需求，消解着文学主体的形成。尤其是穷惯和穷久了的中国人，当前追求的是实现富有的梦。物欲压倒深思。那些揭示生活真谛的文学，起码暂时被功利搁置一旁。消遣的、娱乐的、刺激的、千奇百怪的、闻所未闻的、生活百科的，都使文学变得前所未有地五花八门。

你从哪里去寻找主流？

再有，商品经济对生活最大的改变是创造出充满诱惑的消费方式。从娱乐业、旅游业、宠物业到化妆、健美、防老、美食、装修、影视、名牌与购物的快乐，这些都比必须用时间用精力用脑筋阅读的书，来得轻松愉快，充满享受。文学，再不像新时期开端的时代那样成为社会关注的中心。

尽管一些刊物和评论家努力制造文学主流，一时锣鼓震天，似有文学新潮将至，结果却如同一束束吹起的气球，无可奈何风吹去。所谓新状态，最终还是失去了期望的状态。他们忘了文学史证明过的事实——一切文学潮流都不是人为的。

文学不会永远处在无主流状态。文学不能创造生活，生活却能创造文学。但谁也无法预估生活和文学在哪里奇峰突起。但我们应该承认，目前文学的无主流状态，是生活正常的反映，而不是文学反常的反映。

银幕上的东方故事

八十年代后期，中国的电影银幕不绝地演出一个个足使西方人为之陶醉的东方故事。千篇一律的四面高墙内，禁闭压抑的生存环境，蒙昧而畸形的人物，腐朽神秘的气氛，荒诞古怪的人生情节——这种连中国人也鲜见和好奇的故事，却被西方当作东方文学象征而授予重奖。这奖提高了影片的含金量，出口转内销，再在国内赢得惊人的票房率。

有人说，主要因为这种影片满足了无知的西方对东方的好奇。这话并不对，而恰恰是这种东方故事正好与西方人心中由来已久、根深蒂固的东方形象相契合。

几乎在西方所有大图书馆里，都有一批尘封丝绕的旧书，它们很少被翻译成中文，书内却写满东方中国的故事。这便是上个世纪或更早到中国来的传教士们的回忆录。翻开这些著作，我们就能一下子找到那种被描绘成愚昧落后、麻木保守的东方形象的来源。西方传教士还用"国民性"这个话语把种种劣性归结为中国人的种性或称民族的劣根性。

这个"国民性"的话语一旦形成，便像原子裂变，源源不断生出无穷尽的荒诞又荒谬的东方故事和东方形象。本世纪初，中国知识分子的先贤们，主动担负了唤起民众、催动民族奋发的重任，但这些手中缺乏理论武器的好心人便从西方传教士那里接过关于国民性的话语，提出"改造国民性"的口号。他们是鲁迅、梁启超和孙中山等人。虽然他们唤醒世人的历史功绩不能抹杀，客观上却呼应、推广与印证了这种西方理论。

应该承认世界任何民族都有一种作为集体无意识的民族特性。但民族性不能离开历史背景，不能作为一种本质，更不能顺从西方的视角。

十九世纪中叶以前，世界有两个中心，一是东方，一是西方。在古老东方的极盛时代，曾经创造过灿烂的文明。然而随着十九世纪以来西方帝国主义以其科学与军事优势对东方实行殖民化的过程中，西方通过政治、经济和文化的霸权，产生了一整套使征服者合理化的理论。这理论旨在建构这样一种世界，即：西方中心和东方边缘；将文明先进和蒙昧落后给西方和东方定性，并敷以进化论色彩，似乎东方的进步必须以西方为榜样；还有，对东方的解释权在西方而不在东方，东方创造的一切（包括文明）最终只是西方的研究材料而已……于是一种傲慢的贵族化的西方中心主义被确立起来。

东方主义和西方中心主义是一张纸的两面，谁也离不开谁。

一百多年来，西方人一直从"西方中心"的视角来看东方，尽管爱德华·萨伊德终于从中破译出这种东方主义，是"欧洲人的发明"和"霸权的产物"，尽管他的理论对西方的传统成见具有颠覆作用，但是大多数西方人至今并没有从东方主义中走出来，甚至他们至今没有来过中国，脑袋里仍深深地刻画着这个东方故事与东方形象。

就这样，如果你给他们一个愚昧又神秘的东方，他们会毫不犹疑地确信这就是东方；如果你给他们一个明快又幽默的东方，他们反而觉得奇怪和不真实。于是，这个从一百多年前西方传教士那里抛来的绳子，依然牵着我们电影的鼻子。

当然，我们不应该因此就谴责"这种电影是拍给外国人看的"，但一些电影导演已经陷入东方主义，即西方霸权所制造的理论误区。他们刻意从文学作品中找寻这类故事，模糊掉确切的年代与地域，仿佛整个东方几千年来就一直不变地沉浸在这种压抑阴暗的天地里。他们苦心营造出一个比一个更神秘、更离奇、更怪诞的东方故事，不惜在文学原作上做出那种肢解般的任意臆造。其结果，这些电影放在一起又何其相似。这种电影已经走到尽头了，因为东方主义是用历史暴力强加给东方的一个固定不变的谬误的概念，既没有生动的历史血肉，也没有深刻的现实启迪。

东方的现实已经打破陈旧的过时的东方主义的神话，但东方银幕却挥不去这个陈腐又荒唐的东方故事。东方故事何时了？

由此还让我想到，是不是还有一种东方人的"西方主义"或者西方人的"西方主义"呢？

关于假画

中国人造假画可谓历史悠久。蒋瑞藻在《小说考证》辑录的有关戏曲《一捧雪》中伪作《清明上河图》事件，大概是历史上最大的假画案子。但被判罪的只是向严世蕃赠送假画的御史和作伪证的汤裱褙，而不是造假画的吴人黄彪。

自古以来，仿制古画有两种。一种是因为尊崇古人，以酷似古代大师为荣，这属于一种崇古思潮，画者多在画面写上"仿×××笔意"，同时署上自己的姓名，并无欺世盗名之心和牟取暴利之意。但还有一种，绝不署自己姓名，而是盗用名家姓名，以假当真，鱼目混珠，骗来黑钱。这多是些没有创造性的不入流的画匠所为。这种人的出现，大多由于中国画进入市场之故，算来也有千年历史。清代中期以来，城市发展，书画市场活跃，京城的"后门道儿"和苏州片子便是因大规模制造假画而出名的。

许多国家造假画要触犯法律。可是中国过去不是法治国家，从无立法惩治造假者，这种人不以为耻，反以为荣，倘说某人造了某位名家的画，骗得巨款，反被人认为是本领高超。甚至一些大画家也干过这等事情。为此，中国画的市场历来真伪难辨，充满陷阱，极其混乱。

这样便造就了一批人，以识别书画真伪为职业，叫作鉴赏家。中国的鉴赏家，鉴别比欣赏重要得多，其中确有火眼金睛者，一眼识破真猴假猴。有一位大鉴赏家张珩，将其识别真伪的依据归为主要条件（时代风格、个人风格）

和辅助条件 (印鉴、款识、材料、装裱、墨色和著录)。听起来有理，做起来很难。最难的是辨得出假画，却挡不住造假。对于鉴赏家来说，书画市场就像永远难以清理干净的一条污沟。有了市场，就有欺骗。前些年，有了权就有一切时，出了不少假马克思主义者；这些年，有了钱就好办事时，便出现各种假货。假烟假酒假药假金假钱假电视假灯泡假名牌假假牙，连洋人写的书也能造假，自然也有假画。

尤其当今的书画市场上，活人的画往往比古人的画价钱还高。这大概由于活着的名人在媒介中更有魅力。造假画无非为了钱，谁的画价钱高就造谁的假。书画市场变得几近荒诞。画家们常会见到自己的伪作，悬于某处高堂，挂在大小画廊，甚至被堂而皇之抬到拍卖市场。照此下去，一是画家的权益被任意践踏，二是中国画市场失去信誉而走向衰落，三是中国画的水准被假画所稀释，大大下降。这关键是须对假画进行法律干预，只有法律才能制止假画的张狂。

如今假画进了法庭，说明这事有了好的开端。当然，它同时也是对现有法律的能力和健全性的一种考验。

鉴别绘画的真伪，专业性很强，应有专家的参与，否则便陷入集市上争争吵吵那样的强词夺理，也会给作假者有空可钻。对于在世画家作品的判断，自然应以画家本人的认定为主。如果画家本人的话也不算数，先被造了假画，再被打成假话，画家的尊严岂不比一张假画更不值钱？

关于建设性破坏

北京人在"夺回古都风貌"的呼吁中，似乎以为只有北京的城市历史文化风貌在当今大规模城市改造中才濒临毁灭，其实这已是我们这个文明古国的一个日益迫切的现实危机。

建筑界把这种视文化而不见的破旧立新，称作"建设性破坏"。

每当有人问我："你说保护那些破旧的老房又有啥用？"我真有点悲哀。一个创造了五千年文明的民族，难道还需要接受"文化的价值"的再教育吗？

可是，如果你去到那些普遍公民家庭里就会发现，屋内的一切物品与那五千年灿烂的文化很少关联。在农民的家庭里，大多是近二三十年的物品。那些古老的器物都到哪里去了？都叫古董贩子弄到各大城市的旧物市场上卖给洋人了。

我们那么丰厚的文化，究竟怎样变得如此瘠薄的？

我想起在日本与画家平山郁夫先生的一次谈话。他说中国的文明史虽然源远流长，但朝代更迭太多，每个朝代的君主，都要迁址迁都，废弃旧制，将前朝故旧视为反动，以示自己才是开天辟地，因此中国文化的传承屡受中断。这批评确实中肯。中国的政治与文化相互敏感，甚至过敏，大概也是一种传统。清初和清末，留辫子和剪辫子——这种男性发式，都成个人政治倾向的象征。文化便随同朝代，一朝兴而一朝亡。故此，中国民族这样一个古老民族竟然连民族服装也没有。今日倘有人穿大褂，必被视为前朝遗老。连说相声也早换了制服和西服了。

再要说，便是中国自古为农业国，十分重视"新"字，一年四季，秋枯春荣，春天带来新希望，故曰春为"新春"，一切美好的企求都落在这个"新"字上。这个观念还非常执着地反映在年俗文化中，把年叫"新年"，过年时一切辟邪与祈福的民俗行为，无非都为了来年的"万象更新"。故此，过年便要穿新衣、戴新帽、里外全新，砸了东西还要说句"旧的不去，新的不来"。对"新"的崇拜的反面，便是对"旧"的废弃，所谓"除旧以迎新"。这样，便不会从文化意义上来认识古老事物的价值了。我们虽然创造了古老又辉煌的文化，同时我们又无情地毁掉自己的创造。近世来，多出了一个"砸烂旧世界"和"扫四旧"的口号，文化自然被荡涤无多了。

文化一词的含义可作多解。大致有三：一视为人类创造的一切物质财富和精神财富的总和；二视为一种教育程度；三视为一种意识形态。

数十年来，后两种包揽了对文化的全部解释。尤其仅仅把文化当作一种意识形态来加以取舍，几乎要了五千年文化的命。谢天谢地！近十余年来，人们终于认识到文化的价值，有了文化意识和文化眼光，懂得了现代化绝不只是物质单项的膨胀，还要将人类的一切文化创造变为可以享用的精神财富；

懂得了任何民族、国家、城市的特色和魅力都在自己独有的历史文化里，而历史的创造是一次性的，一旦失去，永无回复……然而有此意识尚很有限，于是这些有识者发出的呼吁就分外焦迫与急切了。

如果说，历史文化在"文革"期间，是被权力恶狠狠毁掉的，现在则是为了钱乐呵呵毁掉的。两种同样都是因为没有文化，这文化是指文化意识，而不是文化知识。应该承认，我们这个创造了灿烂文化的民族，一直又是缺乏文化意识的。因此，地面遗存的古物大多不是保护而是保留下来的。只要开发，首当其冲要遭受破坏的便是古代的遗弃。如果下个世纪中华大地变成清一色的高楼林立，霓虹灯铺天盖地，那将是多可怕的事！对这一倾向最激烈的指责便是：

"不要叫子孙再骂我们无知了！"

伴随着这种"建设性破坏"，最令人莫解的便是大批仿古建筑的兴建热。任何历史巨人的扮演者的本身，丝毫不会引起人们的崇敬。为什么一边毁掉真正的古物和历史文化，一边却在花钱制造大批伪劣的古物和伪文化？有人说，这是因为仿古建筑是旅游部门干的，而古文化遗存归文化部门管理，文化部门不如旅游部门有钱，以至到处破真立伪。难道在这两种部门之上，没有一个更有文化、更权威、对祖宗也对后代更负责的部门？

谁回答？

一九九五年四月五日

伪文化之害

伪文化非今日之所为。中国文化悠久，伪文化自然一样源远流长，不过古代的伪文化仅限于仿效书画器物，多半还是出自对古人的崇仰，尊崇过分，则亦步亦趋，以酷肖名人为至高无上，伪作因之生也。不过这对于文化却无大伤害，甚至偶尔还会有点益处，比如东晋顾恺之的传世之作，大多是宋人摹本，倘无这些伪品，今日如何知道晋代绘画"人大于山，水不容泛"的样子？

今世的伪文化性质就变了。它并非仿古，而是仿造。仿造不必像仿古那样追求古人的神髓，只要模样差不多，大批制造就行。比如，洛阳的唐三彩到处不愁买不到，尤其从白马寺到洛阳的路上，触目皆是，堆积如山，极是壮观。这并非旅游纪念品，而是照原样复制的廉价工艺品，细看之下，形神俱丧，粗糙不堪。由于生产者争夺市场，盲目投产，供大于求，带来了一片滞销景象，古文化在伪造中贬了值。

在世界各地的唐人街上，情况就更可怜了。几乎所有的工艺品店都是这种中国文化低档的仿制品，价格低贱，又毫无艺术可言。洋人们大多没来过中国，如果对他们说，这是中国国宝的复制品，则必是把中华文化自我轻贱了。

进而言，伪文化在当今中国，可谓铺天盖地，波澜壮阔，几乎每一种具有魅力的文化，都必有浩浩荡荡却毫无魅力的伪文化；甚至每一部古典文学名著，都演化出一座荒唐可笑的娱乐场，如"西游记宫""封神榜宫""水浒宫"等等。小到各种工艺名品，大到亭台楼阁、城池要塞，直到开封的那条仿造古代的大街。

在街上踱步，两旁的房宇店铺，全都像影城那样散发着虚假的气息，没

绍兴鲁迅故居中一个闲置的角落，没有动手去修，反而原汁原味。

有特定的年代特征，没有细节的讲究，没有历史知识性的精心设计，更谈不上历史感和历史的美感。无疑，历史在这里不是被高度严格化，被追求，被敬重，而只是一种赚钱的由头。

在这座历尽沧桑的十朝都会的中心，建造出如此一条布置的街道，给人什么感受？对于背靠着五千年灿烂的中华文化的中国人来说，是一种自豪还是自悲？

从历史的演变看，中国文化早在汉唐时代，已臻博大精深，单是一个"精"字，就体现了中华文化的高超与神圣。由是而下，代代承袭，直到清朝的前三代，但此后却忽然急转直下，走向粗鄙。不仅制作简陋，设计也缺乏想象与创意。有人认为，这主要是由于清代中期以后，外侮日亟，国力下降，民族的精神衰颓之故。我想，还有一个原因，便是此时各地新兴的城市崛起，机器生产出现，市场经济勃兴，都促使了工艺操作与制作程序的简便化，以求快捷地获利。文化便走向粗简，粗简向前一步就是粗鄙。

目前，中国市场经济再度蓬勃，文化是否又面临一次粗鄙化？

若说当今伪文化泛滥的缘故，一方面是普遍的文化素质低所致，而诱发这低素质疯狂发作的却是直接的金钱效应。

伪造假烟假酒假药假名牌产品要受法律惩罚，为什么伪文化却通行无阻？这因为人们并没有看到伪文化之害。

博大精深的中华文化正在被改造得浅显粗陋。

然而，这文化的粗鄙化带来的更深、更长远的危害，不仅仅在文化本身，还将败坏我们的国民精神，即精神走向浅尝辄止、粗糙浮泛、不求精深和甘居落后，伪文化将进一步致使民族低素质化。

文明追求精致，野蛮任其粗鄙，伪文化造成低素质，低素质制造伪文化，若要打破这恶性循环的怪圈，应该从哪一环开始？

一九九六年一月五日　《文汇报》首发

文化眼光

文化是一种无形的存在。有人能看到，有人看不到，这就需要文化眼光。

何谓文化眼光？这要先弄清何谓文化？

文化一词多义，大致有三：

一是把它视为一种教育状况或知识程度，比方说某某人"有文化"或"没文化"，"文化高"或"文化低"。

二是作为一种考古学术用语，如仰韶文化、大汶口文化、良渚文化。

三是人类所创造的总财富，主要指精神财富。

长久以来，对文化的普遍解释多是第一种。而一个阶段，还把文化单一地、生硬地、干瘪地当作意识形态，那时的社会生活变得多么空虚与空洞！这种解释，贻害殊深，很少有人把人类生活视为一种文化。生活便只剩下赤裸裸的生存需要，文化退到生活之外，成了可有可无。可以说，文化一直在狭义中存在。而对文化广义上的解释不过是近些年的事。一些有识之士为了改变世人对文化的褊狭的成见，区别以往的文化定义，便创造出一个词儿来，叫作"大文化"。

大文化像猢狲，从身上拔一把毫毛，吹一口气，变成千万种文化。从燕赵文化齐鲁文化吴越文化岭南文化巴蜀文化中原文化长江文化黄河文化海洋文化，到城市文化山水文化商业文化农业文化企业文化佛教文化道教文化民俗文化民居文化服饰文化案头文化药文化食文化酒文化茶文化，再到钱币文化武林文化兵刃文化京剧文化风筝文化生肖文化祭祀文化电视文化咖啡文化牛仔文化年文化鞋文化性文化鬼文化梦文化……于是，不断听到惊呼："什

上世纪五十年代，丘吉尔在美国密苏里作了一次重要讲话，被认为是"冷战的开始"。事隔三十多年，德国人拆柏林墙时，美国人重金买下一段柏林墙，立在密苏里，用以标志"冷战的结束"。墙上挖了一个人形的洞口，以表示东西方从此走向沟通。

么都成了文化，难道上厕所也是文化吗？"差不多，这里又有一个"厕所文化"的概念出现。

只要用文化眼光来看，文化便无所不在，对事物也会产生新的认识与发现。比如对于酒，用先前那种非文化的眼光来看，不过是一种佐餐助兴的饮料而已，最多能以酒浇愁，一醉方休；倘若换个文化眼光来看，则必然还要关注酒的历史、酒的制造、酒的储藏、饮酒方式、售酒方式、酒器酒具、酒曲酒令、酒的诗与画，以及酒和地域、民俗、气候的关系……那就会发现还有一个比酒的本身大得多的酒文化。由于酒一直处在这历史的、民族的、地域的、人文的等等环境中，必然浸入这些因素，成了一种文化载体，具有认知和享用这些文化的价值。那么，酒于我们，不只是清香醉人的佳酿，还是醇厚醉心的文化汁液。所以，聪明的酒厂老板，都是一边靠酒一边靠酒文化发财。如果进一步，我们用这样的眼光来看生活的一切，才会真正感受到中华文化的博大、丰实与深邃。

然而，生活文化以两种状态存在着。

一是活着的状态，一是历史的状态。

活着的状态是一种生活，历史的状态才是一种完完全全的文化。

当一种特殊的生活方式被时代淘汰，消失了，它的精神便转移到曾经共存的物品上和环境中。过一段时间，人们就从这器物和环境中了解、感受与认识昔日生活的形态与精神了。这样，器物与环境便发生了质变，在"活着"的时候，它们是实用性的生活物品与生活环境；入"历史"之后，就变成纯精神的文化物品与人文环境了。同一件事物，它们本身并没有文化，还是原来模样，这变化究竟是怎样产生的？其实它是人们的一种认识，也就是人们用文化的眼光看出来的。

文化眼光不是一般目光，它必须具有文化意识和文化素养。

眼光，也就是眼力。一般人没有这种眼光，所以，当这些环境与器物由"活着的状态"转变为"历史的状态"时，常常被当作无用的东西丢弃了。昔日器物被当作破盆破罐，旧时房舍一样被当作危房陋屋。看来这眼光中还有更重要的一个内容，就是面对这一切，人们只是从现实的角度而不是从将来的角度来看的。

一个相反的例子，能够做最好的说明：

当柏林墙拆除时，世界上许多博物馆都派人跑到德国，去争购那些涂满图画与文字的墙体碎块，出价之高，惊骇一时。他们几乎在同一时间觉悟到，这座被时代淘汰的墙恰恰是一种过往不复的珍贵的历史象征。德国政府被惊动了，于是决定那一段尚未拆除的柏林墙不拆了，保护起来，永世珍存。

这种眼光说明了什么？它说明——

有些事物的历史文化价值，必须站在未来才能看到。文化，不仅是站在现在看未来，更重要的是站在明天看现在。

那么，文化眼光不只是表现为一种文化素养，一种文化意识，更是一种文化远见和历史远见。

一九九六年二月十二日　《文汇报》首发

整旧如初

一座古老建筑，年深日久，斑驳剥落，面目不清，怎么办？古人的办法是推倒重建，或者添砖加瓦，换门换柱，壁画重绘，雕像重刻。这办法美其名曰"旧物重光"，实际上就是现在所说的：整旧如新。

说老实话，古人对待事物，多以实用为目的，缺少文化观点。对于古迹，无论拆掉重建，还是涂抹一新，都是为了应用，完全不管其中历史文化的内涵。这种整旧如新的做法，由古至今，一直延续到近代。呜呼，几乎泯灭了地面上一切可见的历史！

及至近世，这观点才有了变化。人们从中觉醒，开始认识到古迹的残损斑驳，正是度月经年、历尽沧桑所致。这是一种历史的凭证，也像古迹本身一样不可复制。倘若将这斑驳的意味除去，谁还能证明它是古迹？而且这斑驳含混中，还有一种悠远的风韵。时间愈长久，韵味愈醇厚。它还是种独特的审美内容。

这看法引出一种整修古迹的新标准和新原则，就是"整旧如旧"。

在古代，较早运用这一标准的是古画揭裱。但在修复古迹方面却是直到近代才开始觉悟和启用的。

整旧如旧只加固古物的结构，使其牢固耐久，但对其古老面貌原封不动，甚至加倍珍惜那些具有历史感的痕迹与细节。这样，不仅古迹得以保护，历史也受到尊重，被摆到神圣而不可侵犯的位置。

整旧如旧原则的提出，并得到公认，表明人类终于以文明的方式对待自己的文明创造。

维也纳郊外卡伦堡山下的贝多芬故居。

然而，在意大利刚刚竣工不久的梵蒂冈西斯廷教堂壁画的整修工程，却进入了一个更高的境界。

画在小小的西斯廷教堂顶与墙壁上的壁画，是文艺复兴时期艺术大师米开朗基罗的传世名作。它完成于遥远的十六世纪初。五百年来，由于尘埃蒙蔽，烛烟熏染，再加上一次次整修时为了防止剥落而刷上去的亚麻油日久变黄，画面早已昏黯不清。长久以来人们对这悬在顶上的天国图画，一半依靠想象。

梵蒂冈博物馆早在上世纪六十年代就开始对壁画进行探测。技术人员将画面分成七千余块拍摄下来，采用高科技手段精密研究，再选择两千个部位做修复试验，直到八十年代初才彻底弄清这举世闻名的壁画最初的模样，以及覆盖画面那些有害物质的成分，最后才确定了修复方案。由一九八二年到一九九四年，进行了历时十二年本世纪最浩大的古代艺术的修复工程。

当一九九四年五月八日修复工程告竣，西斯廷教堂举行盛大弥撒作为庆典，人们仰望修复后的顶壁画时，都确信这色彩鲜丽、光芒四射的画面与当年米开朗基罗完成它时全然一样！这人世间对神学最动人的解释，这彩色的天国故事，这形象的精神圣殿，重新焕发出巨大的理性的感染力。特别是人们第一次如此清晰地看到了米开朗基罗出神入化的笔触，更为其冠绝古今的才华所倾倒。倘若不是这样的修复，谁能相信他所描绘的亚当的那个著名的头颅，竟然如此轻描淡写，一挥而就？而《末日审判》中基督那情绪沉郁的面颊，总共只用了三笔！

你会问，是谁复活了米开朗基罗？

我想，只有用这一标准才能达到如此境界，那就是：整旧如初。整旧如新是消灭历史，整旧如旧是保存历史，而整旧如初是回到历史原貌。然而这最艰难。一处古迹，历经千百年，谁知它最初的模样？这宛如从一张苍老的脸去找回它失去的青春。但对于高科技时代已经不再是梦想了。

从最早的整旧如新，到后来的整旧如旧，直到当代的整旧如初，人类在如何对待自己的文明创造上，也在一步步前进。而整旧如新是无视自己的历史文化，整旧如旧是懂得珍惜自己的历史文化，整旧如初才表现出人类对自己文明创造的无比自豪和崇仰。

人类的生活不仅是现实和未来，还有过去。一切属于历史的事物，都是人类的成果、收获、见证和永恒的财富。历史是神圣的，因为人类能够创造未来，却无法更改历史；历史又是活着的，因为它既影响未来，又充实和丰富着我们的现在。那么，整旧如初作为一种崇高的追求，正是可以满足人们这种具有理想境界的文明自享。

一九九六年一月四日　《文汇报》首发

文化收藏

收藏终于成为中国人的一大嗜好。一方面表示手头宽裕起来，一方面征兆着传统文化的回归。配合这收藏，便是古物市场的兴盛，大小城市都出现了这种自发性的市场，买主早就从港客洋人转向大陆民众；再有就是拍卖市场的火爆，巨额巨价，惊世骇俗，一时连各种传授古物常识的书籍和图典也成了畅销书，可谓声势赫赫！中国过去的收藏，一是官方（封建时代的宫廷），二是富人，一般百姓哪敢沾此雅好？当今这样广泛的收藏热，终究是大好事，至少可以影响那些老婆婆们丢弃一个罐子时，总会想一想是不是扔了一件宝物。这一来，文化便升了值。

在古物市场上，文物、古玩和古董是三个不同概念。日本人将古物统称"骨董"，但在中国人心里却是不同层次。文物是指那种堪称某一时代典型、珍罕稀有的古物；古玩不一定是指某一时代的代表，却必须是艺术精美、制作精湛、材料贵重的古物；而古董则泛指一切旧时器物。今日的古物市场上，大量存在的就是这类古董。

一般说来，过去宫廷与富人的收藏，主要是珍罕与贵重的古玩，很少注重材料低廉的昔时器物。然而，正是这一般古董中，蕴含着丰富的生活文化的内容，那些衣食住行的各种器具，那种形制，那种图案，那种工艺，常常带着某一地域的特异风习和特殊审美。它是一种过往生活的凭证，有着历史、地理、民俗、宗教、人文等广泛又具体的文化内涵，这就具备了很高的收藏价值，也就是文化收藏。

但是，过去的收藏，缺少文化眼光，多从古物的财富价值着眼，不注重文化价值，收藏的范围便十分狭窄，总是金银珠宝、钟鼎彝器、官窑名瓷、牙玉雕刻以及名人字画，但仅仅这些收藏，不足以表现中华历史的丰厚、文化的灿烂和生活的辽阔。这是我们收藏史的一个重大缺憾。说到底，还是个收藏观的问题；就是把古物当作变相的黄金，当作保值乃至可望升值的财富。这观点还一直影响到当今的拍卖场。一扇古朴而别致的门窗，一块年代久远的年画版子，一把昔时大锁或一个拉洋片的匣子，绝不会在拍卖场出现，因为它们没有价格，没有财富价值。

由于这种观念的影响，大量的文化藏品一直被排斥在收藏之外。收藏观是一种价值观，我们应该改变传统的财富价值观，提倡文化价值观，使古物收藏在保存文化和体现文化方面发挥作用。

近年来，由于在文化意识上的普遍觉醒，人们开始把目光移到文化藏品上。由于文化收藏一直空白，便到处存在着丰富的藏品资源等待开发。如今，已有一些民间的专门的文化性的收藏馆建立起来，还有许多个人的文化收藏通过展览向世人展示。文化收藏一如春草，萌发正劲，令人生喜。

然而，它又有难度。首先是它不像古玩字画那样，有市场价格，可以流通，还有大家公认的客观的鉴别标准。文化藏品却买易卖难，全是个人所好，就得靠自己去认识它的价值。古物的价值，是一种无形的存在。尤其文化价值，更要凭着收藏者的眼光与品位，还要具备远比鉴赏古玩字画还生僻和广阔的学识。在别人眼里是一件废物，在你眼中却是历史遗落的一个弥足珍贵的细节，看起来，这真有点像考古发现。

收藏者的快乐，第一，就是发现，即不是去拣别人发现过的，而是凭着自己的眼力与学识去发现；第二，便是享受，那便是从中重温历史，认识祖先，欣赏它内在的文化的美与精神。这之中，还有一份责任，就是：把前人的创造留给后人。

一九九六年一月八日 　《文汇报》首发

深度旅游

旅游涉及两种资源，一是山水，二是人文，人文也称文化。在古代东方，山水与文化相关相融，所以古代不叫旅游，而统称为游山玩水。那时代，人不富裕，交通不便，旅游设施几乎等于零，游山玩水成为有钱人的一种奢侈。到了现代社会，这些都不成问题，加上消闲之风日盛，于是旅游大兴。山水与文化这两种资源便遭到了空前的劫难。

首先是人满为患。名山古寺，全成了闹市。灵隐寺像是天天举办盛大庙会，华山的山路居然能挤下人来。人多手杂，损坏日甚，这有限的资源已然不堪重负。再说名山古寺之所以令人神往，多是远离尘嚣，别有一番清静，但如今车水马龙，观者如潮，逢景付款，进门掏钱，导游解说肤浅空洞，纪念品粗俗不堪，各地雷同。无怪乎当今旅游多是乘兴而去，败兴而归！

这倒应上一句老话：看景不如听景。

我想这问题出在"低层次旅游"上。

也就是，掌握着这些旅游资源的人，并不知它们深在的文化价值，只把它当作赚钱工具。他知道的多么肤浅，就用多么肤浅的内容赚钱。旅游者只能看看新鲜，看过则已，所获甚少，兴味索然。这种无文化，甚至是无知的旅游，缺乏魅力，多是一次性的，很少吸引人再来。

旅游资源为此逐渐枯竭。于是大张旗鼓，开发新景点，寻幽探奇，觅求古迹，接下来仍是引人来浅尝辄止。这样下去，便是将密闭了千百年的山水和文化资源，一个个启封、曝光、践踏、泯灭。换来的小钱不过济一时之需，毁掉的却是无法再生的宝贵的山水和文化的积淀。这种旅游开发，如同砍木毁林，

维也纳约翰·施特劳斯公园外墙的石雕，应是一流的艺术品。

都是一种自我掠夺。

然而，"低层次旅游"更严重的恶果却是将中华文化粗鄙化和浅薄化。旅游者从中获得的只是一种"不过如此"的印象。国人便由此妄自菲薄，洋人则因此把东方文化看扁了。因为当今世界上，直观的文化印象主要是通过旅游得来的。

在中华大地上，文化正面临着旅游化，但旅游却没有文化化。

故此，我对一个概念发生强烈兴趣，即"深度旅游"。

顾名思义，就是从表面观光走向深层了解。这由于当今的人们，已经不满足走马观花式的旅行，希望从异地或异国多得到一些认识与知识，包括历史的、生活的、文化的、生产的、民俗的、艺术的，等等方面，感受不同地域所独有的迷人的文化底蕴。这就叫"深度旅游"。日本人在这方面做得好，每一项奇风异俗，每一样智巧的工艺，每一种独一无二的小吃，每一个独具魅力的文化细节，都给他们挖掘出来，呈现在旅游者面前。旅客在这立体而斑斓的文化空间中穿行，自然得到丰裕的收获。

奥地利是旅游大国，国民经济收入的十分之一来自旅游业，主要因为它们注重了"深度旅游"。人在奥地利，精神却在他们无比丰富的历史文化中遨游，单是一个莫扎特，就叫旅游者们享用不尽了。旅游业干到这份儿上，说不清是文化帮助了旅游，还是旅游帮助了文化。

"深度旅游"是在文化层面上的旅游，它依靠文化，反过来对文化又是一种开掘、展示和弘扬。如果我们大力开展"深度旅游"，想想看——上下数千年，纵横几万里，地域不同，文化相并，将会有多么灿烂多姿的文化被开采和表现出来。古老中国将出现多么瑰丽的文化景观！

"深度旅游"还是一种引导性旅游。而文化的引导者首先要具备文化，怎么办？

"深度旅游"是当今世界旅游的发展趋势。如果讲旅游业与国际接轨，不是飞机接站和旅店接客，主要是在旅游观念上，那么谁来启动这意义非凡的深度旅游？

一九九六年一月三日　《文汇报》首发

博物馆是改革开放的盲点

有句名言："博物馆是一个国家的履历。"

此言极是。大到国家，小到城市，乃至村镇，其历史的足迹都清楚地留在博物馆里。此外，还有它们的命运、荣辱、身份、年龄、性格和独有的财富。去一个国家或城市，哪怕住上一年，必未真正了解到什么，可是走进那里的博物馆，却很快能获得一个鲜明又深刻的印象。博物馆是一个地方的文化的浓缩，精神形象的显影屏幕，过往的漫长历程仍然可以鲜活感受的时光隧道。未来的一半在历史里，博物馆给人的启示无边无际。所以，文明社会的旅游者们，每到一处，往往先要参观当地的博物馆。

然而，当代中国的博物馆正陷入尴尬。许多地方博物馆沦落到无人问津的境地，不得不出租给商业部门以维持生计。博物馆无钱收购理应收藏的文物，眼巴巴瞅着那些珍品被文物贩子转卖到洋人港客的手中。一位博物馆工作人员说："一天进来的参观者还没有尘土多。"博物馆成了现代都市被遗忘的角落。

当我们在世界一些著名的博物馆内，看到教师领着孩子们参观，上课，那神情有如身在圣殿，我们会怎么想？

倘若说，中国人的文化素质太低，参观博物馆这种事要等到"文化提高"之后再说，那么为什么高雅的音乐会、纯艺术展览、严肃文学、古董收藏等等都为大批的人所痴迷，偏偏博物馆无人理睬？对于爱逛博物馆的洋人们来说，也只有那些非看不可的兵马俑、汉尸和编钟之类，好奇地去看上一眼，一般的地方博物馆则很少涉足，即使参观，也反应平淡。

我们这一东方古国的博物馆，因何对内对外都如此受到轻视？这原因还是先要从博物馆本身寻找。粗略说来，大致有五：

巴黎卢浮宫那些大大小小的走廊，
无处不是艺术的瑰宝。

一、类型单一

　　我国博物馆的设置具有计划经济的分配式。总体分为历史、自然、艺术三种，省以下的城市却只有一个综合式的博物馆。分类机械，各地一致。很少专门的、小型的、多样化的博物馆。一个地方的某些历史文化特征，往往是由这种专门的博物馆体现出来的；一个地方历史文化的丰富性，又必须是众多博物馆方能展示。我国博物馆类型设置的本身，就把各个地域的文化差异削弱了。博物馆缺乏独特性，看了使人觉得无味。

二、博物馆，物不博

虽然此中有经费拮据、仓库有限、馆史太短等原因，但主要由于我们的博物馆很少文化性质。历史是曾经有过的生活，只有无所不包的文化才能充实又丰满地反映历史的一切。但我们的博物馆，一方面受故宫模式影响大，专注四海珍玩，轻视文化；另一方面受"为政治服务"影响深，目光狭窄，无视文化。本来，博物馆应装下整个世界，但在我们的博物馆中所看见的世界却狭小有限。

三、陈列方式陈旧

长期以来，博物馆陈列多为"通史式"，从"劳动创造人"到"红旗插上天安门"，按年代顺序排列。全国统一，格式相同，很少创意。即使地方史和艺术品的陈列，也离不开这种说教性很强的"形象的历史教科书"的思路。这种陈列，不是为观众打开灿烂的历史文化宝库，而只是形象的概念和概念的形象；所陈列的文物，不是历史遗落的迷人的细节，不是依然活着的文化生命，而只是一些僵化的历史物证，尤其这历史说教尽人皆知，博物馆不过再去乏味地重复一次。这样的展示，魅力何在？

如果放弃说教者的姿态，博物馆的氛围即刻会化生硬与空洞为丰足与亲切。博物馆的陈列方式是一种社会方式，说到底只有一个目的，便是千方百计诱导观众走进历史、感受历史和深入历史。

四、缺乏研究

博物馆不仅是收藏和展示的部门，还是一个研究部门。

首先，博物馆的展出应以学术研究为基础，并不断展示新的研究成果和学术发现。人们向博物馆索求的，便是见识与知识。但我们的博物馆把研究局限在考证的层面上，观众面对文物，最多只能获得标签上那种注脚性的初级知识。这种博物馆，能有多大吸引力？

再有，世界任何博物馆都是一个巨大的文化矿藏，有待各方面专家去研究开发。它理所当然应该向全社会开放，主动为研究者提供实物，以使死的收藏变为活的知识。但我们的博物馆大多是"闭关自守"，视馆藏为家藏，把人类财富当作单位财富，拒研究者于门外。尤其那些考古发现，一旦收藏入库，再难见到天日。不研究，没价值。这不过是由地下挪到地上，换个位置而已。这样的博物馆，谁愿意亲近？谁能亲近？

五、封闭式

在各国博物馆内，都能见到中国文物，唯独中国的博物馆内没有外国文物。在中国几乎找不到研究西方文物的专家和鉴赏家，而美国堪萨斯博物馆出版的董其昌的研究著作就足有五公斤重。我们在国内的博物馆里转来转去，打头碰脸，仍旧是自己面对自己；而一个美国青年在纽约的大都会博物馆里待上一周，可以弄明白整个人类的文明创造。

一九八七年我在加拿大参观多伦多历史博物馆时，结识一位博物馆员，他是研究爱斯基摩人历史的专家。他说，他们博物馆有许多成套的爱斯基摩人的历史文物，中国肯定有更多成套的、可以反映中国历史文化的文物，可否交换一套？哪怕中国提供的是二三流文物，也能使中加两国青年人，不出国门，就能进入对方的文化深层。

这个想法，很难实施，但不失为一种美好的愿望与设想。我们的博物馆是否有过类似的异想天开？

没有想象，明天还是今天的样子。

在长期的封闭状态中，我们博物馆的模式，以及内部结构、运行机制、基本观念，已然老化和僵化。在计划性思维下形成的一套，机械呆板，狭小生硬，至今没有抛掉，自然也就成为被现今活鲜鲜的社会生活所冷淡的缘故了。

当今的商场、超级市场、办公方式、快餐，等等，都已引入了国外经验，来得快，学得像，很方便实用。为什么独独博物馆既不改革，也不开放。无计可施，无可奈何，却依然无动于衷，何故？

归根到底，要看我们把博物馆放在什么位置上。

一个国家或城市怎么对待博物馆，体现它的现代文明程度。

一九九六年二月十三日　《文汇报》首发

文化的粗鄙化

我们一向自诩中华文化的博大精深——但那是古代。而我们今天的文化却正在走向粗鄙化！

读一读媒体和广告上的话语，已经完全不遵循任何文字规范了。没关系，只要能抓住看客或买主就行！看一看荧屏上的人物，从乾隆皇帝到唐伯虎全都挎刀背剑蹿房越脊了。没关系，只要有收视率就好！再听一听全国各处旅游景点的小姐讲述的故事，都是胡编乱造。没关系，只要收到了门票费就"OK"！

从这无所不在的例子中，可以看到当代中国文化面临的问题。我们的公众已然生活在这种日益粗俗不堪的环境中了。

当然，文化的粗鄙化不是从今天才开始的。如果追根溯源，至少有三百年的日益恶化的历史。

它的起点应该是满人入关。过去有一种说法，认为满人入关的结果是被汉文化同化掉。为此洋洋得意于雄强深厚的汉文化所具有的神奇的同化能力。其实同化是相互的。在博大精深的汉文化同化满人时，也被满人粗浅的"马背文化"所稀释。比较一下华丽外露的清文化与雍容醇厚、平和内敛的明文化，便会看出其中的深层的损害性的变化。

清代的整个过程是国力日衰，精神萎缩，文化渐变粗糙。鸦片战争之后，受到外来强势文化的冲击，粗糙的文化自然变为松散。五四运动的进步本质毋庸置疑，但它的文化倾向是过激地破坏传统。从此文化传统在中国革命中总是处在反面的位置。到了二十世纪五六十年代，传统文化干脆成了革命对

山东某地生造的旅游景点——天下第一碾。

象。不间断的政治运动总是从传统文化中寻找敌人，从而获得"革命动力"。这样一直到"文革"末期，传统文化在人们的印象里，只剩下"批红楼""批水浒""批克己复礼"。我们的文化已经成了一个空架子。

当八十年代改革开放迅猛而来，我们就是以这样一种文化状态与外来文化相撞，自然就成了一片"文明的碎片"。

一个民族不管有多么博大精深的文化，关键是你现在手里还剩下多少，你对自己的文化知道的多少，还有你心怀多少文化的自尊与自豪。否则，你辉煌的过去与你的关系并不大。有时，看上去甚至还有点像埃及人那种"失落的文明"呢！

当然，除此之外，我们更需要看到国门洞开后，外部世界涌进来的文化，是商业化、流行化、全球化的文化。这一点我们始料未及。

在"五四"时期，外来文化涌入的是整个的西方文明。知识分子可以站在前沿做出选择。我们翻阅一下那时的书刊便知，被我们的知识分子首先介绍进来的是西方的精英文化，也就是西方文明的精华。

但这一次，外来的全球性流行性的商业文化是随同市场经济一起进来的，根本不需要谁来做介绍。它势头强劲，所向披靡，根本不管你的文化传统、意识形态、审美习惯，全都推向一边。它要来唱主角。因为你要商品经济，就很难拒绝它一道而来的商品文化。

而且这种商业文化在西方经过了近百年的市场打造，已经相当成熟。它一方面符合市场的运作规律，一方面契合人们的消费心理。应该说，此前我们没有这种性质的文化。我们只有一些古老的市场文化，也就是传统意义的通俗文化。故而，从超级市场、麦当劳、好莱坞、NBA、肥皂剧、广告，乃至歌星、影星、球星顷刻间一拥而入。而且它以报纸与电视这样的具有霸权意味的媒体为载体，铺天盖地地充满了我们的生活。我们对这种文化无法拒绝，只能模仿。

由于商业文化的目的是要源源不断从人们的口袋里赚出钱来，它必然是一过性的，快餐式的。这就给我们原本变得相当粗糙的文化以致命的冲击，大大加速了文化粗鄙化的过程。

一个民族文化的粗鄙带来的问题，不仅是对自身文化的损害，而且影响着民族素质的下降，同时致使人们丧失文化的自尊与自信。而失去这种文化的自尊和自信才是最危险的。

前两天，在中央美术学院召开的"中国高等院校首届非物质文化遗产教育教学研讨会"上，联合国教科文组织的代表木卡拉先生在谈到中国城市在无度地模仿西方时，他说："你们的文明问题只有你们自己来解决，别人是无法帮助的。"

我听到这话，心中一惊。我想，在我们谈论如何制止文化粗鄙化的办法之前，有个前提——我们是否承认今天的中华文化已经陷入粗鄙化，而这种粗鄙的文化正在消解和损害我们民族的精神？

二〇〇二年十月

旅游性破坏

我们的文化遗存真是祸不单行。在经历了摧毁式的建设性破坏的一轮之后，现在又开始遭受新的一轮——旅游性破坏了。

在第一轮，我们城乡的历史遗存被视作过时的弃物，当作累赘，渴望着旧貌换新颜，铲除便了。于是上世纪九十年代以来"建设性破坏"的大潮席卷着我们的文化中国。

然而，随着经济全球化的日益迫切，人们愈来愈看重了不同文化的价值。特别是旅游业的发展——旅游的目的就是去体验不同的人文与大自然。于是，大家几乎同时发现原先那些应该推倒拆除的"危房陋屋"反倒更能吸引游客，招来钱财。这便赶紧刹住推土机，开始在这些"破房子"上大做起文章。于是新一轮破坏性的旅游大开发就扑面而来。

旅游性破坏大致有三个特点：

一、庸俗化的翻新

由于看不惯老街老房的拥挤和陈旧，甚至认为搞漂亮了才更吸引人，便动手翻新。前年曲阜的旅游部门水洗孔庙便是最典型的一例。各地方开发这些古老遗存时，照例都是里里外外，抹灰刷漆；上上下下，描红画绿。见光见新，涂脂抹粉。把老的变成新的，真的变成假的。历史感荡然不存。如有领导心高志大，加大力度，还会落架重建。重建如盖新房，一准还要加大体量，显出气魄；同时拓宽老街，裁弯取直，便于交通；前边建广场，后边修车场；

再搞几个古装人物的雕塑，插一片花花绿绿的牙旗点缀其间，好"让历史放出光彩"。历史的模样全然大变。

二、粗鄙化的再造

总以为历史遗存的魅力有限，规模太小，不够丰富。故而，有的去将早已不存在的历史"景点"重建起来，有的则随心所欲地增添新"景点"，穿靴戴帽，配龙配凤。

古物保护中有复原的方式，复原为了重现历史。但从严格的意义上说，保护是不主张复原的，因为复原往往对遗址原貌构成破坏。倘若必须复原，则必遵循原样，不能差距分毫。然而，现今旅游开发的"历史景点的重建"却完全是另一码事。

首先，重建历史景点不是为了复原历史，而是为了赚钱。其次，我国的民间建筑基本上没有图纸，重建没有依据，又无照片可以参照。这种重建，全凭当地老人们一些混沌的记忆，或是道听途说。有的说这儿有一个山门，有的说那儿有个亭子；有的说是亭子，有的说是塔；有的说是六角塔，有的说是八角塔。主管的领导依照个人的兴趣定个方案，包工出去干起来。没人去管建筑的年代、风格、形制，反正有个云字头或万字花就算是古代了。如今不少地方都在建造"明清一条街"。这是典型的粗鄙化的仿古。明清两代加起来六百年，等于美国历史的三倍。每个朝代不同阶段的风貌都不一样。明清街是什么街？只不过是一个粗糙又荒唐的仿古符号罢了！

我在山东鲁西南地区考察民间文化时，听说一处新开发的旅游景点，跑去一看吃了一惊。原来山坳处有一口巨大的古井。石头的井沿历久磨光，圆润浑厚；井深三丈，清洌见底；四边松树环合，幽静得很。传说，当年远近一带去到济南府做生意的商贾和考取功名的书生，途经此地，口燥舌干，便取水于此。一旁石壁上还有些题刻，最早是金代的。应该说这是很不错的一个古迹，但当地的领导认为，一口老井没有多大看头，心头灵机一动，从水联想到龙王，就在古井的后边修一座龙王庙。龙王爷的塑像粗俗不堪，匠人

河北省柏林禅寺为香客与游客扩建的仿古大殿，全然没有建筑历史与地域风格的界定。

们还"独出心裁"，用泥巴塑了几条龙盘在房梁上，龙身涂上厚厚的刺目的黄浆，抹些金粉，利爪凶目，形状可怖。此外，还在龙王庙的四周垒了一道围墙，竟像公园的外墙，墙体上挖出一排各式各样扇形的窗洞。我问他们：难道庙墙可以透空吗？

没人作答，一笑而已。

这便是当今各地开发的旅游景点的真实状况。历史已经颠三倒四，遗存已然一塌糊涂。偏偏导游小姐还会给你讲一段不着边际的"民间传说"，这些传说都出自当地文人们的编造。所以我说，如今大量的旅游故事是伪民间文学。连民间文化也是假冒伪劣的了。世界上还有什么地方像我们这样糟蹋自己的历史文化？

三、强制性规划

由于旅游业的经济效益和经济潜力已经被看到了，旅游开发自然就进入城镇改造的整体规划。这一来，对古代遗存的破坏便是强制性的了。不要以为当今城镇的管理者们对古代遗存抛以青睐，就能高枕无忧。它们的命运不过是从房产开发商手中转移到旅游开发商的手中罢了。这中间还要经过"规划"一关！

当今城镇的管理者太喜欢分类学了。他们正时髦地运用一种思维，即把城市分作：商业区、居住区、娱乐区、古建筑区、博物馆区、体育中心、文化长廊和明清一条街。可能这样便于管理，也可能为了好安排旅游的路线；这种分类基本上是功能划分，与文化无关。其结果是，在古建筑区内的文化遗存得以幸存，在其他区域内更是厄运难逃。从整体上看，一个城市生动而自然的历史人文的原生态也就消失了。

这便是旅游业的兴起给我们的历史文化遗存带来的新问题和新灾难。本来，旅游者的兴趣取向应该引起一些城乡管理者对自己文化的自豪与自珍。可是，他们依然没有离开单一的经济目的，没有离开急功近利，也没有离开对文化的无知。对于他们，前一轮是因为这些东西破旧没用而一毁了之，现在这一轮是因为这些东西有利可图而随心所欲地折腾它们——同样是毁了它们！当然这些管理者可能不认为是毁掉了它们。他们会说：瞧，那些老古董不是好好待在那儿吗？不是被开发得更扎眼、更漂亮了吗？那么，谁去告诉他们只有原汁原味的历史人文的生态才有永久的价值？谁去告诉他们关键是要保持历史感和人文美以及什么是历史感和人文美？谁去告诉他们要向专家学者征询意见，并言听计从地按照专家学者的意见去办？

可是别忘了，第一轮的"建设性破坏"并没有过去呢，新的一轮"旅游性破坏"又直冲而来。两种"破坏"联手攻击我们的文化遗存。面对这样的大潮，我真的有些悲观。到底我们历史文化遗存光明的生路在哪里？我们剩下的东西真的不多了！

二〇〇二年八月二十日

中国城市的再造
——关于当前的"新造城运动"

当代中国正在进行一场史无前例的"新造城运动"。神州城镇，不论大小，无一例外。地球上任何城市的改变，原本都是一种线性的渐变。除非经历了战争的浩劫。但战争迫使城市变化的规模总还有限，绝不像中国当今的"新造城运动"这样的普遍、坚决、彻底，铺天盖地。因而，这是中国城市史乃至世界城市史上空前而浩瀚的一次堪称"奇迹"的变革。中国城市人的生活因此全面地更新。

这场"新造城运动"大致经历了两个阶段。

第一阶段是由二十世纪八十年代中期到九十年代中期。这期间，政府迫切翻新历久不变的城市面貌，更换老旧的功能设施，改善百姓落后而困窘的生存条件——这也正符合民众的愿望。更重要的是应运而生的房地产业骤然崛起。于是"旧城改造"的口号响彻中国。由于当时人们尚无文化上的自觉，大规模的城改是在"破旧立新"的激情中进行的。文化人忧患又无奈的"建设性破坏"便伴随其间。应该说，这是"新造城运动"的初级阶段。它只是"改城"，而非"造城"。

第二阶段是在九十年代中期以后。这期间，城改工作渐渐由单一的改善百姓的居住问题，进化到对城市形象的重视。特别是全球化的迫近，促使人们的目光触及城市自身的文化价值，人们开始懂得城市的特征是一笔巨大的财富。当然，使人们产生这种文化的觉醒又离不开旅游业的兴盛。于是就有了创造城市形象的愿望。随之"改城"进入了"造城"。造城是全局性的，必须依靠规划完成。一旦进入规划，当代中国的"新造城运动"则迅速形成。

而且城市之间争先恐后，一哄而起，有如汪洋恣肆的洪水，所向披靡。但是，由于人们对自己城市的历史精神和文化个性缺乏深入的了解与把握，伴随着这"新造城运动"，便是新的一轮——"旅游性破坏"和"规划性破坏"的到来。这一轮更厉害。尤其是规划。规划是一种硬性规定，它带来的问题都是致命性的，而且已经非常刺目地表现在如下四个方面：

一、无个性

从北京到全国，从各地的大城市到小城镇，其历史人文特征都在迅速消失。根本的原因，是我们从来没有对自己城市的文化特性进行过认定。在过去的以阶级斗争为社会生活主题的漫长岁月里，对于城市里的古典民居与历史街区都没有做过任何调查，而且一直是当作过时而待拆的"危屋陋室"来对待的。我国八十年代的"旧城改造"就是在这种"文化背景"下进行的。这种背景实际上是一片文化的空白。从八十年代中期到九十年代中期，"旧城改造"的大潮十分迅猛。根本谈不到对这些成片的破烂的老房子进行文化鉴定，只是想着除旧更新，痛痛快快一推了事。所以，城市的许多文化支点——无论是作为历史街区的文化板块，或者作为单体的古老建筑的历史象征，都已经失去了。到了九十年代后期，当人们想去表现自己城市的个性形象时，这些文化支点早都不存在。没有文化支点，城市的历史人文特征自然无迹可寻。这种惨痛的现代化教训只能"永垂青史"了。

另一方面的问题是新建设的街区与建筑。由于城市的管理者们至今还弄不清楚自己城市的历史文化特征，新建的街区很难在地域的传统与文脉上保持延续性，尤其是大量的、高大的、无文化血型的建筑无序地涌入，城市形象变得愈来愈模糊不清。这就给今天的"树立城市形象"的构想带来更大的困难。好似一盘乱棋，已然无从下手。

应该说，八十年代以来的"旧城改造"确实给城市居民解决了切身的困难，但在人文遗存上却是一场毁灭性的破坏。也就是说，由于在文化上的无知，虽然改善了城市的使用功能，却在城市文化上留下永远的、无以补救的损失。从而，城市的文化特征落入了虚空，无所凭借，也失去依据。遗憾的是，我们至今无悔，有些地方仍在继续。

二、模仿

模仿是反个性的。它是造成城市无个性的重要原因。但它恰恰是当下"新造城运动"的一个流行的手段。

模仿的根由之一，是对现代的崇拜。这是现代性情结的一种表现。依照这种思维逻辑，既然现代化与改革开放是一码事，一切"现代"便都来自外部世界。现代的城市形象必然是那种——高速公路＋立交桥＋高楼大厦＋霓虹灯＋广告＋广场，等等。于是就有了前几年红极一时的"让城市高起来、亮起来、洋起来"的口号。很多城市正是在这种幼稚可笑的口号中变成了相同的嘴脸。

模仿的本质，一方面是对自己文化的无知和缺乏自尊，一方面是创造力的匮乏。城市的想象力本来是一点点积累起来的。谁也不可能在这种全国性的、大规模的、快速的造城运动中，提供出源源不绝的创造力来。

为此，模仿成了唯一的出路。不仅模仿外来的，还相互模仿。最低级的模仿是抄袭。故而，"千古文章一大抄"在当代的"新造城运动"中已成为潮流。一忽儿各个城市都竞相建造广场，甚至连县城和乡镇中都要修建一个广场；广场上全都是那种低水准的雕塑、大大小小的喷泉和似是而非的"罗马柱"；一忽儿又修绿地，以至由于缺水浇草，用绿漆喷染枯草；一忽儿又建电视高塔，你三百米，我四百米，争做中国第一乃至亚洲第一。

模仿的结果，是城市间的趋同。应该说，许多城市已经没有整体特征，只有零碎的、单体的、少得可怜的遗存。在全球化时代，无个性的制造等于自我的文化毁灭。

三、功能主义规划

规划是"新造城运动"中的关键。规划确定"造城"的方案，所以规划决定着城市的个性与形象，也主宰着城市的历史人文的命运。

然而，当下的"造城"规划中，流行着一种可怕的功能主义的思维，即按照使用功能简单和强制性地划分，重新安排山河，布局城市，将城市划成各类区域，如"政府办公区""生活居住区""商业购物区""文化娱乐区""历史风情保护区""体育中心"，等等。

城市本来是一个非常丰富的实体。各种功能有机地交叉着，谐调着，互补和互动着。它是当地人独特的生活方式与生活习惯历史而自然地呈现。硬性的区划不仅使城市生活变得机械、单一、死板和不便，同时破坏了生活丰富、自然、浓郁及其特有的气息。

城市不仅是物质性的，还是精神性的。它是历史的记忆，情感的载体，及其一方水土特定文化的执有者。如果仅仅是功能性地规划和再造，势必对其原有的历史人文构成破坏。因为规划一旦形成，就是强制性的。它一定会"顺我者昌，逆我者亡"。对于非本功能区性质的人文遗存则视为多余，其厄运依旧是在所难免。

这种功能性规划中，还有一项各地都不能缺少，便是旅游。按照当今的城市管理者的概念，旅游不属于"区"，而属于"线"。为了方便游客，便要将一些景点"路线化"。这一来，凡在旅游线上的历史人文便受到青睐，反之则被冷淡和丢弃。因此说，功能主义一定是功利性的。

由于这种功能主义规划的盛行，它必然从根本上和深层上决定着我国城市走向雷同。

四、粗鄙

"新造城运动"是一场速成性的城市改造。由于城市管理者建功立业的心切，房产开发商们获利发财心急，各项工程都要速战速决，还要在各种节日里竣工剪彩献厚礼。再加上造城的规划都很大，资金却常常捉襟见肘，这就决定了这些工程不可能精工细制，不可能是"百年精品"，很容易陷入粗糙。而粗糙的城市是不会具有魅力的。

特别是一些仿古建筑。

由于古物已毁，只好仿古重建。重建大多不是严格地遵循原先的尺度、结构、材料和方法，基本是用钢筋水泥制造的假古董，或可称作"古装建筑"。比如各地都在大造的"明清街"，到底与这城市的历史有什么关系？有什么地域特点？有没有文化内涵？单从时间上说，明清两朝总共六百年，各个时代风格迥异，比如明初与清初的风格就全然不同。但如今这些仿古的明清街却一如唐装，最多只是一个粗糙的古代符号罢了。将丰富而立体的历史生命变成空洞和概念化的历史模型，是当前城市仿古建筑的本质。仿古不是对古物的尊重，而多半出于吸引游客的商业目的。假古董是任何地方都可以制造的，对于城市，毫无文化价值。

在"新造城运动"中，还有一个值得注意的倾向是，不是深化自己的人文历史，而是外化自己的文化内涵。外化是表面化，是直露和浅薄化。当然，更值得注意的倾向是把城市趣味化，娱乐化，甚至庸俗化。这可能是出于赚钱的想法，但庸俗是文化最大的杀手。庸俗化可以毁掉一个城市的文化，乃至城市本身。

当今我国正在进行的这场"新造城运动"，非同小可。这里所说的"非同小可"，是指它对当代中国人精神文化所产生的影响，也就是这一巨大、急速而粗糙的人文改造——或者叫作人文再创，将会给当代中国的精神文化带来的负面作用。我想，未来中国很难再发生这种"造城运动"。我们的后人将生活在我们所创造的这种粗俗的城市环境中。我们没有理由不为此而焦虑！

我想，在这"新造城运动"还在如火如荼的过程中，能否静下心来，审视全局，发现这一运动所出现的各种深切而致命的问题，以前瞻的、深入的文化思考去纠正当前这种急切和粗糙的行动，把造城运动所带来的文化损失降到最低点？

具体地说，当务之急是先要认定自己城市的文化个性。这个文化个性不是今天赋予它的，而是它独特的历史形成的。如果不深知自己的文化个性，鲁莽的破坏就一定会出现。紧跟着，就要保护好那些作为文化个性有形载体的历史遗存和历史环境，特别是那些成片的历史街区。倘若没有这些原生态的城市板块，历史生命便会断气。假古董不能显示城市的人文特征，因为假古董没有历史年龄和人文内涵。至于新建筑应该考虑它的文化血型与地域传承。还有，规划要避免功能主义的区域划分。现代城市规划学的一个重要概念是"文化规划"。规划只能保护和深化城市特有的人文形态，不能随意地肢解原有的人文整体。由此而言，从城市个性的认定到整体规划的制定，都急需人文科学领域的知识分子的参与。没有这些文化学、历史学、民俗学、美学和地方史学者以及艺术家们的真知灼见注入对未来城市的想象，当代的"新造城运动"在后人那里得到的很可能是一个相反的结论！

再有，就是城市的改造不能操之过急。世界上任何名城都是日积月累，不断滋养，修行百年千年，渐渐出落出来。哪有可能一年半年把城市变成一个"名牌"？如果现在没有足够的资金去精雕细刻，那就交给后人，慢慢地做。不要由于建功心切，毁掉了历史积淀，也毁掉了未来的发展空间。

然而，写到这里，我忽然想，我这些话对谁而言？对于那些大干快上的新造城者们，他们听得见——听得进去我这些意见么？

新造城运动是中国历史上一场翻天覆地的人文变革。我们之所以称之为"运动"，因为它太像一场革命运动了。它是一哄而起、不可阻挡的，它是"打破一个旧世界，建设一个新世界"的，它是强制性的，又是充满激情的。但这是和平年代里一场笑容满面的走向新生活的城市建设运动，也是一场中国人一往情深的现代化运动。为此，我们身在这日新月异的变化中，往往很难感受到它的负面影响，很难看到它在那些无形的精神文化的层面里所造成深刻的损害。那么，首先应该清醒地正视这一运动，这是知识界的职责，因为社会清明的大脑始终应该存在于知识界中。

二〇〇二年十月十八日

神州遍地小洋楼

倘若你是一位游者，大江南北跑一跑，最大的感受会是什么？

变化真是太大了呀，旧貌换新颜呀，改天换地了呀——这些感受自然人人都有。可是从文化角度审视一下呢？你会说：千城一面。对了！我们那些古老、缤纷和千差万别的城镇，正在变成同一张面孔。但又绝不仅仅如此。你再仔细看看，是否发现到一个令你吃惊的景象：神州遍地小洋楼？是！

如今，小洋楼就像手机那样，从城市到乡村，从少数人的奢侈到遍地开花般地普及，从一种时髦到一种狂潮。小洋楼正在成片成片地覆盖着神州大地。

前两天，一位浙东的朋友来访，随手翻看我那部为记录津门历史遗存而拍摄的图集《小洋楼风情》，他竟咯咯地笑起来。我问他因何而笑，他说："这有啥新鲜的，我们村新盖的小楼，一色儿全是这种洋房！"

他的话没错。正是这样，神州大地上一个个风情各异的古村古镇，转瞬之间变成一片片洋楼群。它们傲立于山野，突现于平原。它们和这里的历史没有关系，和周围的自然环境与人文环境也全无关系。这些金发碧眼的小洋楼就像是从天上掉下来的。当然，它们与西方真正的"小洋楼"也全然不同。它们只是一种粗糙的仿制品而已，一概是水泥构筑，简易廉价，式样基本上一样，每座建筑上边都有一个尖。这个"尖"便是"洋"的标志。不知从哪来的逻辑——"洋"就是"现代"，"现代"就得"洋"。于是这种千篇一律的尖顶小楼便如同雨后春笋，遍布神州。一次我驱车从杭州到金华，两边车窗前的景观叫我震惊不已，那些青瓦粉墙的村舍已经荡然不存，满山遍野全换成了这种舶来的简易的小洋楼！在这波澜壮阔的小洋楼的海洋里，不仅

二十世纪末，小洋楼在中国大地如雨后春笋般出现。

荡涤了一切历史的积淀，更重要的是——它显示着今日国人为外来的强势文化所倾倒。这种在心理上失去了文化的自信，才是最应该被注视的。

至于城市，问题更要严重一些。在"旧城改造"不断增加力度的势头下，成片的历史街区被刮地铲去，然后把地皮交给开发商。开发商为了房子好销，顺应大势，当然是愈洋愈好。于是，城市被开发商们一块块买去，街道没有了，全变成了小区，原先那些美丽的街名和地名也被抛掉；高高矮矮的洋式的楼群拔地而起，最后再起上种种洋气十足的名字，如"罗马花园""巴黎广场""美国小镇""西班牙城堡""香榭丽舍别墅"等等。于是我们各地的中国人都拔寨启程，离开历史，进入这种千篇一律的商品性质的"洋人的天地"中来！

我们就这样"走向世界"么？我们仅仅住在这些洋楼和洋地名里也会沾沾自喜吗？我们总说洋人如何倾倒于中华文化，为什么他们的城市里却没有"西安广场""龙城""长城别墅""飞天公寓"和"颐和园"？

应该承认，对强势的西方文化的认同与逢迎，是时下人们的一种心理趋势。

不仅地名，连各种各样的店名，商品名称，乃至人名，也常常以起一个洋名以为时尚。

在这样的弱势乃至劣势的文化环境中，一个无知的青年演员穿上日本军旗装招摇过市，便不足为怪了。由此想想看，我们的下一代在如此的环境里耳濡目染，还会有多强的文化的自尊与自信？

在当今"全球化"时代，各种文化的相互吸纳与融合十分自然，并不可怕。但很重要的一点是对自己的文化的态度。这一点，倒是应该好好看一看欧洲与日本。他们的文化早已与世界相融，但他们对自己的文化却充满了自豪感与光荣感。而我们为什么一提到传统便被认作"抱残守缺"？一说"现代"就一准是"洋式"的！难道我们创造不出灿烂迷人的东方血型的现代文化？我们只会模仿洋人吗？

记得前两年，在报上常常见到一句话，便是要城市"高起来、亮起来、洋起来"。这"高、亮、洋"三个字都很值得推敲。以高楼大厦和灯火辉煌视为现代化城市的标准，恐怕多半来自于对纽约与芝加哥的印象。这只是一种肤浅的感官印象，一种对现代都市的非理性的误解。至于"洋起来"就有些荒唐了。一位外国朋友曾经笑着问我："什么叫'洋起来'，是不是要和我们一样？"他这句话是玩笑，却使我挺尴尬。我只能用玩笑打个岔，还带点狡辩：

"洋起来就是多一些你们洋人来。"

他听了，不再说，还是笑，却令我更加尴尬。我心里在暗暗骂我们一些糊涂的国人！说糊涂还好，这实际上是一种文化上的自我轻贱。

在全球一体化的时代，任何民族既立足在自己的经济实力里，更立足在自己独有的文化中。在文化上，自觉地自我轻贱很危险，不自觉地自我轻贱更危险。我常常从这个视点上，忧心忡忡地注视这神州大地上方兴未艾的小洋楼们，却不知该怎么办。

二〇〇一年十二月

从潘家园看民间文化的流失

我们的民间文化博大和灿烂，但挡不住现代狂潮，正在急剧地瓦解、消散、流失。这情况，未必非要下去调查才能知道。如今每个城市都有古玩市场，它们就是民间文化正在流失的窗口。从这窗口往里一看便会一清二楚。比如北京的潘家园。

前十几年，在潘家园的市场上，最常看到的是硬木家具、名人字画、明清大瓶、木佛玉佛、文房四宝，柜中细软，以及种种精美的摆件与物件。人们拿老东西换钱时，总是先挑其中的精华。连从外地转手入京的老东西，也多是这种传统意义上的古董。那时，具有地域性的各地独有的民间文化尚未流入市场。

进入九十年代，家传之宝卖得差不多了，便开始寻些昔时旧物来卖。官皮箱卖光了，就卖老祖奶奶的梳妆盒；镜框里的画卖了，再卖镜框本身。堂屋里的竖钟和插屏卖了，便去卖厨房里的粮斗和月饼模子；过世的老爷爷的砚台笔洗卖了，则去卖老人身后遗留的烟袋、眼镜、帽头、扳指、烟壶和老衣服。反正老东西总值几个钱。最先掏钱买这些东西的是洋人。洋人很看重民间的事物，将其视为文物，但我们却把民间的东西当作过时的破烂，这就叫洋人捡了便宜。于是，民间文化便源源不断地流入市场，随后，国人才渐渐对民间的东西发生了兴趣。

市场是买方的。哪样东西有买主，哪样老东西便热销起来。于是从民间家居的各样物品，到各种作坊和商家的器具，再到民间艺人的千奇百怪的各类行头家伙——凡有做工的，凡形制别样的，凡有文化符号意义的，便有买主。

这一来九州各地积淀了成百上千年不同形态的民间文化就开始冰消雪融，全面地瓦解，化为商品跑到市场来。每一种民间物品来到市场，便表明这种民间文化已经成为历史。剃头挑子来到市场，表明老式的走街串巷的剃头匠连农村也没影儿了；年画木版走上市场，说明木版年画已经无人问津；整箱的提线木偶出现在市场，不是告诉我们这种有声有色的乡野戏偶已然绝迹于民间了吗？有一次，我见一小贩卖翻制泥玩具的木模。待一打听，竟来自河南新乡。由此可知如今在"泥人之乡"新乡再不会见到那种趣味醇厚的泥玩具了。

可是，谁把这种由"现在时"变成"过去时"的民间事象，当作必须保护的珍贵的历史文化？

记得九十年代初期，我为了怕一辆清代中期的轿车和一扇巨大而豪华的明代木门被一个比利时人买去，流失海外，遂出钱买下来。但这些东西随后就如同"泄洪"一般涌进了市场。

古玩市场的老东西，总是一批批地出现。当古董贩子们从某省某地弄来一样特别的东西——比方山西晋商家爱用的老冰箱，或者藏族人那种用蒙兽皮做前脸的箱柜——受到欢迎，紧接着这些东西便会在市场上大批出现，成为畅销货。然而民间遗存总是有限，用不多时便不会再有。于是我明白，当一种民间物品从古玩市场上看不见了，便意味着它在其"发生地"已经彻底消失。换句话说，在它的发生地，一种本土文化形态已然灭绝。

从这十几年古玩市场上民间文化的大走向看，先是文化精品，后是生活文化；先是室内物品，随后是室外物品。

当种种房契、地契、老照片、木匾、抱柱联、脸盆架、灯架、花盆、鱼缸、山石乃至家谱、祖宗画像和牌位都进入市场之后，便开始拆房推墙，出卖有刻工的窗格、门片、花罩、梁木、牛腿、刻砖、门墩及石础。近五年，市场流行各省各地的花片，其中有江浙一带"千工床"上镂花的雕版，也有各地花样百出、风情各异、精美绝伦的窗扇。这些花片价格便宜，尤为"老外"喜欢。由于不属于文物之列，出关完全不成问题。故此，花片一时极为热销。在这些大量充斥市场民居构件中，我看到了大批优美的民居的毁灭！

这是任何国家古玩市场都没有出现过的事，但恰恰出现在我们这个文化大国！

最近两年，古玩市场的另一景象是，民间用品开始出现了仿制品。赝品伪品，不止于名人书画，也开始伪造到民间。从民间家具到老照片全面造假。甚至连"花片"也有了仿制品，做旧的技术也不错，常常叫人弄假成真。伪品的出现，说明真品的稀少。而民间物品的稀少，便表明各地的民间文化也已经分崩离析，寥落无多了。从潘家园的窗口里，我们所看到的真是一种文化的悲哀！

同时，这几年北京的高碑店和吕家营成了民间文化的集散地。特别是山西人众多。俗话说，地下文物在陕西，地上文物在山西。山西人不愿北京的古董商在"转手买卖"中捞好处，索性来到京郊这两个地方安营扎寨。他们租房租地，盖仓库，建货场，将其本土的山西民间文化尽收罗之能事，然后直接送到京城内中外藏家的手中。

前两天，我在吕家营一个贩子的仓库里看到一口巨型的铁钟，高达二米，重近一吨，品相极佳。从上边的铸造的铭文来看，此乃山西灵石县之物，年代为大明成化十七年。我忽想到山西的一位朋友耿彦波，他十分爱惜历史文化，在灵石县做县长时修复了著名的王家大院。我当晚回津时赶上大雾，入津已经夜深，转天便电告耿彦波。他在电话里激动地大叫："你帮忙吧，这是我们灵石县的东西，花多少钱也要买回来！"我马上托人去买。谁想就在当日已经被人买走。这使我后悔不已，并痛恨自己没有当时就给耿彦波打个电话。我犯个大错！

民间文化一旦离开他的本土，便失去了大半的意义。而一个地方流失了自己的民间文化，便会失去了历史的根脉与精神。我却不知谁也如此想，如此看。

二〇〇一年十二月二日

地名的意义

一些城市的历史街区在"旧城改造"中被荡涤一平之后，留下的只有一个地名。这地名有名无实，空泛无用，改掉便了。于是，许多地名正在成批地被从地图上抹去。我们对自己的"革命"总是这样干净彻底。

有名无实的地名这样毫无意义么？

近日读了李辉和袁鹰二位先生由于襄阳与徽州易名而发表的真知灼见，更引起对地名本身的深思。

首先，地名绝不仅仅是一个称呼，一个特定地域的名称。

城市是有生命的。地名便有了生命的意义，也就是有着和生命一样丰富和深刻的含意。如果这地方有其独有的历史与命运，地名便是这历史命运的容器，比如唐山与大地震的灾难，平型关与平型关大捷，罗马与罗马史。如果此地有个性而非凡的文化，这地名便是对这文化的命名。比如扬州和扬州画派，苏州和苏州园林，上海与海派文化，法兰克福与法兰克福学派，佛罗伦萨与整个文艺复兴运动。城市成了一种文化的属性。如果这些城市随随便便换去了名字，你说它失去的是什么？

一个地方自有地名才算是真正的诞生，此前只是人的一种自然和原始的聚落。地名是城市生命的起点。此后，这些城市发生的一切一切，包括它的成败荣辱和曲折坎坷，全都无形地积淀在这看似只有几个字的地名里。这一切一切，还渐渐地在这地名里形成它独具的历史文化，只要走出这地名一步，就不再属于这独特的历史文化了。如果说地名是一个城市的文化代号，那么这城市的生命密码就在其中。

这个地名是一本厚厚的书。

如果你崇敬这地方的文化，这地名就是一种尊称；如果你对这地方有情感，这地名就是一种深挚的爱称。比如故乡的地名。

地名中又潜在一种凝聚力，亲和力，还有复杂的情感。

当然，历史上地名的更换也是很多。但这些地名的改变，大多由于政治变迁，改朝换代。更改地名，总是为了表明"改天换地"，绝非从文化考虑。然而，正是出于这种无意中的惯性——这个非文化的传统，使得我们对地名的文化价值与精神价值缺乏认识，以致出现袁鹰先生所指出的将徽州易名为黄山这样令人遗憾的范例。徽州乃是令人神往的韵味幽雅的古城，一改为黄山市，就像变作一个新兴的都市，文脉中断，魅力不再，优势全无。

地名是一个地域文化的载体，一种特定文化的象征，一种牵动乡土情怀的称谓，故而改名易名当慎，切勿轻率待之。无论是城名，还是街名，特别是在当今"城改"狂潮中，历史街区大片铲去，地名便成了一息尚存的历史。倘再将地名删去，历史便会彻底荡然一空。我们早晚会感到这种文化的失落，我们已经感到这种失落和茫然了！

那么，谁来守住这个至关重要的历史文化？

二〇〇一年十一月

旧与老

在京城的一次活动中，经人介绍结识一位德国女子。她通汉学，尤爱中国的历史人文，对当下备受摧残的古老建筑的痛惜之情，不亚于我们。她说她看过我为抢救津城遗存而主编的《旧城遗韵》，跟着马上问我："你为什么叫'旧'，不叫'老'？"

这个问题使我一怔。

有时一个问题，会逼着你去想，去自审。我感到这个问题里有值得思辨的东西，一时不及细想。我找到自己当初使用这个"旧"字的缘故，便说："天津人习惯把那古老的城区叫作旧城，我们就沿用了。"

她听罢，摇摇头，说："不好，不好。"便扭头走开。这个德国女子直来直去，一点也不客气。却叫我由此认真地深思了关于文化的两个重要的字，就是："旧"与"老"。

一件东西，使用久了，变得深暗、陈旧、褪去光泽，甚至还会松动、开裂、破损、缺失，我们习惯称之为"旧东西"。按照一种习惯性的潜意识，旧东西是过时的，不受用的，不招人喜欢的。所以旧东西的出路只有一条，就是扔掉——以旧换新。俗语便是："旧的不去，新的不来。"

我们有一种"厌旧"的心理。

这种心理来源于农耕文明。农人们的生活节律是一年四季为一个周期，所谓春种、夏耕、秋收和冬藏。春天是开头，冬天是结尾。春天里万象更新，一年之计在于春；对生活的期望全部孕育在春天的全新的事物里。故此，逢到过年，也就是冬去春来之际，人们最大的愿望就是除旧迎新。

被视作历史垃圾的马家口教堂建于一八七二年，是天津租界的里程碑式建筑。

于是，旧东西必定是在铲除之列。这种厌旧心理根深蒂固地潜在人们的血液里，便成了长久以来农耕文明中在文化上缺乏积淀与自珍的深刻的缘故。到了今天，自然就成了中华大地"建设性破坏"的无形而广泛的基础。这"建设性破坏"——建设是新，破坏是旧，对于我们多么的顺理成章！

然而，相对于"旧"，"老"是完全不同的另一种概念。

"旧"是物质性的，而且含有贬义，比如陈旧、破旧，等等；"老"却有非物质的一面。老是一种时间的内容，比如老人、老朋友、老房子。时间是一种历史，所以"老"中间不含贬义，甚至还含着一种记忆，一种情感，一种割舍不得的具有精神价值的内涵。

比方说某件东西是"旧东西"，似乎就是过时的，需要更新的；若说是"老东西"，那就含有历史的成分，应当考察它，认识它，鉴别它，对于有意味的老东西还要珍惜它。

由此往下说，对于一座城，我们说它是"旧城"还是"老城"，不就全然不一样了吗？

旧城，破破烂烂，危房陋屋，又脏又潮，设施简陋，应当拆去；老城，历史悠久，遗存丰厚，风情别具，应当下力气整治和备加爱惜。这一切不都与这两个字有关吗？应该说，这两个字代表着两种观念，也是不同时代的文化观。

在宁波，一次关于历史文化遗存保护的谈话中，我遇到了阮仪三教授。我对阮教授人品学品都十分敬重。谈话间，我提出了一个话题，就是"旧城改造"。

因为现在中国各地都在进行大规模的"旧城改造"。中国人是喜欢喊口号的，好像没有口号，就没了主心骨。因此常常由于口号偏差，铸成大错，坏了大事。我依照上边的这些思辨，便说：

"现在看来，'旧城改造'中这个'旧'字问题很大。一座城，如果说是旧城，'旧的不去，新的不来'，那就拆掉了事；如果换成'老'字，叫作'老城'就不同了，老城里边有历史，不能轻易大动干戈。当然，法国人是连'老城'也不叫的，他们叫'古城'！"

看来，这个问题在阮仪三教授的脑袋里早有思考。他说：

"'改造'这个词儿也不好。因为"改造"这两个字一向都是针对不好的事情，比如'思想改造''劳动改造''知识分子改造'等等。怎么能把自己的历史当作不好的东西呢？我认为应当把'改造'也换了，换成'老城整治'，或者干脆就叫'古城保护'！"

这一席谈话真是收获不小。居然把当今中国最流行的一句话"旧城改造"给推翻了。而且换上一个词儿，叫"老城整治"——或者痛痛快快就叫"古城保护"了。可别小看这几个字的改动，这里边有个"文明的觉醒"的问题。但这只是书生们的一厢情愿。关键还是城市的管理者们，有谁赞成这样的改动？

二〇〇二年九月十八日

长江，一个可能的文化灾难

大坝已然筑成，长江蓄水在即。水位一旦升高，山川骤然大变。亘古以来，一切景观及传说即刻化为乌有，三峡也将不复存在；随之而来，却是一片全新的风景奇观出现在眼前。现在，我们谁也无法预想出这风光到底是何模样。但可以肯定，在升高到一百七十米的水面上，那些最终没有淹没的山头峰顶，一定是千奇百怪，延绵千里，蔚为壮观。这是二十一世纪中国人"人造"的景观。世界上绝无仅有，人类史上也绝无仅有。而且这突如其来的景观没有人文历史，没有民间传说，连名字也没有。

于是——可能出现什么情况呢？

我想，首先是沿江各省各市各县，先派出一拨拨人，乘着大船小船，对自己境内所拥有的一些浮岛式的山头进行考察。伴随考察，自然还有游览、探奇、照相。

现在人们的经济头脑都非常发达，马上就会发现这些浮岛和山头是天赐的旅游胜地，是天上掉下来的大馅饼，是发财致富的绝好良机。这机会就看谁先抓在手里了。很快，整条长江就进入一个旅游开发的热潮。想想看，一千多公里的新天地，会有多么巨大的旅游吸引力。没来过长江的人要来看，以前来过长江的人现在更要看。

于是，人们要做的第一件事，是给这些"新出生"的岛屿山头起名字。中国人大体属于形象思维的，喜欢像什么叫什么。于是"马头山""佛头山""奶头山""元宝山"，还有"棒槌岛""葫芦岛""母子岛""蓬莱仙岛"等等就全来了，说不定还会冒出一个"英伦三岛"呢。名字一定，

小小三峡的独特景观即将化为乌有。

就要邀请书法界名流或各级领导题写山名，不管写得好还是写得赖，名人有名就行，领导高兴就好。随即凿刻于绝壁，字愈大愈突出，描上红漆更显眼，显眼就能招引游人。很快这些水上奇峰有如大小商厦，带着花花绿绿的"广告"耸立在江面上。

依照现在旅游开发的速度，马上上马，说干就干。各种开发公司一拥而来。为了给这些野山野岭增加情趣，便大力制造"人文景点"。盖寺修塔，安佛立神；开山凿洞，设危造险。于是，一准会出现什么"神仙洞""一线天""飞来石""八步险"，还有"长江第一险""长江第一怪""华夏第一奇"。商家用语，言必"第一"，当然，还要请些文人，编造一些"民间故事"作为这些人造景点的依托。反正现在的旅游故事大多是伪民间文学。上述并非我凭空想出来的。单说长江的酆都鬼城不就是这一套吗？

为了旅游设施的配套，各种硬件设施一定也会大干快上。旅舍，餐馆，度假村，商业化的"明清老街"等等，一准全都会出现在这些荒山野岭上。想想看，我们连现成城市的个性都把握不准，谁去管这些"景点"所在地方的历史文脉。无须多久，那种廉价的、享乐主义的现代建筑、粗糙的仿古建筑、舶来的小洋楼便会拔地而起。而且中国人喜欢求同，相互仿效，商品时代又是什么流行干什么，很快——一条江上的模样就差不多了。

我们将这样地"创造"出神州大地上最大的人文景观，也是一种现代人文。粗鄙的！浅露的！娱乐化的！商业化的！

我们将把一条具有七千年历史的积淀深厚而迷人的长江，改变为一条浅薄的、庸俗的、旅游化的长江。我们真的会这样吗？

不要以为我坐在书桌前，胡思乱想，杞人忧天。只要我们到全国各地转转，看看当今"下边"是怎样开发旅游的，怎样胡乱地改造旅游资源——无论是历史人文资源还是大自然资源，我们就会深深地为长江担忧。

倘若如此，则必是一个文化灾难！

现在还没有任何迹象使我心释然。因为对于"新长江"还没有一个文化法规，我们对未来的长江还没有任何文化设想。谁说可以阻止或避免我上述那种文化灾难的出现？

二〇〇二年八月一日

什么是现代家居？

在和朋友们聊起有关欧洲的见闻时，常常会碰到一个令人不解的事。就是每每到欧洲人的家中，并不像想象的那么"现代"。房间不大，没有像样的客厅，不少人家电视也不过是二十一英寸。不但没有家庭影院，甚至没有VCD。冰箱不是双开门，沙发普普通通，更别提豪华灯具了。原来欧洲人的生活还不如我们。为什么？他们还没有进入现代？

我把这个问题提给一个欧洲朋友。这朋友笑了，问我："什么是现代？"

究竟什么是现代家居？有人说，房子大。房子太小太挤，四五口人挤在里边连吃带睡，当然没有进入现代。但即使每个人住进一间老式大瓦房里，点油灯，烧大炕，蹲坑茅厕，也一样是没有进入现代。可见房子大小并不能表示进没进入"现代"。

按照这位欧洲朋友的说法，家居的现代最主要的是指现代的科技含量，也就是现代科技给人们家居生活带来的方便与舒适。主要是三个方面：

首先要拥有一个舒适的卫生间，内有质量优良的洁具和各种先进的设备，以及使用自如的冷暖水。二十世纪末，美国一家刊物评选人类最伟大的"世纪发明"。人们议论纷纷，有人说应该是人造卫星，有人说是以太网，还有人说是电视。待评选结果一公开，竟是抽水马桶！人们大惊——大哗。可是静下来一想，不无道理。人是天天要排泄的，如果至今还是用着臭气熏天、秽物入目的茅厕，人类的文明程度明显还是等而下之的。有人把抽水马桶的出现比作人类文明进程中的一个里程碑，不无道理。所以说，拥有一个现代化的卫生间是现代家居的首要标志。

其次是必须具备现代的通讯设备，包括电话、传真、电子邮件，通畅无阻。现代生活的一个重要特征是信息流通，无论获得信息还是输出信息都必须快捷和便利。这也是家居现代化的一个必备的条件。

再有就是要拥有全套现代的硬件系统，包括供暖、空调、煤气、电梯、通风设施和安全性高的自动防火与报警系统。如果我们享受了这一整套科技含量很高的现代设备所带来的方便、快捷与享受，我们的家居就进入了现代。

由此可见，现代家居的最根本的含义是看科技含量的多少，而不是看房子是新是老。故而，欧洲人最理想的家居是老房子加上现代设施。他们绝不推掉那种有着深厚历史人文内涵的老房子，而是如上所述——在老房子里修上一个舒适的卫生间，装一部电梯——通常都很小，改进上下水和供暖系统，安装现代的防火与预警系统。这样，他们就可以一边享受现代科技带来的种种恩惠，一边感受着老房子所具有的丰富的历史感和不可重复的历史美，真正地做到鱼与熊掌两者兼得——物质与精神双丰收。我想，我们的建筑师在设计各种具有现代感的新建筑之外，能不能如上所述地尝试一下，用这种思维改善一片历史街区，使古代与现代交相辉映，而不是你死我活？

二○○二年十月

大门上的"福"字不宜倒贴

青砖照壁上的福字，必须工工整整，绝不能头朝下倒贴。

　　春节临近，又该贴"福"字了。在昔时的年节饰物中，年画吊钱之类大都不适于新式居室，所用渐少；唯有福字，简便明快，寓意鲜明，故而依然走俏。

　　但是，不知缘何而起，近年来倒贴福字，忽然成风，而且愈演愈烈。由门板上的福字、到居室各处张贴的福字、再到点心盒甚至贺卡上的福字，一律是头朝下，脚朝上。前年腊月里，我由北京返回天津，路经一处大街，看到家家门板上的福字一律倒贴，宛如河中的倒影。那感觉，好似必须立起大顶，才能看好。

据说，倒贴福字，取其"倒"和"到"的谐音，意为"福到"了。在我国传统民俗中确有这种说法，但不是说所有福字都要这么贴，尤其是大门板上。

民俗传统中，倒贴福字主要在两个地方。一个地方是在水缸和土箱子（即垃圾箱）上，由于这两处的东西要从里边倒出来，为了避讳把家里的福气倒掉，便巧用"倒"字的谐音字"到"，倒贴福字。用"福至"来抵消"福去"，以表达对美好生活的向往。

另一个地方是在屋内的柜子上。柜子是存放东西物品的地方。倒贴福字，表示福气（也是财气）一直来到家里、屋里和柜子里。

至于大门上的福字，从来都是正贴。大门上的福字有"迎福"和"纳福"之意，而且大门是家庭的出入口，一种庄重和恭敬的地方，所贴的福字，须郑重不阿，端庄大方，故应正贴。翻翻中国各地的民俗年画，哪张画大门上的福字是倒着贴的？但像时下这样，把大门上的福字翻倒过来，则必头重脚轻，不恭不正，有失滑稽，有悖于中国"门文化"与"年文化"的精神。倘以随意倒贴为趣事，岂不过于轻率和粗糙地对待我们自己的民俗文化了？

民俗讲求规范。该轻松处便轻松，该庄重处必庄重。应当讲究，也应当恪守。规范具有约定俗成的合理性，而且它又表现出一种文化的高贵和尊严。由此而言，大门上的福字不宜倒贴。

二〇〇〇年一月二十日

传统与地域性

从文化学角度看，建筑最重要的传统是它的地域性。

不同历史时期不同风格的建筑，是建筑之间纵向的区别；不同地域不同特征的建筑，是建筑之间横向的区别。由于后一种区别，使得一个地区或一个城市具有鲜明的可视的个性。

在古代，建筑师们并不刻意地去表现这种特征。他们只是遵从了那一方水土的人们的一种习惯——使用的习惯和审美的习惯。久而久之，特征就形成了。这也正符合文化生成的规律。但文化的地域特征一旦形成，它就成为一种个性的生命，互相不能替代。在日趋全球化的当代世界，这种各异和独自的文化个性就具有至高无上的价值。

上述这种地域性，并不表现在文物建筑上，而主要表现在民居建筑上。比如北京的城市特征不在故宫和天坛，而在胡同与四合院构成的历史街区里。保护文物建筑是文物专家的事，保护民居是建筑师的事。因为这些古老的建筑既要保留，又要使用，如何将现代科技注入这些老房老屋，使生活在其中的人们，能够享受到现代科技带来的方便与舒适，可是一件需要创造性的工作。这自然就需要建筑师具有很高的文化责任感，把保护历史美与改善老房子的使用功能，作为建筑界一项时代性的不能拒绝的使命。

同时，那些具有鲜明文化特征和深厚历史底蕴的城市，还向建筑师们提出一个挑战性的问题：怎样使大量出现的新建筑，与城市原有的个性对话、沟通、和谐？

当代建筑极端地强调每个建筑个体的面孔与性格。但一个城市的总体的文化个性还要延续、发展和加强。那就需要这个城市建筑的新成员，考虑它与环境的文化关系，以及自己的文化血型。那么谁来回答这个难题？

如果没人回答、关心、承担和解决，那么未来中国的城市一定是：在建筑个性上不乏精品，但在城市整体上纷纭杂乱，相互雷同。历史个性荡然不存，新的个性根本没有。现在我们已经愈来愈清晰地看到这种景象了。

二〇〇二年八月二十六日

当代大众的文化菜单

每个时代的人都有一个文化菜单，各不相同。远的不说，比如"文革"。中国人每一天的文化菜单基本都是由这几种文化食品组成的：语录歌、收音机里的样板戏、忠字舞、革命连环画、宣传画、《春苗》和《半夜鸡叫》一类的电影。对于识文断字的人还有额外的一道精神大餐——《金光大道》。由这种菜单喂养的一代人，自然都是唯命是从，缺乏个性与自我，没有想象力和创造力的一代。

比起那个时代，当代人算进了天堂。古今中外，五湖四海，五花八门，五光十色，天天能把人们埋在文化里。可是眼瞧着文化食品堆积如山，吃到嘴里的东西到底怎样？

我们先要弄明白当代人文化食品是哪里来的。当代大众的文化食品主要来自两个巨型的"供应商"：一是报纸，一是电视，全是媒体。当然还有网络，这要放在后边另说。

媒体称霸的根本原因是现代传播技术的飞速发展，人们可以通过媒体极快乃至同步地获知地球上发生的一切。信息、知识与文化有了最通便、最广泛传播渠道。当代人只要打开电视，翻开报纸，天下大事、经济讯息、社会众生、科技发明、医疗保健直到生活购物，几乎无所不知。至于人们对于文化的需求，歌呀、舞呀、电影呀、曲艺呀、故事小说呀，媒体上全有。如果看小说费劲，还能把它改编成电视剧，赏心悦目地捧给你瞧。应该说，当今是媒体指导生活的时代，也是媒体文化的时代。当代人文化菜单上的主菜是媒体给你的。

那么媒体文化的本质是什么呢？

首先你得明白，媒体是企业。它得赚钱养活自己，还得和同行竞争。那么它就必须有卖点。对于媒体来说，一切意外的、刺激的、新奇的、有趣的和独家的都是它的卖点；媒体的内容不崇尚永久性，只追求"当天的效应"。当然是愈刺激、愈新奇——愈好！媒体文化与生俱来地带着媒体这些特征。因此说，媒体文化是商业化的、快餐性的、一过性的、消费性的。

故而，我们也就用不着去责怪报纸上的社会新闻偏偏去寻奇说怪，埋怨电视剧故弄玄虚，谴责明星作秀和节目制作人炒作。媒体不能被动地等待知音，而必须主动地去招徕看客。倘若不去起哄、炒作、造势，不温不火，没人来看，谁还会在媒体上做广告，媒体怎么活？

但是反过来我们的脑袋还得清醒，这种媒体文化到底有多少文化养分？

进一步说，在这种光怪陆离的媒体文化的菜单里，你会发现最常见的两样"看家菜"：一是名人，一是时尚。这两样都是媒体卖点中的卖点。

先说名人。名人（包括各类明星和公众人物）本来就是大众关注的人物。于是名人们的行踪、轶闻、笑话、结婚、离婚、再婚、绯闻、出丑、出事，等等，自然都为媒体所关注，所聚焦。媒体还要设法包装、炒作、升温名人，只有把名人哄抬得貌似伟人，他们摔掉门牙才能成为一条勾人的新闻。媒体时代是名人的时代，因为只有媒体才能够制造出一个又一个惊天动地的名人来。古代的名人靠的是"功夫在诗中"，现代的名人靠的是"功夫在诗外"。也许有些聪明人悟得此道，才使劲伸长脖子在媒体中探头探脑，还不断地"生事"，给好事的媒体送上"猛料"，以此赚得名气。人类从来没有像今天这样拥有如此庞大的名人阵。没有人会去追究这些名人到底有几个货真价实，因为今天的名人只不过是一种社会看点，一种消费或消遣而已。

再说时尚。历史上的时尚是一种流行的风尚。比如唐代女人尚胖，或尚穿胡装，或尚骑射，但后边都有着很深的历史文化背景。在商品化时代，时尚却是无由而生，一哄而起，一天一尚，层出不穷，而且几乎无论什么都有时尚。比如流行一时的什么发型、衣装、背包、鞋子、手机、手链、饰物、玩物，都可以进入时尚之列。而且不单单是随身物品。从生活方式、度假方式、娱乐方式，都随时会有一种新时尚冒出来。时尚是一种时髦，一种新潮。时髦和新潮都有很大诱惑力。媒体自然要拿它炒作，作为自己的卖点。但时尚与名人不一样。名人是媒体制造的，时尚是商家制造的。营造时尚，是当今市场最主要的商业策划；一种时尚的营造成功，会创造出一个多么巨大的商机！有时，名人和时尚还可以联手，比如贝克汉姆的发型和张曼玉的旗袍，等等。一旦时尚由名人领衔，就一定有人大发其财。也许你会批评时尚是泯灭个性的。你指责时尚是一种追随，一种趋同，反而失掉了自己。但时尚无法反对掉。它是符合市场规律的，因为时尚是一种最强有力的市场激素。

当然，除此之外，当代人还会从媒体之外获得文化食品。比如偶尔去看一场电影，买几本书或杂志。

但是，我国电影在好莱坞称霸的电影市场已经很难分一勺羹。而那种美国人的影片除去极少数如《辛德勒的名单》之外，大多影片看到底不过是幼稚的故事加上高科技的大制作，没有多少思想与艺术含量，基本上是卖钱的商品。谈到图书，大众难免又会掉入商家的"畅销书排行榜"的迷阵中。畅销书也是一种变相的时尚。不过我们应该承认，如今严肃的纯文学基本上是在作家自己的圈子里转来转去，相互阅读，相互看好，失去了起码的社会影响。不是作家专业化，而是文学专业化。它们已经被当代人的文化菜单排除在外了。

这里，我之所以没有多谈网络，是因为我谈的只是大众的文化食品。大众的文化食品基本是被动的；小众的文化食品才是主动的，比如上网。我认为网络是当代人一种较好的精神文化方式。上网可以交流、深入，视野没有限定。但如今网络只存在于知识层，还远远没有进入中国大众的文化菜单。

如果让我们鉴定一下当代大众的文化菜单，我看基本是快餐式的，消费性的，粗鄙化的，而且带着很大的商品的制作性。可以说，当代人的文化食品不是纯自然的绿色食品，而是一种商品性的制品。我感觉，我们就像产业化喂养的鸡鸭和鱼虾一样。我们天天用这种食品把肚子塞得鼓鼓的。但我们肚子里的这些乱糟糟的货色，最多只能在电视大赛上应付那种说"是"或"不是"的知识问答。精神里没有多少真正东西。

当然除去"文革"，任何时代的文化菜单都不是由谁开出的。它是供需双方不断"磨合"的结果。但我们是否看到市场在悄悄地把它的非文化和纯盈利的意图有力地注入进去，并渐渐成为一种新的精神统治？

二○○二年八月十八日

谁在全球化中迷失？

当今的作家，愈来愈迷恋于"个性化写作"，进而是"私人化写作"。我们自以为这样做，可以脱离开与任何人的精神粘连，绝对地树立起自我，但我们写作的背景文化却刚好相反——它们正在悄悄地相互消解，融合，同化，经历着一种前所未有的"全球化"的过程。

全球化是全方位的——从政治、哲学、经济、科技、传媒到文化。文化不可能单独地逃脱出来。全球化是高科技和市场相结合的产物，而随着市场与高科技的发展，还在不断给这种全球化注入激素。虽然全球化潮流的兴起不过是近二十年的事，但它已经是不可逆的。谁拒绝它，谁最终一定会被日益加速的地球甩掉。全球化是一种霸权。在这种霸权的制约下，一种全球性文化的雏形已然出现。我把这种超地域的文化称为"地球文化"。简明又形象地说，便是球星＋歌星＋电视＋汉堡包＋快餐＋好莱坞大片＋超级市场＋牛仔裤＋一切衣食住行的名牌商品，再加上全知全能的因特网。这是一种在当今地球上最流通的所向披靡的文化。它具有强大生命力与活力。它乘驾着比上帝还神通广大的高科技，通过市场管道，流通于国际市场；它有意躲过并超越一切人文障碍；传播中无须再去解读，甚至于不需要"交流"那个"古老"的概念。于是这种通行无阻的"地球文化"，愈来愈成为地球上最具强势的文化主流。

随着社会发展，人们还会不断创造出更多、更便捷、更具冲击力和市场魅力的文化品种，加入到这个"地球文化"的体系中来。

在这个巨大而威猛的全球性的文化面前，所有地域性、民族的文化都会

这座山位于山西省与河北省的交界，山上刻着巨型的"OK"二字，不知对何而言，却让人强烈地感到对西方文化的崇拜。

逐渐退到边缘。愈是独特的文化，愈会像珍奇动物那样，最后只是在护栏中间生存，并痴立一旁，瞠目结舌看着流行并走红的"地球文化"飞黄腾达。

我们所处的时代，是在一条历史的分界线上。在我们面前是"全球化"文化，在我们背后是各自民族和地域的文化。这种地域文化始于一个个人文聚落的源头，并在相互隔绝中成长与形成。所以，每种文化对于其他文化来说都是一种"异性"，相互不能替代。文化的最高价值曾经被确定为独特性。可是当我们从这种文化的历史迈向未来，也就是迈向全球化之后，必然要丢掉的便是这种地域的独特性。可以说，我们正面临这样一场文化上的自我毁灭。

这也是高科技给人类带来的巨大恩惠的同时，丢给我们的最大的负面与阴影了。

那么，它将给文学带来什么呢？

首先，作家会渐渐失去本土文化的资源。也就是随着社会生活的全球化，地域独具的生活内容则渐渐淡化与稀薄。任何传统的哪怕是非常迷人的方式，都会变得陈旧和过时，或者成为一处静止的历史形态。然而，作家写作的本土资源一旦荒芜，它便失去自己原有的文化凭借与文化优势。将来我们是不是都像美国人那样写作了？可是美国人也会失去他们自己的文化和文化上的自己！

进一步说，我们还将丧失各自思维的文化特性。那时，西方人不再会因为文化障碍而看不懂东方人的作品，因为全球化会使人类的一切文化界限愈来愈模糊。如果说，人类在相互隔绝时代的文化是各走极端，那么在全球化时代的文化一定会走向一元。应该强调，由于文化是集体性质的，那么在全球化的环境里，被泯灭的是一种集体的多元性，却不会消灭个体的丰富与自由。故此，随着全球化的进展，失去了集体特征的作家们一定会更去注重"私人化"写作，以膨胀的个体来加强自身价值。在全球化的时代，成功的作家一定都具有"超人"的个性魅力。全球化的文学一定是依靠一些伟大的个性支撑起来的。

然而，这个被全球化一统天下的文学，却永远失去了深厚与多彩的文化血肉，失去不同文化的魅力与神秘感，失去各个地域独有的匪夷所思的思维特性。尽管文学不会失去作家个性，却失去了文化个性——也就是地域的集体性格这个层面，以及这一层面上强有力的精神、深邃的底蕴、独具的美和无穷无尽的创造空间。当然，对此我们无法回避，只能无奈地顺从，因为这是人类前进的大势所趋。

我们站在这历史交界线上的一代作家，是最后一代使用地域文化的作家，我们有理由抗拒文化的全球化，而把这个历史的文化的火炬一直举到尽头。直到它烧到我们的手指，然后一点点熄灭。

二〇〇〇年七月三十一日

过洋节的中国人

春节刚过，中国人又进入了情人节。

街头上的大红灯笼下边，忽然站着一些卖花女，有打工妹也有大学生，每人捏着几枝耀眼的红玫瑰向路人兜售。我的工作室里的年轻人全都穿上了"节日装"，眸子发亮，态度亲和，忙着接电话和打电话，讨论最佳的幽会时间与地点，还不断地"嘀"的一响，手机上出现一条短信息，一准是句情话，这便引来一阵眉飞色舞的欢快。

我正笑着，口袋里的手机也一响。打开一瞧，上边写着"一起吃冰激淋吗？"署名是"小猫咪"。我再看来电号码，从来没见过，显然这是"情人们"发错了信息。我赶紧把手机关了，以免"小猫咪"再来约我一同去"捉耗子"。

西方的情人节已经进入了中国人的生活，不管你赞成与否，这也是一种约定俗成。

和情人节一起舶来的节日，还有圣诞节，母亲节，父亲节；愚人节尚没有成气候；万圣节——鬼节已经有所抬头。

西方节日大举"入侵"，一方面与西方的强势经济的大背景有关，强势的经济使它们的文化富于魅力，这种甜头在盛唐时代我们也尝到过；另一方面则是由于市场把这些外来的充满新鲜感的节日当作商机，大力炒作，捧为时尚。圣诞节是出售圣诞饰品和新年礼物的由头，情人节是热销情人礼品和定情之物的大好契机。大小餐馆也可以借机发一笔财。商品经济的时代，就看商家的能耐。商家一折腾，节日氛围有了，节日就盛行起来。

历史地看，还有一原因。是因为过去的几十年过分地强调生活的政治内容，片面地强化政治性的节日，淡化了民族民俗的节日。如今社会生活归返正常，人们的口袋和时间都富裕起来，就需要一个个节日带来生活的高潮，这才发现我们的节日早已变得贫乏，很有限，难以应付人们的需求，出现了空白。

今年春节一位年轻的女记者问我：

"除去春节，我们还有什么民俗的节日吗？"

"你说呢？"我反问她，"你想想看。"

她停了停，然后自言自语地说：

"吃月饼，对！中秋节。还有……吃粽子，元宵吧！"

我笑了。中国的民俗节日全成了食品节了！

这正是由于我们多年来有意或无意地抽掉了传统节日的精神与文化的内涵，使得这些节日名存实亡，空洞无物，失去了魅力，连国庆节和五一节都成了专供旅游的"黄金周"了。于是，那些富于人间情味的情人节和母亲节便顺理成章地钻入中国人的生活。

记得前些年有一种说法：过去平时吃不到好的，才盼着过年；现在天天都吃好的，天天过年，年味自然淡了。好像中国人的节日全是吃，真是"食为天"了。

由此想一想，心中不免一惊，我们竟然和自己的历史精神与文化传统距离如此遥远，如此陌生！

于是，近年来文化界的一些人士提出要确立中国人自己的爱情节，并声称这个节日的历史文化依据就是牛郎织女的鹊桥相见之日（农历七月初七）。这个想法挺不错。牛郎织女的故事美丽、圣洁、浪漫、迷人，爱情观又是忠贞不渝，具有强烈的民族精神传统，但想用它来抵御外来的情人节恐非易事。中国人与牛郎织女的传说的联系中断久矣，它如何被当代中国的年轻一代接受与认同？何况，支持情人节的是市场，而且是全球化的市场。在如今的中国，圣诞节和情人节都是不放假的，也没有列入中国人的节日中，它却在快速地升温和发热，这因为——市场需要它！

可是，如果听凭这种市场的操作，中国的洋节一定会愈演愈烈！

节日，尤其是民俗的节日，是一个民族生活的最重要的文化创造。它强烈地表现一个民族的精神、愿望、特征，还是民族凝聚力之所在。因此说，节日也是一个民族一年一度地传承着它独有的气质与文明的神圣的方式。

如果有一天，我们一年到头，从圣诞节、情人节、复活节和万圣节，过的全是洋节。我们失去的仅仅是节日本身吗？

我们到底是因为失去了历史精神与文化情感而丢弃了自己的节日，还是因为放弃了自己的节日而淡漠了历史尊严与文化的情怀？如果连这一点都搞不明白，我们怎么找回自己的节日，并重新树立这些节日的魅力？

我想，我们不应该拒绝情人节和母亲节。那些外来的妇女节、儿童节和新年音乐会，不是大大充实了我们的生活文化吗？然而，我们更不能丢弃自己的节日，因为一个民族的节日就是它一种文化的生日。

二〇〇三年二月二十二日

弱势文化怎么办?

我们中华文化很强大、很精深，它传衍数千年，仍如大江长河，洋人来到中国，常常为之目瞪口呆。但是不要以为在世界任何地方，我们的文化一定都是强势。

可是，如果我们的一些人，带着这文化漂洋过海，到了异邦，情况就变了。在别人文化的圈子里，我们的文化不被认同，还会受到冷淡，成为一种"另类"。在别人的文化集体中，我们的文化只是被携带在一些孤零零的个体身上。它就变得支离、孤单、破碎、无力和飘零，变成一种弱势文化。

这是必然的，因为不同文化之间，首先是相互的排斥的。而且在别人的文化主体中，我们的文化是可有可无的。

在弱势文化状态里的日子不好过。于是人在海外，常有一种漂泊感和游离感。可是人们大多不会把它归结为文化上的问题，因为这里所说的"文化"实在太大，大到看不见。从风俗习惯、人情世故、思想观念到饮食起居和语言方式，等等，无不属于文化的范畴。它们组成一道无形的墙。这也是中国人在异邦很难进入主流社会的深层障碍。

于是处于弱势文化状态的人，多半都会改造自己，去迎合强势。比如学习对方的语言，了解对方的习俗礼仪，按照对方的观念行事。这在中国叫作"入境随俗"。但中国人似乎做得便殷切一些。比方在中国餐馆中，在筷子旁还要摆一副刀叉，以便洋人驾轻就熟。

可是，值得注意的是，日本人在西方开的餐馆里是不备刀叉的，要用只能学习使用日本人的木筷。他们很严格地遵循传统，严格才能精致。他们决

电视信号已经进入这座山寨，老人们坚持在唱古老的民歌，他们的后代还能持续这样的生活吗？

不为了谋生而委屈了自己的饮食文化，相反还要以此张扬自己。日本人的餐馆很讲究日本情调，但海外的中国饭店却缺乏情调，千篇一律的金龙朱凤，花花绿绿，平庸粗俗。中国文化成了一种廉价的卖点。

谈到文化，还可以将日本人和我们的做法进一步比较一下。比如艺术品店，日本人展示给西方的多是浮士绘和陶艺，店铺陈设都很讲究，卖品很有品味。西方人——尤其是欧洲人对日本人的版画和陶艺颇为欣赏。十九世纪中末期，浮士绘曾经深深影响了法国的画家（包括荷兰的梵高）。但海外的中国艺术品却充斥了假红木的家具，彩绘大瓶，双面绣和宜兴壶，大多是匠气十足的工艺品，成堆地挤在货架上，价钱都很低，愈低愈不会有人高看一眼。这也是在海外的中国餐馆的菜价大大低于日本餐馆的缘故。

实际上，西方人大都有较高的欣赏眼光。故此，每每中国出土文物展抵达西方，总是大受欢迎。一位中国驻欧洲某国的大使对我说：中国的文化在西方影响非常有限，西方人对中国文化的印象只有可怜的两样：兵马俑加上杂技，再有便是中国餐馆，以及唐人街上这些工艺杂品店了。

我们送到西方人眼皮子下边只是一些粗陋、低层次、大路货的东西。没来到中国的西方人自然会想：中国人就在这种品位的文化中生活吗？

近来在欧洲的一些城市的旅游点，常可以见到一些中国人，蹲在地上，面前摆一个小桌，桌上摆着纸笔墨砚，不是"代写书信"，而是卖字。他们专给西方人起一个中国名字，再用毛笔写出来，索价两美元。

一个法国朋友对我说，他买了一幅字，很便宜，只花了二十法郎。说着他拿出一张纸，还要把它送给女朋友。这纸上歪歪斜斜写着很难看的三个字："我爱你。"

我理解这些卖字的中国人在外生存的不易，但日本人再苦也不会这么做。

我并非想赞美日本人多么高超，而是要表明，一个民族是不能轻贱自己的文化的，不管多穷！轻贱自己的文化，必然招致别人彻底的轻贱。一个民族的自尊，首先是文化上的自尊、自爱和自豪。你把你的文化奉若神明，人家才不敢小瞧你。当然你向人家展示的应是自己文化的精华，那么了解和掌握自己的文化便成了第一位的了。

有人说造成这种状况的，是因为最初去西方的都是出外谋生的人，属于单纯的淘金者，原本素质不高。那么今天受过教育的一代再去西方，有没有一种文化的自尊，一种对自己文化深深的爱恋，以及作为炎黄大地的文化赤子那一份坚定的自豪呢？

二〇〇一年七月十五日

唐装与中国结

今年春节，忽然流行起来两样"民族化"的东西，即唐装与中国结。来势迅猛，铺天盖地，一时大有人人穿唐装、家家挂红结之势。这流行的缘故，其说不一。有的说，当今中国人心浮气躁好起哄，有点儿新鲜事，马上成气候；有的说，此乃商家别出心裁，制造商机，是炒作的结果；有的说，各国领导人穿上唐装，无意中起了"导向"的作用。我看这里边还有更深的缘由。去年我国融入世界的速度突然加快，又是WTO，又是APEC，又是申奥成功。车子突然加速，车上的人便会慌忙伸手去抓身边的什么——当然是抓民族的东西，抓自己的文化重心。于是，唐装、中国结、老式门窗、红灯笼等等全冒出来了，久违的国粹似有回潮之势。

其实这很正常，愈是全球化的时代，文化愈会走向本土。这叫作文化的全球本土化。本土文化是自己在"全球"的立身之地，人家欧洲和日本早已经这样做了。我们前一阵子西方化闹得厉害，天天叫着"外边的世界真精彩"，这恰恰是一种还没有进入全球化的表现。今天，真到了一头扎进"全球化"时候，肯定就得在文化上重新"认祖"了，否则，不单别人认不出自己，恐怕自己也不知自己是谁了。

可是，如今我们在自己的文化中抓到了什么呢？唐装与中国结？但这两样东西，在海外华人中流行已久，是一种中国符号，并不是新鲜的东西呵！

比如唐装，乃是海外华人在洋人的世界中，为了识别自己和强调自己，进一步说是为了表现民族自尊而采用的一种富于民族特色的着装。这种中式短衣，并不是唐代的服装，而是清末民初的一种时装。唐代是中国的盛世，也是中国人的骄傲。海外华人身在洋人中间，穿上这种"唐装"，表示不甘被埋没。这个"唐"字和唐人街的"唐"字是一个意思，是表现和张扬自己的一个符号。

至于那种红红的美丽的绳结，原本叫作"盘长"，来源于佛教的"八宝"，含延绵不断、无止无休之意，后来被民间作为吉祥之物而应用。这种精巧、奇特并带着一点神秘性的图案，常常使得洋人们惊叹不已。于是海外的华人把它也作为中国的一种象征性的文化符号了，同时改名叫"中国结"。在海外，被当作中国符号的东西很多，远远不只这两样。

这原来都是"出口转内销"的中国文化，但我并不因此就菲薄这两种含有民族自尊的文化符号。何况，这两种文化符号的流行，正反映我们一个文化大国在当今全球化时代十分必要的文化敏感，反映人们在精神文化上的一种新的时代性的需求！

但是反应迟钝的恰恰是我们的文化界。为什么我们守着那么博大深厚的民族和民间的文化，却推不出几个更具魅力、更迷人、更隽永的文化符号来，而只能把手伸向海外？是不是这种海外华人的唐装和中国结已经有了被广泛认同了的市场？

这不能不说，至今我们还不善于从文化角度对待自己的传统，也不善于从文化角度看待生活的一切，以致一提起传统文化，便只是孔子、花脸、国画、琵琶加上福字几样，脑袋里空空如也。于是在全球化加速到来的今天，在文化上没有预见，全无准备，甚至一时连应急的文化符号也拿不出来。

倘若这样下去，确叫人有几分担心。如今流行的唐装还只是一种表面和粗糙的文化符号而已。对此无人深究，也不讲究，比起日本人的和服和苏格兰的裙装差得远。我看多是商家们一窝蜂地狂炒狂卖，卖过了头就会贬值。这两天的新闻上说，浙江省一家动物园的猴子山羊们都穿上唐装了，有的中国结上已经出现米老鼠了。我们就这样使用自己的文化么？如此流行的唐装恐怕不会持久。等到我们把唐装玩腻了之后，一扔，然后——怎么办？

二〇〇二年二月十三日

文化政绩

　　面对现代化大潮对历史文化遗存的猛烈冲击，我们无法坐视又束手无策的时候，山西晋中地区冒出一位名叫耿彦波的人，在他为官任职之际，下大力气，挽救当地古老民居于毁灭之中。由于我国有文物保护法，没有文化保护法，珍贵的民间文化——民居便向来不在保护之列。于是，耿彦波将文物保护中经常使用的"就地保护""易地保护"和"原址重建"几种方式全部拿来，综合利用，并严格遵循整旧如旧的原则，从而将历经磨难、形同废墟的晋商大院，一个个精美又迷人地再现出来。

　　他在灵石县任县长时，复原了如今已然闻名全国的"王家大院"；如今他到榆次市做市委书记，又主持将十二万平方米的"常家庄园"修复起来。由于他在复原这些建筑群时，还从晋中一些乡镇搬迁过来一些零散的古老民居，于是这两个具有博物馆性质的晋商大院，就将许多散落乡野、性命难保的民居精品集中地保护起来。

　　现在，这两座大院已成为晋中文化旅游的胜地，单是王家大院每年游人即达数十万，收入相当可观。在人们艳羡这里的旅游效益时，我却更看好它的文化效益。因为在这两座晋商大院中，我看到游人对这些古老建筑的艺术精华啧啧赞赏，为先人的天才创造与高度智慧由衷地赞叹；大院的管理人员也无不引以为自豪。文化和文明显示了巨大的力量！此时，我感受到的是一种文化精神的传承、美的传布、民族的亲和力和凝聚力力大无穷的效应。这不是百倍地胜过书本上那种平面的爱乡爱国的教育么？

　　可是，并不是人人都能看出这种文化的意义和文化的价值。事物的价值

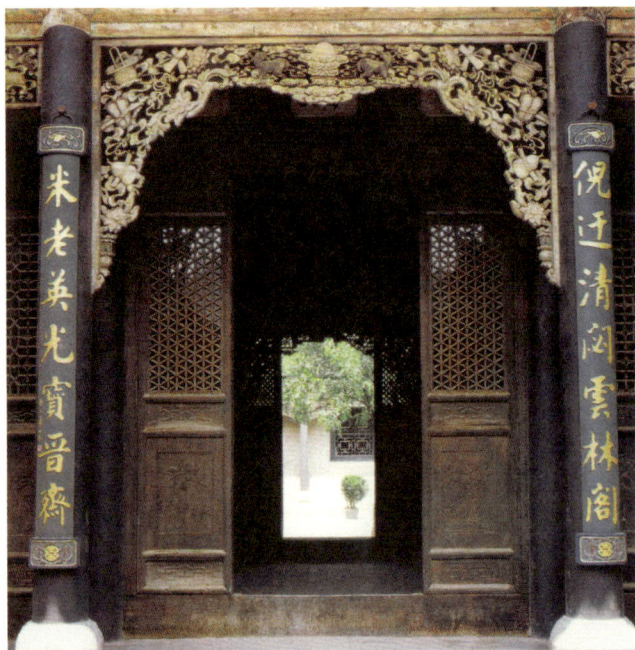

这样精美的艺术创造，如果没有保护下来，它的结局只有两条：一是被拆除毁掉，一是被古董贩子拿走卖掉。

往往无形地潜在其中。若有文化眼光，就会识出其中的文化价值；倘无文化慧眼，对其高贵的价值就会视而不见。而且为官一任，都要建功立业，经济上的功业比较显眼，所有指标和数字都摆在明处，文化上的功业就难评估了，文化的标准很难说清具体的尺度。而且，往往在文化上使的力气，不能马上见到成果，因为文化的受益者多半在后代身上。这些是不是就成了文化受到漠视的原因？

然而，我们是个文化大国。中华文化是我们称雄世界"永远的优势"，也是民族精神的载体。从一个民族的永久性上看，文化比经济的意义更为深远。经济的优势常常是"三十年河东，三十年河西"，文化的优势则是一张不变的王牌。所以，我们官员的政绩应该具有更多的文化含量。也就是说，官员的政绩应包含着比重不小的文化政绩。

由于我们的文化是灿烂而多元的，所以我们的地方官员们不单要发展本地的经济和物质生活，还担负着发展本土文化的神圣使命。

发展文化绝不能想当然地说干就干，也不能只做表面文章，比如修一个文化广场摆个样子，或搞个文化节热闹一场。文化建设是目光长远、精致深入、日积月累的工作。尤其是我们这个东方文明古国的文化建设，包括抢救、保护、传承、弘扬和创新。它必须要衍续历史的文脉，发扬地域独有的文化精神，从而建设具有鲜明的中华文化血型和开放创新的新文化。

像耿彦波这样，把几乎被历史湮没、没人爱惜的古老建筑，从等同于废墟之中寻觅出来，小心翼翼地修缮，精心地整理之后，一件件恭恭敬敬放在人们面前，让人们在参观游览中，认识到传统的美，先辈们非凡的精神气质，以及天才的创造，从而转变观念，看到了事物中非常重要的文化价值，并热爱、珍惜、尊重自己的文化，为自己的民族和国家感到自豪，这难道不正是表现着一种先进文化吗？

先进的文化是站在时代高度上，面向未来的文化眼光；也是站在未来而决定现在的文化韬略。它是真正地具有前沿意义的，在历史进程中具有至关重要的正确的引导性和方向性的。

于是，时代向官员们提出一个十分严肃的课题：只有具有长远的眼光和相当高的文化素质，特别是富于深挚的文化情感，才能够真正地树立起文化的政绩。官员的政绩必须有文化含量。政绩应是全面和缺一不可的。我们是否还要建立一种评估官员文化政绩的机制？

二〇〇一年十一月

对名城应建立黄牌和红牌制度

名城是十分重要的巨型的历史文化遗产。我国是文明古国，故而名城都是数百年甚至上千年创造和积累而成的；我国是多元灿烂的文化大国，故而名城又是不同地域文化个性最鲜明夺目的标志。名城中既有无以数计的物质文化遗产，又有难以估量的口头和非物质的文化遗产。城市的建筑与街道记忆着它独特的历史命运与变迁，城市的传统社区记忆着它独自的精神与情感以及浩瀚的人文信息。每个名城都是一笔巨大的遗产，博大精深，无可替代。

中国人在漫长历史进程中创造了千千万万个名城。但在长期变乱与更迭中，人们又没有保护意识，很多名城不复存在；或是遗存寥寥，有名无实，难以再作名城观。现存名城，至为稀罕，已是珍贵的国宝。所以现今不少城市都在争取挂上"历史文化名城"的牌子，甚至申请挂上"世界文化遗产"的牌子。

但是挂上牌子之后会怎样？

现在的实情是，很多已经被确定为名城的城市，并没有对自己城市文化特征的整体认定，也没有严格的保护措施。在大规模的城市改造中，这些名城在不断地被重新规划，大片大片历史街区被推土机从城市版图上删去。开发与保护一直尖锐冲突着。面对着历史文化遗产，开发者们不是心怀敬意，而是寸土必争。要不就是被当作生财的资源而被无度地开发。本来就不充沛的城市遗产，正在快速地被消减着。许多挂牌为名城的城市，已经面目全非，甚至名存实亡。名城最大的价值是相互间的差异，但可怕的是名城之间正在趋同。如果看上去都无法识别出它的特征，还能称作名城吗？怎么办？我以为，应该建立黄牌和红牌制度。

黄牌是警告。没有警告和警示，就是放任对名城的破坏。黄牌是一种尺度，一种底线，也是一种告诫，一种挽救。黄牌树立名城的历史尊严和文化尊严，也可以唤起公民对名城保护的监督意识。

红牌是摘牌。没有红牌就没有文化原则和知识原则，也对公众不实事求是。红牌是一种惩罚，也在更广泛的范围引以为戒。红牌表示遗产的至高无上和不可侵犯。

黄牌与红牌的次序是先黄牌后红牌，即先亮牌警告，警告无效再惩罚。黄牌与红牌的尺度与裁定，要由专家确认，只有专家才具有这种判断的科学性、严格性和权威性。

当然，即使有了黄牌和红牌，也不可能完全解除名城面临的危机与压力；但没有黄牌与红牌，对名城的破坏就会无所顾忌和所向披靡。

二〇〇四年四月

当前城市的十大雷同

趋同化已经是当前中国城市建设的一个可悲又不可逆的文化走向。千百年来风情各异的景象已不复存在，而经过再造的城市全都是似曾相识，甚至"千人一面"。它们之间到底在哪些方面彼此一致，才会有这般的雷同？细一想，可举十种，谓之"十大雷同"。

一、功能区划分

"旧城改造"最大的动作是重新规划。所谓规划，最流行也最简便的方法是按照使用功能重新分割城市。样板是美国——在市中心造一个商业区和步行街，还有金融街、行政办公区、住宅区、旅游风情区，以及什么文化长廊，等等。这样一来，城市原有的深厚而丰富的肌体被"解构"，全都变得生硬、浅薄、单调和乏味。

二、广场

在城区中央修一个大广场曾经是许多地方官员的"政绩时尚"。于是一个城市一个大广场，无一例外。有的地方连小小的县城也拆除民房，修建广场。这些广场修好后大都闲置无用。夏天酷日曝晒，冬天寒风回荡。

三、罗马柱

广场上必有喷泉和一排罗马柱。谁也不知这种舶来的罗马柱是干什么的；谁也不知为什么偏偏都要造这么一排怪模怪样的柱子。最多站在前边照个相，但也不新鲜，因为无论走到哪个城市都能见到这种冷冰冰的围成半弧形的一排洋柱子。

四、高楼大厦

最雷同莫过于这些大家伙了。只要你今天造一个模样新鲜的，明天我也来一个。细长的、圆柱式的、尖的、金的、纯玻璃的、带旋转餐厅的，而且愈高愈威风，凑成一片更威风，看上去全然是"国际大都市"了。

五、洋房

更雷同的是住宅楼。全国到处的住宅都像是一个公司设计的。无论是多层的公寓，还是单体的尖顶小房，全都一样，愈洋愈好，一片一片，排列整齐，布满大地。有的连名字也相同，比如"罗马花园"或"帝豪广场"。

六、通透墙

把实墙拆掉，换上栏杆，肇始于大连，却源于美国人。美国人自诩透明度高，连白宫也是铁栏围墙。于是被我们认为是最现代的街景，并很快仿效成风。那些改造完成的城市的大街两边全是通透的栏杆墙，里外大片绿草地。

七、烟花灯

彼此克隆之风，一直到街灯上。许多种街灯，在全国各个城市都惊人地

每个城市都要来一条仿古的明清街。

一致。最可笑的是一种仿照烟花的装饰灯，从江南到塞北，无一座城市没有，到处闪烁不停。

八、水泥树

人造景观是中国城市很热衷的事。用自来水造瀑布，用膨化塑料堆假山，用水泥塑大树，喷上绿漆，到处可见。北方城市常常用水泥在街头造一棵气根长垂的大榕树或几株南国风情的椰子树。最神奇的景象倒是这种人造树可以四季常青。逢到三九，天寒地冻，水泥树依旧绿意葱茏。

九、白瓷砖

奇怪的是，既没有人推广，也没有政令推行，全国各地——尤其是小城镇的房屋差不多全用瓷砖把外墙贴满，而且多为白色。有人戏称作"厕所砖"，未免苛刻。但为什么全用这种毫无美感的粗鄙的白瓷砖呢？

十、明清一条街

历史街区和古建筑全拆光了。外人来旅游，没有历史怎么办？外国人来参观，没有中国特色怎么办？于是每个城市差不多都建起一条明清街。而且只一条街就够了，所以又称"明清一条街"。这种仿古街原本与城市的历史无关，所以既没有历史记忆，也没有人文积淀。其建筑好似港台的武侠电视剧，只要是古装就行，半今半古也凑合。灰瓦顶子红柱子，再挂几盏大灯笼。全国的明清街的模样全是一个样，甚至连里边卖的东西也差不多。

于是，我们感到自己的城市愈来愈陌生，别的城市却愈来愈熟悉。别看当今中国是商品经济的时代，我们新造出来的城市却像计划经济时代的暖瓶——全国一个样！

将来的人们一定会取笑我们，怎么会如此没有想象力和创造力？如此低级和一窝蜂地相互抄袭？但是谁叫我们非要在这么短的时间里，硬要造出全新的城市来！

当然，上述的某些雷同，随着时间的流逝可以渐渐改变。比如烟花灯过时便会不再用，水泥树也可以拔去，假瀑布只要关上水门就行了。但那些千篇一律的大家伙呢，至少要用几十年！我们的后代就在如此粗鄙而单调的城市里一代一代生活下去吗？

二〇〇三年十二月二十九日

城市为什么要有记忆？

在当前中国城市地毯式的改造中，一个词汇愈来愈执着地冒出来，就是——记忆。这个并不特别的词汇放在城市的变革中便让人们感到异样、另类、不和谐、不解，还让那些恨不得把城市"推倒重来"的人颇为反感。城市难道不是愈新、愈方便、愈现代愈好吗？为什么需要记忆？记忆什么？有什么用？为了那些看不见摸不着的记忆而把它破破烂烂地堆在那里吗？

首先说记忆。人的记忆分两种。一种是不自觉的，一种是自觉的。前者是自然的，松散的，不经意的，不论记住还是没有记住，不管日久便忘或历久难忘，全是一任自然，具有感性的色彩。我们在日常而平凡生活中的记忆大致如此。后者——也就是自觉的记忆，则是理性的，刻意的，是为了不被忘却。我们每个人的心灵中也都有这种自觉的记忆。

城市和人一样，也有记忆，因为它有完整的生命历史。从胚胎、童年、兴旺的青年到成熟的今天——这个丰富、多磨而独特的过程全都默默地记忆在它巨大的城市肌体里。一代代人创造了它之后纷纷离去，却把记忆留在了城市中。承载这些记忆的既有物质的遗产，也有口头非物质的遗产。城市的最大的物质性的遗产是一座座建筑物，还有成片的历史街区、遗址、老街、老字号、名人故居等等。地名也是一种遗产。它们纵向地记忆着城市的史脉与传衍，横向地展示着它宽广而深厚的阅历，并在这纵横之间交织出每个城市独有的个性与身份。我们总说要打造城市的"名片"，其实最响亮和夺目的"名片"就是城市历史人文的特征。

当然，伴随着记忆的另一半是忘却。这也是很自然的事。在城市漫长的成长过程中，它总是一边创造，一边销毁，还要不断地改造与扩大，再加上灾难性的变故（包括战争与自然灾害的破坏），记忆总是在不断地丧失。在传统的城市发展中，记忆与忘却都是随其自然，是不自觉的和非理性的；拆旧建新，随心所欲。因为那时人们只把城市看作是功能的、使用的、物质的，没有看到它的个性的价值与文化意义。

但是，自从人类进入现代化社会，便对自己的城市产生一种理性的记忆的要求，开始觉悟到要保护这些历史人文的记忆载体。应该说到了二十世纪五十年代著名的《威尼斯宪章》一出来，人们对城市的保护就非常自觉了。保护它，绝不仅仅因为是一种旅游资源或是什么"风貌景观"，更是要见证自己城市生命由来与独自的历程，留住它的丰富性，使地域气质与人文情感可触与可感。当然，这些都是从精神和文化层面上来认识的。于是，文化保护便成了现代城市建设中最紧迫和最前卫的课题之一。记忆和遗产在高速发展的当今世界上变得愈来愈重要。其实遗产就为了记忆。

应该说，城市本身没有自觉的记忆。这种理性的记忆，实际上是人赋予它的。为此，自觉的记忆是现代人类的文明要求与文明行为，而破坏记忆则仍是滞留在一种原始的非理性的惯性中。

当然，记忆是有选择的。

这里说的记忆不是个人化的，不是为了满足个人某种怀旧情绪的。它是一个城市的记忆，群体的记忆。那就要从城市史和人类学角度来审视城市，从城市的历史命运与人文传衍的层面上进行筛选，把必须留下的记忆坚决守住。这样，城市的保护就绝不是简简单单留下几个"风貌建筑"，摆摆样子而已；更不会随手把许多极其珍贵的记忆大片抹去。

对待一个城市的生命记忆，对待一代代先人的经历与创造，必须慎重、严格、精心。对待保留下来的记忆必须尊重它的完整性与真实性。任何随心所欲的涂改都会破坏记忆。就像北京南池子改造中将四合院改为四合楼——记忆已经无复存在，本质上仍是"建设性破坏"。

我们强调保留城市的记忆是保护好城市的历史真实，能够体现真实的只有实物。那么我们就必须尊重城市历史，无权对它们任意宰割，把阅历丰厚的城市最终变成亮闪闪又"腹内空空"的暴发户，变为失忆症的患者。如果我们真的这样做了，我们的后代便会在未来的变得千篇一律的城市里，一边茫茫然无所凭借，一边骂我们这一代无知与野蛮。

二〇〇三年十二月九日

手工是一种遗产

在工业文明到来之前，人类用双手满足自己的一切需求。无论盖房和造物，还是做饭与制衣，都由双手来完成。但这还不够，双手还要承担人的永不停歇而精益求精的追求。既有生活的和物质的，也有精神的和想象的。于是，从生活的智慧、技术的发明直到审美理想都是由双手来体现的。由于审美进入十指，便有了许多艺术油然而生——无论是能工巧匠的精雕细刻，还是乡野村夫手中带着泥土与青草芳香的民间艺术。

人类的双手曾经是巨大的、神奇的、灵透的。在那个遥远的历史时期，我们的眼睛、耳朵和总是突发奇想的脑子以及所有能力，好像都长在双手上。手是心灵的最灵便的工具。那时称手工为神工。故而，愈是文明古老的民族，他们的双手就愈是聪明；同时，不同民族的双手又具有各不相同奇特的本领和气质。

在古代，交通不便，人们在相互隔绝和封闭的状态上生活。这就使得手工保持着各自的独特性。在一个个相对独立的地域，每一种手工的制品都是那里的特产。这样，到了开放的今天，我们才会看到各个民族和地域彼此迥然殊别的房舍、小吃、独具匠心的手工制品及风情特异的乡土艺术。在这中间，中华的手工可称冠盖全球。其缘故，一是历史久远，传承未断；二是民族众多，地域多样；三是文明灿烂，人文深厚。在九州大地上，不管你见识怎样广阔，但在田野里跑一跑，准会发现从未见过的美妙之极的东西，其中手工的智巧一准令你称奇。

手工中的智慧与技术的含量是长久以来一代代积累而成的。在漫长的传

黔东南地区僚家女子在手工编织。

衍过程中，不断冒出来一位又一位工匠，他们心灵手巧，聪明过人，或是在技艺上做了这样或那样的十分绝妙的改进和创新，或是在审美情趣上做了一些提升，受到人们的认同和首肯，这些新的技艺或审美便自然而然地融进传统的手工中去。精湛的民间手工全都是千锤百炼的。但是，在没有专利的时代，手工中至关重要的绝技是世袭或以师徒方式单传的。如果艺人没有后嗣，技艺便会中断。大量的手工技艺生生灭灭，随其自然。这也是很多古代制品今人无法复制的缘故。面对广元三星堆那些"纵目神灵"青铜面具上的方孔，我们已无法知道这些四千年前的古蜀人用什么利器可以切割开这厚厚的青铜；也无法知道他们施用何种技术才能把坚硬的玉石切割成纸板一样的薄片，并打磨得如此细腻与光滑。其缘故，便是这些标志着远古文明高度的手工的传承中断了。

工业技术是通过档案资料保存下来的，手工智能都是口传心授，最多只是保存在几句短短的口诀上。工业技术是物质性的，手工中有许多是感性和悟性的。从文明的传承来看，这种手工的文明是记忆性的。所以说，手工是一种口头和非物质的文化遗产。

我们之所以称它为遗产，是因为当代人类正在进行一次文明的转型——从农耕文明向工业文明转型。农耕文明是手工的时代，工业文明是机器的时代。由于机器的能力与效率远比手工高出千倍万倍，故而这一转型急剧而猛烈，所向披靡，抛弃手工在所不惜。然而，人们在生活中只会关心物品的本身，不会关心造物的手段——到底是机械还是手工。等我们意识到手工属于正在消失的文明时，很多手工已经濒危或者干脆无影无踪了。

如今，市场上开始对手工制作的陶艺、锻打的铁艺和种种编织的手艺抛以青睐，标上高价。市场的规律是"物以稀为贵"和"按工计价"。人们认可这种高价，是因为手工制品纯朴、生动，带着人的气息。人用双手触弄和制造这些物品时，总是注入了心中的想法、审美习惯，以及一种生命感，而且绝对不会重复。这是机器制品不具有的。在冷峻的千篇一律的工业文明的时代，手工给人一种具有怀旧意味的人文的温馨，就像那些仿古餐厅中那些摇曳的烛光。

然而，遗产的意义远非如此。

手工，属于人类文明进程的一个伟大的历史时代。它是不同地域的聪明才智的各自的见证，也是民族与地域精神传承性的载体和个性的象征；从文化人类学角度说，每一种手工后边还有一片深广的生活景象与历史信息。这些信息中，只有少量的体现在手工的制品中，更多的保存在手工活态的过程中。因此，抢救与记录濒危和珍稀的民间手工，是保护历史文化遗产的重要工作，也是人类文明转型期间的全新课题。我们以前没有做过，但现在非做不可。因为，老房子在轰隆隆地与我们告别，缤纷的手工正在不知不觉地成批死亡。

人类放弃手工，使用机器，是伟大的进步。但我们同时还要记忆手工。因为——

放弃手工是为了文明的发展，记忆手工是为了文明本身。

二〇〇四年五月一日

谁消解了我们的文化？
——从春节的失落感谈起

又一个平平淡淡的春节刚刚过去。对此，是耶非耶，议论纷纷，莫衷一是。颇耐寻味的是，它前后紧挨着两个舶来的洋节，前为圣诞节，后为情人节。在市场和媒体的炒作中，这两个洋节红红火火。传统的春节被夹在中间更显得尴尬和落寞。最要紧的是人们在长长七天的春节中，不知该怎么"过"。于是商家出了一个主意叫作"黄金周"——到异地甚至到异国去旅游。出去转一圈似乎不错，但回来再一琢磨，更不知什么叫作"年"了。年就是玩吗？吃吗？换一些新奇时尚的玩法吃法就万事大吉？可为什么这么吃了玩了却觉得不是在过年？人们对电视春节晚会的不满仅仅是节目的不尽如人意？在那些禁炮的城市中，悄悄放炮的人渐渐多起来，是简简单单一种怀旧甚是陋习使然吗？

当然不是。

在每年农历的腊月里，数千万在城市打工的民工潮水一般奔回家去过年，也许是当今最鲜明地体现年的意义的一种现象了。回家、团聚、尽孝、亲情、合家欢乐，还有一种深深的故土与根的认同。此中包含着一种无形的强大的精神和情感的力量，就是我们常说的民族的亲和力与凝聚力。中华民族五千年能够传衍不断，合而不分，与其创造的文化传统密切相关。年，是不用政府花一分钱，老百姓一年一度自我增加民族凝聚力和亲和力的日子。

为此，大年三十之夜，对于全世界的华人来说是"普天同庆"之时。倘若此刻人在异地，一定要通过长途和越洋电话把种种祝福送回家乡。这是唯有华人才有的一种民族情感的总爆发，它与平时互致问候的电话的感受绝不相同。中国人怎么创造出如此强大的自我凝聚的文化来呢？为什么所有华人此时此刻一定会产生这样的渴望团圆的心理与故乡亲情呢？应该说，这是中华文化最深刻的一部分，是我们民族的至宝！

从文化学和民俗学的角度看，一个民族的情感与精神是要由一系列特定的方式作为载体。这方式就是民俗。民俗不是政令法律，但它是经过一代代认同、接受和传承下来的，是共同遵循的文化规范与仪式。虽然在风俗的传衍中也会发生变异，但这种变异一定要经过长时间的接受过程而最终被共同认可。否则，很难成为风俗的内容。从这个意义上说，风俗是固定的、严格的，不能随心所欲地删改与添加。

比如电视春节晚会，曾经一度被人们称作"新民俗"，但从近几年的情形看，不一定能够进入年俗的序列。这里边一个重要的原因是电视春节晚会不符合民俗的性质。在所有的民俗活动中，人都是主动的，参与其中的——无论是年夜饭、贴春联和燃放鞭炮，人都是主角。春联的内容、祝酒的话语和鞭炮的多少，都由人来定。每个人都发自内心，自由地选择、表达与宣泄，以达到满足。但面对电视时，人是被动的，人的一切愿望和心理都无法表达，也无法满足。电视上表演的只是导演的想法，它怎么能代替亿万人在年俗中那种主动而自由的宣泄？在人们对电视春节晚会的抱怨中，我们是否看到传统年俗载体的缺失带来的失落。这是当代人一种文化上的失落与心灵上的失落。于是，春节成了当今中国人最无奈的节日。可是我们至今也没有深究个中缘故。相反，无论是媒体还是商家，仍在一个劲儿地鼓励人们把年夜饭搬到餐馆，用电子炮代替真正的鞭炮，甚至将春节当作黄金周。将一个民族盛大的节日变为一种商机，把节日变为假日。

由此进一步说，节日与假日不同。假日是没有特定内涵的。它只是法律赋予的公民休息的权利。它像一个空口袋，随便装进去什么都行。但节日是有特定的精神文化内涵的。我们现在的节日大致可分为三类：一是政治节日，如国庆节、建党纪念日、五一劳动节等。二是民俗节日，如春节、灯节、中秋节和端午节。三是舶来的节日，如圣诞节、情人节、母亲节等。如今民俗的节日差不多都成了饮食节：中秋节吃月饼，端午节吃粽子，灯节吃元宵。

原有的文化内涵无人理会，原有的非常丰富和优美的节日礼俗已经全部消失了。如果再没有粽子和月饼，人们真的就会把这两个传统的节日彻底忘掉。相反，圣诞节和情人节却被搞得有滋有味，西方过节的那一套我们应有尽有，五光十色；孩子们都认识圣诞老人，却不知谁是门神和门神是谁；都知道玫瑰代表什么，却不知水仙的意味。因为操纵这些节日的差不多都是商家。商家知道外来的文化畅销。所谓黄金周，实际上只是商家一个赚钱的大好时机而已。而如今我们自觉或不自觉地把国庆节也列入黄金周了。在世界任何国家，国庆都是隆重又庄严的日子。它是一个国家非凡历程的纪念日。难道它也能推进市场、卖给商家吗？

现今的国庆节，只剩下一场由各地政府要员和各界代表参加的一场例行的歌舞晚会而已。老百姓已经没有"国庆的感觉"了。

节日渐渐在成为假日。无论是国庆节还是春节。

如果一个民族在国家意义和文化意义上没有任何庄重的、神圣的、精神的东西，而只是一味地消费、消费、消费，那么，我们从这里失去的，就一定要在另一些方面难堪地表现出来。如果田里缺水，庄稼就会枯萎，这是物质问题的特征；如果缺乏国家情感，就会出现诸如为"买春团"提供服务那样糟糕透顶的事，这是精神问题的特征。

究其原因，我想应是重经济、轻精神。精神是无形的，似乎可有可无；物质是有形的，自然必不可少。精神的内涵往往通过文化的方式表现出来，比如中国人的凝聚力和亲和力是依靠民俗方式传承下来的。由于轻视精神的意义，也就会漠视相关的文化，乃至于对于民俗所承担的民族精神与情感毫不关心。于是，那些在历史的变迁和时代的发展中本来已经所剩无多的民俗载体，还在被我们一个个地随手抛掉。年的尴尬，是因为没有民俗载体了。皮之不存，毛将焉附？人们空有年的盛情，却无以承载。这便是春节乃至各种节日都渐见空洞又无奈的深层原因。

然而，聪明的商家把这文化上的空洞变成巨大的商业空间，于是"黄金周"之说油然而生。节日一旦归入市场运作，其精神文化内涵便无人顾及。市场的标准是看它还有多大的消费价值。于是中国人最重要的节日文化便被消解了。它看似被市场消解，被外来文化消解的，不是！实际上是被我们自己的无知消解的。

它缘于我们对自己文化及其价值的无知，对人的精神生活与需求的无知。

但是，谁估量过它的损失——尤其是这日益经济全球化的时代？

伴随着经济全球化过程，强势的外来文化对我们的冲击是必然的，也是根本性的。特别是外来文化又是以流行文化为主体和先锋，它具有异文化的新鲜感、现代文化的冲击性和市场霸权。流行文化本来就是商品市场的一部分。它在西方世界被打造得成熟练达。它在商品社会光芒四射。它猛烈地冲击着我们固有的文化，并成了相当一些人失去文化的自信心与光荣感的根由。如果我们还不清醒，不自觉并有力地保护自己的文化传统及其载体，我们传统的、本土的、主体的精神情感便会无所凭借，渐渐淡化，经裂纬断，落入空茫。

进而说，便是许多地方大到城市，小到乡镇，缤纷多样地域形态迅速灭绝，历史记忆荡然无存，民间文化烟消云散。再过两三代人，他们面对着大片大片洋房和霓虹灯，还会知道中华文明曾经怎样的灿烂多姿？我们留给他们的只是一堆跟哪儿也对不上号的泛黄的老照片？

照此下去，现在人们在春节时的失落感，一定会出现在将来的一座座城市和大地山川之中。那时的人们可能很富有，但一定又感到贫乏。而这物质的富有和精神的贫乏都是我们留给他们的。

我们一定要理解到，广大人民的根本利益，既有政治的，也有物质的，经济的，还有文化的和精神的。既有我们一代人的，也有后代和后世的。

二〇〇四年二月十七日

要请人文知识分子参与城市构建

从中国的城市史上看，当代的城市建设的规模是空前的。由首都到各地省城，乃至一个个边陲、内地的县城，都在展开一场翻天覆地的新的"造城"运动。有些城市的更新是地毯式的，甚至是重建。这在世界上也称得上"绝无仅有"。

于是一个个新的城市形象已经显现出来。它靓丽、清新、富于活力。同时，问题也暴露出来：缺乏个性、直白浅露、千城一面。为什么？

我想，这由于当代城市的构建者主要是官员、开发商、技术知识分子，很少人文知识分子的参与。

究其原因，还是我们对城市的偏见造成的。长期以来，只看重城市的使用功能，只看它物质性的一面，比如城市的居住、办公、交通、水电、商业网络——当然，这些都极其重要，必不可少。但城市还有精神性的一面，即它的个性、历史、传统、习俗、记忆，以及特有的美感。但在城市的"改造"中，由于片面地服从城市功能的需要，忽视了它精神的内涵与价值。它的面貌被破坏，风俗瓦解，传统中断，大量的珍贵的记忆被抹去，个性和个性美也就消失了。同时，在新的城市建设中，由于没有人文知识分子的参与，便很少关注历史文脉的延续，很少从精神内涵和审美特征上把握城市的整体。官员关注的是城市的使用功能，城市的现代效率，改造城市过程中对 GDP 增长的刺激，这中间还免不了政绩的需要。开发商关心的是攫取地皮，盖房卖房，愈快愈好，愈新鲜愈好销。技术知识分子则缺乏人文视野与思考。这就不免陷入一味地追求时髦和简单的相互抄袭。这便是当前中国城市趋同化与粗鄙化的症结。

人文知识分子了解历史文化及其价值，知道城市的精神个性之所在，能够在"城市改造"中不可避免地对历史遗存的取舍中做出最佳判断，尽量少犯错误。

由于人文知识分子在城市构建中不是决策者，最多只是征求意见的对象，他们的意见便是可有可无的，有时甚至被视为"噪音"。

这也是当前——人文知识分子一边焦急万分地呼吁，历史遗存照拆不误，城市个性快速消失的缘故。

城市是一个整体。它由物质的城市和精神的城市和谐地融为一体，缺一不可。只重功能，不重精神，最终就会变成"头脑简单，四肢发达"的现代怪物。在城市现代化过程中，既要加强、改善和优化它的各种使用功能，又要保持它的历史精神，文脉，个性的美和魅力，以及深厚的精神内涵。社会的推进是和谐的推进，不能片面地粗糙地冒进。因此说，人文知识分子应参与到城市的构建中来。人文知识分子要主动参与，担负起这一时代的文化责任。一个文明古国和文化大国的城市构建不能没有人文知识分子，应该把他们请到决策的位置上，不是只请他们"发表意见"，而是使他们能够在城市和谐和整体的发展中真正地起到作用。

二〇〇五年二月二十四日

今天的矛头对准建筑师

今天来批评城市文化，我的矛头要指向一个新角色——建筑师。建筑师是决定城市文化及其命运的重要角色，甚至是主角之一。

必须承认，我们六百多个城市已经基本失去了个性，文脉模糊，记忆依稀，历史遗存支离破碎，文化符号完全混乱。一方面是拆得很惨，一方面是建得很糟。光怪陆离、平庸粗鄙的建筑充塞着我们的城市。我们不能光说政府官员，不能光说开发商，因为——我们的建筑师也无能。

关于文化的粗鄙化，实际上从三百年前满人入关后就开始了。一直有种说法，认为中原强大的汉文化把满文化同化了。可是我们仔细看一下明代的家具那种简约、飘逸、大气，到了清初就已经不复存在了，那种源自汉唐的高贵又厚重的汉文化逐步被马背上的满文化稀释了。

及至清末，中国第一次面临西方文化的涌入，那一次我们的文化古老又顽强，所以能够比较从容地选择外来文化中的经典。

但到了五四运动时期，我们开始喜欢上了颠覆，喜欢黑马，喜欢文化的自残。

然后就是战乱。虽然有不少学贯中西的大家，却很难沉下心来研究自己的文化。

解放了，一次次政治运动都是从文化开始的。

进入"文革"，我们的文化被彻底扫除，批红楼、批水浒、批克己复礼，中国文化成为一个一无所有的空架子。

改革开放后，外来文化再次涌入。这次的外来文化和五四时期不同，这次唱主角的是商业文化，是 NBA、时尚、汉堡包、明星、超市、名牌等等等等。外来的一过性的粗鄙化的商业文化如同沙尘暴一般弥漫着中国人的精神，经历了"文革"洗礼的中国社会扛不住这么强烈的文化冲击，只能顺从和模仿，何况我们需要市场经济，市场经济需要依靠消费拉动。要扩大消费，就必须刺激人们物质的拥有欲，煽动人们的欲望。

这是一个物质化的时代，这个时代很容易和我们长期漠视精神文化的社会融为一体。我们就是在这样的背景下开始"城市改造"的。

"改造"这词儿真糟！很野蛮。过去害了许多人，现在害了许多城市。近二十年，中国城市的改造实际是一场翻天覆地的"再造"。记得，不久前一群开发商在一座滨海城市开"高峰论坛"——现在动不动就是"高峰论坛"。他们提出的广告是"有多少城市可以重来"。重来？口气多大！而我们的城市真的全都"重来"了。城市的历史遗存几乎被扫荡一空，然后在这一无所有的土地上随心所欲地盖起新房子。这在世界上是没有的。只有那些经历过毁灭性灾难的城市，比如华沙、杜塞尔多夫才有过这种情况。当然，这也是一些人发财的大好机会。发财欲又推动改造狂。经过二十年改造的中国城市全是没有历史也没有个性的新城，这是不可思议的！任何城市的发展都是线形的，一步步不断积累的过程。就像生命的过程，有它的诞生，有婴儿期和成长期，有命运的坎坷、苦难、屈辱与光荣。城市是一种生命，一代代人创造着、充实着城市生命。他们离开之后，便把这一切全都默默地记忆在这个城市博大的肌体里。城市中无处没有历史的手纹。但现在已然无迹可寻。城市，除了使用的价值、享受的价值，还有历史见证的价值、记忆的价值、研究的价值、审美和欣赏的价值，当然也有旅游的价值。它是一种综合的价值，像生命的价值。生命是尊贵的，城市也是有尊严的，不能任人宰割。但是，我们说这些话时已经晚了，因为城市已然个性尽失。从"改造"中残剩下来的可怜巴巴、支离破碎的一点历史街区，无法再感受到城市的个性与厚重。更糟糕的是新建的城区千人一面，没有精神，粗浅平庸，都是城市间相互抄袭的结果。抄袭，无论对于开发商还是建筑师都是生财的捷径。我们的城市就是被那些平庸无能的建筑师、那些被开发商收买的建筑师、对那些没有文化责任感的官员趋炎附势的建筑师变成现在这样的平庸和彼此雷同。

我们把城市无比丰富和珍贵的记忆抹去了，同时把新建的粗陋的东西留给了后代，至少两代和三代人要生活在这样的城市里。说到这儿——还是白说，因为已成为现实，抱怨过去也是一种无能。现在说到正题了，就是我们现在如何拦截住城市化过程中如此惨痛的教训，不让这种"癌变"继续扩散。我们现在在全国各地跑，主要目的是说服县一级、乡镇一级的地方官员去珍爱他们地域的个性与遗存，千万不要在开发中毁掉。这两年，我们与山西省合作，每年一次召开全国县长论坛，还要开个乡长论坛，目的是与县长和乡镇长讨论：古村落怎么办？非物质文化遗产怎么保护与传承？中国有两千八百多个县，中国文化的两千八百分之一在他们手中，他们如果懂得文化，我们两千八百分之一的文化就有救了。

应该说，中国够大，文化多元，隐藏在山水之间风情各异的古村落还有一些。东南沿海经济发达地区少一些，偏远穷困地区多一些。我们的文化遗存向来是自然保留下来，而不是保护下来的。但随着经济发展，这些古村落早晚要开发，特别是少数民族的村寨。如果这些古村落都成为威尼斯花园和西班牙小镇，那么我们失去的可绝不只是一个个古老而美丽的建筑群！

每个村落都是一个巨大的文化库，储藏着极其丰富的非物质的精神文化遗产。

非物质文化遗产包括生产民俗、生活民俗、商贸民俗、节日民俗、婚丧嫁娶、信仰民俗，以及我们民间的戏剧、音乐、舞蹈、民歌、民间文学、传说故事、歌谣、歇后语、笑话、寓言，以及各种手工技艺等等大量的文化，还有这些文化的传承人。它们才是一个个乡镇的灵魂。把一个城镇破坏了，这些独特的、个性的灵魂就会像烟一样地流散掉。非物质文化遗产是口传心授的。它通过父授子传、婆领媳做的形式一代代传了下来。如果下一代人到城市中打工去了，文化就要断绝。这是非物质文化的特征，也是当前中国传统文化日见稀薄的原因。我们保护古村落，更是要保护这些无形的个性的多样的精神。

传统文化和文化传统是不同的两个概念。文化传统是我们的精神，是我们的灵魂；传统文化是物化的，是一种载体。我们保护我们的传统文化是为了保住我们民族的 DNA。

所以说，保护古村落是当前文化抢救的重中之重。

我们现在的古村落保护有几种形式，一种是景区形式，比如乌镇；一种是民居博物馆的形式，即把各个地方零散的经典性的古建筑集中起来保护，比如晋中的一些大院；一种是生态区的方式，维持当地原住民生活的原生态，比如西塘；一种是纯粹博物馆的方式，在西方比较多，我国和挪威在贵州黔东南地区的梭戛地区也建了一两个；还有一种是分区保护方式，比如丽江的束河镇，在老区边上建一个新区，现在上海青浦也想这么做，在朱家角旁边建立新区。这些都各有各的成败和问题，应该比较、思考、研究，但相互不一定学习。我同意马清运的观点，应该有一个不一样的样式，每一个城镇应该有自己的样式。那么"新江南"的理念就不应该是一种统一的模式化的现代江南，而应是各种各样、因地制宜、保持个性又发展着的江南水乡。这样，首先要做的是——当初在城市改造时没有做的工作，即对城市的个性和特色进行认定，弄清楚到底城市的个性特色是什么，靠哪几个板块支持着，哪几个板块是绝对不能动的，哪些单体建筑不能动，哪些街区不能动，在规划上要确定，还要立法保护。我们的城市以前根本没有做这件事，就开始大规模地现代化改造，直到现在还是全凭现管的官员的个人意志，随心所欲地干。这届官员没干的而幸运地保留下来的，换届后新官上任三把火，一拍板就毁了。城市的个性特色就这么完蛋的。现在小城镇和古村落急需的是先要确定自己的个性特色、定规划、立法。在这个基础上便要请专家认真论证新建的建筑如何在文脉上保持与历史有所联系，从而不断发展和强化自己的特点，不要在全球化中迷失自己。这可是建筑上的一个大题目，比东搬西挪难得多。这就要拜托在座的诸位建筑师了。希望建筑师给予城市一些真正的创造，多一些文化责任，守住自己的知识立场。

二〇〇五年十月二十八日

我们的城市形象陷入困惑

我对中央美术学院举办城市形象方面的研究班很感兴趣，也极为钦佩。它体现了一种大美术的观念，大的艺术视野。就是把专业的美术和生活文化联系起来，或者说把专业的美术与社会审美联系起来。特别是和当今的城市问题紧紧联系在一起，体现出美术界对当今城市文化现实的关切，体现出美术界一种自觉的社会与文化责任。同时，城市形象又是一个全新的前沿的学术课题和审美课题。它包含着城市学、文化学、人类学、遗产学、建筑学、美学和美术学。因此说，这个研究班是一种创造。

过去美术学院从来不研究城市形象。同时，建筑学院也很少研究城市形象。为此，才使得二十世纪八十年代以来大规模的城市改造中，城市形象受到了忽略，受到极大损害。

一个城市的形象是它个性的外化，是一个城市精神气质可视的表现，是一个地域共性的审美，是一种文化，绝不只是一种景观。我们中国历史悠久、民族众多、地域多样，每个城市都有着独特和鲜明的城市形象。可惜，现在我们的六百六十个风情各异的城市形象基本上都消失了。如果有也是支离破碎的、残缺不全的，很难再呈现出一个整体的城市形象。所以我说中国原有的城市形象已经灭绝。其原因主要是三个：

第一个是"拆"方面的原因。拆，始于八十年代中期城市现代化的改造。现在看来，"旧城改造"这个词儿不仅无知，它对城市文化来说简直是一种犯罪。它毫无顾忌地面对城市的历史街区进行所向披靡的扫荡式的拆除，直接造成了城市历史形象的丧失。一个城市的形象首先是一种历史积累，是一代一代人的不断的创造的叠加和积淀而成的，从这个意义上说，毁掉中国城市固有形象的首先是拆。

第二个是"建"方面的原因。当城市的历史街区被荡平之后，在一片片光秃秃的土地上建造什么是至关重要的。它决定城市将以一个什么样的新形象出现。其中的关键是新的城市肌体与历史的肌体在文化基因上——即文脉上有什么联系。但是我们当时陷入一种超大规模的城市开发和日新月异的快速建造中，根本来不及去想、也没有人去想这个问题。建筑师又不去承担城市的文化责任。开发商的急功近利、官员的急功近利和建筑师的急功近利三合一。只要好卖的，立即堆在城市中。这就必然要从别的城市去找那些现成的、热销的建筑样式，伸手把它们拿过来。凡是自己城市没有的，都具有市场的吸引力。这样，新建的建筑一定是商业性的、时髦的、没有精神内涵的、更没有创造性的。等到你有的我也有了，城市形象必定相互雷同。而且，由于开发商是甲方，建筑的样式甲方说了算，新建筑自然反映着开发商们的审美水平与趣味，自然避免不了平庸、肤浅、夸富和暴发户式的审美形态。

第三个就是"规划"方面的原因。当代中国所有的城市实际上都在进行一场"新造城"运动，这在世界上是绝无仅有的。在世界上除非大规模的战争和地震，很少会有哪个城市进行如此彻底的、地毯式推倒重来的改造，很少会有一个城市需要重新规划。规划直接影响城市形象，责任重大，可惜我们很少能做出华盛顿、巴黎以及老北京城那样高明的规划。最致命的是那种功能性分区的规划理念成了一时的潮流。就是按照使用功能把城市分为商业区、居住区、娱乐区等等，这把本来血肉丰盈的一个城市整体解构并简单化了。一方面泯灭了城市丰富、厚重的历史与人文的记忆，一方面把城市生活变得单调与机械。由于这种理念的盛行，使得中国城市都经历了一场残酷的规划性破坏。规划是由长官决定的。规划性破坏的主要责任在城市的领导者身上，因为他们只片面地看重城市的功能，对于城市生命缺少在精神、人文、个性上的深层理解。由于上面的三个原因，如今城市形象基本上变得大同小异。而这些相互雷同的城市中，又一律是古今中外各种文化符号交相混杂，因为这一切都是在急功近利的市场背景下推出来的。

《紧急呼救——民间文化拨打120》，二〇〇三年由文汇出版社出版。

城市的历史脉络没了，地域审美特征没了，深厚的记忆消散了，标志性的街区拆平了。一律换成商业街＋饮食城＋仿古明清一条街＋美国小镇西班牙庄园英国郡，再加上白天的广告和夜里的霓虹灯，还谈得上城市形象吗？

城市成了商品建筑的大超市。

应当认真反思和老实承认——

本来，历史给我们一个千载难逢的大好时机，叫我们好好整理一下城市文化和城市形象，由于我们毫无准备，特别是根本没有文化准备；由于我们太轻率、太无知、太急切、太随心所欲，反而把城市形象搞成现在这样不伦不类！

老实说我对目前中国城市形象的感受是悲观的，因为中国的城市改造已经大体上完成，或者说接近尾声。现在城市的土地变得极其紧张，也就是说基本上城市已经没有土地可以开发了。今后也不可能再有今天这种改天换地般的城市改造的机遇。这就是说，至少我们几代后人要在现在这种城市形态里边生活着。建筑是钢筋水泥的，至少半个世纪不会拆掉。我们的后人无从获知自己城市的历史个性。城市的文脉从此中断。但是问题不只是留给后人，现在我们已经深刻地感受到：在无形的层面上，比如不同城市人的集体性格，仍很鲜明，彼此迥异。但在有形的层面上，比如城市的形象上，我们已经渐渐找不到自己。我们有自己的个性，却没有属于自己的容貌。这感觉十分难受、无奈和困惑。

那么我们今天应该为城市做些什么？怎样改变城市的雷同，包括形象的平庸与雷同？

我想，首先要做的还是对原有的城市形象进行认定。任何事物的最重要的价值是个性价值。城市形象就是一种个性形象，一种特定的文化形象。确认城市形象主要是认定这种个性的文化的形象。尽管能表现原有城市形象的许多建筑、街区和景观已经被我们毁掉，我们还是要回过头来，去寻找曾经体现原有城市形象的各种元素。比如，城市面貌、街区构成特征、民居样式、标志性建筑和标志物，以及自然物等等。但是，如果不了解这个城市的历史经历，人与自然的关系，民俗习惯，地域人的集体性格，仍然还会把上述这些城市形态当作一种景观，无法抓住城市形象内在的灵魂与本质。一旦我们抓住这些关于城市文化个性的基本元素，就知道哪些一息尚存的历史遗存必须严加保护，哪些特征应该在新建造的城市肌体中体现出来，千方百计地守住与发扬自己独有的城市个性与形象。尽管彻底改变当今城市既成的雷同与庸俗已经没有可能，但仍然可以不断改善这个巨大的错误。

我还想强调，城市形象是一个崭新的课题。它交插在文化学、人类学、城市学、建筑学、美学和美术学多学科之间。这一课题的研究与深入对当代中国城市健康发展将发生作用，反过来城市的困惑又会促进人们对这一课题倍加关注。我期待着它朝着一个新学科的创立努力，同时对城市建设的走向产生良性的理论引导。

上面都是一己之见，希望诸位专家指正。

二〇〇五年十二月十六日

从大水冲了龙王庙说起

　　我想，七月里北京东城区北总布胡同二十四号梁林（梁思成和林徽因）故居所遭遇的风波，大概可以成为今年文化界的十大事件之一。我的理由在下边的文章里。

　　初听这消息真的吓了一跳。心想北京怎么了，城改的大水冲了龙王庙，连北京城保护神的老宅子也不要了？梁思成已是举国公认的文化遗产保护的象征。想一想，用撒野的铲车和推土机把这高贵象征的故居干掉，说明着什么？

　　前两天，在美术馆举行活动，待完了事，即与一位友人去到北总布胡同看看究竟。据友人说，由于梁林故居拆迁一事社会反响强烈，拆除工作已被叫停，相关部门明确地将其列为"保护对象"了。然而，站在这深深的老巷里，还是看到这幢失不再来的名居险些被毁的惨状。真像战争后的废墟！倒座门楼已经狼牙狗啃，顶子被掀去，惊见云天。然而，一些老房子还在，一株树干有胳膊粗的石榴树和高大的绒花树枝繁叶茂，竟然还有几颗开始熟红的石榴沉甸甸地垂下来。这株石榴至少六七十年了，是林徽因亲手栽的么？这个院落、这些房间就是他们为许多华厦遗存的命运所焦虑和操心之处吗？

　　这里需要思辨的是，名人故居是否只是名人离世之后留下的房产？它的价值能够仅以建筑史和建筑学的价值来衡量吗？

　　一个为历史做过重要贡献的人去了，他的生命气质、他的往事、他独有的个人生活，乃至他的精神，除去留在他做过的事情或相关的文字里，还无声地存在于他的故居中。故居的主角是人。他留在故居的大量的生活细节，有待我们去发现、感知与思考。唯有徜徉于屠格涅夫卢布尔耶那庄园的森林与原野，才能感知《猎人笔记》的灵感是从哪里来的；也只有坐在克林的柴可夫斯基那间小小的六边形的摇曳着光和影的玻璃厅里，才能体味到作曲家心灵中特有的气息，屋中的画、家具、窗帘和桌上小小的物品，无不告诉你主人的审美的格调与天性的敏感。只有看见凤凰城中沈从文先生屋里那台陈旧的手摇唱机，才知道他的写作必须有音乐作伴，我们体验过他文字中声音的元素吗？

这些故居虽然不是建筑的经典，却是依然活着的伟大的空间。巴黎城外奥维和那间梵高住过的又小又破又昏暗的房子，唤起我们的是对这位艺术大师无上的敬意。故居因他的主人而有意义和价值，建筑好坏毫不重要。所以说，故居的本质不是物质性的，而是精神性的。

创造了一个城市的是一代代人，而每一代人都有它的精英与代表，他们是这个城市或地域的灵魂。故居正是这种城市灵魂的象征与确凿存在，它是一个城市或地域十分重要的精神遗产，从文明角度来说，它是神圣不可侵犯的。

当然，文明是一个认识过程，这个过程有幸从梁林故居风波的演进中被我们看到了。从开始遭遇破坏，到富于文化责任感的各界人士发表意见；从有关部门推诿责任，到站出来承担保护；更重要的是，愈来愈多的普通群众对之关切——我在梁林故居这一会儿，就见到有母女二人来到现场，关切此事。母亲年轻，孩子是中学生。经问方知，她们是海淀区人，女儿很崇拜梁思成先生，因此十分关心梁林故居的存亡。我听了很感动，北京民众的文化意识确实令人钦佩。而且上述的一切不都在表明社会文明的自觉与进步？

现在，梁林故居的保护应不再是问题。但如果把梁林故居风波看成一个"个案"，问题就仍然存在。

北京作为我国的政治首都和文化古都，历史文化积淀深厚，各种重要的文化遗存包括名人故居藏龙卧虎，深在市廛之中。由于我们还没有从传统的文物观转化为现代的遗产观，所以对建筑类的遗存依然侧重物质性，忽视精神性；故居属于民居，向来没有清晰的认定标准，因使近三十年大规模城改中，许多重要而珍贵的名人故居灰飞烟灭，消逝于无。这也是城市历史文化的分量日渐稀薄的原因之一。这使我想起曾住在巴黎时，常见一些老街的街口竖一块铁质的牌子，黑底红字，标题一律是"巴黎的故事"，牌子上写着这条街上居住过哪些重要的人物。其中有些人物可谓大名鼎鼎，令人心生敬意，远远胜过仰着脑袋去瞧那些谁也会盖的摩天大楼。我们不是总叫喊着把城市的文化"做大做强"吗？把文化做精做细才是真正做"强"，而非花大把钱折腾几个大吵大闹，过后影儿也找不着的文化节。

因而，我想北京的有关部门是否该对城中的名人故居来一遍认真的地毯式普查了？名人故居在城市精神遗产中应属专门一项，过去从未做过。由于涉及各个领域，辄必邀请各方专家协助认定，然后制定专门的保护条例与措施，这桩事才算真正做实做好。

我突发奇想，如果这事完成，是否绘制一张北京的名人故居地图，也叫中外游人来客见识一下北京文化的"深不见底"，也让北京人由此生出文化的自豪感来！

希望遇难呈祥的梁林故居能够使我们更看出城市的文化。

二○○九年八月一日

梁林故居拆了，该问责于谁和谁来问责？

位于北总布胡同的梁林（梁思成、林徽因）故居终于被从北京的地图上抹去。这是新的一年文化上不该发生的第一个悲剧！这个悲剧叫我们难过，心里流泪。

我想起二○○九年八月与一些好友在东城区那个光影重重的深巷里，考察这座当时被社会各界关切而存亡未卜的历史名宅。在那棵弯弯的石榴树和挺拔的绒花树簇拥的苍老的门楼与房舍中，深切感受到两位令人敬仰的文化先辈与我很近——这是一种唯在故居里才能得到的感动。记得当时还遇到来自海淀区的母女二人，她们是普普通通的北京百姓，由于关切梁林故居的命运而到这儿里里外外地流连。我更感到，梁思成、林徽因与京城百姓精神与情感的关系。

人民热爱自己的土地与文化，他们是文化的主人，但谁保护他们的文化权利？当然是当地政府，政府是文化遗产的保护人。后来，总算有了好的结果，地方政府的相关部门"认定"这是理应保护的文化遗产，梁林故居逃过一劫，我们松了一口气。

然而，正像很多地方的文化遗产一样，今天认头保护的，明天为了什么好处又会去一举铲除。到底这种"认定"是真心认识到了文化的价值与它的神圣性，还是一种不得已的口头应付，一种为了躲避公众舆论与批评的权宜之计？今天，梁林故居已化为一片平地，便是最好的答案了。

既然两年前已经认定为北京城的历史遗产，为什么一直放在那里，没有保护方案、措施与行动，更没人守护？是相关部门的失职还是不作为？

二〇一二年三月在北京的康有为故居前。

记得当时我还写过一篇文章题目是"从大水冲了龙王庙说起"刊发在《北京青年报》上，我说："北京到底怎么了，城改的大水冲了龙王庙，怎么连北京城保护神的老宅子也不要了？"令人尤为惊讶的是，在我们都高调宣称要"文化自觉"的今天，对一生珍爱与守护中华文化的两位文化巨人的故居还能去撒野动手拆除，还谈得上什么文化自觉吗？

当代文化只有自豪地站在自己雄厚的文化根基上，才能创造繁荣。使用反文明的手段对待文明——特别是这样对待一个文明精神的象征，怎么可能真正地建设与繁荣文化？

那么这件事应当问责于谁？不言自明。应该是对这一行动的当事人和负有相关责任的部门问责，可是，至今没听到谁出来承担和认错。不是不认头，就是摇脑袋说不知道；而且一边说不知道，一边为肇事者开脱，说是为了维修。听说过故宫维修之前先把故宫拆了吗？还有什么"落架维修"，有用推土机和铲车"落架维修"的吗？这种无知的话居然也能出自文化部门？再进一步说，文物维修是开发商还是文物部门的事？此中的逻辑叫人生疑，难道拆毁梁林故居是文化部门放手叫开发商来干的吗？

现在应当先讲明"问责"到底是要问什么"责"？梁林故居既然已被文物部门确定为"第三次全国文物普查中认定的不可移动的文物"，那么该问之责就是究竟谁在光天化日之下破坏文物，破坏北京乃至国家的文化遗产。问责是按照《文物法》追究文物的破坏者及其应负的责任，还要追究相关部门的责任——失职抑或其他原因。

毁坏文物的责任是一定要追问个水落石出的，为了文化的尊严！写到这里我忽想，现在的关键不止于"问责于谁"，而是"谁来问责"。

我以为，梁林故居事件是考验相关责任部门——保护、监管和执法的试金石。看看我们文物部门有没有文化自觉和执法力度，以及是真是假。如果现管的部门不力，责任就落到上一级部门身上。此件事不能含糊，更不能"遛之乎也"，一定要弄清我们的文物是否安全。我们将拭目以待。

二〇一二年二月一日

名人故居的进退两难

说到当前名人故居的话题，马上想到一个词儿：进退两难。

一边是历史巨人的故居被推土机一个个夷平，城市失去了自己这种灵魂性确凿的存在，泯灭掉一份份珍贵的遗存，城市因之一点点减少它历史积淀的厚重；一边却是一个个名人故居被作为旅游的景点与招牌"开发"出来，亮闪闪推到人们面前。可是，待走进到这些重新"打造"的名人故居里，不过是一些老照片，陈年的家具什物，墙上挂着临时搞来的、往往与这些故居主人并无关系的老字画，再加上一些传记性和功劳簿式的文字简介，空洞乏味，没有感觉。然而，这样的故居正在各地争先恐后地"打造"着——特别是旅游资源匮乏的地区。

造成这两种极端性问题的原因是没有认识到名人故居的真正价值，或者都是从实用和经济价值看待与对待名人故居。当认为名人故居没有什么实用价值时，想也没想就一挥而去；当看到名人故居可以招引游人、赚得钱财时，便急急忙忙一通涂脂抹粉地推将出来。这两种极端看似相反，立脚点却都是功利主义。

文化的价值主要是精神价值，名人故居亦然。它的价值不是物质性的，而是精神性的。有人会说故居建筑不是物质的吗？但单看物质恐怕并不珍贵，它们大多普普通通，看似平常，甚至狭小简陋，可是当我们得知一种曾经影响世人的精神或时代审美诞生其中，它就变得异样神奇，散发出夺目的光彩了。就像我们在巴黎近郊奥维尔那间不足七平方米的斜顶而昏暗的梵高故居感受到的——那真是一种震撼！由此我们更坚定地认为：名人故居的真正意义是，在历史巨人这个特定的生命场中，将他们的精神影响后人。

所以说，名人故居的工作是致力体现一个个非凡的个性的精神与品质。

如果从精神层面上去建设名人故居，一定会着重名人的"人"；如果只想打赚钱的主意，一定只想用他的"名"。

可是没有"人"的"名"，魅力有限。因此各地新开发的名人故居到头来大半是门可罗雀。

由于过去对名人故居认识有限，许多故居得不到保护而不复存在；偶有存留，时过境迁，故居主人留下的大量实物和细节也渐渐消失。一旦动手去建，却不知如何来做；再加上对历史文化知之有限，难免把它们当作那种古村落的财主们的宅院热热闹闹布置一下，就推到旅游市场里了。

关键是要聘请专家。其实凡重要的历史名人，大都有学者专事研究其生平传记、性情习惯和事业历程。唯专家能细心挖掘史料，察觉埋藏在看似平常的故居中尚存的珍贵细节，设法再现故居主人独特的文化氛围与生命氛围。文化上的事，离开专家、离开文化的性质和规律就难免错误百出。当然，更关键的还是我们的"名人故居观"：到底想以故居建设来增强一个城市或地方的精神文化，还是只想用它牟利赚钱。

二〇一〇年八月二十一日

请不要：遗址公园化

近年来，一种有害于文化遗存的做法正在相效成风，这就是：遗址公园化。

说到遗址，便会想起那年从埃及考察归来，一位朋友问我最强烈的感受是什么。我说，埃及大地到处是公元前数千年的历史遗址，给人一种极强烈的文明的初始感，源头感。

从开罗的金字塔到卢克索的国王谷——这些法老墓葬的遗址中，无处不是巨大的石雕碎块和灼热的荒沙。谁也说不清它们的历史，连这些坚硬的石雕究竟毁于何时，也无从得知；时间在这里仿佛失去长度。当历史走去时，没有留下任何寻找它的线索，只有问号。这些问号弥漫在残垣断壁碎石流沙之间。于是空茫、荒芜、寂寞和寥落，雾一样浓重地笼罩在遗址上。然而这才是远去的历史遗留在大地上特有的生命感——也是遗址独具的气质与魅力！

为此，世界上所有遗址的保护者，都是知道遗址必须保留全貌，保留它的历史感。由古希腊、两河流域、古波斯、印度直到南美的玛雅那些遗址，一概都是原封不动。遗址是一种特殊的遗存。尽管它只是残剩的一些兀立的残垣和石柱，甚至是草坑与土堆，但它是历史生命仅存的最后的实体，是唯一可以触摸到的历史真实。如果遗址没了，历史便完全消失。你说它有多重要？

然而，在我们这里却被改变了。且不说，许多遗址正在被粗暴的施工所破坏：从河南的殷墟、西安华清池到京西的圆明园遗址，到处在动土动工，修筑围墙，植树种花，竖立雕塑，点缀小品，更有甚者则添油加醋地增添各种"景观"于其间，努力把历史遗址"打造"成一座座公园。

做这种事的人，完全不懂得遗址的价值就是它的"原生态"吗？不懂得文化和历史也有尊严、也是神圣不能侵犯的吗？

在罗马，许多重要的历史文化遗址往往并不在城外或者更远的地方，而是在城中，与人们"生活"在一起，但从没人把这些草木丛生的大片大片残垣断壁视作垃圾，去动手清理。相反，把它们作为凝固的历史，有形的岁月，真正的城市文物，不敢去碰它，更甭说动它。罗马人懂得一根柱子倒了是不能扶起来的，因为这是时间老人和历史巨人的行为。如果扶起来，修补好，历史时间随即消失，谁敢去改动历史？它残缺，却正好把另一半交给你去想象。当然还有一种残缺美，残缺美也是一种历史美。因此，遗址保护就是严格地保护原状。只准大自然改变它，比如风吹日晒对它的消损——人能做的只是去加固它，延长它的寿命，但决不准人为地去改变它。

不可否认，我们一些将遗址公园化的人，可能对遗址的价值及必须恪守的保护原则不懂，但不懂得历史文化的人怎么能去管理文化遗产呢？

进而说，又绝非仅仅是不懂，如果不懂，为什么要破费大笔钱财为遗址围墙造景、植树栽花呢？其目的路人皆知，便是开发旅游，招徕游客，图谋赚得更多银子。

一旦文化服从了经济，以经济为目的，辄必按照商业规律来改造自己。与此同一潮流的，便是各地兴致勃勃大干特干的历史街区景点化，非遗产业化，名人故里抢夺战，以及各种文化名目的"打造"热。这一来，便形成了对历史文化遗存新一轮的破坏。

或许有人反驳，遗产不能旅游吗？

历史遗产当然具有旅游价值，但是它不只有旅游价值，还有见证价值、研究价值、教育价值、欣赏价值等等。不能为了一种价值而去破坏和牺牲其他价值。其实，即便是遗产的旅游价值，也体现在它的原真性上。如果昭君墓不再是"独留青冢向黄昏"，而只是公园中间一个不大不小的土堆，连游人也会兴味索然，从哪里去感受历史呢？一个普普通通、没有历史感的土堆谁不会堆一个？可是，那些遗址的管理者却认定一大片废墟是没有卖点的，只有乔装打扮，添花加叶，披金挂银，整旧如新，才能招徕游人。于是一种急功近利的浮躁混同着低俗的审美，正在把一个个遗址变成俗不可耐的公园。这样下去，一定要闹着在遗址上"恢复重建"来再现昔日皇城昔日王宫昔日威风了。因为从市场的角度看，重建会更有商业吸引力，现在有的遗址不是已经做起重建的文章来了吗？

就这样，遗址正在一个个变成公园，变成赚钱的机器；历史被我们变成消费品了。

我们不是有一种很流行的观念，认为不能生财的文化无用，只有进行开发才是文化的"出路"？我们真的要把所有文化都变成GDP，变成现金，才心满意足，才认为自己有能耐，才视作"文化繁荣"吗？

我们真的不怕没有了遗址的历史？不怕没有了令人敬畏与尊崇的精神性的文化而带来的浅薄与苍白——不怕那种腰缠万贯的浅薄和富得流油的苍白吗？

二〇一〇年六月十七日

请不要糟蹋我们的文化

我们必须正视：一种文化上自我糟蹋的潮流正在所向披靡。

我们悠久历史养育和积淀下来的文化精华，尤其那些最驰名、最响亮、最惹眼、最具影响的——从名城、名镇、名街、名人、名著，到名人死后的墓室和名著里出名的主人公，乃至列入国家名录的各类各种文化遗产等等，都在被浓妆艳抹，重新包装，甚至拆卸重组，再描龙画凤，披金戴银，挤眉弄眼，招摇于市。

那些在"城改"中残剩无多的历史街区，忽然被"聪明"地发现，它们竟是一种天赐的旅游资源。已经拆掉的无法复原，没拆的虽然不再拆了，但也难逃厄运——全被开发成商业风情街——实际上是风情商业街。更糟糕的是被世人称作"最后的精神家园"的古村古镇，正在被"腾笼换鸟"，迁走原住民，然后大举招商，一个个被改造成各类商铺、旅店、农家乐、茶社和咖啡屋混成一团的"游客的天堂"。在这天堂里连一间见证历史的"博物馆"也没有，导游讲的故事传说不少是为吸引游人而编造的伪民间故事。至于各种名人故居，大都是找来一些与其主人毫不相干的红木家具、老瓶老壶、文房四宝，三流字画，不伦不类地摆一摆，好歹布置个模样；没人拿名人的人当回事，只拿名人的名当回事。还有那种原本慰藉心灵的寺庙，无一例外全成了世俗的闹市。至于种种文化遗产，更是这种热热闹闹重新"打造"的对象。其中的历史的内涵、文化的意蕴、本土气质和个中独特的精神跑到哪去了？没人管也没人问。

有人说旅游原本就是走马观花的快餐文化，用不着太认真。那么，就再

又一座一百年前的历史建筑正在被拆除。

看看我们影视中的历史文化吧。

我们的历史名人只要跑到银幕和荧屏上，不论明君重臣，还是才子佳人，大都多了一身好功夫，动不动大打出手，甚至背剑上房。他们好像都活在时光隧道里。虽然身着古装，发型和配戴却像时尚名模；没有确切的朝代与地域，一切衣食住行的道具、物品和礼俗全是胡编乱造；有个老样子就行，或者愈怪愈好，历史在这里只是借用一下的名义，一个空袋子，任什么乱七八糟、炫人耳目的东西都往里边塞。

一边是真实的历史被抽空内涵，只留下躯壳，再滥加改造；一边是荒诞不经和无中生有的伪造——这便是当今国人眼中的历史文化。

经过这样的粗鄙化的打造，在人们眼里，古村古镇无非是些年久失修的老房子，名人故居不过是名人在世时住过的几间屋子，庙宇都是烧香叩头却不知灵验不灵验的地方，历史上的人物全有几招花拳绣腿，全离不开男欢女爱，全不正经；没有庄重感、神圣感、厚重感、甚至美感。我们不是把中华文化博大精深挂在嘴边吗？如今国人从哪里能够感知这种博大精深？只能去一座城市才有一个的博物馆吗？

文化不精不深，怎样可能"做大做强"？真正强大的文化一定又精又深，比如唐诗宋词、维也纳的音乐、俄罗斯文学和美国电影。只有在精深的文化中，才会有大作品和大家的出现，社会文明才能整体地提高。

问题是当下这种鄙俗化的潮流，这种放肆的粗制滥造，这种充满谬误、以假乱真的伪文化，正在使我们的文化变得粗浅、轻薄、空洞、可笑、庸俗，甚至徒有虚名，一边有害公众的文化情怀和历史观，一边伤及中华文化的纯正及其传承。我相信，在这样文化环境中成长起来的一代，很难对自己文化心怀挚爱与虔敬。如果我们不再深爱和敬重自己的文化，再伟大的文化不也要名存实亡？到底什么动机与力量使这种潮流正在变本加厉？我想应当一句话戳穿，即以文化谋利。为了赚钱发财，为了GDP。GDP是衡量政绩的尺度——这也是问题的关键与症结之一。

任何事物进入市场，就不免受到市场规律的制约，不免依照消费需求和商业利益调整自己。但调整是科学调整，不能扭曲甚至破坏自己去换取经济利益，就像自然资源的开发不能破坏生态。文化更具特殊性，因为文化的最重要的社会功能是精神功能，它直接影响着社会文明与全民素质。不能为了畅销、热销、票房、上座率和收视率成倍增长，为了市场人气攀升，为了利润的最大化和"疯狂的GDP"，而放弃文化固有的精神的准则。即文明的、知识的、道德的、真善美的准则。这准则也是文化的尊严，这尊严一旦被践踏被玷污，文化也失去它存在的意义。因为被糟蹋的文化反过来一定还会糟蹋人的精神。

由此说，问题真正的要害——不是拿文化赚钱，而是糟蹋文化来赚钱。还有比这样赚钱更无知、更野蛮吗？

当社会文明素质上升时，愈美好的东西愈有市场；当社会文明素质低下时，愈鄙俗的东西愈有市场。为什么我们为赢得市场和收视率就去迁就低俗，甚至不惜糟蹋我们的文化？

我们是否听到我们的文化正在呼叫：不要糟蹋自己的文化了！

任何有文化良心的人，都不能回避这个声音。

二○一○年八月十五日

请不要"再现历史辉煌"了

一股风起来了。

花大钱，干大事，不惜成本，要建文化强省强市。这中间免不了的要动用大型重型的建筑机械，机声隆隆，大兴土木，像打响一场战役。不久就从这施工的沙尘中冒出一张张花花绿绿的古装面孔，艳丽五彩，金碧辉煌，古色古香。这便是当下一些地方最时髦、最具豪气的口号——再现历史辉煌。

可是静下来一想，就颇值得深思了。

首先，什么是历史辉煌？

是这一地区历史上最辉煌的景象，还是历史盛世的强势、富裕和自信？

既然是历史，一定是特定的历史时期。这时期有着特定的经济水平、科技能力、人文气质。所谓辉煌，一定是在这特定的历史局限中达到的一种极致。它是你盖几座看看热闹的仿古建筑所能"再现"的吗？再说怎么"再现"？没有图纸，也没有确切依据，仅凭古籍上一些简略和美化的描述，想当然地、甚至半年一年就把历史"再现"了。再现历史居然比建一片厂房还容易？

再有，为什么非要再现历史辉煌？

历史的辉煌是历史和先人的创造。当历史离去，留到今天的一定不是完整的，而且愈古老的愈稀少。唯其如此，我们才要保护历史的遗存，因为历史遗存才是历史生命的本身。历史的真实保存在历史的残骸中。这些"残骸"引发我们去联想的历史空白，也是历史的魅力之一。历史不仅无法再现，也不需要再现。意大利去再现过古罗马的辉煌吗？希腊人去再现过古希腊的辉煌吗？

那么，到底是谁要再现历史的辉煌？

城市居民吗？专家学者们？当然都不是。那么是旅客游人吗？游客当然想看到辉煌的历史，但绝不是假造的"历史"。也许一般游人走马观花，并不认真，这样——为了赚钱也为了经济政绩，才去再现历史辉煌。

我们的城市大多没有多少历史遗存，作为重要的文化类的旅游资源极其匮乏，这恐怕是许多城市都去造假历史的大背景。

可怕的是这种造假，有的甚至根本不去管历史是什么模样。新造的"古建"个个体魄雄伟，比原本的建筑高大上几倍。

二○一○年八月二十七日

文化空巢及其对策

在我们为那些不知不觉就会被推土机推去的古村落与城市的历史街区心怀忧患之时，是否知道它们已经出现了可怕的"文化空巢"？这些历史形态犹存的村落与街区，远远看去，似是不错，古建筑一幢幢优美地立在那里，可是如果穿门入户就会发现，历史只是在它的躯壳上，并不在其中。里边的家具什物早都面目全非，看不到任何地域特色和文化细节。历史内涵已然不存。

前两年，天津的一条七百年历史的老街——宫前大街实行彻底改造，落地重建，原住居民大举搬迁，当地的民俗博物馆打算抓住时机，收集一批民间文物。但在目睹着整整一条街的居民翻箱倒柜时，竟没有发现一件有价值的历史证物或文化遗存。这条对于天津城具有源头意义、年深日久的老街缘何没有任何积淀，竟然如此空洞？然而这种空洞是普遍存在的。近年来，我在许多古村落考察时都遇到这种失落与茫然。有人将其归结为国人缺乏历史情怀与文化眼光，有人则将其归咎为岁月漫长的穷困和一次次对于历史文化人为的粗暴扬弃。我同意这些说法。但还有一个不为人注意的十分致命的原因，便是近二十年古董市场开放以来，古董贩子们大量的"淘宝"。

市场的规律是当一种物品渐渐受到青睐，有了卖相，随即便有大批这样的物品蜂拥而至。可悲的是，我们对自己的历史文化遗存，一开始没有认识到它的文化的价值，反倒是先认识到商品的价值。一股古董热迅速地席卷神州，致使被金钱驱动的古董贩子们干劲十足，他们先于文化保护者，跋山涉水，足迹踏遍所有偏僻的水村山庄。从上世纪八十年代中期至今已经过了二十年，对古董贩子们这种破坏性的"淘宝"仍然是没有任何"法规"限制，亦无行政禁令。他们所向披靡，几乎是拉网式地对大地的遗存施行灭绝性的搜括，然后搬到遍布全国各地大大小小城市的古董市场上。

在二十世纪八十年代末，古董市场的热销货是古代珍玩、书画陶器、金神玉佛、明清家具，等到这些世代家传的"细软"卖得差不多了，及至九十年代末，就渐渐变成老照片、房契、当票、信札和各类具有文化特色与历史感的生活物品，连脸盆架、油灯、衣帽、梳妆匣、烟袋、车辆与农具，也一样不剩地全倒腾出来。老百姓不明白这些东西的价值，只把它们当作过时的废物，换些现钱；古董商贩也不全懂得这些东西的价值，只要是旧的老的古的，拿到市场能卖个好价钱就好；当地政府更没人把这些老东西当回事，洋人买去带出海关又不算文物不算走私，因为我们至今没有《民间文化遗产保护法》。如今古董市场上已经货源匮乏，多半是仿古的冒牌货，连老窗扇和门礅都是造假的了，这表明古村镇和城市的历史街区近乎被掏空了。最近我们在贵州省进行美术遗产普查时发现，许多苗族侗族村寨中已经看不到那种古老而迷人的服饰了，因为古董商贩和外国人已经在这里"淘宝"淘了二十年！再比如老家具，在山西的村落无法再找到像样的"山西货"，在山东大地上也很难碰到那种纯朴的"山东货"了。青藏铁路一开通，曾经很难见到旅行者的阿里与墨脱，如今常常可以看见古董贩子出没的身影。西藏文物保护专家叶星生对我说："才这么短的时间，连西藏边远地区的人家里，古老的东西也已经寥如寒星，都给古董贩子弄去了。"

这些来自各地的大量的历史遗存进入市场后，再没人知道这些东西确切的出处，它所承载的地域的以及特定的文化和风俗的信息便立即消失，仅仅剩下一个物质性的历史形态。另一面，那些古村落和历史街区千百年来积淀的文化内涵被掏空了。失去了见证物的历史会变得虚无缥缈。建筑残存的古村落大部分仅徒具美丽的容颜，像一本书，只有书皮与书名，没有内页和内容。

这恐怕是古村落和历史街区保护最致命的问题。你可以下决心保住一片古建筑，但怎样保持它内在的气质与内涵不流散？

欧洲人的办法是建博物馆。比如维也纳有二十三个区，每个区一个博物馆，都不大。居民们把他们不再需要却有历史价值的东西，送到本区的博物馆，或捐或卖。这些区级博物馆的收藏全都十分丰厚，生动而充分地见证着这块土地上一代代人的生活与情感。这样的博物馆在欧洲各国，无论是城市还是村庄，都随处可见。

古村落的博物馆应是小型的。不要奢华，因地制宜。开始时只需要几间屋子，关键是要将仅存无多的历史文化细节尽快地抢救性地收集起来。同时，当地政府应阻止古董贩子再入村淘宝。

各地的博物馆都要强调自己独有的文化特征，不要搞一般化的千篇一律的村史展览和民俗展览。像宁波的"麻将博物馆"、上海新天地的"三十年代生活博物馆"、天津的"老城博物馆"、苏州的"丝绸博物馆"等等都很有特色。这种小型的博物馆也可以是当地特有的某一种非物质文化遗产的博物馆，无论是皮影、剪纸、布缝、泥塑，还是舞蹈、技艺和乡俗，还可以是一种独具风情的生活博物馆。从策划到展示，都要请专家参与，使其具有文化价值与深度。

博物馆可以是民办公助，也可以是公办民助，即捐赠性博物馆，还可以是私人兴办，各界支持。博物馆无需很多经费，却可以在旅游中发挥持久的作用。在文化上，它应是农村新文化建设的根基，是一方水土历史创造的归宿，也是一种地域精神的聚集与弘扬。

小型博物馆应是我们面对"文化空巢"现象的积极对策。它最直接的意义，是把那些容易流失却失不再来的历史遗存留在自己的土地上。因为，历史不能没有见证者，不能变成一个个干瘪的躯壳和空巢。

二〇〇七年三月九日

城市可以重来吗？

前不久，某地房地产业召开一个"高峰论坛"，主题词气吞山河，曰：有多少城市可以重来？

其实这口号并不新鲜。早在二十世纪中期，我们就这么气壮山河地高吼过——什么改天换地呀，大地换新装呀，山河一新呀等等，好像非此不能体现我们这一代人的丰功伟绩。然而，这些看似壮丽的口号又是可怕的。多少大自然的生态和不能再生的历史文化遗存，就在这口号下被大肆涤荡，破旧立新，推倒重来，所剩无几。

今天，站在现代文明的立场看，这些口号是不文明的，甚至是野蛮的。

还得承认，开始对外经济开放和现代化的时候，我们并没有站在现代文明的立场去审视过去和面对今天，脑袋里热烘烘，依旧是"破旧立新"和"旧貌换新颜"那一套。再加上这一次的力度之大前所未有，所以直接的负面后果是六百多个城市的历史生命被一扫而光，性格形象消失了，年龄感没了，个性记忆被删除得干干净净，我们已经无法感知认识自己城市的文化性格和精神历程。从这个意义上来说，城市是不能重来的！城市不是一个巨大的功能性的设施齐备的工作机器与生活机器。城市首先是一个生命，有命运、有历史、有记忆、有性格，它是一方水土的独特创造——是人们集体的个性创造与审美创造。如果从精神与文化层面上去认识城市，城市是有尊严的，应当对它心存敬畏，可是如果仅仅把它当作一种使用对象，必然会对它随心所欲地宰割。

这些年跑过的地方不少，每到之处都会向当地主人提出看看历史街区。

这种在欧洲会被当作很尊重他们的要求，却常常使我的主人陷入尴尬。一次去往德州这座我心仪已久的古城，转了半天只看到一座古墓，此外就什么也看不到了。这样的徒有虚名的古城，我能开出一个很大的名单，保准人人会吃惊。古城变成新城——这大概就是"重来"的结果。江浙一些沿海的先发现代化的城镇甚至已经"重来"几次了！

世界上有没有重来的城市？有，我看过两座。但我对这两座重来的城市是没有非议的。其中一座是在二战时被战火荡平的德国的杜塞尔多夫，一座是被大地震颠覆的唐山。它们几乎是完全重建的。但这是很痛苦的事。然而唐山人很有眼光，还是刻意保留几座令人触目惊心的地震废墟，作为城市生活难以抹去的痛苦记忆下来。

珍惜城市精神文化的人，一定会精心地保存自己城市的历史，因为城市的灵魂在它的历史里。这使我想起曾经邀请我去柏林演讲的一个专事修复东德城市遗存的组织，这组织的名称很独特，像口号，它叫作"小心翼翼地修复城市"。一听这名称，我就对他们心生敬意。

我们是不是真的不懂得城市的文化意义与精神价值？我想是，但也不是。

为什么说"也不是"？实说了吧，有时表面装不懂，实际是为了钱，为了经营城市及其土地。在这些人眼里每一座建筑下边的土地都可以变成大量钱财。只要把这些建筑拆掉，土地就有了再使用的价值，即经济价值。于是，城市的历史文化便成了他们"盘活土地"的障碍。所以，他们要千方百计地拆去这些历史建筑——这大概就是对城市呼喊"重来"的最真实的动机了。

城市要发展，要更新设施，增添功能，一定要被更改。为此，历史文化遗存也一定要付出代价，但这个代价要经过审慎思考和严格论证，它与"重来"是两码事。重来者无视城市的历史存在与文化存在。它对于城市的历史生命是一种断送，对文化积累是一种彻底的铲除，对城市个性是一种摒弃。

不要把这个城市的"重来"之说仅仅当作一个不恰当口号。它是那种由来已久的无知与野蛮的城市观在市场经济时代的恶性发作。尤其是在一些历史街区一息尚存的城市里，这种口号将催化城市历史的终结式的消亡。

二〇〇六年八月十五日

文化可以打造吗?

一个气势豪迈的词儿正在流行起来,这个词儿叫作"打造文化"。常常从媒体上得知,某某地方要打造某某文化了。这文化并非子虚乌有,多指当地有特色的文化。这自然叫人奇怪了,已经有的文化还需要"打造"吗? 前不久,听说西部某地居然要打造"大唐文化"。听了一惊,口气大得没边儿。人家"大唐文化"早在一千年前就辉煌于世界了,用得着你来打造? 你打造得了吗?

毋庸讳言,这些口号多是一些政府部门喊出来的,这种打造是政府行为。其本意往往还是好的,为了弘扬和振兴当地的文化。应该说,使用某些行政手段,是可以营造一些文化氛围、取得某些文化效应的,但这种"打造"还是造不出文化来。打造这个词儿的本意是制造,优良的工业产品和商品,通过努力是可以打造出来的。文化却不能,因为文化从来不是人为地打造出来的。温文尔雅的吴越文化是打造出来的吗? 美国人阳刚十足的牛仔文化是打造出来的吗? 巴黎和维也纳的城市文化是打造出来的吗? 苗族女子灿烂的服饰文化是打造出来的吗? 谁打造的?

文化是时间和心灵酿造出来的,是一代代人共同的精神创造的成果,是自然积淀而成的。你可以奋战一年打造出一座五星级酒店,甚至打造出一个豪华的剧场,却无法制造一种文化。正像我们说,使一个人富起来是容易的,使一个人有文化——哪怕是有点文化气质可就难了。换句话说,物质的东西可以打造,精神文化的东西——是不能用打造这个词儿的。难道可以用搞工业的方式来进行文化建设? 那么为什么还要大喊打造文化,仅仅是对文化的

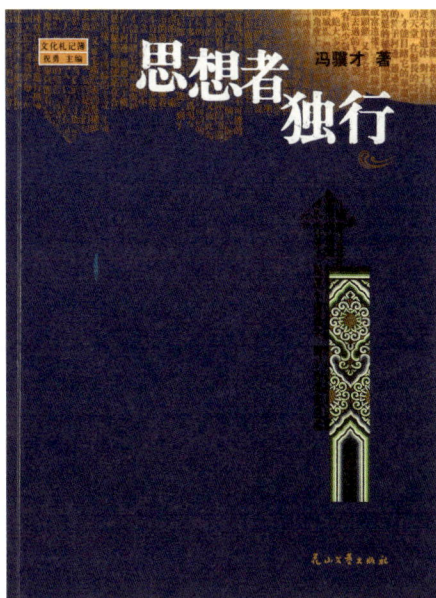

《思想者独行》，二〇〇五年，花山文艺出版社出版。

一种误解吗？

坦率地说，打造文化叫得这么响，其中有一个明显的经济目的——发展旅游。因为，人们已经愈来愈清楚文化才是最直接和最重要的旅游资源。一切文化都是个性化的。文化的独特性愈强，旅游价值就愈高。文化是老祖宗不经意之间留给后人的一个永远的"经济增长点"。那么在各地大打旅游牌的市场竞争中，怎样使自己的文化更响亮、抢眼、冒尖、夺人？一句话，看来就得靠"打造"了。

很清楚了，这里所谓的打造文化其本质是对原有文化的一种资源整合，一种商业包装，一种市场化改造。当今有句话不是说得更明白吗——要把某某文化打造成一种品牌。品牌是商业称谓，文化是没有品牌的。中国文化史从来没有把鲁迅或齐白石当作过"品牌"，鲁迅和齐白石也不是打造出来的。当下的打造文化者也并不想再打造出一个鲁迅或齐白石，却想把鲁迅和齐白石当作一种旅游品牌"做大做强"。所以伴随着这种商业化的"文化打造"，总是要大办一场大哄大嗡的文化节来进行市场推广。这种打造和真正的文化建设完全是两码事。

进而说，如果用市场的要求来打造历史文化，一定要对历史文化大动商业手术。凡是具有趣味性和刺激性、吸引与诱惑人的、可以大做文章的，便拉到前台，用不上的则搁置一旁。在市场霸权的时代，一切原有的文化都注定要被市场重新选择。市场拒绝深层的文化，只要外表光怪陆离的一层。文化的浅薄化是市场化的必然。此外，市场还要根据自己的需要，对原有文化进行再造——涂脂抹粉，添油加醋，插科打诨，必不可少。这也是各个旅游景点充斥着胡编乱造的"伪民间故事"的真正缘故；与此同时，便是无数宝贵的口头文学遗产消失不存。再有，就是假造的景点和重建的"古迹"。这儿添加一个花里胡哨的牌坊，那儿立起来一个钢筋水泥的"老庙"，再造出一条由于老街拆光了而拿来充当古董的仿古"明清街"，街两边的房子像穿上款式一样的戏装那样呆头呆脑地龙套似的站着——文化便被打造成了。

这里边有文化吗？真实的历史文化在哪儿呢？打造出来的到底是什么"文化"？伪文化？非文化？谁来鉴别和认定？反正前来"一日游"的游客们只要看出点新鲜再吃点特色小吃就行，没人认真。也许那些对当地文化一无所知的洋人会举着大拇指连声称好，凑巧被在场的记者拍张照片登在转天报纸的头版上，再写上一句"图片说明"：

"东方文化醉倒西方客。"

打造文化——一个多么糊涂的说法和粗鄙的做法！

二〇〇六年八月十五日

谁来操办节日？

本文的题目是很荒唐的。节日原本是一种民间的文化传统，是大众约定俗成的生活庆典。年年逢到这种日子，人们就自发地庆祝——自娱自乐，合家欢乐，普天同庆。古来如是，还要谁来操办？

可是，由于时代转型，生活骤变，加上曾经很长一段时间视传统为封建为落后，人们的节日情怀变得淡薄，不少节日渐渐远去与生疏，甚至名存实亡了。然而，随着全球化的加剧，不知不觉之间一种文化寻根的意识又生发出来。于是，每每过年过节，便要请一些民俗学者坐在电视里讲年俗节俗。难道节日也要启蒙和普及吗？一代代过了上千年的年节，如今反要请人来讲解与传授，岂不可笑？节日是人们一种自发的共同的文化情感与文化习惯。如果没有这种情感，还能由衷地过节吗？这是不是一种文明中断的迹象？想到这里，感到有点可怕。

在这样的情境中，节日确实需要有人来倡导和操办了，那么谁来担当这个角色呢？

记得多年之前，机关单位过春节时，门口扎彩挂灯，大企业还要热热闹闹办一个有唱有跳有笑的晚会，这些年没人操办了，给每个人发点年货便早早落差放假，各自回家。还有，先前每到清明前后，学校便组织孩子们到郊外春游，现在都忙着赚钱，哪还有这份闲心？于是，在市场经济时代，这个节日操办者的差事就落到了商家的身上。文化上的事一落到商家身上就要变味儿。

商家会怎么操办节日呢？首先，把长假的节日称作"黄金周"，想方设法把节日这些天变为购物日、旅游日、消费日、花钱日。

再有，节日原来都有内容的，到了商家手里，自然是什么好卖就卖什么。我们曾经埋怨如今的节日都变成饮食节了——端午节吃粽子，中秋节吃月饼，灯节吃元宵，春节吃饺子加年糕，其实这正是商家一手操办的结果。近年来，逢到过年，商家不是又在极力号召人们到饭店里吃"年夜饭"吗？

别以为我在这里责怪商家，人家商家对于节日是不必负文化责任的。商家要的是商品价值，而非文化价值，哪儿有卖点，就在哪儿使劲。卖艾草能赚钱吗？赏月能成为卖点吗？如今大小城市夜里都要亮起来，抬头向上看，恐怕连月亮也找不到。中秋节里最大的卖点也就剩下月饼了，还能埋怨商家们的月饼大战吗？倘若全是三块钱一个的月饼能赚到几个钱？进入了市场的节日只能顺从市场的规律。这叫作"市场霸权"。

这样，今年的七夕也开始市场化了。其原因是七夕热闹起来了。近年来洋节（情人节等）愈演愈烈，文化界一些人士便呼吁国人拿出自己的以爱情为主题的七夕节来抵抗洋节的"入侵"。在刚刚度过的"文化遗产日"里，七夕节又被列入国家非物质文化遗产。在商家眼里，这个几乎被我们忘掉的节日就生出一些商业价值。还有一个原因是今年的农历七月适逢闰月，出现两个"七夕"，这是三四十年才会出现一次的巧合。从市场角度看，凡是能够引起人们兴趣的都是能够生财的卖点，于是，商家便动手操办七夕了。

其实七夕原本有两个主题。一是赞美女儿们的心灵手巧，聪明颖慧。所以七夕节又称"乞巧节"。记得我小时候每至此节，清晨时分，家中的女子要聚在一起，往一盆水中——这盆水要晾一夜——轻轻地平放上做活的针，比比看谁放的针能够浮在水面上，不沉入盆中，这些民俗游戏都与"女儿的心灵手巧"有关。七夕节的另一个主题是通过牛郎织女的传说，颂扬对爱情的忠贞不渝，两情相许，信守一生，白头偕老。牛郎织女是婚后夫妻，不是婚前恋人，牛郎是用扁担挑着两个孩子千里迢迢去与织女一年一度地相会的。记得那一天只要下雨，大人便说这是牛郎织女在落泪，在抱头痛哭。这与西方表达情人相恋的情人节是完全不同的。

然而，商家是不管这一套的。精明的商家从一些用七夕节抵御洋人的情人节的舆论里看出商机，看出七夕节也可以被改造为一个"黄金日"，那就是干脆把七夕节当作一个情人节，将洋人情人节的酒倒进中国七夕节的瓶子。于是今年各地商家都张起"中国情人节"和"东方情人节"的大旗，并依照西方情人节那样，推销情人礼物（情侣手机、情人饮料等等），倾销红玫瑰——当然是高价红玫瑰。比起舶来的情人节，中断已久而十分空洞的七夕节正好可以更好发挥商家的创造力。于是，"千对情人大派对""拉郎配""新郎新娘来相会"蜂拥而起，每个城市都出现了这种商家组织的"爱情超市"。

七夕就这样复苏了吗？那些关于女儿们的内涵呢？中国人的爱情观呢？没人提它，也没人想它。其实，七夕只是被市场经营罢了。我们离着那个传说一般优美的节日情氛依旧很远。我们还能找回那份文化感觉吗？它在哪里？

再说今年商家之所以尝到七夕的甜头，是因为沾了今年"双七夕"的光。明年不再是"双七夕"，商家要是从中看不到商机，撒手不管怎么办？七夕该由谁操办？

我想，真正的节日重建并非易事。它需要从对孩子的教育开始，需要文化上的启迪和与传统的衔接，需要各界的倡导与参与。但是如果人们没有真正的节日期待与情怀，这些节日最终只是市场中一年一度一次商业由头，一种西餐中吃、不伦不类的文化闹剧。

二〇〇六年八月二十一日

乾隆能上房吗？

前些年，一部电视连续剧《戏说乾隆》红极一时，大清乾隆皇帝摇身一变，成了英俊的武生，背刀仗剑，抬腿上房，飞檐走壁，横扫群恶，一边还和各样美女胡搂乱吻，纠缠不休。一时，对这部大大离谱、纯属虚构的电视剧褒贬皆有。褒者说，通俗作品不必认真，不就为了找个乐吗？贬者说，编造总要有"度"，要对历史负责，对知识负责，这样会使年轻人误以为乾隆原是个浪荡公子。争论从来不会有结果，再说，人家剧名上明明写着"戏说"嘛。就这么一部"戏说"，还会闹出乱子？

没料到，如今已是"戏说"的天下了。

耍刀舞棒的远非乾隆一个，历代君主，东西洋人，老僧老道，村女渔姑，骚人墨客等等——连唐伯虎和纪晓岚也身怀绝技，动辄一掀桌子，杀得你死我活，天昏地暗，飞沙走石。正史全成野史，正剧全成闹剧，真人全成戏人儿。

同时，这戏说一蹿，跑出了电视剧，甚至跑出了荧屏，从商家广告到名家讲坛，谁想怎么说就怎么说，从民俗事物到文学经典，谁想怎么搞笑谁就怎么干，张口就来，到处现挂。如果搞笑还"抓"不住人，还嫌不过瘾，干脆就恶搞。戏说对象本身的真实已经没人去关心。戏说者所关心的只是他的过程是否有吸引力。吸引力是戏说的目的。这正是商业文化的特征。

看看如今的古装武侠题材的影视吧！不论长篇连续剧，还是大片巨片，绝大部分没有确定的历史朝代，没有确定的地域，自然也就没有特定的地域文化。只有一个抽象的粗鄙化的"历史"空间，然后就信手胡来了。一群男男女女，本领大得没边，身穿的古装像时装，发型像朋克或披头士，说话全

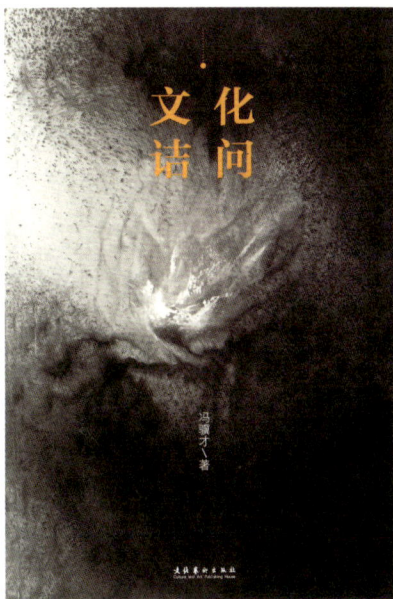

《文化诘问》，二〇一三年，文化艺术出版社出版。

是现代人的口气。在刻意捏造的极其蹩脚的戏剧冲突中（仇杀、争权或三角恋爱等），打打杀杀，从头到尾。有趣的是，当这些影视片被一些年轻人恶作剧地恶搞一番之后，影视制作人还真的动起火来。这可真怪了，你把庄重的历史都"恶搞"了，还在乎人家来恶搞你？

进而说，为什么戏说可以随意颠倒历史，糟蹋文化经典，既没人反对，也无力反对？答案应该很清楚：市场霸权。

如今所有文化都在努力市场化。市场是钱说了算，市场需要戏说，谁能说不？

为什么市场需要戏说呢？这很简单，为了新奇，为了搞笑，为了卖点——有了卖点还可以继而制造流行。这就是商业文化。商业文化是娱乐性的、消遣性的、快餐性的。快餐才销得快，娱乐才好消费。有人谴责商业文化太浅薄，这种指责没道理。商业文化是不追求深刻的，更不能"发人深思"，"发人深思"会造成消费障碍。还有人谴责商业文化不能持久，留不下来。这话很对呀！人家商业文化从来就不追求传世，只求红极一时，因为红的时候可以大把捞钱。传世是让后人赚钱，红了可以自己捞钱。

一次几位女学生对我直言："我们就是想做超女。"

我问她们："你们知道超女是一种流行性的文化商品吗？知道商品的市场规律吗？"

这几位可爱又天真的学生不明白我要说什么。我告诉她们："一般流行商品的规律都是先热销。热销的原因是市场炒作得好，炒作得成功。最成功的炒作可以使商品红遍天下，无人不知。但流行的东西不会总流行，当它被另一种炒作起来的商品取而代之时，便会冷落下来，渐渐陷入低谷，成为滞销。滞销的结果是被市场甩掉，那就该被'清仓'了。"我还说："你们可以选择这种商品文化，但必须知道它是怎么回事，对'滞销'和'清仓'要先有心理准备。"

流行文化是一过性的。因此它们一定是好接受的、好消化的，肤浅的，又是新奇的、刺激的、眼花缭乱的。我们不该责怪这种文化，商品经济的时代一定要产生商品文化。但一个社会不能全是这种文化，就像生活不能天天是嘉年华。不能全是胡编乱造的历史和错乱的时空，全是搞笑与戏说，全是揭秘与猜秘，不能一切全是儿戏。数千年升华出来的文明经典、民族英雄、精神偶像不能任我们随意亵渎糟蹋，而只为了一时的取乐。

有人对我说，我们有五千年文化，历史长，人物多，总不会都被戏说了。

我摇摇头告诉他，前些天一位南方的业余作者对我说，他们县里已经花钱把能写东西的人请去，叫他们根据县里的各个旅游景点——有古代的也有新造的，编一些离奇好玩的"民间故事"，供县里吸引游客，发展旅游，好把"旅游经济推上一个新台阶"。

连我们大地上的文化记忆也被戏说了，而且早被旅游市场戏说和胡说了。这不可怕吗？想一想，我们的文化在上个世纪曾经被扫荡、被腰斩，今天再被戏说、被伪造，还能"博大精深"吗？我说的"博大精深"不是在博物馆里，而是在公众自我的文化感觉中。

二〇〇六年十月

我为慈城担忧

昨天，忽见媒体上浙江宁波慈城一位官员说出的惊世骇俗的一句话：

"现在看来，靠'常规武器'行不通了，而'凤凰古城旅游开发模式'，就是政府给慈城投下的一颗'原子弹'。"

先甭说什么"凤凰古城旅游开发模式"，就这一句就够得上一颗重磅炸弹。炸得我——也炸得远在上海的阮仪三教授魂飞魄散，急得阮仪三教授焦虑万分打电话给我。

记得二〇〇二年，应宁波慈城之邀，我与阮仪三教授在宁波网上做视频交谈，内容是探讨慈城的古城保护与利用。那时宁波的城市保护与建设的确做得很好。宁波市刚刚完成月湖及周边的整理与修缮，慈城正待起步。我和阮教授都对宁波人做事的精致、认真、踏实表示由衷赞赏，并对深知并深爱自己的文化的宁波人心怀敬意。记得阮教授——这位古城镇保护大家曾对慈城的开发提了许多极好的建议。此后几年我与慈城相关人士多有接触，常常听到他们振兴古城的各种想法，难道最终的结局竟是引来一枚"原子弹"，还要与风马牛不相及的凤凰古城"联姻"，疯了？

一个是湘西文化，一个是浙东文化；一个是苗族土家族的山水聚落，一个是典型的江南平原上汉族的古县城。两地的历史、地理、民族，以及民间的信仰、民俗、建筑、生活习惯，还有人的性格、气质、审美，都迥然不同，怎么联姻？慈城相中人家什么了，说白了，不就是五百八十万游客十九亿收入吗？而慈城已经公开说出自己的"初步计划"："'出嫁'后的新慈城三年内要实现接待国内外游客六十万人每年，五年内达八十万人每年，八年内达到一百二十万人每年。"这话说得多直白！一切目的只为赚钱和发财而已，与古城的文化保护无关。

慈城是我国现存无多的江南古县城，历史街区完好，格局井然有序，古迹古建密集，最关键是这里保持着美好的民俗民情和深厚的历史记忆。由于我的祖辈生活在慈城，我读过许多有关这里的书。我知道慈城地区历代的进士就达到五百多位，这是多么雄厚的文化积淀，何况还有许多非物质文化遗产！这一切全美好地保存在不到三公里见方小小的城区里，倘若每年上百万旅客蜂拥而至，还不把这一切全都冲散和吞没？

何况"凤凰古城的模式"并不成功。如今的凤凰城更像一座五光十色的娱乐城，一个土特产品的露天超市，入夜后沿江酒店迪斯科的打击乐声震得山响。如果那位新西兰作家艾黎再来，还能称它为"中国最美的小城"吗？有多少游人从中神会到沈从文、陈宝箴世家和真正的苗家人文的精髓？

我们不反对古城的旅游，世界所有古城都是游人旅客观光之地。但应该说，当今古城和古村落的旅游已经构成一种对其文化的破坏，因为很少有人去想如何传播它的文化与精神，只想拿文化赚钱。过去我们用"砸烂旧文化"表示自己革命，现在胡乱地改造文化为了赚钱。我们还有多少家底经得起这样的折腾？

现在的古城和古村落开发已成套路：

首先是先风风火火去找有资本的开发商，然后不经过专家论证也不向当地百姓公示，完全按照商业营利的需要制订方案，把古迹当景点，把遗产当卖点，把无法当作景点和卖点的文化遗产甩到一边；然后是"腾笼换鸟"，迁走甚至迁空原住民，使古城失去活的记忆和生命；沿街全改成店铺，招引商贩，于是所有旅游景区营销的工艺品全都像从一个仓库里批发出来的；然后是在街头屋角挂红灯笼，插彩旗；为了客人翻番，收入翻番，随心所欲地增加景点，甚至动手造假，这就是当下最时髦的一个词儿——打造了。

套路化的旅游带来的一定是粗鄙化的旅游，同时使各地古城和古村落的文化遭到了彻底的破坏。我说彻底，是指原有的文化生命被瓦解，固有的文化魅力荡然无存，只有布景般的模样，没有真正的个性与气质。这到底是缘自对文化的无知，还是只要金银不要其他。

一个地区经济兴衰总是三十年河东三十年河西。唯文化才是永远攒在手中的不变的王牌，是永恒的资源。这资源既是经济的，更是精神的。如果拿它换眼前几个小钱，失去的却是一个地区最重要的东西——精神。地域精神、人文传统、乡土情感与亲和力，这些东西一旦失去，是多少钱也买不回来的。世界上有比金钱重要的东西，凡是用钱买不到的东西都比钱重要。

科学的发展观其中重要的一条是按照事物的规律办事，按事物的规律办就是科学的，反之就是反科学的。文化的事要按照文化的规律办，不能只按照经济的规律和经济目的办。古城古村落是个综合体。其中，精神传统与文化财富占重大成分，不能牺牲文化去换取一时的经济利益。何况世界古城旅游的经验是，保护得愈好，才愈有旅游价值。

为此，我为"嫁"出去的慈城担忧。

难道一个人文如此深厚、典雅、优美的古城只有一条"出嫁"的绝路吗？

谁帮一下慈城？

二〇〇九年九月

城市个性的消失

城市是一种生命。生命最重要的个体价值就是个性。城市的个性就像人的个性一样，既是与生俱来的，是一种天性；又是漫长历史中形成的，是一种命运的塑造呈现。

它与生俱来的一面，与所处大自然的环境密切相关。诸如山川、地势、风物与气候，在城市生成的过程中不断地与这些大自然的精灵神交，无不带着这一方水土独有的气质。至于它历史形成的一面，便是它各自的经历使然。吉凶祸福都是它个性的成因。故此，一个城市，一种命运，一种个性，绝不相同。

从文化学看，这种个性就是文化，城市的最重要和最有价值的文化。在深层，它表现在这个城市独自的生活方式、习俗、方言、艺术，乃至集体性格中；在表层，一望而知，就在城市的形态——格局与建筑中。由于人们建城与建屋时，必然把自己的审美加进去，所以每个城市都有独自的城市美。它是城市个性最明显的部分。如果你的城市与我的城市一样，自然毫无魅力可言。可惜，现在说这些话为时已迟，中国千姿万态的城市看上去，已经没有个性美了。

造成这种状况，不单单是对象征着城市个性的历史遗存的灭绝性的破坏，还有一半的原因是新建筑的失败。

如今堆积在城市的建筑，大多平庸单调，没有想象力和创造性，没有内涵，而且全都似曾相识，彼此雷同。城市间雷同的本身，就表明它们的个性都已经丧失。

应该说，当代中国城市革命性的突变是根本缘故。城市的发展原是线性

保护文化遗产不仅是为我们自己，也是为了保护人类文化的多样性。

的，不断地积累与完善。但当今中国城市是从"文革"一步跨入改革，从封闭跳进开放，从百年不改一砖一瓦纵入翻天覆地的"城市改造"。一个城市一年间要盖百万平方米以上的新楼新屋，这是世界城市史都绝无仅有的奇迹。在这个突变中，最大的失误是没有人去思考怎样把握住城市的个性。损失的自然也是城市的个性。

建筑师们的工作是应急式的，来不及去寻找创造性的灵感以及细心推敲，最快捷又妥帖的方式是"拿来主义"。从其他国家或其他城市选择现成的楼型，搬过来，最多在电脑上做些加工……这样，城市间的面孔自然就愈来愈相像了。

比上述根由更深刻的来自于城市的商业化。这也是全球化和市场化所要做到的。城市的土地和建筑都转化为商品。在商家眼中，建筑的形态是"卖相"如何。作为商品的建筑必须符合市场规律。凡是能吸引买主的就是最好的。于是被各种诱惑的字眼包装起来的舶来品，都成为城市的建筑市场亮点，诸如罗马花园、美国小镇、德国庄园，以及英国郡、意大利堡、北欧村庄等等。哪个新鲜、时髦、闻如未闻、吊得起买主的胃口，哪个就能进入售房排行榜。商业成功的要诀是出奇制胜。这样，中国城市的文化不仅失去个性与文脉，而且已然乱作一团。我在山东一座古城看到，近两年临街的建筑几乎全是巴洛克式的，并且是简易的、粗陋的、照猫画虎的。一方面，这些开发商文化水平相当有限，但他们是甲方，建筑的样式由他们的好恶决定；一方面是建筑师们投其所好，而且如此东搬西挪，省事省力，又好赚到银子。被铲除和抹掉了历史记忆与文化个性的城市，便被这样杂乱而低俗的建筑商品替代了。我想，最多十年，城市已经没有空余的土地，也没有可拆除的历史街区，这样大同小异的在霓虹闪烁中的水泥森林，至少要在城市中存活半个世纪。等到我们的后代醒悟过来，怎样才能找回自己的个性？

最可怕的是，我们至今没有觉悟，没有把城市的个性当作城市生命的根本。还在随心所欲地改造城市。

二〇〇五年十月七日

古民居放在哪里才"适得其所"？

近日从《文汇报》读了两篇观点相悖的文章，都是关于瑞典人欲买安徽古民居"翠屏居"而被相关文物部门紧急叫停一事。这件事引起一个小又不小的争论，使我想起当年西方殖民者大量掠夺中华宝物——也曾引起过备受国人漠视的中华文化遗存放在哪里才好之争，也曾有过放在洋人那里才是"适得其所"的貌似高明的论调。看来，中华文物只有漂洋过海才能过上好日子。如若这样，到底是中国人的幸事还是悲哀？这种事为什么没发生在人家法国人身上呢？就现今而论，人家的古民居比我们只多不少。

洋人弄走中国的古物，真的只是为了热爱中华文明吗？为了表达"爱心"吗？

记得前几年访法时，曾与邀请我的法国朋友有过一次关于所谓"法藏敦煌遗书"的争辩。一九〇〇年伯希和通过王道士弄走大量的敦煌文献的事世人皆知。但这位法国朋友却说："如果不是被伯希和搬到我们法国去，这些东西经历各种战乱，尤其是'文革'，也许早都没有了。"看来这种观点中外皆有。我笑了笑说："那就谢谢你们了，不过现在我们的条件好了，也不会再搞'文革'，你们是不是应该还给我们了？"法国朋友耸耸肩，表示他不知该怎么办，显然他们从来没想过这类问题。

其实这个问题还可以换个角度说：难道放在国外就真的安全——如上天堂了吗？德国探险家范莱考克从新疆伯孜克里克石窟割取下来放在柏林的精美绝伦的二十八幅壁画，不是在二战中全部毁于一场轰炸了吗？

能说早知巴米扬大佛被炸毁就不如搬到大都会博物馆去吗？那里的温度

和湿度不是调得极好，还有红外线监控吗？

任何遗存的首要价值都是见证的价值，它不是孤立的，它是那块土地的文化生命与历史的物证。如果它具有那块土地的代表与象征的意义——比如"翠屏居"这样的"典型的皖南古民居"，更是不可移动的。对此，一九九七年九月安徽省人大通过的《安徽省皖南古民居保护条例》中就有明文规定。世界上有哪个文明古国用出卖自己的文明的方式来保护文明？如果有，一定是还没有文明的自觉，一定还看不到这些遗存的文化内涵与文化价值，才会拿它们当作物产一样去换取保障生存的金钱。从十九世纪至二十世纪初，西方的殖民者正是在这个现代文明的落差上，从一些古老而蒙昧的土地上，搬走他们祖先留下的长久湮埋在荒芜中的遗存。

在柏林，我走进那座一百多年前德国人从西亚整体搬迁去的巴比伦古城。站在那些来来往往张大眼睛和嘴巴对这座壮丽的西亚古城赞叹不已的游客中间，百感交集。心想，我们的古城可别搬到这里来。因为，在柏林看这座古城，除去惊羡巴比伦人的想象力、气魄与创造力之外，还会强烈地感受到一种文明对另一种文明的掠夺，以及殖民者的霸气。

当然，在各国和各种文明之间，文物是可以交流的。但在现代文明社会，文物交流必须有法可依，必须经过专家的严格鉴定和国家文物部门批准。在目前，我们的文化遗存正遭受巨大冲击而危在旦夕，这种十分盲目的出卖古民居之风一旦开端，一定带来可怕的大拆大卖"出口老房子"的热潮。这也是一直守卫着古民居而倾尽心血的阮仪三先生为什么大呼大叫"好东西要坚决保"的缘故。阮仪三的担忧切实地符合中国的现实与真实。

再说，这幢差点被外卖到北欧的古民居，卖价只有区区的两万五千元，和王道士从斯坦因与伯希和手里拿到的钱差不多。在这个等同于"廉价处理"的价钱中，我们没有感受到一种文化的屈辱和自己的愚昧吗？

我国历史悠远，民族众多，地域多样，各地民居极具个性。而这些物质性的古民居遗存又是极其丰富的非物质文化遗存的载体。倘若物质载体不存，非物质遗产"毛将焉附"？然而在剧烈的社会变化中，城市的历史民居大多已经荡然殆尽，乡村古民居又面临新农村建设的冲击。正在我们为乡村古民居何去何从焦灼地思谋出路之时，像翠屏居这种负面的自我轻薄文化事件冒出来，自然就必须紧急刹车，亮出红牌。

翠屏居事件很像一百年前敦煌的藏经洞事件。它说明我们虽然有悠久的文明，也有久远的蒙昧。

这张红牌是一个文明自觉的信号，我为叫停的这些部门这些人叫好。

然而，接下来必须思考的是被挂上"文保单位"而禁止出售的翠屏居谁来管？类似的古民居都做过普查和认定吗？

我们在翠屏居事件的跟踪调查中得知，这座古宅由于这个事件闹出了名，现在被一家经营茶叶的公司以每年六千元租用了。据说这家公司有意把这里办成皖南茶文化馆，倘能如是，当为幸事。但更多的遍及中华大地的翠屏居们呢？它们绝不会有翠屏居这样的好运。如今各地的古民居大多未经普查与定性，在保护责任方面没有归属。反正绝大多数房主对其拥有的古屋古宅是没有保护意识的。如有人知道应当保护，也是既无办法，又无财力。连北京已经定为保护范围的四合院都扔在那里，没人过问。难道它真像主张外卖的人所说，宁肯让它烂掉也不放手？问题不是又回到这一话题所争论的原点上？

在国人尚未有普遍的文化保护的自觉之时，该怎么办？此刻我又是想起了阮仪三先生。如果没有他切实的努力，江南六镇今何在？可是一个或几个阮仪三，救得了成百上千个奄奄一息的古村落吗？由此想到曾经在一次文化界的会议上说：我们在伏案研究民间口头文学，可是口头民间文学早已经没人再说了，马上就要从人间不知不觉地蒸发掉了。我说：请诸位先离开我们的书斋到田野里去吧，先去把那些残存在记忆中的"最后的口头文学"记录下来吧！我们没时间清谈妙论，侃侃而谈，我们应该去到文化遗产的重灾区里，切切实实做自己力所能及的事。

二〇〇六年十月十二十九日

"非遗后"时代我们做什么？

我想讲讲此次展览与活动的初衷。

这次，既是对十年木版年画普查与抢救的总结，又是一个新时期工作的肇始。为什么是一个新时期呢？

十年前在朱仙镇，也是一次国际性年画的研讨会上，我们中国民协把木版年画普查作为龙头项目，开启了历史上空前的对中国民间文化的地毯式普查。那也是个寒冷的初冬，在中原腹地我们燃起了一代文化人对自己的文明炽烈的激情。

由是而下，整整十年。

这十年，不仅我们完成木版年画这一项中国重大文化与艺术遗产的全面的普查、记录与整理，全国各地的学者专家还协助政府，将散布在中华大地上的文化遗存一项项整理好，送入《国家非物质文化遗产名录》。现在，进入文化部国家非遗名录的有一千二百多项。如果再加上各省市和县级名录，至少有四五千项。现在可以说，绝大多数非遗，都进入了政府保护的视野。

那么，在基本完成了非遗工作之后，我们就大功告成了，不再管它何去何从了吗？

当然不是。应该说，我们进入了"非遗后"的时代。即完成了非遗认定之后的时代。在这个时代，政府方面的责任是很明确的。凡是认定非遗的都是国家财富，都在政府保护职责范围之内。政府保护的依据是今年全国人大颁布的《非遗法》。

那么专家学者知识界做什么呢？我提出四个方面的工作，供大家思考。一、科学保护；二、广泛传播；三、利用弘扬；四、学术研究。

一、科学保护。政府虽是遗产保护的责任人，但政府怎么知道保护什么和怎么保护呢？这便需要我们提供具体的保护范围、标准和方法。没有具体的保护范围、标准和方法，保护工作就会陷入茫然乃至落空。这便是"科学保护"根本意义之所在，我们要帮助政府做好这些事。

二、广泛传播。遗产的最高价值是中华文明的优秀传统。这个传统也是我们民族的精神生命。在社会转型期，如何使这些重要而美丽的遗产得到广泛的共识并共享，乃是我们的重要工作。

三、利用弘扬。再有，便是利用与弘扬。这个工作便是怎样将遗产中的精华与当代生活和文化融合起来，延续历史脉络，充实当代文化。历史文明是一个文化大国之本，也是一个国家的文化自信之本。我们利用与弘扬的终极目的主要是精神性和文化性的。

四、学术研究。最后是回到我们自己的专业上来，就是学术研究。

必须强调，非遗是个时代性的新概念。在这个领域里，理论大大落后于实践，落后于田野。比如，我们所说的"非遗"，并不等同于"民间文化"。再比如年画调查，过去的调查基本是"艺术调查"，但作为非遗就远远不是"艺术调查"了，而是"文化调查"，甚至还要包括历史学与人类学调查。理论与学术的建设是逼到我们面前的工作，没有理论便会陷入盲目或乱无头绪。

民间文化其本质是生活文化，它的创造具有原始性、本源性，并有感而发，一任自然。在社会转型中，对民间文化的传承既要作原真的记录，又要选择地传承。我的理念是："生活创造，文化剖析；民间创造，精英挑选。"这些想法，提供给大家在论坛中思考。

上述这些话，都在表明一个新的时代——"非遗后"时代的到来。

我们是从"非遗前"时代走进"非遗后"时代的。我们要带着往日的责任与激情，在新的时期努力使传统中华文明发出更大的魅力与光彩。

二〇一一年十一月十日

为什么仍担忧非遗？

近几年，"非遗"二字热得烫手。非遗甚至成了一种时尚一种明星，由国家舞台到"非遗一条街"直到花花绿绿的商品广告，非遗已经随处可见。这并非不对，至少让人们意识到它的存在以及重要。

从社会转型期非遗面临消亡而必须保护的角度看，我们似乎已经建立起一个貌似完整的保护体系。人大通过了《非遗法》；国家、省、市、县四级"非遗名录"数量高达七千项，各级政府都有了非遗家底。不少科研单位和大学设立了非遗研究项目，并能获得来自多方面的科研基金的支持。重要非遗项目和代表性的非遗传承人可以得到国家的专项补贴。不少地方还修建了非遗博物馆，甚至有的非遗进入了当地的中小学课堂。非遗何患之有？

但是，如果我们真正深入到民间到非遗之中，以冷静的科学的文化的眼光审视，从它历史文化的原真，现在时的真实境况，再放眼它的今后与未来，问题并非小小，而是大大。

其原因有五。

首先来自非遗载体的大量瓦解。我国历史上是农耕社会，历史的源头在村落，非遗多半在村落；少数民族的非遗几乎全部在村落（寨）。在当前迅猛异常的城镇化和新农村建设的热潮中，随着大地山川无所不在的拆村并村，原生的村落正在急速消减；近十年我国村落（自然村）以每年九万个的速度消失，以村落为载体的非遗随之灰飞烟灭。去年春节我们在杨柳青南乡三十六村抢救那些马上被推土机推平的画乡时，亲历了那些古老而丰厚的文化积淀转瞬间化为乌有的时刻。

其次是村落的解体还来自原有生活方式的改变与瓦解，大批农民入城务工致使村落空巢化。入城农民受到耳目一新的城市文化的冲击与影响，带来的负面效应是对自己固有的生活文化乃至村落的放弃。文化的主人一旦放弃自己的文化，这是谁也没办法的。

三是传承人的老化。目前国家级代表性非遗传承人大多在七十岁以上，甚至更老。他们是农耕时代最后一代保持历史原真的传承者，但他们多数孤老无助，后继乏人；人亡歌息，时有出现。最近三个月同乐高跷老会就离世了两位技艺高超的老者，他们身后留下的空白无从填补。非遗的本质是生命性的，即活态的；一旦失去活态，便不再是非遗。

关于传承人令人担忧的另一个情况是，众多传承人为了生计与财路，大多带着技艺背井离乡，去到市场活跃的城市与旅游景点卖艺谋生。这样一来，他们就与自己原有的文化土壤分开。他们身怀的技艺与文化，在异地的旅游景点里只能叫人看个新奇，却没有心灵的认同。文化一旦失去了原有的根基，地域的文化一旦离开自己的地域——非遗就像断线的风筝，其命运的不确定性便愈来愈强。

四是非遗缺乏科学保护。

绝大部分非遗只有一份当年申遗使用的材料，并没有详备的文化档案。特别是非遗积淀在传承者（无论是个人、家族还是村民集体）心灵的记忆和身体的技艺中，这些重要的活着的无形的遗产，需要充分的口述与音像的存录，但这些工作各地基本没有做，也就是说非遗是缺乏档案的。

非遗原是人们一种代代相传的生活文化。在社会突然转型时，人们不大可能从历史高度认识到它的遗产意义。传承者也不大可能认识到自己跳的舞、唱的歌、画的画，具有宝贵的历史、民俗、地域、审美等价值。时代需要专家学者站到非遗的第一线认识它们，研究它们，助其传承。在日本、韩国这些在国际上被认可为非遗保护较好的国家，每项非遗都有不少专家进行精心的跟踪性的研究，一对一地想方设法，使其保存并传衍。但我们大多数非遗周围是看不见专家的。

作为文化遗产第一保护人——政府，应当邀请和组织专家参与非遗的保

在山西祁县木雕艺人家中。

护与传承。我国现今不少大学都建立了遗产研究所与中心，有志这方面工作的年轻学子愈来愈多，但政府部门很少从大学聘用这方面的人才，反倒是从事遗产学研究的学生毕业后求职困难；一边是人才匮乏，一边是没有用武之地，大学的人才培养与非遗实际的需要中间没有桥梁。其缘故，是政府部门对非遗的认识和重视有限。非遗保护具有很高的科学性与专业性，倘若单凭政府非专业的行政处置，辄必悖于文化规律，执行力愈大，负作用反而愈大。

五是不容回避的是，当初申遗的动机往往与政绩挂钩。本来在列入遗产名录——即确定为历史文化财富之后，保护工作应该真正地开始；但实际情况是，申遗成功，政绩完成，放在一边很少再管；往往只是在张扬文化保护成果时，搬出来热热闹闹表演一番。非遗成了一种"表演秀"。应该承认，非遗是很少科学管理与监督的。因而，在频频发生的各种非遗遭到破坏的事件中，《非遗法》很少被派上用场。我真担心当年花了那么大成本、费了那么多心血制定的《非遗法》最后成了一纸空文。《非遗法》到底谁应用、谁执行？

同时，被列入国家和地方名录的非遗，很自然被视为生利发财的资源。于是，对非遗的开发远远热过对它的保护，商业关注远远过于全社会的关注。

开发这个概念是绝对不能使用在文化遗产上的。国际上对文化遗产使用的概念是保护和利用。利用是能够获得经济利益的。但利用的主要目的是发挥遗产良性的文化作用和精神影响。而开发是粗鄙的态度和做法，目的是用遗产赚大钱，单一地作为生财的工具，文化遗产一旦进入开发，即要遵循经济——利润最大化的规律，从而被扭曲、改造，甚至被"动手术"，使其面目全非或形存实亡。这是非遗当前面临最大的破坏。

所以说，尽管我们的非遗保护体系看似日趋完善，但其濒危与消亡的速度并未放缓。

政府行为是必不可少的，如法律和名录，然而更需要的是科学的管理、保护、执行与监督。所谓科学，就是按照事物本身的性质与规律行事。那就要政府依靠与采用各方面的优势与力量，使保护体系更科学化，否则政府行为最后会落空为一种形式，而全社会对非遗自觉的关爱还没有形成。因此说，我们仍为非遗担忧。

二〇一二年六月九日　第七个中国文化遗产日

谁掏空了古村落？

近年来，在深入各地古村落进行文化遗产的普查时，常常碰到一种令人忧虑的现象，就是它的历史形态虽然依存，那些古老的建筑一幢幢有模有样地立在那里，但建筑里边已经看不到任何历史文化的内涵了。一些非物质文化遗产也都支离破碎。那些唱傩戏的面具、印年画的画版、演影戏的皮影人儿，甚至连寺庙和戏台柱子下边雕花的石礅儿，全都是为了应付游人而找人新制的。这些古村落除了建筑已经看不到任何历史的记忆与见证，它们都跑到哪里去了呢？

去到北京的潘家园、天津的沈阳道、上海的城隍庙、太原的南宫、成都的送仙桥以及遍布全国各地的大大小小的古董市场和古物集散地看一看吧，都在那里！

我考察过许多国家的古物市场（西方人叫跳蚤市场），但绝对没有我们的古董市场如此无奇不有、堆积如山、气势惊人。多年前我听到一位外国朋友发出感叹，他惊讶于中国历史悠久，古物极大丰富，多得没边。似乎我们的古物取之不尽。但今天如果再去逛逛各地的古物市场，已经被赝品所充斥，罕见真物，现出疲态，真东西不多了！

这不奇怪。首先是长久以来，农村贫穷，物品很难保存。近百年来又经过一次次自我的粗暴的扬弃。更直接和更致命的原因则是近二十年古董市场的开放。当时似有一种理论，似乎古董有了商品价值就不会被丢弃或毁掉，并把这种观点当作古董市场开放的理由而全面放开。但不料，它的负面远远大于正面。

那些很久以来一直被视作"破烂"的东西忽然值了银子，一方面刺激了卖，一方面刺激了买。卖是为了换钱；买一半出于爱好，一半是为了升值。买卖都是市场的需求。这便促使一支专事搜罗古物的队伍——古董商贩的迅速形成与壮大。遗憾的是，我们对遗产最先看到的不是文化价值而是商品价值，最先深入田野并看重遗产的不是文化人而是商贩。在金钱的驱使下，这无以数计的古董商贩们跋山涉水、千辛万苦地把各省各镇各乡各村的古代遗存——从家藏细软、字画、陶瓷、家具到服装、老照片、家谱、房地契、农具、生活什物，及至窗扇、牛腿、花罩、砖雕、柱础、门礅等等全都搬到市场上。我曾到京郊吕家营看过一个来自山西的商贩存放古董的仓库，单是各式各样的油灯就有数百个，大大小小的粮斗至少上千，浩浩荡荡地摆成一片或高高地堆成一座小山，全是地道的"山西货"，真比我们"拉网式"普查做得还彻底。其结果，一方面这些搬到市场的古物失去它的出处，也就失去了对自己原生的那块土地的历史文化见证的价值；另一方面那些被掏空了的古村落只剩下一个徒具其表的干瘪的躯壳，像一堆没有内页的书皮，只有空壳和书名，没有内涵和内容。

古村落是被古董商贩"淘宝"掏空的，也是被我们自己卖空的，倾其所有地卖空的。这就是二十年来古董市场的负面。由于没有人类先进的遗产观，没有认识到这些遗产的精神文化价值，没有在文明转型期（由农耕文明向工业文明转型）自觉的文化保护，也由于太看重古代遗存的经济价值了，才把这些极为重要、失不再来的历史文化遗存失去，致使大部分古村落和城市的历史街区出现了"文化空巢"现象。

可是，我们现在仍然没有对重要的民间文化遗存和非物质文化遗产的保护法。前些年有一个来自欧洲的女子在贵阳待了六年，专事收集少数民族传世的古老又精美的服装，然后打包装箱运回国。她收获极丰，情不自禁地说出一句大话："十五年后中国的少数民族服装到我们那里去看！"没有法律保护的遗存会很轻易地流失掉。然而那些古董商贩却一刻未停，依然走村串乡，奋力"淘宝"，古村落剩余的文化汁液还在被使劲地吸吮着。我想，倘若要保住中国大地上最后的原生态的遗存，紧要的是立法保护。当然还有博物馆保护和遗产教育等等。

我们总不能把古村落全变成文化空巢留给后人！

二〇〇七年三月十九日

请不要用"旧村改造"这个词

近日，一个可怕的词儿冒出头来，叫作"旧村改造"。

也许有人会问："村庄大多陈旧，设施原始，建筑粗陋，生活质量极低，难道农民不需要进入现代社会，不应该过上当今时代的好生活好日子吗？这种村庄还不需要改造吗？"

这些道理都对，而且很对，可是为什么还要说"旧村改造"这个词儿可怕呢？一是因为这个词儿经不住推敲，十分荒谬；二是这个词儿的前身造成过一个文化的悲剧，这个前身就是"旧城改造"。说一句痛快话吧，我们大地上曾经千姿百态的六百多个城市如今变成同一张亮光光又浅薄的面孔，就是叫"旧城改造"这个词儿闹起来的。

上世纪八十年代中期，改革开放发轫，所有城市面临着空前的变革性发展的良机。这时，一个灼热的带着激情的词儿——"旧城改造"出现了。它更像一个口号，没人去琢磨这个口号是耶非耶，反正那时中国的城市设施落后、功能低下，人们生活困窘。口号一旦触动到人们现实的渴望，就产生强大的号召力，立即激起了所有城市迸发出一种摧枯拉朽的冲动，并使一个普普通通的汉字"拆"，雨点般写满了城市的大街小巷，成为二十世纪末中国城市最奇特的景观，于是中国发生了举世罕见的地毯式和速成式的城市再造和重造。有史以来，世界上还有哪个国家把自己所有城市翻了个"底朝天"，然后重来一遍？

在闹哄哄的"旧城改造"的喧嚣中，很少有人想到城市的文化遗存和精神个性。就这样，城市的历史积淀被荡平，记忆中断，个性丧失，城市的文化生命受到了根本性的重创并失不再来，这些损失过后我们才觉醒；觉醒过后只有痛苦，不觉醒反而洋洋自得。文化是精神性的，特别是文化的价值是无形的。你有文化眼光才能看到事物的文化价值；你没有文化眼光，对文化价值必然视而不见。试想一下，二十年前，即对城市进行这种开肠破肚般的大手术之前，如果我们所持的是一种冷静的、科学的态度，我们有清醒的文化眼光与自觉，懂得文明的价值与尊严，并从城市文化角度慎重而有序地去更新与发展自己的城市，今天我们的城市会多么深厚、富有、魅力独具和风情各异？会是多么美好的历史文明与现代文明的交相辉映？会有多么强劲的文化竞争力与软实力？但是我们把一个千载难逢的历史机遇用错了。

然而，这一切都与"旧城改造"这个词儿有关。首先是"旧城"，"旧"在中国人眼中是陈旧和过时，理所当然应该扔掉，所谓"旧的不去，新的不来"。我想过，如果当初不叫"旧城"，换成"老城"和"古城"会有多好？动手之时就会加倍留心与慎重。然而正是这一字之差，把重如泰山的城市财富丢掉了。

再说"改造"。改造都是针对不好的、甚至是坏的东西，而且是强制性的。

因此说"旧城改造"是对城市建设一个灾难性的误导。它说明我们对城市文化多么无知。而后来，这个口号又注入了政绩狂和开发狂的激素，致使它在中国大地上霸气十足地叫喊了近二十年。

我们现在似乎很少再用"旧城改造"这个词儿了。到底是我们真正认识到这个口号性的词儿巨大的文化破坏力，还是城市已经叫我们改造得差不多了？当城市被改造一空，辄会去硬搭"新农村建设"和"城镇化"的班车，甚至偷换新农村建设和城镇化的概念，转向广大乡村。于是一个新造出来的词儿"旧村改造"脱颖而出，能不叫我们敏感与担心吗？

由"旧城改造"到"旧村改造"会不会是一次荒谬的文化观新的转移？

这种转移一定是很容易的，因为"旧村"看上去似乎比"旧城"还旧，更需要加大力度地改造和大拆大建。可是历史地看，我们的城市基本上都是从村庄式的小聚落发展起来的。在漫长的农耕时代，它们才是中华民族最古老的精神家园。去到农庄村寨里用文化的眼睛着意地看一看吧，数不清的历史的源头与悠远的根脉，还活生生保持在农村里；中华文化地域与民族的多样性并不在城市，而是在农村里；绝大多数源远流长的非遗也在农村里；少数民族的文化都在他们的村寨里。虽然不是所有村庄都是古村落，但至少还有上千个古村落，风情万种、藏龙卧虎般地散布在山川之间和大地之上。我曾经写过这样一句话：中国最大的物质文化遗产是长城；最大的非物质文化遗产是民间文学；最大的物质文化与非物质文化遗产的复合和总和是古村落。可是，从严格的科学意义上说，我们至今还没有对现有的古村落做全面、系统和充分的调查。大量古村落还没有列入遗产保护范畴，没有严格的法规保护，没有将现代文明融入历史文明的任何计划、构想乃至尝试，仍处在想拆就拆的危境中。在这种糊里糊涂的背景下，如果再像当初"旧城改造"那样，把推土机和铲车开进去，十年之后，除去少数古村落得以幸免，中华大地上这么雄厚而纷繁的历史文化一定会被荡涤一空！而古村落不是一直在拆除中吗？

使我们担忧的深层原因是，上述那种产生"旧城改造"口号的基因还在，文化的无知还在，粗鄙化的开发还在，政绩和发财至上的欲望还在，这个"旧村改造"的新口号很快会被叫响，被使用。

不能叫这种无文化的狂热再犯一次错误。不能叫那个"旧城改造"的悲剧在中华民族广大的文化田野上重演。

请不要用"旧村改造"这个词！我们又不缺钱——想想办法多保留一些中华民族最后的原真的精神家园吧！挥起我们民族文明的手，去和那些无文化和反文化的言行告别吧。

二〇一〇年十一月十日

理清中华文化的根

始自二〇〇三年的中国民间文化抢救行动已进行了五年。在诸多抢救和保护项目齐头并进的开展中,我们开始把工作的重点放到所有文化遗产中最庞大、最艰难也是最重要的——古村落之中。

一

我国地域辽阔、民族众多、山川多样、文化多元,琳琅满目地反映在千形万态的古村落中。中国文化的多样性在古村落中,非物质文化遗产绝大部分在古村落中,少数民族文化基本上在古村落中,中华文化的根深深地扎在古村落里。这根之博大、繁复、深切、悠长,无可比拟。所以我曾说:"古村落是比万里长城更大的文化遗产。"

然而,在当代的社会转型(由农耕社会向工业社会)中,农耕社会的瓦解势所必然。古村落首当其冲。可是我们古村落不曾被列入文物(遗产)范畴和保护范畴。在数千年不断的生灭兴衰嬗变中,原本多少,无从得知;在近二十年前所未有的冲击中,如今尚且保留多少,也无人知晓。

那些散布在城市之外、山川之间、原野之上的数十万个村落之中,尚有多少保存完好的古村落?先辈留给我们的精神家园能够这样不明不白、糊里糊涂地存在或消失吗?

若要保护,首先要弄清古村落的现存状况。但古村落像千千万万的珠子,散落全国各地,或隐于山坳,或藏之林谷,或兀自守在河湾港汊之间。对于

爬到山顶上，看看当年土楼选址时的考虑和出发点。

它们，我们不知道的远远多于我们知道的、见过的或听过的。而且它们又不是固定不变的"遗址"，而是依然活着并不断变化的生态区；它们既有大量的物质性的文化遗存，也是缤纷的非物质的文化遗产；它们不是单一的文化存在，而是一个个极其复杂的人文复合体。作为学术对象，它们包含着民俗学、人类学、文化学、艺术学、历史学、建筑学和遗产学多学科交叉的内容。动手调查，何其艰难。

二

近五年在各地各种非物质文化遗产的调查中，我们日渐深切地感到这些遗产及其传承人的锐减，而这种濒危的威胁直接来自它的载体——古村落的瓦解。

于是，我们一边加紧对各地古村落进行调研，一边反复探讨古村落普查方式与认定标准。再有便是寻求这种大规模的调查必不可少的资金。

为了理清思路，明确思想，二〇〇六年四月在江西西塘召开"中国古村落保护"（西塘）国际研讨会，论证了抢救与保护古村落在整个文化遗产保护中至关重要的意义，总结了我国当前古村落保护中各种具有创造性与借鉴价值的范例。论坛还把各种充满责任感的意见合并为一致的时代性的文化呼声，发表了中国古村落的《西塘宣言》，指出："古村落的消失，或者说村落文化个性的消失，将釜底抽薪式地毁灭人类文化多样性的景观，中国人令全世界仰慕的数千年的农耕文明和文化农村，将沦为文明的弃儿与文化的乞丐。"会议呼吁"立刻开展对中国古村落及其文化的调查与普查""打一场保护古村落的背水之战"。

　　会后，我们全力以赴，为打开这一局面而努力。

　　二〇〇八年春天，形势如同当时的气候风和景明，对于古村落的抢救和保护渐为世所共识。于是，既有国家领导人的关心，也有各界包括港澳同胞的支持。在"与古村落消失的速度赛跑"的口号中，通过一系列加紧的行动与充分的学术准备，中国文化界历史上第一次对自己精神家园的叩问与盘点终于发轫了。

三

　　依照我们习惯的工作方式，每启动一项大规模抢救性的田野考察，必定制作一本工作手册，以严格的、科学的、统一的标准，使普查进行得规范和有序。

　　对于这次规模巨大、内含复杂的古村落普查，则更需要一整套科学标准与要求。所以，此次普查要求各省的调查人员必须熟悉这些目标、内容与标准，并依此而工作。只有大家严格地使用同一标准，千头万绪的事项才会变得井然有序。

　　各省普查成果将汇集到中国古村落普查中心，经全国专家委员会审定后，最终产生四项成果：

　　（一）对所有确定的现存的古村落编号。

（二）编制"中国古村落图文档案数据库"。

（三）编制"中国古村落分布地图集"。

（四）编纂三十卷本《中国古村落名录》。

全部工作计划到二〇一〇年结束。时间要求得很紧，是因为古村落的境况濒危又紧急。所以我们把这次古村落普查冠之以"紧急"。

我们之所以能够把这样巨大而繁重的事情压在肩上，是因为这次普查不但有上上下下各方的支援，还有中华文化学院、天津大学、中国民主促进会各省级组织等单位和团体伸以援手，同心协力。我们对完成这一事关中华文明传承的伟业充满信心。

我们一定守住中华民族数千年来世世代代创造的精神文化的家园，守护好我们文化的根，并让它永远传续与发出光彩。

二〇〇八年五月

知识分子与文化先觉

当今，文化自觉作为社会发展的必需，已成为人们的共识。

文化自觉是清醒地认识到文化与文明的意义和必不可少。然而，对于知识界来说，只有自觉还不够，还要有先觉，即文化的先觉，因为知识分子的性质之一就是前瞻性和先觉性。在全社会的文化自觉中，最先自觉的应是知识分子，文化先觉是知识分子的事。

文化先觉是指知识分子要自觉地站在时代的前沿，关切整个文化的现状、问题与走向，敏锐地觉察到社会进程中崭露出来的富于积极和进步意义的文化潮头，或是负面的倾向。当然，不只是发现它、提出它、判定它，还要推动它或纠正它，一句话——承担它，主动而积极地去引领文化的走向。

文化先觉首先来自知识分子的文化责任。文化是精神事物，它是亦耶非耶与何去何从，天经地义地要由知识分子所关切所承担。它是知识分子的"天职"。一个时代如果没有一批富于文化良心、淡薄功利的知识分子，没有他们的瞠目明察、苦苦思辨与敢于作为，这个时代的文化就会陷入混沌与迷茫。就像五四时期那一批优秀的知识分子，给予那个困扰纠结时代的文化注入了进步与光明的力量。

知识分子是个体，个体不一定是孤单和弱势的。当个体真诚地投入时代的大潮中，其判断与作为切中了现实，就一定会得到愈来愈广泛的认同，成为共识，获得支持，从而便不再孤单。只有成为时代文化进步的推动者，才会感受到自己的价值与力量。因此说，知识分子要首先成为这种先觉的思想的实践者，在实践中修正自己、判定自己和验证自己，而不是坐而论道，指

只要有场合就可以宣讲。

点江山，与现实风马牛不相及。任何有价值的思想都是大地里开出的花，而任何真正美丽的花除去美丽，还要结成种子，回落在大地里，开放出更加绚烂的花来。因此说，先觉与否要在现实中证实。

先觉者都应是先行者。

文化先觉不是一种觉察，而是一种思想。它由广泛的形而下的文化观察与体验中，发现时代性的新走向新问题，通过形而上的思辨而产生一种具有思想意义的新认识。

这种先觉不一定都在国家民族文化层面上，也有生活、城市、习俗乃至审美等不同的文化层面与方面，关键是要对它保持锲而不舍的守望与关切。先觉又是一种境界一种状态，这种境界和状态产生于具有高度文化责任和知识精神的知识界。

当然，文化的先觉还要来自广阔的文化视野，没有对文化的博知与深究，对文化史的学养，对当代世界不同类型国家文化的广泛关照，敏锐、深刻和富于真知的文化先觉缘何产生？在精神领域里，高度不会凭空而起，深度加上广度才会产生高度。

文化自觉与文化先觉有所不同。文化自觉的要求具有普遍性，而文化先觉——由于它具有发现性、进取性、引领性，它的要求似乎在更高一层，但它又是知识分子所要具备的。它不是某个人一定具备的，却是知识界必须具备的。或者说，知识分子本来就应有这种先觉性。失去这种责任和性质就不再是知识分子，而只是"有知识的人"。

　　对于转型期间的当代中国，文化上充满内在的冲突与活力、问题与希望，文化现象无比纷繁，有待我们去思辨与认知。因此说，文化先觉，它既是文化发展的需要，更是知识分子的职责与使命。

二〇一三年二月二十一日

文化怎么自觉？

近来，一个概念愈来愈响亮，这个概念是文化自觉。此于知识界是高兴的事，因为这个很早就发自知识界的声音开始有了社会回应。

三十年来，中国社会在进入全球化的商品社会之后，显示出蓬勃与雄劲的活力。尽管"两个文明一起抓"提得很早，颇具远见，但对于贫困太久的中国来说，物质性的财富既是迫不及待的需求，又是挡不住的诱惑，故而长期以来"两个文明"一直处于"一手硬一手软"。于是，物质殷富与精神匮乏荒唐搭伴带来的种种问题日渐彰显。这便是提出文化自觉深切的现实背景，也是其意义重大之所在。

请注意，当今，是由于人们在现实中痛感到了文明缺失后果之严重，才关注到了文化自觉的必要。关注总是好事，但不是说文化自觉，文化就自觉了。重要的是什么叫文化自觉，谁先自觉，怎么自觉。不弄清这些根本问题，文化自觉最终会变成一个空洞的口号，真成了喊文化自觉就文化自觉了，甚至会搞偏，红红火火闹一闹"文化"，好像文化就自觉就繁荣了。

什么叫文化自觉？

依我看人类的文化（或称文明史）分为三个阶段。第一是自发的文化，第二是自觉的文化，第三是文化的自觉。以文字为例——在原始时代，人们为了传达讯息与记事，刻画各种符号于岩壁，却并不知道这是一种文字，是文化，这便是自发的文化阶段。后来人们知道这种符号功能的重要，开始自觉去创造与应用，这便进入自觉的文化阶段。人类由自发文化迈入自觉文化是文明的一大进步，然而更重要的是对文化的自觉。具体到文字上说，就是

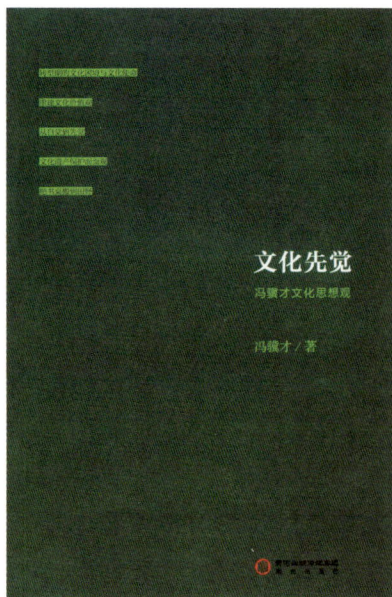

《文化先觉——冯骥才文化思想观》，
二〇一四年，阳光出版社出版。

如何科学地规范文字、保护濒危文字等等了。

文化的自觉就是要清醒地认识到文化和文明于人类的意义与必不可少。反过来讲，人类一旦失去文化的自觉，便会陷入迷茫、杂乱无序、良莠不分，失去自我，甚至重返愚蛮。

文化自觉还有一个重要方面，是建设当代文化高峰的自觉。

那么文化应该谁先自觉呢？

首先是知识分子。我写过这样一句话："当社会迷惘的时候，知识分子应当先清醒；当社会过于功利的时候，知识分子应给生活一些梦想。"知识分子天经地义地对社会文明和精神予以关切、敏感，并负有责任。没有责任感就会浑然不知，有责任感必然深有觉察，这便说到了知识分子的本质之一——先觉性。先觉才会自觉，或者说自觉本身就是一种先觉。

我们说责任，当然不仅仅是说说而已，而是要去承担。这道理无须多说，从雨果到晚年的托尔斯泰，从顾炎武到鲁迅，他们的言行都在我们心里。然而，我们当今有多少人像他们那样勇于肩负这样的时代使命？这不能不做深刻反省。

再有，国家的文化自觉同样至关重要。

以我这些年从事文化遗产保护时的亲身经历，我以为国家的文化自觉是有的。比如知识界提出的对非遗保护的观念与种种措施都得到国家的接受。在确立文化遗产日、传统节日放假、制定与颁布非遗法、建立非遗名录等方面，国家都一步步去做了。可是，在我们口口声声说的"经济社会"中，文化到底放在什么位置？还有宏观的国家文化方略到底是怎样的？仍需要十分明确。

在现实中，问题最大的倒是在政府的执行层面上。或由于长期以来重经济轻文化，或由于与政绩难以挂钩，致使文化在经济社会中处于弱势。文化的缺失不会显现在任何一级政府当年的统计表中，但日久天长便峥嵘于各种社会弊端上，并积重难返。因此说，政府的执行层面的文化自觉成了关键。若要使这一层面具有文化自觉，必须有切实办法。否则，文化在这个层面必然化为几场大轰大嗡、明星云集的文化节和一大片斥资数亿的文化场馆。这是因为，当前文化的遭遇，往往是要不依附于政绩，要不与经济开发挂钩，化为GDP；文化失去了本身最神圣的功能——对文明的推进，还有自身的发展与繁荣。任何事物只有顺从其本质与规律去发展，才是科学的发展。违反其规律与本质就是反科学——在文化上就是反文化的。当然这就更提不到文化自觉了。

我们现在常把文化自觉与文化自信并提，这十分必要。这两个概念密切相关，当然还有各自的内涵。文化自觉是真正认识到文化的重要性和自觉地承担，文化自信的关键是确实懂得中华文化所具有的高度和在人类文明中的价值，否则自信由何而来？

我对文化自觉的理解是，首先是知识分子的自觉，即知识分子应当任何时候都站守文化的前沿，保持先觉，主动承担；还有国家的文化自觉，国家也要有文化的使命感，还要有清晰的时代性的文化方略，只有国家在文化上自觉，社会文明才有保障。当然，关键的还要靠政府执行层面的自觉，只有政府执行层面真正认识到文化的社会意义，文化是精神事业而非经济手段，并按照文化的规律去做文化的事，国家的文化自觉才能真正得以实施与实现。上述各方面的文化自觉最终所要达到的是整个社会与全民的文化自觉。只有全民在文化上自觉，社会文明才能逐步提高，当代社会文明才能放出光彩。

二〇一一年八月十六日

理论要支持田野

首先要表明，这不是一般意义的学术会议。在我国，关于民间美术分类的专门的研讨似乎从来没有进行过，那么今天为什么要拿来研讨？说到这里，就必须面对当今民间文化的学术现实——

近两年，民间文化的学界一个重要的动向是重燃对田野的激情。书店里，展示各种田野调查成果的出版物层出不穷。在获得全国性的民间文化"山花奖"的理论著作中，优秀的田野调查的作品也日见其多。这表明愈来愈多文化学者投入了这场旨在摸清文化家底的普查运动，从书斋走入田野，去拥抱那些濒危的文化生命。然而，在这样令人鼓舞的文化形势下，却存在着诸多令人堪忧的问题。

首先是专业研究队伍十分薄弱，不少民间文化领域根本没有从事研究的专业人员。许许多多民间文化事项——不论是独特的民俗还是卓越迷人的民间艺术还是学术的空白，甚至从来没有进入研究者的视野。比如古民居这样博大的民间遗产，直到今天还只是为建筑学家们关注，而没有民俗学家和人类学者的涉入。它们是我们的盲点和盲区。因此在现代化狂潮中，大批古民居、古村落和城市的历史街区被推土机推去，彻底消失，我们却浑然不觉。进而言之，在很多民间文化门类中，至今没有公认和通用的分类法。最严重的门类是民间美术。

由于我国幅员辽阔，自然条件不同，民族众多，长期历史形成的文化板块错综复杂，民间美术缤纷多样，不可胜数。然而民间美术的分类却一直模糊不清，乱无头绪。长期以来，学者们或依从习惯，或自行其是，对于这个基础性的问题只有不多几位学者做过专门研究，但没有得到深入研讨并被普遍认可，这就极大地限制了对于千头万绪的民间美术全面和总体把握与认识。而长期以来，民间美术的研究置身在美术研究和民俗学研究中间的夹缝里。民俗学主要研究对象是民俗与民间文学，对民间美术关注甚微，而美术界一直把民间美术放在主流之外。民间美术研究处境尴尬，人员很少，力量薄弱，无法建立起严谨的理论体系。这样，当我们用以应对当前普查所得来的中华大地上极其丰富和浩瀚的美术现象时，必然捉襟见肘，力不能支。换句话说，当我们把从田野普查之所获蒐集起来时，却没有一个统一的标准的分类法来进行整理，最终只能还是各行其是，其成果必然就会参差不齐，缭乱无序。这就是最近我们要进行一系列民间文化分类研究的缘故。

应该说，是田野普查，是民间文化本身要求，或者说是逼迫我们用理论支持它。如果理论总是远离对象——如果最后都不能回到对象本身，甚至不能解释对象，这种理论只是一种书斋的奢侈而已。

当前，民间文化的研究正在活跃起来，这是数十年来未有的景象。究其缘由，乃是全球化时代的一种必然。面对全球化的霸权，各民族的文化全都身陷危难，全球化的本质是消解人类文化的多样性，而各民族自身的精神传承依靠的正是自己独有的文化。因此，一旦人们对此觉悟，产生自觉，民族民间文化就必然成为全社会的文化焦点。中国终究是一个文明古国和文化大国，在全球化席卷而来时，并没有需要太长时间，就深切地关注到自己文明的传承及保护等一系列重大的问题了。

但我们必须清楚，民间文化是在它危亡之时受到关切的。所以，我们首要的工作是抢救和保护，工作的前提是普查。普查包括摸清家底的调查和分类化的整理。其实这些工作都是学术性很强的工作。故而我们的学术研究和学术理论首先是支持田野的调查工作。没有可靠的坚实的理论和学术的支持，田野成果便会良莠不分，年代不明，价值不辨，并全部混杂在一起。民间文化与精英文化的一个很大的不同是，精英文化历来都有鉴别和著录，分门别类，井然有序，而民间文化至今仍是落英满地。我们普查的最终目的是使这"中华文化的一半"——民间文化像精英文化那样整理出来。如果没有理论和学术为后盾，最终一定是杂乱无章，事与愿违。

为此，民间文化理论的当代需要，是实效性、应用性和工具性的。不管我们心中的理论大餐如何精美，现在最需要的是收割庄稼的镰刀。其实这些最现实的工具理论——比如分类法，也是学术建设的基础与根本。反过来说，如果我们连这样的理论也无法提供，能说我们有着很高超的理论能力吗？

于是，今天我们将诸位学者请来进行研讨。诸位都是民间文化和民间美术研究的大家，在分类方面各有卓见。我们并不指望一次研讨会就能用理论将这样一个极其复杂的问题解决，因此，展开各自的见解，交换观点，归纳思路，启动思辨是这次研讨的目的。我相信，一种规范的、标准的、通用的分类法会由此渐渐诞生。

正在进行的民间文化的抢救与保护及其田野调查，向我们的理论研究发出呼唤，提出挑战，也激发着理论的活力。应该说，今天是民间文化事业获得发展的千载难逢的良机。而理论发展的最佳途径则是深入田野实践，发现问题，研究问题，解决问题。从田野中所获得的不仅是作文章的由头，而是融入它脉搏跳动着的生命。让我们在理论研究与田野调查的互动中，促使普查与研究获得双丰收，推动民间文化事业的整体发展。

二〇〇五年八月十四日

经济社会与文明社会

如今，经济社会已是常用的概念了，似乎成了我们社会的属性。

这个概念缘自"经济建设为中心"这一治国方针而提出。相对于此前一个历史阶段"以阶级斗争为纲"的政治社会，在当时经济改革的大背景下，经济社会这个提法与时俱进地给中国经济的发展及社会生产力和创造力以巨大的激发，并直接带来了中国社会三十年和至今方兴未艾的繁荣和国力的空前强盛。

经济社会的提法的历史功绩功不可没。

然而，日益富裕起来的中国社会却有一个要富到哪里去的问题。我们的社会只是这一个属性吗？我们的国力只表现在物质性方面吗？我们的种种社会问题能够只用增强经济来解决吗？

于是，近年来一些领域与相关概念惹起我们的关注，比如文化、教育、法治、网络、软实力、文明。文明是焦点。人们所关切的人际关系、行为准则、法治自觉、教育目的、环境意识、社会风气等等，都关乎社会文明。文化最终的目的也是文明。人类历史和各国历史最辉煌的时期，不仅仅是GDP攀升的时期，更是文明高度发展的时期，相反，绝不会是财富富足而文明低落。

文明的社会从来都具有理想性，理想中文明的社会都是人际和谐、教育程度高、社会平等、遵守公德、道德自律，最关键是文明成为全社会共同的追求，以享受文明为最大的幸福。这样的社会对于国家来说，才是一种强大的凝聚力和软实力，所以说，文明是国家软实力的核心。

前一段我们讨论国家的价值观，价值观是一种终极的追求。我曾经说国家的价值观中不应有"钱"字，因为钱是需求而非追求，如果把需求作为追求，一定问题丛生，甚至败坏了人际关系与社会风气。因此说，文明应是国家价值的核心内涵。

文明社会的建设是一个进程，因为文明和文化一样最终还是关乎于人，必须潜移默化和循序渐进，不会像盖一座大楼大厦那样今天开工明天剪彩。如果被政绩化，一定又会是口号化，一阵风一样地掠过。文明社会建设的关键是国家层面文化和文明的自觉，必须是依照文明的性质与规律科学地进行文明建设，必须沉下心来做。我同意，文明建设从娃娃从教育开始，但只有社会机器的所有部件都有文明的含金量，理想的文明社会才会渐渐呈现。

文明社会并不轻视经济和物质，相反也包括充裕和高度的物质文明。文明社会是物质与精神文明的合称，不会出现"一手硬一手软"。在今天经济迅速发展的时期，文明社会是否应当作为我们社会建设与发展的终极目标去逐步实现？

二〇一三年二月二十一日

关于建议国家确立文化建设立体的战略结构的提案

国家提出文艺要大发展、大繁荣，十分必要和重要。人民经济生活水平日益提高，对文化的需求辄必日渐迫切。但我们不能把大发展、大繁荣当作一句口号，必须有具体措施，更要有明确的战略。当前我们的文化的问题是结构不清晰，各种各类文化混淆在一起，比较平面化，在对其支持上难以构成有效机制，好似无从下手，甚至看不清当代国家的文化形象。问题的症结是缺乏立体而清晰的文化建设的战略结构。

我认为理想的国家文化建设的战略结构应是金字塔形的。它分为塔尖、底部和中层三部分。

一个国家的文化必须有它的峰顶，就像金字塔的塔尖。它标志着一个国家的文化所达到的时代高度，彰显着一个时代文化创造的极致，表现着一个国家真正的文化实力。它在全民心中应具有值得自豪的位置。这个塔尖是被一批卓越的文艺大家、艺术精英及其经典作品表现出来的。当然也包括国家级的文化艺术机构、设施和历史文化遗产。国家要对这个攸关国家文化形象与高度的塔尖大力投入，不能任由市场操作。在大力支持这个塔尖的同时，还要建立一整套机制和管理办法。如建立国家文化人才数据库，建立国家文化发展基金，设立荣典制度，并将这一层面的文化作为对外文化交流的主体。养护和加强这个塔尖是国家文化建设的核心。

金字塔的底部是大众文化，现在大众文化已经商业化了，成为大众性的商业文化。它有其自身的规律，应由市场调节。国家对这个层面的文化的主要责任是管理，既是市场管理，也是文化管理。市场管理是使市场良性和有序，文化管理是保持其活力与健康。

处在金字塔中层的是中档文化，它处在底层与塔尖之间，但在任何文化发达的国家，它都是大量的审美存在和欣赏存在。它的范围是根据每个国家人民现有的欣赏水平确定的。然而从通俗的大众文化走向中档文化，是一条提高人民欣赏水平与审美品格的必由途径。国家和各级地方政府应抓住中档文化，积极支持与推进，对于提高整个民族的文化素质它是重要的一环。

国家的文化格局不应是平面的。长期的平面化并商业化，其结果必然是遏制人才的出现，致使国家的文化形象模糊不明。没有文化的大战略就不会有文化的大繁荣，故此建议国家的文化建设应考虑一个清晰和立体的战略结构。

二〇〇八年三月七日

关于加紧抢救少数民族濒危文化的提案

我国有五十五个少数民族，他们遍布全国，经济多样，生存环境各异，社会历史阶段和经济发展基础不一，其文化底蕴深厚，特征独具，相互迥异，夺目迷人。少数民族为灿烂多姿的中华文明的形成和发展做出了不可磨灭的贡献。他们的文化是中华文明的重要组成部分，是人类文化宝库中的珍贵遗产，也是各个民族安身立命之根本，是他们的身份与独自的民族精神之所在。

由于历史与地理条件等诸多原因，少数民族的经济和社会长期滞后，人民生活相对贫困。在经历新中国建设特别是改革开放以来，始入崭新的发展时期。特别是随着国家扶贫力度的加大，西部大开发的推进，少数民族地区的经济、生活和社会正在发生空前的急速的翻天覆地的变化。这是人民企盼的，也是历史发展和进步之必然。但也要看到，在这巨大的变革中，他们民族的传统与文化面临着濒危与消亡，值得我们特别关注和着意应对。

当前，在强大的经济一体化浪潮中，面对着来势迅猛的西方化、汉族化、单一化、消费化，处于弱势的少数民族文化无力应对，只有随着潮流改变自己。很多富起来的地区，少数民族传统民居已经被"小洋楼"取代，民族服装及服饰及其工艺日渐式微。由于没有相关的保护法规，古董贩子乃至外国人在少数民族地区肆意廉价地搜寻宝贵的文化遗存。愈来愈多的少数民族的年轻一代外出打工，远离自己的传统。不少地方听唱史诗的，已经不是年轻人而是旅游者。学校教育很少涉及民族文化内容，青年人对自己的文化传统缺必要的知识，少必要的感情。民间文化的传人——老艺人、匠人、歌手、乐师、舞者、故事家、民俗传人相继去世，很多经典文化已经无人传承。如今，民族语言在不少村寨已不复使用。一些民族语言（如赫哲语、满语、塔塔尔语、畲语、达让语、阿侬语、仙岛语、苏龙语、普标语等），会使用的都不超千人。随着最后一个鄂伦春人的迁徙和定居农区，他们的狩猎文化至此终结。这些形成于成百上千年前的民族文化板块正在瓦解与松散。

在今天这样一个高速发展的时代，如何抢救和保护少数民族文化是一个历史性的大课题，也是全世界都没有找到最佳方案的大挑战。但是如果不加紧抢救、记录、保护，就是对历史的犯罪，有悖于当今国际对待文化遗产的文明观，有悖于先进文化建设的性质规定，有悖于民族平等的社会理想。故此建议：

一、加快我国非物质文化遗产的保护立法。立法保护的重点应是少数民族文化。

二、民族区域自治地区的现代化，要持之以整体的和谐的发展观。要把保护和发展民族文化，作为衡量该地区官员政绩的重要内容。国家要加大民族地区濒危文化抢救和保护的财政投入。

三、我国民族多，文化繁多，在保护上不能项目化，而应该体系化。项目保护是枝节保护，体系保护是整体保护。故建议由国家民委牵头，建立国家性权威的中国少数民族文化数据库，以图片、文字、录音、录像多种技术手段，综合地存录民族文化资料。各民族自治区域应制定文化抢救方案和保护体系。选择一些少数民族自治区域做经济、文化、社会协调发展的试点，取得经验，进而推广，逐步形成严格、严密与科学的中国少数民族文化保护体系和民族发展的科学模式。

四、对一个小民族的迁徙，一种重要民族文化形式的消失，乃至杰出民间文化传承人的故去，都要给予极大的关注，应做到事前有紧急抢救，即及时开展抢救性记录、调查和整理。有关部门应在财政上给予保障。

五、设立少数民族文化抢救基金，募资并资助少数民族文化重要形式的抢救，并唤起社会各界对少数民族文化的关爱、尊重与保护。

六、在全国各地学校教育中开设有关我国各少数民族的文化成就与重要特征的课程，增进民族间的学习与了解；在民族区域自治地区和少数民族较集中地区开展本民族或多民族文化知识、形式的学习与鉴赏，传承民族文化，培养民族情感，强化民族审美。应该组织好此类教材的编写，使之具有科学性、文化性、可读性。

七、确定和设立少数民族文化遗产日，借此开展综合性的关涉各个少数民族文化的宣传展示活动，提高少数民族传承自己文化的自觉性。

八、建议由国家民委牵头，定期组织高层次、多部门、多学科的关于少数民族地区文化和经济协调发展的研讨。研究与探索现代化进程中文化保护与经济发展、传统文化与现代文化和谐发展之路；研究民族民间的建筑、服饰、生活用具的设计与民间工艺的发展关系，以使民族文脉循序进展。

当前，我国少数民族文化受到冲击的趋势正在日益加大。濒危是全方位的，抢救和保护已是刻不容缓。少数民族文化不能最终只是一种旅游资源，他们的文化是其民族的根本，失去文化便意味着民族的消失。故此希望国家从事关少数民族兴衰存亡的角度考虑这一十分紧迫的工作，尽快制订计划与措施，变被动为主动，使中华民族各民族的经济与文化共存共荣，交相辉映，永葆中华文明的灿烂多姿。

二〇〇五年三月

关于文化遗产的产业开发
要通过专家审定的提案

近年来，在各级政府和各界人士共同努力下，大量的珍贵的历史文化遗存被列为国家或地方的文化遗产名录。这对于中华文明的传承自然是功莫大焉。然而，在市场经济的社会中，进入了国家名录的文化遗产，就大大增加了经济的含量与附加值，对其利用、开发和盈利当属必然。这就形成了眼下争相对文化遗产进行产业化的热潮。

文化遗产的产业化主要包括两方面：一是历史名城名镇和历史街区的旅游开发；一是非物质文化遗产的商业运作。

应该明确地说，产业化有助于公众接触、享受和认同自己民族的传统文化，有利于集体和精神上的文化传承。这也是文化遗产在市场经济时代继续存活乃至发展不能绕开的途径。在产业化过程中，文化遗产的拥有者和传承者及其所在地区都会获得经济效益。在国家经济发展中，它在拉动内需方面还有着巨大的潜力和空间，对于某些地区而言甚至可以成为支柱性产业。

然而，很多地方由于对文化遗产的文化内涵与特性缺乏认识，只将其作为一种产业资源，甚至简单地与地方政绩和经济收益挂钩。往往是某一遗产申报成功，列入名录，便大举开发——把文化遗产开发当作土地开发或矿产开发。而且是开发乏术，随意改造，无度利用，其结果是热闹一时，不仅所获经济成果十分有限，造成浪费，并对文化遗产本身造成根本性的破坏。其中的关键是，当前这种开发多来自"长官意志"和开发商的商业策划，既没有专家的参与和严格的审定，也没有专家的文化智慧和科学眼光，故而陷入一种比较盲目、粗鄙和急功近利的状态。即使有个别专家被请去出主意，最终也是官员拍板和开发商说了算。这无论对于文化开发还是文化保护都十分不利。为此建议：

一、凡列入国家到地方各级名录的文化遗产，都应建立专家委员会或专家组协助政府相关部门进行管理。特别是要把对文化遗产的产业开发的审定与监督列为专家组的实质性的工作内容。

二、任何部门对文化遗产的产业开发（大到一个古村落，小到一种民间手艺）都必须有严格的规划，这些规划必须经专家组签字批准方可进行开发。产业开发的部门必须同时必须承担对遗产保护的相关责任。遗产的产业开发是有科学界限的，这些界限和条例应由专家组制定，政府管理部门实施。从积极主动的角度上说，产业开发部门应在拟定开发规划之时，就应请专家阐述其文化特性及价值，贡献创意，因为文化遗产的开发策划不只是商业策划，更是文化策划。

三、在产业开发和运行过程中，专家组要进行跟踪监督。凡违反遗产保护原则的操作，都应通过政府管理部门予以阻止。

四、有一种观点，认为似乎文化遗产被产业化了，赚到钱，就是得到了重视，起到了作用，这是错误的。文化遗产一旦被产业化，就难免被按照商业规律解构和重组，能成为卖点的便被拉到前台，不能进入市场的则被搁置一旁，比如古村落中的民族语言和民间文学（民间史诗、传说、故事、歌谣等）就是消失得最快的非物质文化遗产。政府管理部门要担负起这部分遗产的保护责任，不能推给企业一了百了。政府要牢牢抓住对文化遗产的管理权，以保护文化遗产的丰富性和完整性。

文化遗产是子孙万代共享的财富，保护永远是第一位的。而从文化的经济价值来看，也是只有保护好文化遗产的原真性，才能发挥文化遗产永久的魅力，使其具有可持续发展的作用，同时使我国的文化产业和旅游产业真正和健康地发展下去。

二〇〇九年二月二十三日

关于建议国家非遗名录
制定黄牌警告与红牌除名条例的提案

近年来，我国政府对文化遗产的保护力度逐步加强。自二〇〇六年开始公布首批"国家非物质文化遗产名录"，二〇〇八年又公布一批，现今已有一千零二十八项非物质文化遗产进入国家名录，成为法定的国家文化财富。同时各地省市乃至县一级也相继建立了遗产名录，这种由政府建立的多级的遗产名录体系，体现政府对文化遗产保护的自觉，对于非遗保护具有至关重要的作用。

然而，由于一些地方受不良政绩观的驱使，只重申遗，不重保护。一旦申遗成功，即似大功告成，对遗产及其传承人则放置一旁很少过问。既无科学的保护标准，严格的管理措施，也无维护与推动传承的办法。甚至丢给市场，任其开发，致使文化遗产面目全非，造成新的破坏，这样下去，国家非遗名录则发生恶性的质变，渐渐名不符实，问题十分严重。为此，建议"国家非物质文化遗产名录"和地方各级政府的"非遗名录"，效仿世界文化遗产的管理办法，对已进入名录的遗产设立警告和除名机制。一方面，政府主管部门建立专家督察小组，对进入名录的遗产长期监管，定期审核，审核结果要进入遗产管理档案，同时对其保护工作进行专业指导；另一方面，经专家小组审核，凡发现文化遗产因缺乏保护或过度开发遭到破坏者，进行警告，责其改正。对于已遭到严重破坏，改变遗产本质，传承中断者，则予以除名。

这样，不仅可以加强遗产管理的约束力，明确遗产保护必须遵循的科学尺度，同时维护国家文化遗产的高贵性、纯洁性和严肃性，以使遗产始终作为中华文化的精华，惠及当代和传之后代。

二〇一〇年二月十七日

关于建议对干部选用建立文化考核机制的提案

文化作为国家与民族的血脉与灵魂，已被六中全会深刻地作出阐述。文化的大发展与大繁荣，也作为中国的现代化建设成功与否的决定性目标之一提出来。

然而，在具体落实六中全会精神，实现文化大发展大繁荣这个既定目标时，干部是不能绕开的关键。干部，特别是主管文化的干部和负责全面工作的干部，决定着一个地区的文化建设的方略、布局、价值取向和导向，乃至品质与水准，所以必须懂文化、有文化和热爱文化。懂文化是真正懂得文化的性质、价值、规律及意义，不懂得文化的性质和规律就不会科学地做好文化工作，不懂得文化价值与意义就不会在全盘工作中把文化放在至关重要的位置；有文化是必须有一定的文化的素养与理解力，否则无法抓住文化的根本，发现文化的关键问题，找到做好文化工作正确的方法；至于热爱文化，则是一个干部能否胜任文化工作和负责全面的工作的基本要求。

应该看到，一些地方的干部，特别是主管文化工作与负责全面工作的干部，由于不熟悉文化的特性，不懂得文化的价值、功能及在现代社会中举足轻重的作用，缺乏必要的文化修养与文化热情，造成了各种问题。有的是现实社会较大的缺失，有的则遗患于长远——但令人担忧的是，有时我们对这些问题的严重性都不能看到。

为此建议相关的组织与人事部门重视干部的文化素质、文化责任与文化自觉。在选取干部，尤其是对主管地方的文化干部与负责全面工作的干部的选取上，要建立文化考核机制，要检验干部的文化素养与文化观，要考察干部先前在文化上的实绩，要有规范的考核标准和明确的取舍制度。这样，才能保证文化工作的科学发展而不受损失，并使党的六中全会的精神与目标得到真正的贯彻与实现。

二〇一二年二月二十九日

讲话录

不能拒绝的神圣使命

首先感谢从全国各地来北京参加会议的专家、学者，感谢民进中央、国家民委、首都各媒体对我们这个会的支持。

我自去年初夏起始接受中国民协的工作。在这之前我已经担负六项工作，而且大都是主要的责任人，其中有四项又是全国性的，已经觉得不堪重负。但到了民协之后，我又自寻麻烦，把一个更艰巨、更沉重的事情压在背上——就是中国民间文化遗产的抢救工程。半年来，我和民协的几位负责同志奔波不已，一次又一次找了方方面面的人，倾诉想法，寻求援助，但总觉得知音者不多，支持者寥寥。那么今天我们为什么还如此坚决地开这个会？为什么还如此紧迫地要启动这件事情？这就涉及本次会议的主题——

在谈我们的抢救工程之前，首先必须重新认识我们的民间文化。长久以来我们对民间文化的认识有个误区，在这个误区中，我们对民间文化是轻视的。从高教委把民俗学从二级学科降为三级学科，到我们中国文联，乃至各地方文联内部，在十二个协会排名的时候，民协总是被习惯性地排在最后一个。作家协会排第一，音协第二，美协第三，剧协第四，跟下去是舞协、书协、摄协、影协、视协、曲协、杂协，最后才是民间文艺家协会。我决没有争座次——那种无聊的意思，我只想请大家看到，长期以来民间文化被认为是下里巴人的、低层次的、可有可无的，不像小说、电影、美术、戏剧那么辉煌，没有那么多名人大腕，没有那么多杰作巨著，也没有那么多卖点。似乎民间艺术就是一些轻飘飘、不足相信的传说、村俗故事、逗人一乐的小笑话，以及剪纸、皮影、面人、荷包等等这类东西，不能登大雅之堂。不能说谁故意贬低了民

二〇〇三年二月在人民大会堂参加"中国民间文化遗产抢救工程"启动会。

间艺术，更不是哪个人轻视民间艺术，也不是说中国文联非要把民协排在末尾不可。这是一种成见和偏见，久了就会变成一种习惯，习惯是无意中形成的，但无意比有意更可怕，不自觉是更深刻的自觉。如果追究它的历史成因，主要是我们一直没有摆脱封建士大夫对待下里巴人文化的轻视态度，至少在潜意识上没有摆脱，而且一直用雅俗对立的思维来对待民间艺术，即站在雅文化的立场居高临下地对待大众的、通俗的、民间的文化。同时，我们一直把民间视作"旧文化"，并且用新旧对立的思维，站在"新文化"的立场上来否定"旧文化"。还有一点我觉得是最重要的，就是我们一直没有用文化的眼光来看待民间文化，这是最要害的一条。

任何民族的文化传统实际上包含着两个方面，一个方面是精英文化，或称典籍文化，另一方面就是民间文化。民间文化是广大群众自己创造的文化，是源头，是根基。从精神意义上说，它是一个民族情感和理想的载体，是大众愿望和审美的直接表现，是一种生活文化，是和生活融为一体的。同时它又是集体性的文化，一个地域共性的文化，所以它具有广阔的覆盖性。这个地域的范围最大是一个民族，所以一个民族的特征最直接地由它的民间文化表现出来。

在五六十年代，我们把民间文化看作劳动人民创造的，似乎重视了民间文化。但在那个时代，我们仍然没有从文化的角度来看待它，认识到文化价值这个层面上，因此我们对民间文化所蕴藏的能量，包括民族的亲和力和凝聚力，缺乏认识。比如春节，春节是我们民族的最大的节日，从腊八开始到正月十五一共三十八天，世界上很少有一个民族有这么长的节日。由于它正处在岁月更迭的日子里，人们的理想愿望、精神情感、审美习惯，便被分外强烈和极致地发挥着，它必然成了我们民族民间的文化盛典。但这些年我们对春节做了什么呢？实际上是做了一个逐渐淡化的工作。我们在不断削减春节这个民间精神载体的工作，春节的民俗被一个个地消除，因而今天我们中国老百姓每到春节似乎已经不会过春节了！比如，每年年三十的夜里北京的作家朋友都会给我打电话，想听听天津放鞭炮的声音。我呢，就把窗户拉开，将话筒拿到窗户外边让他们听爆竹声。这真是一个值得讨论的问题，我想在今年的"两会"上提一个提案：建议北京考虑恢复春节放鞭炮。天津放鞭炮是和天津文化界的努力分不开的，我本人也写过一篇文章叫作《禁炮不如限炮》。我说，在我们民族欢度自己节日的时候，对污染的要求应该适当放宽，何况，放鞭炮的半个小时里的污染再大，也没有天天抽烟污染厉害，但你不是戒烟而没有禁烟吗？游泳年年淹死人，不是也没有禁止游泳吗？汽车排放的尾气比鞭炮污染厉害成百上千倍，我们什么时候禁过汽车？问题的关键是我们把自己的民俗、民间文化看成可有可无的，没有看到民间文化无可估量的精神意义和文化价值。

进一步说，在春节之中，我们中国人所做的最伟大的创造就是"大年三十情结"。年的高潮就是这个大年三十，三十晚上过不好，这一年心里总有点疙疙瘩瘩。年文化心理是无形的，但它深深地铭刻在我们每个人的潜意识里，所以我们中国人每逢大年三十，即便在天南海北打工，也要赶回家过年，火车挤不上去了，就从窗户钻进去，也非要回家过这个年不可。从文化的角度看，这个巨大和无形的力量是什么？这就是中华民族的凝聚力。我们中华民族，生生不息五千年，合而分，分而合，始终是一个坚实的整体，这跟我们民间文化有深刻的关系。我们的民间文化是我们民族凝聚力的沃土，也是一个辽阔的磁场。民族的凝聚力在民间就是一种亲和力，它内含着共同的生活愿望，美好的人际关系，高尚的生活准则，以及优良的行为操守与道德传统。而民间文化的传承本身，也是一个传统教育的过程。所以说，真正意义上的民间文化传统就是民族精神的传统。

再进一步说，我认为我们这个民族是一个生活崇拜的民族。我们有很多伟大人物，其实，老百姓并不崇拜孟子、孔子、老庄和释迦牟尼，我们中国老百姓只崇拜生活本身。所以在春节，人们最希望的就是平时吃不上的东西过年时能吃到，穿不到的衣服过年时能穿上，享受不到的亲情与团圆过年时能享受到。一方面，通过努力实现一部分实际的愿望，使生活尽可能接近理想，把理想生活化；一方面，将理想主义的图画、话语、文字塞进生活，填满生活，使生活理想化。由于理想与生活混为一体，过年的意义便非比寻常，过年的境界也非比寻常，这是中国人对年的伟大创造。年文化——特别是此时表现出的民族情感、民族心理非常值得研究。但可悲的是我们自己把年淡化了，我们不吃团圆饭了，不放炮了，不拜年了。我们闹完电话拜年和传真拜年，再闹电子邮件拜年，自己把自己的文化涣散了，消解了，搞乱了。

还有一个很重要的问题就是大背景发生变化。随着现代化的迅疾发展，农耕文明正在迅速瓦解，农耕文明创建的文化自然也要瓦解。从经济发展角度上讲，农耕社会的瓦解是社会的进步和历史的必然；从文化发展角度上讲，遗产的价值和意义是无穷的，相反要保护好人类的这份珍贵的遗产。但是我们的现代化来得突然，缺乏文化准备，缺乏应对也缺乏自我保护；再加上外来文化的冲击，乘驾着强势经济的外来文化是一种强势文化，必然会冲击我们；我们的文化是弱势文化，必然要被外来文化冲散冲垮一部分，而首当其冲的就是民间文化。

前两个月我们民协开会时，我提出一个观点，即在人类全球化、国际化的时代，文化不会顺着走，相反会反过来走向本土化，向着本土化发展。就是说，越是经济全球化时代，文化越是全球本土化。实际上日本、法国早就这样做了，在美国喊超级大国时，法国人说他们是文化超级大国，他们从精神上找到了自己的定位。当时担任文化部长的马尔罗在二十世纪六十年代搞的"文化普查"，直到现在法国人还记忆犹新。那一次，法国人将他们的文化来一个彻底的大盘点，所谓"大到教堂，小到羹勺"进行了全面的普查与登记。在那次文化普查之后，法国人还做了一件非常有眼光的事，就是把六月最后一个星期天定为全法国文化"遗产日"。去年我在全国政协会议上提出这个提议，我认为中国也应该建立自己的遗产日，每年此日，全民纪念自己当地的文化遗产，以唤醒全民族的文化自觉，培养人民的文化情感。现在欧洲不少国家都有"遗产日"，看来世界上越是发达国家越清楚地认识到这一点。

在全球化时代，各国之间在经济上的优势是"三十年河东，三十年河西"，此消而彼长，谁也不会是永远的赢家；但从文化上讲，自己的本土文化是一张不变的王牌。这一点，我们讲了好几年了，不被人们注意，今年春节却忽然应验了，今年所应验的就是春节时铺天盖地的中国结和唐装（我更愿意叫华服）。最近我为《北京青年报》专门写了这篇文章。我说，今年北京穿华服的人就有二百万，"中国结"大家争相购之，南方很多城市闹得更凶，大量的中国结和华服畅销，救活了很多丝绸厂和工艺品厂。同时，电视节目主持人都开始抱拳行礼，不染着黄发喊"拜拜"了，很多饭店、酒店也竞相用老窗户老门作为装饰。为什么？就因为去年一年我们融入世界的速度太快，我们进入 WTO，申奥成功，办了 APEC，足球出线……想了多少年等了多少年的事，一下子全到了眼前。车子加速，太快太猛，就要抓住一些东西，抓住栏杆什么的。此时人们抓住了什么呢？抓住了文化，而且是民间文化。有趣的是，这时不会去抓李白的诗，也不会去抓《红楼梦》和《二十四史》。首先抓住的是一种文化符号，是被广大人民认同的，深深寄寓着人们文化情感的东西，这个东西在哪呢？在民间文化里！今年的民间文化为中华文化立了大功。由此看，我们毕竟是个文化大国，底子深厚，在快速融入世界的时候，表现出对文化的敏感，一下子抓住了自己的文化重心。可这是大众——大众心理的需求！并不是文化上的自觉！我们文化界的反映更迟钝，对自己的民间文化认识非常淡漠，没有能够从时代的大背景认识民间文化，更没有从自己浩如烟海的民间文化中推出任何符号来。今年春节时出现的唐装和中国结两个符号却是海外华人传过来的。唐装是海外侨胞穿的中式服装，那个服装实际不是唐代的，而是晚清到民初时的一种时装。为什么叫唐装？因为海外华人在海外，不甘被洋人的世界淹没，逢到节日便穿上这套服装，好标示自己。这个唐装和唐人街是一个概念，唐朝是中国举世闻名的盛世，中国人引以骄傲，所以叫唐人街，叫唐装。中国结原本是古代的"盘长"，是佛教的八宝之一。由于一根红绳缠绕不绝，无始无终，民间便视其为吉祥物，寄寓了延绵不断和无尽无休之意。外国人对这种变化莫测和富于神秘感的图案感到好奇，佩服中国人的心灵手巧，这便使得华人把它当作自己的一种标志，改名叫"中国结"。是"唐装"与"中国结"救了我们，如果没有唐装和中国结，我们在这快速融入世界而文化重心发生倾斜的时候，从哪里去寻找心理重心？从这点上正说明民间文化重要性有多大，能量有多大。

现在很清楚了，在全球化时代非常重要的一点，就是要重新认识本民族的民间文化。首先，民间文化不是一种文艺形式，而是民族文化传统中重要的一部分，是民族文化的二分之一。过去我们仅仅把它作为一种文艺形式，因此把它与舞蹈、戏曲、杂技、书法并列起来，实际民间文化包括了民间舞蹈、民间杂技、民间戏曲、民间美术甚至于还有民间书法。造成这种误解的原因，归根到底是由于长期以来没有从文化角度看待它。现在，当我们从文化角度来看民间文化时，一方面看出了精神价值与文化意义，特别是在时代转型的重要作用；另一方面，我们惊讶地发现民间文化状况非常令人心忧，本来就是自生自灭的文化形态，正在迅速地瓦解、失散、消亡。一些民间文化去年还鲜活地存在，今年已是荡然无存，所以我说，每一分钟都有一批民间文化消亡。究其原因，其一是农耕文明受到冲击，受到工业文明的冲击；其二是受外来文化冲击；其三是受商品化冲击。这些冲击都是一种历史的必然，无法改变，也不能改变。

但是，在工业化时代，农耕文化是应该进入博物馆、受到保护的文化。

可是我们的民间文化是没有保护法的。比如，对于民间文化中的民居保护问题我曾经写过不少的文章，但由于无法可依，古老而极有价值的民居仍在大批"死亡"。我们国家现有文物保护法，但没有文化保护法。我们的文物概念非常陈旧。在人类进入现代社会后，对文物的认识早已发生改变，但我们的文物观基本上还是清代文物观念，我们的民间文化根本没有进入文物保护的范畴。现在很多国家的民间文化已经都是文物保护的对象了，我们的民间文化至今没有进入文物专家的视野，所以，民间文化面临着被破坏、践踏、篡改、偷窃。我们的民间文学在被一些国家出版商任意盗取，被日本人拿去编他们的卡通故事；还有所谓的"旅游文学"，实际上是一种伪民间文学，是商业化的文学，有些地方为开发旅游点，竟然请一些能写点东西的人去编"民间传说"。这样下去，再过二十年，我们原生态的民间文化遗产基本上就会失去了。

面对这个极特殊的时代，这个巨变性的残酷的转型期，我们民间文化工作者当代的使命就是抢救。抢救应当摆在一切工作的前边，也就是摆在研究的前边。现在，我把我们要做的这个"工程"跟各位学者谈谈，希望得到学者们的支持，希望得到分析、研究和论证。我们要对我们九百六十万平方公里、五十六个民族的民间文化做一次地毯式的考察，全部用时为十年。我们的口号是"一网打尽"。我们的对象是三部分，一个是民间文学，一个是民间艺术，一个是民俗。自二十世纪八十年代就启动的《中国民间文学集成》（即俗称的"三套集成"）是功德无量的事情，在周巍峙同志主持和大力而辛勤的推动下，我们民协为之奋斗八年，功绩显赫，不可估量。三套集成完成后，基本上把中国民间文学的普查做得差不多了，全书九十卷，已出版六十三卷，还差二十七卷，我们计划在三四年时间做完，全力以赴地做好，画个圆满的句号，不留遗憾。下边便是我们要启动本项工程的内容，就是民俗和民间艺术这两大块。对于民间艺术，我们要普查、要记录、要收集、要出版，出版《中国民间美术全集》《中国民间美术图典》《中国民间美术地图集》《中国手艺人名录》和《中国民间美术资料库》。对于民俗，我们要以县为单位进行科学普查、记录、整理、出版，出版《中国民俗志》《中国民俗图典》，建立"中国民俗资料库"，为一些民间文化之乡挂牌。其中《中国民俗志》要出版县卷本，每县一卷，共两千卷。总的想法这次一定要一网打尽，如果不一网打尽，现在遗漏了什么，后人手里就将没有什么。民间艺术绝对是一次性的，有些尽管现在是活态的，再过些年就不再是活态的。民间文化一旦失去传承人，马上就会断绝。比如一些剪纸艺人，那些在陕西的古老的村落里剪纸的老太太们，再过十多年基本上就没有了，她们的剪纸也就变成过去时态了。我们把她们统统看作是一种珍贵的文化遗产，把活态的也作为遗产，我们要抢救她们，我们的抢救工作要做到每一个才高艺湛的民间艺人的身上，对活态的要用电视记录下来。我们的手段有三个，一个是电视，一个是拍照，一个文字记录，三维地来做。我们要动用一切科技含量较高的手段，使我们这次记录尽可能是全面的、多角度的、立体的、具体的、彻底的。我希望我们的学者、专家、民间文化工作者，能从时代的使命、人类的高度、文化的角度以及后人的视角，来看待我们这次空前的中国民间文化的大盘点、大普查、大建设。我们的民间文化太博大、太深厚、太灿烂，任何个人都无法承担这一伟大又艰巨的使命。只有我们联合起来，深入下去。深入到民间，深入生活，深入文化，深入时代。抢救民间文化是时代赋予我们的使命，我们对这使命义不容辞，我们要担此文化的道义。抢救民间文化是符合民族和人民的根本利益的，文化利益也是人民根本利益之一，我们一定要让中国的民间文化在人类的未来大放光彩。

各位学者专家，我们的使命是非常神圣的，我们的工作是极其艰巨的，但成败的关键在我们身上，我们不要让后人小看了我们——这一代民间文化工作者！

在"中国民间文化遗产抢救工程研讨会"上的讲话
二〇〇二年二月二十六日至二十七日　北京

年画普查的方法与目标

今天非常高兴，感觉搞民间文化有信心了。全国主要年画产地的负责同志和代表今天都到会了。有的同志说要感谢我，我还需要感谢吗？这是我愿意做的事情。应该感谢的是各个产地的负责同志，你们在第一线非常艰难，孤立无援，我深知。今年过年时候我接到了好几封信，有两封是关于要求恢复河南朱仙镇年画出版社的事，你们在下面的那种焦虑，遇到的那些困难，那种无助和无奈，我完全理解。我想到底为了什么这么焦虑？正因为你们是真正的民间文化的知音，有强烈的责任感，有炽热的民间文化的情怀，所以才把我们这些宝贵的遗产一直保护到今天。但今天的情况不同了，大的环境不同了。我们正在进入全球化时代，我们现在越来越感受到文化压力，然而越是经济全球化的时代，各个民族文化的走向反倒应该是本土化。在前年的时候，我们刚加入 WTO，当时知识界还有很多的讨论，热议我们怎么接轨，我们的文艺怎么接轨，我们的文化怎么接轨，怎么样为了争取得到西方承认而去仿效西方、克隆西方。现在我们比较清醒了，看到更关键的问题是我们自己文化的走向。在全球化时代的文化真正的走向就是本土化。越是全球化时代，越是竞争的时代，尤其经济全球化、世界一体化的时候，一个民族自身的精神越是应该仍然保留在文化传统里。可是民间文化有着与生俱来的问题。民间文化本身是自生自灭的。民间文化跟精英文化不一样。精英文化有文字记录，由确定的文字可靠地承载下来，继承下来。民间文化多在口头上、行为中、记忆里，它由一代一代口传心授，传人一旦中断了，民间文化也就中断了。所以大家越来越注意到民间文化的传承问题。还有大家也渐渐明白，我们传统农耕社会正在瓦解，工业文明逐渐代替农耕文明，原有的农耕文明构架下的文化必然要消失、瓦解。这个社会的转型本身是进步性的，但是前一个历史时代创造的文明下一代也必须继承，不能抛掉。我想这些道理我们是自觉的，所以及时地喊出一个口号，就是要去抢救、整理和保护我们的民间文化遗产。这一年里我们民协的同志，上上下下，风风火火，一个部门一个部门地跑，终于把这个抢救工程的项目立起来了。刘云山同志亲自批准列为"国家社科基金特别委托项目"。

去年一年的时间，我们马不停蹄地忙着为"抢救工程"立项，做专家论证，做大纲，做一系列筹备工作。我们准备二月十八号在人民大会堂召开新闻发布会。对海内外宣称，我们对自己的母体文化无比地关切与关爱。我们要有一个很大的行动。实际也是用这个新闻发布会号召年轻人在他们的视野里要关注自己的母体文化。在这个行动之前，先与开封市政府合作举办了中国木版年画国际研讨会。在那个会上用了一个词，我说"'中国民间文化遗产抢救工程'在这里'发动'"，我没有用"启动"，因为"启动"的时间必须是二月十八号，是定死的，不能改的，已经上报中国文联了。所以，当时只能说"发动"。我们为什么要在整个中国民间文化遗产抢救工程启动之前先发动民间年画的普查？这里有三点。第一点，我在木版年画研讨会上讲了一个题目《年画是中国民间艺术的龙头》。第一，因为年画在民间艺术（美术）中影响力最广，覆盖到过年时间的所有家庭，题材无所不包，文化含量最密集，而且地域风格也是最多的，所以，它是龙头。第二，因为年画濒危特别严重。我在天津，天津杨柳青年画是我国年画当中重量级的产地，但这几年每一年在杨柳青里转一转，我发现做木版年画的艺人最多不超过五个人。直到现在基本没有人关心，眼瞅着它的消亡。而且印画的古版流失非常严重。如今在杨柳青那个地区里很难找到一块老版。在民间里，除去个别艺人手里还有，我说的就是那五个人中还有，在老百姓家里找不到一块木版。杨柳青就是那么一个状况，濒危非常严重，而且传承的艺人孤立难支。如果传人没有了，那么杨柳青年画这个地方基本就终结了。第三，也是最重要的，我们为什么要在年前先启动年画？主要因为过年之前是年画的活跃期。这个时期，艺人在家里印年画，过了年之后，他们就不印了。这个活跃期如果不抓住，等过了节就更找不着他们了。我们不能再等一年。这就是我在河南时讲的那句话"民间文化遗产抢救一天也不能等"。后来我看"一天也不能等"作为标题登在了报纸上。从河南回来之后，我们一直在积极筹备这件事情。所以我们今天，一月六号，在整个抢救工程启动之前再次召开抢救中国木版年画普查工作的研讨会，说明年画抢救已经动起来了。就等于天没亮，这只公鸡就先打鸣了。这个会是一个很务实的工作会议，没多少絮絮叨叨的纸上谈兵，坐而论道，大家的心情是一样的。咱们今天这个会，要一竿子插到底，说最实际的问题。比如：这次抢救我们怎么做，我们需要各个产地做什么，把它讲清楚，再一个产地一个产地落实了，这个会就算开完了。这个会开完了之后，我们再下去分头做。也就是说会开完之后，大家就知道我们想要做什么和怎么做了。

　　这次我们的工作是普查和抢救。普查和抢救是一回事，也可以称作"抢救性普查"。我们的抢救是通过普查体现出来的。这跟一般的田野调查不一样，因为年画到了终结期了，我们必须要为后人把它最后的形态留下来，所以我们这次抢救是一网打尽。我们要做的工作就是五项：普查、登记、分类、整理、出版。这次我们年画的抢救要把上述这五项工作一起都做下来，一直做到出版，因为我们整个中国民间文化遗产抢救工程分了三部分，一个是民俗抢救，一个是民间文学抢救，一个是民间艺术抢救。民间文学的抢救是在十八年前"三套集成"时就开始了。但直到现在，还没有做完。这之中，我更关心的是县卷本。县卷本才是真正的中国民间文学的全貌。我们中国民协计算了一下，现在各个县送上来的县卷本有三千多卷，估计全部结束之后得有五千卷，一二十亿字，需要五千万人民币，才能把这套书出了。但是不管钱多难筹，我们也决心把这套东西搞出来。这是民间文学极重要的部分，民间文学包括史诗、叙事诗、神话、故事、歌谣、笑话、歇后语、谚语等等。此外还有民俗，民俗方面我们要搞县卷本的中国民俗志，每个县一本，基本是两千卷。民间艺术包括戏曲、舞蹈、音乐、美术等等，还有建筑艺术，我们的口号是"大到古村落，小到荷包"全部普查、登记。民俗的普查可能是地区普查，民间艺术的普查更多的是项目普查，一个个项目搞。我们的年画仅仅是美术普查里的几百分之一，但它是龙头。这次我们做的这套东西，是要把它作为整个民间艺术普查的范本。所以，必须要把它做好。今天我们还请来一些出版社，一起来研究，我们必须把这些事情一直做到出版。我事先写了一个提纲——是一份为普查工作完成之后待出版的画册所写的提纲。我们此次要出的画册跟以往任何出的年画集完全不一样。这次特别要明确的是，必须先普查、登记，然后是分类、整理、鉴定、编写，最后是出版。我们的目的并不是为了出版。我们的目的是理清祖先给我们留下来的这一辈遗产，我们要对先人留下的文化做到心中有数。我们要用出版等一系列的方式把这些成果总结出来。我们并不是为了出一本书才下去调查。这里，必须把我们的目标和大想法跟大家说明。因为出书的形式很多，有图集的形式，有书的形式，有画册的形式，有词典的形式，有地图的形式。将来我们还计划出中国民间美术和中国民俗分布的地图集，就跟中国文物地图集一样。但我们最终要搞成中国民间文化档案化的一个信息库，而且是三结合的形式，是文字、拍照、摄像的三结合形式。画册也是这样将这三种形式都包括在内，跟以前的任何的画册是不一样的，严格地说是图文档案集。然而，既然说不是为了出画册，但是我为什么还要做一个编写提纲给大家？主要是让大家清楚我们究竟是怎样想的，各个方面都有哪些具体的事要来做。

我现在拿着提纲给大家整个说一遍，我念的是《中国木版年画集成编撰提纲》。我们木版年画的整个普查和抢救工作之后，主要搞三个东西，一个是《集成》，即图文与音像结合的各产地的文化档案；一个是中国木版年画传人传记性的名录，民间艺人不是指开展旅游时草率上马的新艺人，是指传承有序的民间艺人；另外一个我们要搞一个中国民间年画的数据库，这个数据库包括图像的东西，数据库做完了，供全体人民共享。知识是人类共享的，这是一个国家文明的表现。

好了，我现在给大家念我们的《编撰提纲》：一、宗旨。二、特点。（一）每个年画产地图文集一册。（二）着眼点不仅仅是作品本身，而是年文化。它不是一般化的历代年画作品集，而是从自然环境、村落形态、历史人文、地域生活、民俗方式到家居作坊、工艺流程、工具材料、艺人传记、口诀歌谣，再到画版画样、年画作品，多维和立体地呈现各个产地的年画文化。（三）以调查为主，直接传达来自民间的信息。是老材料新观点，还是老材料老观点？最好的是新材料新观点。我们要捕捉来自民间鲜活的第一手的东西。（四）用三种方式综合表现，即文字、照片、光盘。要有活的东西，要图文结合，要动静结合，因为这次我们做的是历史全记录。（五）这次发表的东西最好都是首次面世的东西。我们尽量通过调查搜集到第一手的材料。三、内容。（一）自然人文背景。A、文字；B、照片；C、摄像。要特别强调它独特的那部分，要从地方环境、历史变迁方面下手。由于学术惯性的原因，我们特别容易去翻资料抄资料，结果千篇一律。（二）作品。最有代表的题材的年画要记录下来，要有你自己产地最独特的。代表作最好是原作。每一个代表作必须附上说明。（年代、时间、店铺、张贴形式、画面的内容、民俗内涵、尺寸）。过去的年画图集都不标尺寸，不标尺寸说明我们对自己的年画还不太重视。我们要让自己祖先的文化登堂入室。（三）现存状况。对民间作坊调查，对民间作画传人调查，对散落在民间的古版调查。死的东西就是收集历史遗物，包括老照片、传统工具等。照片包括村落形态、年画作坊、年画老版（有一个算一个，必须说明是老版还是新版）。（四）工艺流程。注意对工具颜料及制作程序的记录。（五）重要资料。口诀，艺人小传，历史店铺、经销方式、销售范围、目前情况、照片，历史遗存、店铺遗址、各种相关历史照片及资料。还有历史上民间作坊分布图，现在年画作坊分布地图，销售分布地图，卖画歌。摄像，注意记录年画制作过程、张贴年画过程和艺人调查过程。四、要求。（一）成立年画抢救小组。我们中国民协成立了中国民间文化遗产抢救工程办公室。下设中国木版年画编委会，集中我们各个产地的负责人和专家，各个地方要成立一个地方抢救小组，同时也是你们分册的编委会。（二）文字要由两方面人组织。关于历史人文背景和年画史方面内容，要由该产地年画研究专家和民俗学家完成，文字在一万五千字左右。调查的记录，每一张年画的说明，必须由调查人员先进行调查，再由专家考证。（三）把调查的成果列为主要内容，因为这是最后一次调查。（四）历史作品的来源。A.产地收寻；B.相关博物馆；C.个人收藏；D.民间艺人的家传。（五）摄影必须是专业摄影家。

（六）摄像必须请电视台来协助，不能用家庭摄影机。（七）民间艺人必须是传承有序的传人，不要新艺人。传人的传记要详尽和确凿，最好配以表格，因为将来重要的年画艺人还要进入《中国民间艺术传承人名录》。（八）各产地的分集要求文字总量五万左右。图片及作品图片三百幅。摄像一百分钟，毛片愈长愈好。五、组织与责任。（一）中国民协的"抢救"，下设"中国年画抢救编委会"，负责《中国木版年画集成》的编撰工作。（二）"中国年画抢救编委会"将邀请有关专家及各产地主要负责人与研究人员组成"中国木版年画集成编委会"，编委会负责《集成》的鉴定与终审。（三）各产地年画抢救小组负责集成分册，集成分册编委会的主编由你们自己定，然后上报中国民协抢救办。（四）我们要求各产地的编委会都要用电脑管理工作，设立电子信箱。（五）抢救办的日常工作经费，包括我们主办各种会议、编辑工作由民协负责。各产地的调查费用、摄像、录像的钱由各地民协向地方申请支持与解决。（六）中心不定期举行会议，交流经验，推动进展。（七）如果产地无力组成"抢救小组"和分集编委会，可交由具有调查和研究实力的大学或研究机构承办。中国民协要聘发项目委托证书。六、时间。（一）《集成》计划两年完成。（二）到今年春节到明年夏天先出版八到十册，明年夏天到后年再出版八到十册（内含《俄罗斯藏一八九六年和一八九七年中国木版年画》一册），这样流散到海外的本版年画也拿回来了。

最后我强调一下，我们这套书是留给后人的，是传世的。作家写一本书，是希望传世的，但不见得能够传世。但是我们现在干的这个事，一开始干就是传世的，这是没问题的。所以我们要抱着高度责任感来做这件事，必须要做得认真、真实、没有疏漏、没有错误，要做得地道和扎扎实实，要体现我们这一代的文化工作者不是白吃饭的，我们是有能耐的，我们要拿出像样的实在的成果才能留给后人。所以我希望大家，千万不要着急出版，把材料凑起来。回到刚才的题目，还是以普查和调查为主，出书放在最后。如果材料不充分，或者没有把当地的东西调查到家了，绝对不动手编。这次普查一定要一网打尽，一定要刮一次地皮，要掘地三尺。这样我们才对得起后人。我们必须有着强烈的责任心，还要真正深入下去，到田野里去。我们不能说只是大概知道，不能在村里忽然发现一个灶王爷但不知是谁印的，那是绝对不行的，因为传统的民间年画到现在就那么几种，一个是灶王爷，一个是财神，就那么几种。当然杨家埠、武强、朱仙镇这几个产地还会多一点。必须把每个产地彻底查清，才能够动手去总结。我们调查的东西一定要大于编书的东西，我们编书是把我们调查的成果进行总结、选择、清晰化。此外，还有一个情况需要和大家说，在《中国木版年画集成》编成之后还要出一本书，我还没有写"编写提纲"，就是中国民间艺人的传人录，传人录就是年画艺人传记。所以大家在普查和调查的时候还要多做一些传人的调查，包括他们的照片和录像，为今后做传人录做准备。总而言之，我们这一次开会和开封那次不一样。这一次，我们是落实开封木版年画研讨会的精神。那一次我们大家谈的感想很多。但这次大家发言，我希望不要再谈感受与感想，多谈具体的事，谈怎么落实。你们可以说冯骥才你这个提纲还有哪些要补充进去，或者哪些地方不恰当，你都可以提。咱们必须先把标准统一了，再一个产地一个产地落实。

这次会我有两个想不到。一是我没想到全国木版年画产地的同志基本全到了。我刚才看了看，十三个省的十六个年画产地的同志全都到了，到得这么齐。这是我没想到的。这确实让人感动。另外一个这个会的速度开得这么快，这么实，这么痛快，这是我没有想到的。我有一个习惯是尽量把会议压缩在一天里。本来我们怕一天会议解决不了，甚至还想晚上接着开。因为我知道这次会的内容多，面临的问题很难，我知道我们文化是在什么样的一个处境里边，一个孤立无援的困境里边，有时近乎于绝望的环境里边。这个我心里完全有数，我知道我们的协会穷到什么地步，我知道有些领导干部少吃五顿饭就够一个协会松松快快干一年的。所以，我想我们做这么大的一件事情，压力这么大，这么需要钱，因为确实是需要钱。比如说，动员那么多人下去普查，一点劳务费也不给，连中午饭都不管，还要叫人家拍照，用大量胶卷，谁给你承担？摄像，你请电视台的同志帮着拍摄，谁肯给你一天天辛辛苦苦地白干？得多少花点钱，但是谁给？原来我认为，今天的会大家肯定把经费放在第一个问题上。可是当开幕会上我把问题解释了一下之后，大家都默默地自己承担下来了，我深深感到了，我很感动！我觉得确实我们中国的民间文化——在我们的老百姓还没有重视我们的文化，我们整个的国家还没有足够的视野和力度观照到我们自己母体文化价值的时候，就是靠我们这些带有清教徒性质的文化人承担着。如果没有我们在座的这些人，中国木版年画早没了，一些产地也早没了，我相信绝对是这样。这是我们这些同志的价值。我记得宋庆龄同志曾经说过一句话，意思是：我们中华民族一百年来，在那么复杂的、混乱的、曲折的情况下之所以还一直往前走，就是因为有一些人活得明明白白。我们的文化到现在这个地步，在外来的商业性的、一过性的、粗鄙化的、沙尘暴式的这种商品的流行文化疯狂冲击的时候，确实我们有一批真正有眼光的、有前瞻性的、懂得文化的人，支撑着我们中华民族文化的大厦，保护着我们自己的民族文化，有一种强烈的责任感。所以，由于这种责任感，我在开会的时候，有些同志不说困难了，承受下来了，这是一种精神，也是一种境界，同时我又觉得这个会是带有一点感情色彩的。我想，我们的文化界有我们这些同志确实是不容易。我们中国民协既然做这件事情，就一定全力以赴，帮大家解决具体问题，大家有事有难处尽管向我们中国民协、各省的民协和我、书记、秘书长谈，我们无论如何都要齐心协力，我们要把历史上从来没有人做过的这件事情，把我们中国的民间艺术里最重要的年画遗产抢救下来，并使它传之后世。因为我们每一代人都有他自己神圣的职责，就是把上一代创造的文明保护好，然后完好的交给我们的后人。今天我们的会就要结束了。马上就要过年了，按照惯例，我代表中国民协的同志祝大家身体结实、生活舒服、多遇贵人、事业成功，给大家拜早年！

在"中国木版年画抢救与普查工作研讨会"上的讲话
二〇〇三年一月六日　天津

我们在艰难中举步

我代表我们中国民协的主席团对诸位到会表示欢迎。

由于我们怀着对民间文化一种深挚的情怀，也带着对它目前处境深深的忧虑，还有对我们民间文化命运和前途不能推卸的责任，今天的会议一开始就有一点庄严感。这是一次很务实的会。大家可能马上会感到会议的气氛跟以前有一点不一样。第一，我们没有请领导同志，因为这次是工作会议，我们不要会议的仪式，一切都接触到工作的实际；第二个，我们没请媒体，准备明天下午闭幕的时候请媒体，把这次会议的成果向媒体公布。我们想让这个会议实际、现实、务实，有血有肉的，是地地道道的工作会，因为我们民间文化面临的情况确实十分的紧迫。我认为，主要是因为二十年来，我们一直对全球化背景到来认识不足。在不久前一次文艺界会议上，我还讲了一个观点。我说，我们一百年来，有两次跟外来文化的接触。第一次接触是五四运动前后的时候，那一次我们也是国门打开，也是外面的文化一拥而入。但是那个时候，我们的国门打开是被迫打开的，我们对外面的文化一无所知，所以，人们对外来的文化没有期待感。这样知识界就可以从容地来选择外来的文化。五四时代我们从西方选择进来的首先是精英文化，比如郭沫若介绍的是歌德的作品，鲁迅他自己就翻译过果戈里的作品。但是这一次不同了，从七十年代末到八十年代初，我们的国门是自我打开的，老百姓对外面的文化好奇，有新鲜感。而外边冲进来的文化基本上是商业文化、流行文化。从知识分子到官方都来不及对外来的文化进行选择，一拥而入的是那种商业性的、一过性的、快餐式的、沙尘暴式的流行文化，弥漫了我们的整个的生活，致使我

在河南的文化普查中发现了一个古老的画乡——滑县。入村这天正赶上冷雨浇头，吃了苦头，但还是深一脚浅一脚地进去了。

们年轻的一代缺失了对自己民族文化的那种光荣感、尊严感。所以，这情况令我们忧虑。再说民间文化，它与典籍文化不同，它是一代一代口传心授的，是婆领媳做的，这样的一种文化的传承的方式非常脆弱，它是自生自灭的。同时我们又面临着人类一个巨大的、几千年没有过的那么一次文明转型期——就是由农耕文明向工业文明转换。农耕文明的消失，必然带来了对原有文化的瓦解。这个转型当然是人类社会的一种进步。但是人类创造的文明不能因此中断，因为文化需要积累，文明需要传承。所以，世界包括我们中国在这几年都非常重视"口头和非物质的文化遗产"。这个名词好像最近在报纸上也见到了。在前些日子的新闻发布会上我说，我们的文化实际分为两部分，一半是精英、典籍的文化，一半是民间的文化。我还做了一个比方，我说精英的文化是父亲的文化，我们民族的精神思想是父亲给的；民间文化是母亲的、母体文化，我们的乳汁、血液、情感、特征、凝聚力是母亲给的。乌丙安老师说的一句话非常好："父亲也是奶奶生的。"我们的李白、屈原也是诗经这个传统孕育出来的。但是在历史上我们对民间文化从来没有重视过，我们的家底不清。所以我们的民间文化在现代化的冲击中，在工业化的冲击中，在农村城镇化、城市工业化的这种现代化的猛烈的冲击中，每一分钟都有一批珍贵的文化在消亡，而我们的民间文化又是多元的、灿烂的，因为我们的历史太长，我们文化的板块太多。我们最早的板块可以说是战国时期的板块，齐、楚、秦、汉、燕、赵、卫。现在仍然有。比如说，我们齐鲁文化的雄强、高亢，燕赵文化的悲壮，吴越文化的委婉、清新柔和，楚文化的神秘、沉雄，这种文化的感觉现在仍然还有。另外，因为历史的不同，又形成不同地域的文化。比如，近百年我们的几个大城市，北京、上海、天津，就是完全不同的三种文化。北京文化就是政治精英文化，上海的文化是商业文化，天津的文化是市井文化。所以北京出郭沫若、茅盾、齐白石、梅兰芳，上海出周璇，天津出马三立、骆玉笙，这是完全不同的文化。我们的文化是多元的，这是我们未来中国文化的一种"伟大的资本"，也是我们发展先进文化一个重要的资源。所以，我们需要对它进行抢救。

一年多来我们将工作实实在在地铺开了。横向联合了一些相关单位，比如像西苑出版社、山东电视台、东方国际书局，展开各种合作。每一个项目的实施之前，都邀请专家一次又一次地论证，制订计划，制订标准，制订方法，重大项目先做采样调查。同时，在报刊媒体上不断发声，呼吁，张扬我们的思考与观点。经过这一年半的努力，我们的抢救工程已列入了两项非常重要的国家项目，一个是列入了"国家社科基金特别委托项目"，一个是进入了文化部的"中国民间文化遗产保护工程"，这个工程刚刚确立。它一旦纳入了国家的工程，就纳入了国家的视野，纳入了国家的工作，因此讲我们整个工作已经上了轨道。

然而，更使我们欣喜的是，我们下边的积极性比上边的积极性大，我们下面的动作比上面的动作要快。我们不断地接到了很多地方民协还有地方的组织寄来的他们的各式各样的工作部署，拟定了大纲，甚至还制定了普查手册。这使我们非常感动，我想这是因为下面的同志接触的实际比较多，耳闻目睹了我们民间文化目前的处境与困境。前天，一位民间美术工作者来信说，他在陕西普查时看到了一位民间剪花娘子，叫库淑兰，她和丈夫俩人都八十多岁了，生活孤苦无助，腿和腰都不好了，行动几乎要在地上爬，但还在剪纸，剪纸非常优美灿烂，可以用"伟大"二字形容，但没人帮助她，等于站在死亡线上。我打电话给这位普查工作者，问他："需要不需要我们赞助？"他说只希望我跟当地的政府讲讲话。我说："好的，这件事我来负责。"小小的事例说明下面的情况已经是非常危急了，所以说我们抢救民间文化遗产一天也不能等，我们根本就来不及等，全部的脑子都在这上面。所以，当我看到大家这么积极快速地送来工作大纲、普查的手册、普查的纲要，我感受到了大家心里的这种崇高的文化情怀。

另外一个就是各界的反应，横向的反应。中国摄影家协会，民俗摄影家协会，都找到了中国民协，找到了我们。沈澈同志说他的二万四千名摄影家都想加入我们这次抢救。我们这次抢救是文字、摄影、摄像，立体的、三维的记录，是很苦的事。他们说，他们二万四千名摄影家全部进来。摄协的于健那天晚上与我们谈了半个晚上，他说，中国摄影家协会四万人加入我们的抢救大军。没有这样的抢救队伍，无法把我们这个波澜壮阔、多元灿烂、渗透到大地里的文化精华记录下来。我在这次文联主席团座谈的时候，刘兰芳同志也跟我讲，曲协想跟我们作一下结合。还有中国杂技家协会的副主席阿迪利，高空王子，他被我们这个抢救工程感动了，主动提出来要在一路上为我们募捐，而且马上要付诸行动，要到很多省去做极限运动。我感到了什么呢？我感到了两个。一个就是我们的抢救，我们所做的这些事情，社会是有很强烈反应的，我们的抢救在社会在民间有了呼应，有了回馈。再一个是我们的民间文化抢救是我们整个中华民族文化的抢救，是多民族文化的抢救。所以，维吾尔族的弟兄也要义不容辞地参加进来，我觉得浑身都充满力量。所以，我今天特别希望大家给我们的高空王子阿迪利，给我们民间的英雄一个掌声。

由于我们各方面的努力，原本民间文化是一种弱音的，到了今年春节的时候，渐渐地强起来了。但是它强也没有强过流行文化，也没有强过任贤齐、周润发，也没有强过他们。所以，我们面对的抢救任务仍然是非常艰巨的。为什么？因为我们的公众，我们的年轻一代心灵中，民间文化没有流行文化的成分多。连我们的节日现在都在慢慢地被西洋的一些节日所代替。一个民族的节日是一个民族生活中非常重要的精神核心。如果这个核心时空挤满了外来的面孔，那么我们的文明就慢慢地被偷换出去了。

可是我们面临的要抢救的任务，第一个是濒危的，第二个是非常博大的，第三个是千头万绪的。想到这里，心里一急，觉得头发都有点变色了。这么大一个文化工作，我们从哪儿开始做？所以，我们在人民大会堂召开启动普查工作的新闻发布会之前，迎头要再开一个会，就是工作会。我们工作会议主要解决的是什么问题？主要是五个问题。第一个问题就是我们要在普查工作开始的时候，迅速地建立一个联络网络，就是我们要迅速地成为一个整体。这是因为我们的工作方式主要是通过民协，纵向系统是民协，横向系统是社会各个联络。我们要团结一切可以团结的力量，包括单位和人。但是我们纵向系统必须要通过中国民协，因为这是我们的组织系统，这个系统，我们有上万人，平常是一个松散的社会团体和专业团体，但现在我们要迅速地成为一个联系非常紧密、办事效率非常高、互相联系非常通畅而且非常有效的一个整体。第二个，就是确定大家认同的一个实施方案。这个方案我们已经制定好了，一会儿向云驹要代表中国民协也给大家讲一下我们这个方案。第三个，我们要统一认识、统一标准、统一方法、统一目的。标准要统一，如果标准不统一，下面上来东西就不一致，不规范。我们与以往工作最大的不同是，以前是逐层往上报的，而我们现在是逐层向下贯彻和普及，这是最大的不同。逐层往上报的方式，是一种官僚主义的方式，因为报上来的东西很可能有水分，没有经过专家鉴定，有可能是应付你一下就报上来了，那不行。我们这一次是普查的方式，是一贯到底的，拉网式的，地毯式的，刮地皮式的普查。所以，我们标准必须统一，方法必须统一。我们讲了文字、摄影、录像的三种方式，而不像传统的只是文字记录，我们是全记录，因为摄影的记录是一个静态的形象记录，摄像的记录是个动态的、有声的记录，这是一种三维的立体的记录。第四个，就是我们这次会议要产生首批开展普查的省、市和优先进行的项目。这是因为省、市之间的情况不一样。有些省、市都已经准备得差不多了。现在国家拨给我们的经费还没有到位，可是有的省、市很积极，很着急。昨天我见到了新疆自治区政府的秘书长，谈的时候，我非常感动，政府很有决心要做这件事情。政府说，不仅是抢救，还是抢先。他讲的一些情况我过去不知道，新疆有八个民族，有些是跨国界的，有些文化资源，如果我们不做抢救的话，不抢先的话，我们还将会遇到国家文化安全问题。所以，有的地方政府很自觉，力度也大。我们这一次要公布的首批省、市都是这样的。还有一些项目，是全国性的，内涵比较丰富，资源比较雄厚，我们对项目的现状与专家队伍比较清楚，而且它也濒危，我们就拿起来先做。这次会议上要定下来的项目大概有七八个，这是我们马上就可以做的。有的项目都已经有了具体提纲的，甚至有的项目已经开始动手做了。我们的同志这种十万火急的精神真是了不得。第五项，我们主席台已经做了分工，岗位责任制。我自己就分了两个省，一个项目。我不仅全局的事情要做，还愿意承担两个省和一个重点项目的工作。我们的很多专家也都跟我们说要自己负责一个项目。在这次会议上，我们都要确定下来，要解决这些问题。

刚才我说了五个问题，第一个是建立我们的联络系统；这个系统包括联络方式；第二个就是确定实施方案；第三个就是统一标准、统一认识、统一目的、统一方法；第四个就是产生第一批开展普查的省、市和优先项目；第五个就是主席团分工。这就是我们要做的五件事。

在这次会议上非常希望听到大家的意见，特别是大家有什么困难，应该在会上讲一下，越直接越好。这样我们将来解决问题的目标就明确。我们有什么问题就直接讲，或者是认为中国民协应该怎么做，也请直接讲。我们关键是要通过这个会很快成为一个群体，一个在全球化时代自觉地坚守我们的民族传统的能战能胜的队伍，一个在同一个目标前互相挽起手来，紧密团结，坚持不懈，一干就是十年的那么一个群体。而且我们一定要在这个会议上把我们的思想转化为一个行动，而且要让行动开花结果，不管困难有多大，不管怎么千辛万苦，我们一定要让明天能够很完满地回答我们今天所有的疑问，我们也会让我们一代一代的年轻人永远为我们灿烂的文化感到自豪和光荣！

在"中国民间文化遗产抢救工程工作会议开幕式"上的讲话
二〇〇三年三月二十五日　北京

我们不怕艰难

各位领导、各位专家、各位同志:

这两天大家很紧张,没有休息。我们很少开过这样的会,没有请任何领导,而且开幕式和这两天也没有请记者,只有今天的下午我们请了一些主流媒体和记者,因为我们要向他们公布我们第一批开展普查工作的省市和一些优先启动的项目,还要公布我们工程的标志。

这是一个真正的工作的会议。大家一同思考,相互交流,另外也提了很多意见,包括批评意见。批评意见非常重要,因为世界上最有价值的意见就是批评意见。大家的想法丰富了我们的想法,理清了我们的一些思路,也给了我们一些很好的办法,同时也增加了我们的紧迫感。这些天与各省市的一些代表同志谈话中,听他们讲到当地的一些民间文化的情况,的确这些情况比我们想象的、知道的要糟糕得多、紧迫得多。

我们目前要做的事情,虽然过去做过一些,但这么大规模的事情没有做过,没有经验,而且前人也没有经验,前人也没有做过这么大规模的一件事情。所以,做这件事情肯定是需要想象力,需要创造力的。因此我就想到我们民协的工作,我们民协的工作从来也没有像现在这么有活力。为什么?因为我们的事情非常具有时代感。过去我们总觉得民间文化跟我们的时代距离很遥远,现在我们才感觉到民间文化是我们的时代核心的一部分。以前我们总说民间文化是一种过时了的文化,现在我们才知道它是当代文化建设中不可缺少的重要的一部分和重要的资源。

窑洼炮台附近发现一块有重要历史信息的古碑。

　　在这样的一个认识背景下，我们既感到了我们的工作充满了挑战，也感到我们的工作充满了快乐。我们确实有很艰难很艰苦的事情，很费劲的事情，但是这件事情又是充满发现的。应该说，我们现在要做的事情是只有所获，没有所失，不做才是有所失。为此，尽管我们非常重视这件事情的结果，但更重视这件事情的过程。我们还要看到，我们这个计划要做十年的文化工程，是我们中国的文化界重大的文化行动。它表现了我们对自己母体文化的关爱，对我们民族文化的情怀，它会慢慢地产生一个巨大的感召力。这才是我们最需要的。只有我们的民族、我们的年轻一代热爱我们自己的民族文化，我们的民族的传承、我们的文明的传承才有希望。所以，我们很重视它的过程。当我们重视它过程的时候，我们就不太害怕它的艰难了。同时，我觉得我们现在的民俗学文化学将改变学风，我们将离开文案走向我们的田野，我们将从呼吁的知识分子变成行动的知识分子，我们将从一种"无机"的知识分子成为一种"有机"的知识分子。我们现在从这个会之后，闭上嘴巴走向田野。今天我们这个会我很看重。当代的民间文化史上，它会是一个重要的记忆。

今天的会马上就要结束了，我觉得还没有来得及跟很多同志说话呢。有的话题刚刚开个头，就被别的同志的谈话打断了。我想今后我们有的是机会，我们这个工程已经把我们凝结在一起。各位代表今天就要返回自己的家乡了，我相信也希望各位的脚一踏上你们家乡的土地，抢救的工作就像时下春天的风一样在你们那块大地上展开。最后，我代表中国民协的主席团的全体成员，向各个省市的政府、宣传部、文联、民协的各位负责同志，向各位专家，各位同志，祝你们事业顺利，身体结实，天天有福，一路平安。

在"中国民间文化遗产抢救工程工作会议闭幕式"上的讲话
二〇〇三年三月二十六日　北京

全国剪纸大普查开始了

今天我们很高兴，我们在中国著名文化之乡、文化宝地——河北省蔚县召开剪纸抢救的专项工作会议。我们一行前天还在山东召开山东地区的年画普查和抢救工作，昨天又风风火火地赶到蔚县来参加今天的会。不仅是我们一行，我们中国民协五位副主席也从全国各地赶来，他们都是著名的文化学者、民俗专家。我今天在会场上才发现我们德高望重的一些老前辈，还有我们各省民协的、文联的负责同志、一些专家都到会，群贤毕至，齐聚在河北的蔚县，这标志着中国历史上第一次的全国性的剪纸大普查开始了。

我们国家是一个剪纸的大国，剪纸是我们国家所有的民间艺术中最广泛、最普遍的艺术。可以讲我们所有的村庄，甚至有些省的地区的一个一个的村庄，老百姓都会剪纸，很多少数民族他们都有如花似锦、妙趣横生的剪纸艺术。我们的中国老百姓很了不起，他们使用身边生活用的剪子、一小张纸，随手就把一个个栩栩如生的、神气活现的、玲珑剔透的艺术形象创造出来。一方面我们的民族的确是一个富于才情的、才华横溢的民族，我们的人民是才华横溢的、心灵手巧的人民；另外一方面，又可以体现我们人民对于他们的生活的深情，对于他们生活的热爱、挚爱。而且我们中国的文化是一种多元的文化，各地的剪纸风格都特别不一样。

我记得我前天在山东的一个会议上讲过，世界的民间艺术没有像我们中国这样，我们中国的民间艺术最早的板块是战国时期留下的，最近的板块是民国时期的。我举个例子，比如：北京、上海、天津这三个城市，北京的文化是政治精英文化，所以北京出郭沫若、茅盾，在戏剧上出梅兰芳；上海是

已经为一些剪纸之乡调查、整理并出版的文化档案。

一个商业文化的城市，所以上海出周璇、张爱玲；天津是市井文化的城市，所以天津出马三立、骆玉笙，这就是最近的文化的一种区别。最早的文化的区别是什么？就是河北是燕赵之地，是燕赵文化，还有齐鲁文化、吴越文化、楚文化，直到现在这样的板块文化依然是活的，仍然在我们大地上的民间文化里表现出来了。它不在精英文化里表现出来，不在典籍文化里保存着，而是在民间的文化里保存着。而且非常有意思的是，这些文化汇总起来是一个很巨大的文化遗产，很宝贵的遗产。一个民族的文化有两部分：一部分就是精英的、典籍文化，我管它叫父亲的文化，我们思想的传统、我们精神的传统主要在我们父亲文化里；还有一个文化，就是民间文化，我管它叫母亲的文化，我们民族的特征、民族的情感、民族的文化血肉是在我们活生生的母亲文化里。乌丙安教授那天听我讲了一句话，他又加了一句话，更精彩。他说，父亲也是母亲生的。但是我们自己宝贵的母体文化在当前的全球化时代里受到了巨大的冲击。近百年来，我们中国的文化受外来的文化共有两次冲击。一次冲击是五四时代，就是从清末到五四时期，这个时期的冲击。那时候我们中国的老百姓对外来的文化没有期待感，所以外来文化进来的时候，中国的知识分子比较容易站在我们自己文化的前沿对外来的文化进行选择。所以那时候，郭沫若介绍的是歌德，巴金介绍的是普希金、屠格涅夫，鲁迅介绍的是果戈里的作品，刘海粟介绍的是西方的优秀的美术大师，从希腊罗马的艺术一直到近代的艺术，都是西方近代文化的精华。但是这次不一样了。这次我们一打开国门，就无法选择。外来文化涌入的并不是精英的文化，而是流行文化。从麦当劳到超级市场、NBA、球星、影星、歌星、时尚、时装，他们所向披靡的、一过性的、沙尘暴式的、快餐式的弥漫着我们中国，我们几乎都找不到自己文化的绿洲。但是一个民族不能没有深刻的思考，不能没有高尚的追求，不能没有自己的传统、自己的精神，不能不对自己的文化、自己的民族有一种尊严、一种光荣感。这也就是为什么我们要抢救和整理我们民族文化的根由。所以，这是一个时代赋予我们的巨大的使命。另外我们的农耕文明又赶上转型期，这又是一个特别奇怪的偶然，因为人类的文明转型无非就是两个转型：一个是从渔猎文明到农耕时代的转型，那个时代的转型，因为人类没有自我文化的保护意识，所以，那个时代的渔猎文明我们现在基本不知道。但是现在、我们脚下、身边又摆着另外一种转型，这种转型是从农耕文明向工业文明的转型。在这个转型的情况下，所有农耕文明架构下的一切文化都要松动、瓦解、消亡，这是历史的必然。从客观上讲，这又是历史进步的表现。但是并不能因为这样，我们就放弃了、抛掉了人类五千年在文明上的创造和积累。我们的文化传统、精神传统、情感传统在我们的传统文化中。所以，这又是我们现在要急于抢救和保护我们民族的民间的母体文化的根由。因为这个根由，所以我们理直气壮，我们执着，我们锲而不舍，我们也不能拒绝。

所以，我们从今年的春天开始在全国开展了民间文化抢救工程，但是紧跟着来的非典给我们制造了很多困难。我们很多的会议、很多的大的活动必须要展开。但是我们很多活动是公共性的，因为非典，大伙都戴着口罩，不能到处跑，给我们带来了很多的障碍。但是"非典压不住，秋风吹又生"，所以，我们今天又在蔚县齐聚一堂。而且令我们欢欣鼓舞的事是我们现在整个遗产抢救和保护工作的想法越来越成为社会广泛的共识。可以讲，我们现在民间文化的抢救已经成为一个燎原之势，最近几个月发展非常快：河南、江苏已经召开了全省的会议，山西的工作也是在如火如荼的开展中，内蒙古、包括河北郑一民主席他们设计，将在蔚县这个抢救工程的会议上套上一个河北的会议。那么我的理解就是，他们所设计的蔚县这个抢救会议实际上也是吹响了燕赵大地挖掘、抢救、保护和弘扬自己母体文化的号角。正因为这样，我们要把这个会议放在河北开。

但是，我们还要讲一讲我们为什么要在河北蔚县开这个会。首先，蔚县是我们著名的剪纸之乡，蔚县的剪纸可以讲是独绝于天下。我们中国的剪纸在各个县都有，百花争艳。但是蔚县的剪纸是非常独特的一种。蔚县的剪纸是我们中国民族文化中的五彩缤纷的一个代表。特别是蔚县的戏剧脸谱的剪纸，应该说是中国民间文化的一个自豪。因为历史悠久，蔚县剪纸的艺术和人民生活中节日的习俗、婚丧嫁娶、祛病消灾以至从头到脚的装饰完全地融为一体。它是人们生活中的一个非常美丽、非常灿烂的内容。所以，我们要把全国剪纸抢救工作放在这样一个美丽的剪纸的民间文化之乡来启动。第二，蔚县的剪纸是一个活态的。蔚县有九十六个村庄还都在搞剪纸，有的村庄一年四季都在剪纸。每年要出三百万套，创汇能到达三千万左右，这是非常惊人的。因为我们民间文化现在是三种情况：一种是已经死去的、过去的、画上句号的，现在的民间年画一半已经是如此，已经画上句号了，是过去式的，只剩下遗物、遗产了；第二种是濒危的；第三种是活态的。但是剪纸能够保持这样的活态，的确是一个奇迹。所以，我们把抢救的工作放在这儿，目的就是要跟剪纸将来的保护和发展联系起来。第三个，我这次来特别感受到，河北省的省委省政府，我们张家口的市委、市政府，蔚县的县委、县政府和蔚县的人民，他们有一深远的文化眼光，他们对自己的文化有一种光荣感，有一种自尊。这个东西是我特别希望看到的东西。我在很多地方，有的时候感到很茫然，感受不到这些东西。但是，我在这个地方感受到了。所以他们给我们所有到会的同志这样一个盛情的礼遇，我们民间的文化在当前的流行文化像沙尘暴一样的冲击下，还能够得到这样的礼遇，是非常罕见的。所以，把我们的民间文化的抢救放在这儿，我们是放心的。我想，我们整个的工作一定会获得成功。我们今天要做的是剪纸专项的抢救，它是我们中国民间文化遗产抢救中的重要的一项。我们所谓的中国民间文化遗产的抢救是针对我们中国的民间文化所有的民间文化，包括我们的民俗、民间艺术，进行一个地毯式的、为期十年的彻底的清理和普查。我们要做的是把我们的家底彻底搞清，要做到心底有数。所以，我们今天要在这儿开会，就是想把全国剪纸抢救的中心放在蔚县。我们要争取用三年左右的时间把剪纸这个巨大的遗产整理有序，要把它完整地保护起来，发扬起来，还要完整地留给后人。这是因为我们每一代人都有一个神圣的使命，就是把前一代创造的完整地保护好，然后恭恭敬敬地交给我们的下一代，这就是文化的传承。我想，今天我们剪纸的普查从无到有地开始了，我相信三年以后，一个句号一定会圆满地在这里画出来。但是句号并不一定意味着结束，句号后边是开始。从我们整个的民族文化的事业来讲，我们的句号后边一定是一个健康的、自尊的、风光无限的开始。因此我还要代表中国民协、代表我们中国文化界感谢河北省、张家口和蔚县的政府，感谢一切为今天的会议付出辛苦的同志们，感谢到会来关心我们母体文化的我们所有的同志——包括媒体的同志，我相信大家对我们文化的关怀绝对不会徒劳的，你们的心血一定会在这里开花结果。

　　讲完了，谢谢！

　　　　　在"中国民间文化遗产抢救工程剪纸专项工作会议开幕式"上的讲话
　　　　　　　　　　　　二〇〇三年八月二十六日　河北蔚县

我们背上的压力太大了

各位领导、同志们、朋友们:

老郑给我出了一个难题,让我致闭幕词。如果我现在说闭幕,觉得有点困难。现在有一点恋恋不舍的感觉,说闭幕好像有点残忍。但是,一个会如果开出那么一种感觉来,也是非常不容易的。我觉得一方面来自于燕赵的情义,一方面来自于蔚县的人们。

首先,感谢蔚县主人们给我们安排的这些参观视察的项目,大家都非常兴奋,因为这次我们的目光绝不仅仅把焦点放在剪纸上。我们的目光更宽广,是在整个历史人文上,因为我们这次对剪纸的考察,不仅仅是一次美术观察,不是一次艺术的行动,而是从人类文化学的角度,对中华民族五千年农耕社会的每一项文化创造进行一个重新的审视和总结。为此,无论是王老赏的故居,还是蔚县剪纸厂,无论是释迦寺和玉皇阁,还是一个个的古村落,还有带有民间崇拜意味的拜登山和豪情万丈的打树花,我们都获得一种强烈的感受,感受到蔚县这块土地上的积淀的深厚,那种透过历史的迷雾,令人震撼的冲击力。但是,同时我们也真有点惭愧,我们的历史文化被我们遗忘得太久了,它们在一个被遗忘的角落里边,有点可怜兮兮,有点无助,甚至有一点绝望。那些非常古老的、底蕴深厚的、记忆着无穷故事的古堡、古建筑随时可能在风雨飘摇中倒塌,可能是一瞬间的事。我们谁也没有力量让这些地方重现历史的光辉。但是我们感到,从几代人甚至十几代人手中旁落的文化责任落在我们这一代人的脊梁上。所以,我们一方面痛惜我们现在的这种状况,同时这也更坚定了我们抢救和保护民族历史文化的决心。我们不是历史的守旧者。可能持一种非文化观点的人认为，我们是历史的守旧者，而我们恰恰是这个时代的文化卫士。在全球化冲击的时候，我们站在文化前沿来拯救我们的历史文化，来充实我们的积淀，让我们的历史的光辉照亮我们的今天。我们是最前卫的人，因为我们感受到了这个历史的使命落在我们这一代人的身上。如果我们不做，后代人就无法再做了，历史一旦失去就无法再生。所以，我想，从这一点来讲，我们这次会议开得非常好，各地的代表都很有决心、计划、想法。虽然没有时间，让大家来坐下来做更充分的交流，但大家都感受到了，中国历史上空前的第一次剪纸抢救应该从现在开始了，开始的地方是在河北蔚县。我们中国民间剪纸抢救中心就放在河北蔚县，我们中国剪纸就在蔚县安家。

这个任务并不小，我觉得我们抢救的中心任务主要是两点：第一，组织、推动、协调全国剪纸的抢救，这个要放在蔚县；第二，三年内完成《中国民间剪纸集成》和中国民间剪纸的信息库，我们也要在蔚县来完成。但是，我们不会说撒手不管了，扔给杨书记，这是不可能的。我们中国民协要下很大的力量，调动各方面的力量，包括资金也要放在这儿，我们还要帮助郑一民主席、河北省民协、蔚县完成所承担的任务，这些任务要做好。但是时间很短，只有三年的时间。中国的剪纸是我们中国民间艺术中最广泛、最普遍的一种。从炎热的南国，到北方草原、内蒙古草原，到陕北、西北、大漠，一直到我们的东海之滨，我们的剪纸真是异彩纷呈、千姿百态。我们有数不尽的民间艺术大师。前两天我还看了内蒙古的一位一百多岁的老太太剪的纸，就是今年剪的剪纸，依然那么神采飞扬。但是，他们没有蔚县的剪纸那么幸运，因为蔚县的剪纸是生机勃勃的。很多地方的剪纸都是濒危的，比如陕北那位一边唱歌一边剪纸的剪纸娘子库淑兰，前不久还有人带信给我，说："冯骥才你无论如何都要到陕北去一趟，帮助她一下，没有人照顾她。"这位剪纸大师，她是被国际关注的，我看过一两篇西方的学者写她的研究的文章。但是她现在的生活没人帮助她，她有的时候是在地下爬着走，但是她只要爬到床上去，唱起歌来，她就能剪出天真烂漫的、充满了浪漫想象的剪纸。可见，我们的祖国那么大，我们到处的民间文化的状况都不是特别理想。所以，我们的任务是特别繁重的。这两天我坐车走在高速路上的时候，尤其昨天晚上下大雨回来的时候，我想到我们未来的、明天的民间文化的抢救和保护都像我们这几天的路程一样有泥、有风雨，而且我们的道路是崎岖的、漫长的、艰涩的。我必须有这种准备。我从来没有对这个工作乐观过，我们必须把重重的负担压在我们身上，而且我们还要把我们前几代人对文化的无知，对历史给予补偿。我们背上的压力太大了，但是反过身来讲，我们有比这个东西更强大的东西，就是文化责任感。我们现在不是讲广大人民群众的根本利益吗？广大人民群众的根本利益不仅仅有经济的利益，还有他们文化的利益。我们相信我们的力量可以战胜现在的一切困难，而且这个责任感现在也非常鲜明地落在蔚县同志们的身上。这不仅仅是对蔚县剪纸文化、老街、老屋的热爱，更关键是，他们对这片土地负有责任，对未来负有责任。我特别欣赏"承担"二字，这两字不是一种承诺，是一种付出，巨大的付出，它是神圣的。还有我觉得还要感谢一民同志，一民同志这次在中国的文化界来了一个很漂亮的"打树花"，让我们真是吃了一惊，这个会开得很精彩，这跟一民同志和河北民协的同志的工作是分不开的。我们同时还要感谢蔚县的各界的同志，他们为了我们这个会把所有的力量都调动起来了。

从今天开始我们全国的剪纸、民间文化界，在蔚县来讲应该是一家人了。蔚县承担这么大的一个使命，他们为全国的剪纸工作服务，我们也要为蔚县出力，包括我也应该为蔚县出力。方方面面，我们能使到的劲，我们都要使，我们都要把蔚县看作一个我们大家共有的、非常美好的文化的家园。我们一定要常到我们的家园里来，我们祝愿我们家乡的未来美好、光明、辉煌。我们也相信蔚县的历史文化会在他们未来的生活中放出光彩。

最后我宣布中国民间文化遗产抢救工程剪纸专项工作会议胜利闭幕！

完了，谢谢！

在"中国民间文化遗产抢救工程剪纸专项工作会议闭幕式"上的讲话
二〇〇三年八月二十八日　河北蔚县

让历史的辉煌照亮我们的今天与明天

各位领导、各位同志：

国家现在开展的这项工作是一件全新的工作。为什么说这一次是全新的？首先是背景，我们处在一个特殊的全新的时代，就是全球化的时代。

今天我们是从全球化背景上来认识民族民间文化抢救和保护的重要性的。

近百年来，中西文化的碰撞有两次，一次是从清末到"五四"，西方列强以坚船利炮打开中国的大门，也带来了他们的文化。那时我们对这个闯入者的文化没有任何期待感，因此中国的知识界比较容易地站在自己民族文化的前沿，对外来的文化进行选择。所以，我们看到，鲁迅、郭沫若、巴金等学贯中西的有识之士都是明确地选择西方文化的经典，并主动地"拿"进来。这就是鲁迅先生说"拿来主义"。但是，这一次不一样了，这一次我们是从"文革"进入改革的。"文革"时我们的文化空空如也，改革的大门一打开，外来文化便一拥而入，长驱直入，进来最多的是流行性的商业文化。从"超级市场"到"NBA"到"好莱坞"到各式各样的明星与时尚，像沙尘暴一样席卷而来。这种一次性的、快餐式的、粗鄙化的文化猛烈地冲击着我们，也迷惑着我们——因为这是商业文化，商业文化的本质是要迎合与刺激人们的购买心理的。而从八十年代以来涌进来的西方商业文化大多又是经过港台化的。当时有一句歌词叫"外边的世界很精彩"，它体现了流行文化已经"征服"了我们的年轻的一代。它使人们对我们民族自己的文化缺乏自尊、自信和光荣感。这实在是令人忧虑重重。

现在是商品经济社会，必须扩大内需，扩大内需就是要刺激人们的购买力。刺激人们的购买力就是刺激人们物质的拥有欲，这是个物化的过程。在物欲过强的社会里，是容易轻视精神价值的。所以我认为，两个文明都要抓、两手都要硬的重要性就体现在这里，以人为本的重要性也体现在这里。

当我们回到自己文化的原点上进一步思考时就发现，我们的文明正面临转型。其实人类历史上的文明转型只有两次：第一次是五千到七千年前，由渔猎文明向农耕文明的转型，那时人们还不知道怎样保护自己的文化，所以人类对远古渔猎文明的记忆寥寥；另一次转型就是当今时代正在发生的转型，也就是从农耕文明转向工业文明，工业化、现代化、城镇化都在冲击着我们的固有的文化。

我们的文化是由两部分构成的：一半是精英文化，我们民族精神的传统思想保持在这个文化里，我称它为"父亲的文化"；另一半我称作"母亲的文化"，就是灿烂多姿的民间文化，它鲜明又有血有肉地体现着我们民族的情感、个性和特征，它也是民族的凝聚力之所在。

举个例说，前年我国与世界迅速地融接，如成功地进入世贸组织，举办了APEC会议，申奥成功，足球也有幸进入了世界杯……那年春节的时候，社会上没有人引导却悄然开始流行起两种东西来：一是唐装，一是中国结。在我们迅速融入世界的时候，在心理上不自觉地去抓自己的文化重心，去抓那种能够标示自己的文化符号。但为什么这个文化符号不在唐诗宋词四书五经那些精英文化里，而是在民间文化里？这是因为，民间文化是我们民族性格和民族情感的直接的载体。所以，我们必须从全球化的背景来认识自己的文化，来认识这一国家工程的深远和深刻的意义，绝不仅仅是为了维持某个地方的文化特色和旅游资源，而是为了民族的情感和精神传衍，为了加强民族的凝聚力。

中国的民族民间文化博大精深。我国有五十六个民族，九百六十万平方公里，文化灿烂而多元，战国以来形成的齐、楚、赵、魏一些文化板块，至今还在极富特色地活着。比如齐鲁文化、楚文化、燕赵文化，更别提广大乡间"十里不同风，百里不同俗"了。因而我们的任务就十分的复杂与艰巨。

我们必须认识到这个工程的特点：

一、庞博性

民间文化是指民间的一切生活文化与精神文化，它几乎无所不包。这里有个问题——过去我们对民间文化不是从文化人类学上来认识的，仅仅把它看作一种特色文化，因此，我们对民间文化的关注方式一直是"点状"的，这样就很难在整体上来看出它的文化特性。由于这种思维习惯，如今对民居的保护最多也只是一种"点式"的保护。其实，一个城市或地方的特色主要表现在成片的历史街区上，比如北京的四合院与胡同，江南水乡和古村落。因为历史街区的文化意义，不只是一片建筑，更积淀着一种独特的人文，以及大量的历史记忆。但至今我们对这些民间文化基本上还是一无所知。怎么办？那么紧接着的一个问题就是艰巨性。

二、艰巨性

最近我跑了几个省，都是在最下边、最基层、一个一个县地跑。我发现问题实在是十分艰巨。一些被确定为重点文物保护单位的古村落，都扔在那里没人管，更别提那些我们从未光顾的地方，那些山村和水寨，蕴藏着大量优秀文化，但生活方式在急速改变，拆老宅子建小洋楼，年轻人进城打工，传承人中断，人亡艺绝。只要往下跑，仔细考察，便会发现问题的紧迫！因此我们只有先抢救，尽快弄清家底，一天也不能再等，不普查，根本谈不上保护。否则我们只能做做表面文章，"保护"一下那些早已知道的，但我们对自己的民间文化，不知道的远比知道的多，而对于这些没弄清家底的，才是我们首先要做的，尽快要做的。

三、系统性

面对如此庞博又复杂的工作对象，工程的时间跨度又很长，我们必须要始终坚持系统性。那么首先就要统一规划、统一目的、统一标准、统一方法、统一格式，否则我们很难搞清我们的家底。这里要说明，普查要强调统一性，保护要提倡创造性。现在的保护方法和模式还非常有限，需要尝试和创造。这中间还要不断地交流和讨论，不断总结经验、研究方法，推动工程。

在试点工作中，普查也是第一位的。不能是由上而下地收集情况，而应是由下而上地汇集普查结果。

普查、分类、鉴定和整理都要靠专家，因为只有专家才知道什么有价值，什么没价值，什么是原生态的，什么是已经被改造或造假的，怎样的分类和用什么方法才能保护到位，这样才不至于把民间文化保护变成一种旅游景点与纪念品的营造。

与系统性相关的概念是科学性、严谨性、学术性，还有——真实性。

同志们，这是一个全新的问题，一个充满创造和奉献的工作。我们过去谁也没做过，但我相信一定能做好。一方面，国家文化部的领导有信心和决心；一方面，我们大家都有一份强烈的文化责任感。这件事只能我们这代人做，这是时代赋予我们这一代人崇高的不能拒绝的使命。

我们的使命，就是把先人文明创造的精华保护好，交给后人，让历史的辉煌照亮我们的今天与明天。

在"中国民族民间文化保护工程试点工作会议"上的讲话
二〇〇三年十月二十七日　贵州

为人类守护住东方的文明

一年前，在人民大会堂，我们中国文化界庄严地宣布：中国民间文化遗产抢救和普查开始了。那一次，许副委员长参加了我们的会，他做了一个很激情也很精彩的讲话。他那些很新鲜的思考我们记忆犹新。今年，为了把我们的工作提速、提劲，也提早进入春天，移师江南，我们把会场挪到了风和景明、花开草绿的杭州。许副委员长又飞行千里赶来参加我们的会议。感谢他对我们的支持。

一年以来，我们的民间文化出现了一个很可喜的局面。两年前我们的民间文化基本上还是沉默无声。然而这两年它发声了，因为我们的声音越来越强，我们在电视屏幕上、平面媒体的版面上露面也越来越多。对我们民间文化的关爱，已经进入我们国家领导层所关注的范围，进入政府与国家的战略性思考中。让我们高兴的是，我们文化人心里喊出一个声音之后，最热切盼望的是能够得到回应。现在回应不仅来自政府，来自上边，还来自四面八方。比如说我收到的读者来信，一年以来每个月有三百封，现在一般都是四五百封。这四五百封信里边，起码有三百封是关于民间文化问题的，有呼救的，有谈自己的感受的，更多的是主动要加入。现在，我们民间文化界的学术研究也空前地活跃。但是我们的学术队伍是非常薄弱的，人力单薄。我们的年画抢救把薄松年先生请来了，但像薄老这样的专家中国有几个？比如研究杨柳青年画的专家，中年以下的专家几乎一个都没有。我在天津搞杨柳青年画抢救时，没有专家，要到北京去找王树村先生和薄松年先生。可是也就找着两位学者，没有了。其他年画产地呢？比如说凤翔、杨家埠、平阳、东昌府更没有专家。

我们很多民间文化遗产没有相应的专家，这是一个非常大的问题。

一年以来，包括我们今年电视春节晚会上民俗的内容特别多。为什么民俗内容特别多？一方面是我们民间文化界这一年努力的结果、呼喊与弘扬的结果，这是我们工作的一种成效。这是好事。

但是也应该看到，就是我们下一代特别是城市青年人已经不会过春节了。我们会过圣诞节，我们会过情人节，但我们不会过春节，我们不知道春节应该干什么，只有听任商家引导我们去过黄金周。我们现在已经把春节变成了商家的一种商机了，甚至把国庆节也变成了一种商机，也变成了黄金周。我们的文化被抽空了，没有文化内涵甚至没有文化记忆了。可是没有文化记忆的结果，就是文明的中断。正是为此，这两年我们的呼吁有这么多的反应，政府有关部门和有眼光的领导人也开始关注我们的呼吁。为什么？因为我们提出的这个问题超出了民间文化的本身。它不仅仅是拯救一些濒危的、快要消亡的、我们珍爱的民间文化的问题，更重要的是在全球化、经济一体化的时代，在外来文化沙尘暴似的冲击下，一个民族精神传承的问题。前两年，我在日本神户"中、日、韩构筑二十一世纪亚洲研讨会"上作了一个讲话。我说，现在人类用的大脑是一个偏瘫的大脑，我们现在运用的是西方文明的成果，而东方人独特的宇宙观、天体观、生命观包括审美观被丢弃一边，慢慢遗忘了。人类变得不健全了，作为东方学者有一个责任，就是守护住我们东方的文明，我们是为人类做的这件事情。二〇〇〇年我在法国与巴黎市的规划局局长谈话，我很想听巴黎到底是怎么规划的，我们原定谈四十分钟，结果谈了一个小时。告别时我说："太对不起，主要因为我在为中国的城市着急，占了你那么长时间。"他跟我讲了一句话使我很感动。他说："你着急是应该的，中国一些城市的历史遗存虽然不是人类共有的，但都是人类共享的。我们保护优秀的中国的文化，同时也是保护人类文化的精华。"

我想，我们民间文化界这种先觉的、前瞻性的思考，用现在的一句话说就是扣住了我们时代的脉搏，所以，我们才引起了全社会的敏感与关切。我觉得这是一个方面。

另一方面，就是离不开大家的辛苦和努力，我知道这个努力是什么滋味。

没有红头文件，师出无名；一分钱也没有，没有经费。而且，我们又处在这么一个市场化的时代，一个重物质轻精神的时代。当今的社会在拼命地利用消费拉动经济、拼命刺激人们的消费。刺激人们的消费就是刺激人们的物质占有欲，处在一个物欲膨胀的时代里边，你能调动多少人去为精神奉献？我觉得大家都很艰苦。但是，正是我们这些愿意为我们民族的文化事业奉献的人的努力感动了世人，所以我们民间的声音才越来越大。

我们今年的工作怎么做？大家有一点必须特别明确：尽管我们出现了一个可喜的局面，但现在民间文化的整个处境丝毫不容乐观。去年下半年，我跑了七个省。我也没有钱，我昨天还跟李牧同志讲，到一个一个县乡里边，看到许多民间文化许多村落马上就要灭绝了，只有去求那个县长、镇长去帮忙，但他们也帮不上忙，也不知怎么帮忙，如果他根本不想帮，你就更没办法了。现在，我们的城市、我们的历史文化遗存还是处在被推土机推碾的过程中。就在此刻我们开会的过程中，我相信，正有几千平方米、几万平方米的城市遗存被推土机毁灭着。我们的古村落转眼之间就会消失。我们现在是经济的全球化、现代化，是乡镇的城市化，是生活的物质化。我临来的时候还有重庆一个报纸的记者跟我讲："冯先生，无论如何，你替我呼吁一下，重庆市几个很重要的历史遗存正要被拆掉！"我听了无可奈何。昨天，刚刚帮着《河北日报》呼吁山海关的保护，因为山海关要花十八亿改造成七个功能区——旅游区、名人展示区……另外，我们的民间文化是靠口头传承下来的，这些传承者，他们不完全是艺绝人亡，而是人去艺亡。大量的民工到城里打工，他没有传承人。怎么办？我认为，当务之急仍然是抢救！抢救！抢救！用我们国家文物法里的话说，就是"保护为主，抢救第一"。所以，我们今年的工作是非常较劲的一年。去年，我们有十五个省开始了普查，今年还要增加十一个。我非常高兴地看到香港、澳门、台湾的一些学者参加这个会，愿意加入我们这项工作。前两个月看到《中国民俗大典·澳门卷》出版，这表明香港、澳门、台湾确实都有一些有文化眼光和文化责任感的学者，用一句俗话讲，就是英雄所见略同。我非常希望我们一起来做这样的事情。

我们今年的工作主要是三条：

第一条，根据我们去年工作的整个情况，突出重点、项目化。从我们原来的项目里摘出几个重要的来做。项目一共是五个：一个是《中国民间故事全书》《中国民俗志》要做，《中国民间美术图录》要做，还是以普查为主。两个专项是年画和剪纸，这两个我们做得相当好了。年画，我们现在已经做完超过二分之一的普查工作，基本搞完了，范本也基本差不多了。我昨天看见杨家埠的马志强同志，我们交换了意见。

第二条，我们要做范本，因为我们是边普查、边收割。这个做法必须有一个范本，这个范本必须有统一结构、统一标准、统一程序。这样，我们最后完成的东西才是一个完整的东西。今天，看到《中国民间故事全书·云南大理卷》已经做出来，可以作为范本来讨论。将来我们的民间文学是一县一卷，我们这次与三套集成有一点不同。不同是什么？就是以县为单位。我们的三套集成是省卷本，省卷本是比较写意的，是一种选本的性质，而这次我们一定要把民间文化的血肉拿到手，不能光是一个"精选"，卷本前面要有一些照片。我们这次普查所使用的手段，是视觉人类学记录的一种手段，文字的与录音的、照相的、摄像的要结合起来，照相是静态的视觉，摄像是动态的视觉。前边要有自然地貌、历史环境、人文生活的照片，最后还得有一张光盘。这张光盘是用当地的方言来讲当地的民间故事。

第三条，总体的协调。这是民协总会的工作，无论如何要把协调工作做好。一个是各地民协之间的协调、各地民协和政府之间的协调。我们希望各地民协的同志要努力去做，我们也要准备下到各地，帮助你们跟地方政府协调。刚才我同盛省长谈了半天，我说你们的民间文化保护工程应当同北京的保护工程一样，是文化厅、文联、民协这些组织相结合，成立一个民间文化遗产抢救和保护的办公室，别两层皮。张旭同志是文化部的负责同志，他是站在政府的立场来讲这个工程的。我就没这个顾虑，为什么？一方面我既是这个政府工程里边被邀请的人员，另外一方面我又是民协的负责人。我是把这两个工程放到一起的。在我的心里，我们国家的文化是一个。我觉得刚才张旭司长讲得非常清楚，政府有自己的职能，我们有我们的责任，我觉得丝毫没有什么冲突的地方，没有什么不可协调不能协调的地方。从中国民族民间文化保护工程的角度来讲，是一个国家的事业，是一个国家的考虑。它是把抢救、保护综合到一起了。那么，从民协、从我们现在做的这个抢救工程看，是以抢救为主的。所以，按照家正同志那个观点，就是分工明确。我上回在文化部的一个会议上讲过，我说恐怕抢救基本上还应该是以专家为主，因为只有专家才知道哪个东西有价值，哪个东西没有价值，哪个东西是旅游里边新编造出来的，哪个是原汁原味的。这个只有专家知道。所以我们还是要努力去做抢救，政府应该多做保护的事情。前些日子家正部长讲了一句话，很多报纸都登出来了。我这次同家正部长见面，我也提了："你说的这句话非常好、非常对，这就是'保护工程主要由政府来做'。政府有这个职责，也有这个力量。同时，专家也要投入政府的保护工作，帮助政府来鉴别哪些东西是值得保护的，是必须保护的，是应首要保护的。"我觉得，我们民协的同志一方面要做好我们项目内的工作，另一方面要积极投入地方各级政府的民间文化保护工程，帮助政府做好保护这方面的工作。这里可能还有一些具体的问题：比如工程才刚刚启动，有好多需要协调的事情。比如说红头文件，我同周和平部长已经提出了，需要中国文联与文化部共同发一个文件，周部长也同意了。但是，我们还没有具体来操作这个事。这个文件是要发的，以便下边把各方面工作统筹起来、协调起来。比如经费问题，从国家的角度来讲，两会期间财政部的同志请我过去谈了一下。他说了一句话我非常感动，他说："尽管国家不是非常有钱来做这件事，但是不能等我们有钱想做这件事时再做，那样许多要抢救的东西已经没了。"财政部有这样的眼光，我听了以后也是非常感动的。今年财政部给整个国家工程是两千万的启动费，财政部还讲，这还不是真正的项目费。我想起了一件事，白庚胜同志前些日子到瑞典去，在瑞典科学院讲了一下文化部的工程和我们民协做的这件事。一个非常有名的学者说了一句话，他说："这个事情只有中国能做，其他任何国家也做不了。"

我们现在要做的事情是非常伟大的事情，是一件非常美好的事情，也是一件艰巨的事情，更是一个前人没有做过的事情。所以，需要我们努力，更需要我们创造性的努力。我想，我们的前边是我们的先人，他们经常回过头来看我们，看我们怎么对待他们留下来的这些遗产、这些财富、这些文明；

我们的后人也在我们的背后盯着我们，他们也在看我们如何对待文明、如何传承文明。我们的回答是什么？只能是：不负前人，为了后人。

　　我的话完了，谢谢！

在"中国民间文化遗产抢救工程中期推进会
暨中国民协2004工作会议开幕式"上的讲话
二〇〇四年三月二十六日　浙江杭州

文化的克隆就是灵魂的下跪

两会期间，记者对我轮番轰炸。两会结束的那天下午，白岩松非要拉我去"新闻会客厅"做一个两会的现场直播。本来我不想去，那时候已经筋疲力尽了。夜里两三点钟，记者还会给我打电话，搞得我人困马乏，今天又很累。

说实话，咱们都是自己人，彼此本应不道辛苦。实际上，每一件事、每一个细节都非常艰苦。近日，我们主席团几个人做了一下分工：年画呢，由我主抓；剪纸呢，由郑一民主席主抓；民间故事全书，由庚胜主抓；民俗这块呢，整个由云驹牵头。但是，实际上还要请乌丙安老师、刘魁立老师、铁梁副主席等这几位一起干，目前还处于做计划阶段。

年画也是一分钱经费也没有。一年下来年画开了四五个会在推动，现在完成了三分之一，我们要先把范本《杨家埠卷》做出来，要找出版社。我自己有一个朋友，是西苑出版社的社长。这个人跟我的私人关系很好，他很热心，他愿意出经费。而且，杨家埠那儿愿意出这部书印刷的钱。当时我们都研究好了，大家到杨家埠来开会，整个会议经费都是他们出的，这才把这个会组织起来，也是千辛万苦。会开得大家非常激昂，西苑出版社的杨社长也没有问题，我们把这部书的编委、编辑及整个程序也都确定了，我们还把薄松年老师请过去，所有的细节都敲好了。散会后我们坐汽车回来，我要先在天津下高速，在高速路上和杨社长他们分手，分别时还抱了抱杨社长。我说我特别感激你，你太理解我了，给了我那么大支持。杨社长说，甭说了，这套书无论如何也要出好。我们俩就分手了，我也很高兴，当天晚上回到天津睡了一个特别好的觉。我回去那天是星期五，星期六隔了一天，星期日我接到一个别的朋友的传真,说杨社长被调到另外一个单位去了,非常意外!连他自己都不知道。我也没敢给他打电话,到了星期一再给他打电话,他告诉我,证实有这件事。前边的事全部泡汤,什么经费、出版,一切都没了!那天晚上我写了一篇日记,我说这是上帝折磨我,我觉得这里面曲折真是非常之多!

这两天听大家讲的各种困难,我都能理解,因为我也是在具体地操作着。我平常不这么具体操作事情,因为我是作家,操作很简单,就是拿着笔写作。但是,我也没想到做这种事真是千辛万苦,真应该这样千辛万苦吗?我非常理解大家的这个想法,可是到了我们面对着各种事情缠绕不已的时候,又不能忘了我们还有一种责任、一种信念,是这种责任和信念促使我们做这件事情。当我们被各种事缠绕久了,可能就会忘了当初为什么要做这件事情。就像卡夫卡忽然要问"我是谁"一样,人有的时候要反过身来问一个最基本的问题,最根本的问题:我是谁?我为什么活着?我为谁活着?我怎么活着?人不能不想这个问题。我们要回过身再思考一下,我们为什么要做民间文化抢救?在去年刚刚启动这件事的时候,这原本是一个很令人激昂的话题。

谈到这个话题,我立即会想到昨天离开杭州时那种可怕的景象。所有的建筑全是小洋楼,吴越文化的那种迷人的粉墙乌瓦不复存在。这种小洋楼所有的顶子上就是两种东西,一是类似中东地区建筑的一串金球,不知道这是谁想出来的,还有一种就是一个个小型的埃菲尔铁塔,每个房顶上都有一个埃菲尔铁塔。我们的民族为什么这样?世界上没有任何一个民族像我们这样,如此倾心地克隆和模拟别人,这是自我精神的丧失,一种灵魂的下跪!我们已然不是站在五千年文化的高度上来面对世界、面对未来了。所以我今天上午讲话的时候说:我们当今的中国文化遇到的一个最大的挑战就是传承的挑战。

过去我们谈到世界上的几种古老的文明,如埃及文明、拉丁美洲的玛雅文明,还有西亚的文明、苏美尔和巴比伦的文明,包括印度文明都中断了。我们中国人好像特别得意,我们的文明没有中断,世界上唯有我们中国文明没有中断。可是今天,我们的很多文明记忆已经消失了,消失就是中断。比如节日,除去春节三十晚上的年夜饭,我们已经基本上没有自己的节日了。

这是特别可怕的事情。我们搞民俗的知道，一个民族的节日是一个民族精神生活的盛典，是文化传承的主要载体、一个主要方式。但问题更严重的是，我们看我们文化的问题，但人们并不知道，不知道就更可怕。他们住在埃菲尔铁塔那样的房顶的房子里面，美滋滋的。我觉得这个时候特别需要我们知识分子的一种先觉。

在一次文艺界座谈会上，我跟中央领导同志讲，希望能够体会到知识分子的特性与价值。知识分子最重要的本质是独立的立场，他们不应总是顺向的，因为知识分子提供的一种最有价值的东西就是思辨。知识分子一定要坚守这个立场，这个立场不是个人主义，而是知识立场。知识分子信奉知识，因为他们认为知识就是真理，知识立场就是真理立场，他要坚守真理立场。所以我前些日子写了一篇文章，给阮仪三先生《护城纪实》那本书。我很佩服阮仪三，他经常跟当地的官员打架，因为官员们一味地开发，把城市搞得乱七八糟。他不拍官员的马屁，明知不对也叫好，这不是知识分子。知识分子要坚守的就是知识立场。为什么呢？因为他们坚信知识是符合客观规律和长远利益的，是正确的。另外一个，我觉得知识分子的价值就是在于他们的前瞻性。所以说，需要工作一段时间后再回到原点上，回味我们的初衷，寻找我们做这件事情原发的动力，寻找这件事情的科学准则，也寻找我们最初的激情。如果不那样，我们慢慢就陷到事物里，就会厌倦了。

是的，如果我们不干，我们也一样活着。可是十年、十五年、二十年后，我们很多的文化没有了，连记载都没有，空空如也。我们后代就得不到这些十分美好和宝贵的东西了。我们五千年的文明由此一点点变得空洞起来。而我们是懂得这些东西的价值的，我们能袖手旁观吗？所以我们还要回到我们原来的立场上来，回到我们原来的价值观上，重新来判断我们做的事情，这是特别必要的。

我不是说我们大家没有做到，我觉得我们大家做到了，做得很好，但我说有必要回到我们的原点再思考、再判断，就会更明确、更自信、更充实。我有一次在北京开主席团会，总结我们民协工作时讲了几句，实际我没有讲透这句话，就是为什么我们民协去年变得很热，我们的民间文化变得很热。

就是因为我们找到了这个时代最重要的脉搏跳动的点。如果在十年以前，我们说这句话没有人理我们。可正是我们的文化受伤太深，人们一旦有了"自觉"，就会加倍地关切，也就特别关切我们的观点、我们的工作。

今天在一个会议上跟习近平同志聊了聊，他讲得很有意思。他说浙江这个地方，地很少，也没什么资源，但是浙江人的经济活力非常强，包括温州，改革开放刚把经济闹起来就是温州。现在世界各地中国餐馆里面都有温州人。他讲了好些吴越文化就是浙江这个地方文化。许嘉璐插问了一句："为什么浙江这个地方文化重心是在浙东地区，而不是在杭州？"习近平同志说，因为杭州这个地方太享乐了，所以杭州反而发展不起来，浙东地区比较贫苦，所以那地方反而发展起来了。他讲了很多地方文化跟地方经济发展的最深层次的关系，非常值得我们思考。

受了他的启发，我讲了一个我的观点：一个地域的文化只有进入了地域人的集体心理，它才是不可逆的。这就是荣格所说的集体无意识。它进入那个心理了，它不可逆了。就像我们三十晚上不在老家，非得给老家爹妈打个电话拜个年不行。平常为什么不这么想？这就是一个文化心理，是中国人共同的文化心理，也就是年俗的力量。地域人的心理也这样，进入了心理的层面，就是不可逆的，是最深刻的文化。所以我就想，我们有时候回到原点上不断地思考，深入认识，它能给我们一个更大的好处，会使我们的工作更理性、更清醒、更明确，也更自信。这个话题不再多说了，我的意思基本上已经说明白了。

时下，在我们的工作全面铺开时，我想强调我们搞抢救，不是零零碎碎搞一些东西。我用了一句话形容，就是要整理出一个民间的四库全书，把中华民族的民间文化全面整理一下，整体地整理出来。我们民间的四库全书都包括什么呢？它包括三个方面，一个是民俗，一个是民间文学，一个是民间艺术。当然，我们整个项目要在文化部的民族民间文化保护工程的总体要求下进行。对这个整体是经过认真的学术思考的，连考察和整理的规范、体例、标准和方法都是一致的或规定好的。比如体例，民俗调查是以县为单位，民间文学也是以县为单位，民间美术不同——以项目（种类）划分，这个很明确。再比如手段，我们必须是文字的，加上视觉人类学的方式，视觉的、平面视觉的和动态视觉的。这才是我们这代人要做的事情。"三套集成"是八十年代的那一代人做的事情，做得很好，但没有录像，可是八十年代不可能采用录像。所以我们这次调查是一次全面的调查，手段一新的调查。

当然，我们中国民间文艺家协会要做的事情也是可变的，不是不可变的，可能在整个国家保护工程协调过程中有某一个单位说："这个你们别做了，我们来做这个"，那么我们也可能就分给他们。国家有一句话，就是："政府主导，社会参与，分工实施，形成合力。"为了中华民族的文化，我们愿意和政府和任何部门形成合力。

跟大家说句真心话，去年一年我从来没有那种感受，我真是到处求爷爷告奶奶。我这个性格，说句实话很孤傲，我不管什么样的场合，不管谁在场，我该讲什么就讲什么。但这回我都是低眉折腰，我觉得真是太艰难了。我没想到我们做这件事情这么难，但经过我们一年的努力，现在局面好像活动开了。我们跟上面文化部门的关系基本上也理清了。应该出哪个门，入哪个门，这次我算明白了，不会在里面没头苍蝇一样乱闯、乱转了。另外，同财政部门我们也基本说清楚了。

其实，我们做的、我们扛着的不是自己的事，不是个人的事，不是哪个地方民协的事，也不是中国民协的事。我们扛的是民族的事，是对我们民族文化命运的责任，对于中华民族的精神命运的责任。为的是我们的文化传承不断，为的是我们的后代的传承有所凭借、有所依傍。这不是我们个人的事情，所以我觉得我们这些同志真是不容易！

我们一年才一次聚会，一年来我到处乱跑，有的同志看见了，有时候还能看见好几面，尤其去年我主要抓年画，各年画产地的同志，见得比较多。我们搞艺术的人，都是比较感情用事，我是搞文学的，更重感情。我觉得，跟大家碰面、开会，真是有一种特殊的亲切感。因为——说句实话，我们都是志愿者，我们不是为了一个差事走到一块来的，我们是为了一种愿望，一种理想，才走到一起的。我们聚在一起谈谈自己的各种想法、思考、心得，也一起发发牢骚，释放一些心理的压力，但是，事情我们还要做。因为我们对社会公众讲了，我们在十年中要把我们的工程完成，肯定我们身上肩负的东西很重很重。

但是，我们真是太怕我们的文化丢失了，我们太爱我们的文化了，所以我们要承担它。我们不管能够承担多少，是否能承担得下来，但有一点是不能打折扣的，就是我们不能放弃，也不能逃脱。

我们大家聚到了一起开会。这几天，大家互相发了不少牢骚。我也跟大伙发了一些牢骚。我在别的会不讲这些话。你们看我跟媒体从来不讲这些话，我只用媒体张大我们民间文化抢救的声音，我们还得像一个汉子，挺着腰板。

很高兴咱们又见了一个面，希望下一次见面的时候，我们真的少一点牢骚，更多一点收获，更多一点支持，更多一点关心。谢谢大家能够在这个会上提出那么多的好的意见和好的想法。

我的话完了，谢谢大家！

在"中国民间文化遗产抢救工程中期推进会
暨中国民协2004工作会议闭幕式"上的讲话
二〇〇四年三月二十八日　浙江杭州

保护好远古文明的活化石

尊敬的米哈伊·霍帕尔先生，尊敬的各位领导、各位来宾、女士们、先生们：

中国民间文艺家协会有幸在美丽和充满活力的北方名城长春市，与尊贵的长春市人民政府共同参与国际萨满学会举办的国际萨满文化学术研讨会。在这里，我谨代表中国民间文艺家协会，向与会的各国专家学者和国内各地的同道同仁表示热烈的欢迎。中国民间文艺家协会是中国从事民间文学、艺术、文化的搜集、调查、整理、研究、保护的专家性团体。半个多世纪以来，我们这个协会已经聚集了一大批中国顶级的学者、教授、研究员，创造出一系列重大的学术成果。进入二十一世纪，面对所向披靡的全球化和现代化大潮，我会启动了"中国民间文化遗产抢救工程"，计划用十年时间对中华大地九百六十万平方公里、五十六个民族的民间文化进行地毯式考察，随之登记、分类、整理、出版和建立各种形式的信息库与数据库，以使我们缤纷而博大的文化得以保存，使数千年传承下来的文明遗产受到保护。中国文化界深知在全球化时代，守住人类文明的差异性、多样性和丰富性是我们的历史使命。在这工程中，对萨满文化的抢救、普查、整理、研究是一个重点。

萨满文化是民间文化遗产中的一种独特而迷人的形态。它作为人类文明初始和蒙昧的晨光，曾经闪耀在许多国家和地区，但使人惊讶的是，它在中国北方的众多民族中依然有着广泛的大量的活态遗存。萨满的价值是它体现着原始的母系社会的一种精神形态。在现代科技诞生之前，它是人与大自然对话、使之和谐共存的一种神奇的方式。同时，它又是人全部的精神世界——

就文化保护话题在侗寨与百姓烤火交谈。

理想、愿望、追求与信念，这些都能从依然存在的萨满文化、神话传说、音乐、舞蹈、美术中直接感受到。然而，许多原始文化都成为无生命的残骸时，萨满文化却是一条活着的"文化恐龙"，它历经千万年历史风雨，至今仍然鲜活地存在，它本身就是一个文化奇迹。为此，我们把它作为难得的学术宝藏，作为接听历史，叩问远古，探索人类文明纯正的源头的对象。我想，这一定是我们本次会议最主要的目的。

对于萨满文化的研究，经历了逐步开拓与深入的过程，最重要的事情是两件：一件是民族学与人类学的兴起与介入，使萨满研究的空间得到无限开拓，它使得对原始文化的研究更具有现实的意义；另一件是国际萨满学会成立，开展了广泛的合作与交流，它使得各国的研究更具人类的意义。如果各位同意我这个看法，我不仅会感到高兴，更会因此期待本次会议的成果和成功，洗耳恭听大家精彩的发言。本次会议除了学术交流外，东道主长春市人民政府还精心为我们安排了许多内容，有文艺演出，有萨满传人的传统祭祀展示，有独特的博物馆文化文物展等等，相信大家会有所收获。吉林省在我国萨满文化研究中有一支很有实力的学者队伍，并且取得了很好的学术业绩，这次会议能够在这里如愿召开，离不开他们的努力，为此，我要特别向长春市委、市文联领导和有关部门的同志表示衷心的感谢！

预祝本次学术会议取得圆满成功！

谢谢！

在"第七届国际萨满文化学术研讨会"上的讲话
二〇〇四年八月二十二日　吉林长春

和县长一起思考

非常高兴今天在榆次举办全国县长论坛，我们很看重这个论坛。今天有非常多的专家从全国各地赶到会场上来。我先说为什么中国文联、中国民协要跟山西省委宣传部、榆次区政府合作把这个论坛放在这个地方。首先，在我的心里，山西是我们中国文化的腹地，不仅有深厚的历史文化底蕴，还有非常丰厚的历史文化遗存，无论是物质的还是非物质的，这是一个方面。另一个方面就是在山西省、晋中市以及榆次区有我们文化人的很多知音，比如耿彦波同志，他是我们原来榆次的区委书记。

山西这个地方我已经来了四五次了，已经写了五六篇跟榆次有关的文章。我除去写天津（因为我生活在天津）的小说之外，恐怕写得最多的就是榆次了。我被榆次感动，有时候觉得榆次是一个值得研究的现象，这也是山西现象。我们从省里到榆次区的领导，有这么高的文化水平，有这样深远的文化视野，有这样对文化的尊敬精神。我刚刚去看他们修复的大圣殿，当时我很感动，修得这么精致。让我感动的一点就是，这么认真地来修一个历史建筑，他们绝不像有些地方为了旅游，为了马上赚到钱，随随便便地去应付一下，然后再添一点东西，涂红抹绿的，然后马上就开门赚钱。不是的，他们是把历史作为一个至高无上的、一个尊崇的对象仰望着，并小心翼翼地精心地修复和再现。这样的一种精神恰如一种学者的精神，是一种知识的精神。

为什么我这么愿意到山西榆次来？我们文人大都是理想主义者，这个理想在山西省找到一种安慰。所以，我们中国民间文化遗产抢救工程开始做时的范本就是从榆次开始的。中国民协的分党组书记白庚胜同志说，中国民间文化遗产抢救工程的第一步是从榆次迈出去的，我非常同意这句话。另外，我也非常欣赏今天的这个论坛，因为到会的很多都是县长。目前，我们中国的艺术节很多，从七月份以来有河北的"七夕节"、江苏的"红豆相思节"、浙江象山的"开渔节"、温州的"剪纸节"、湖南的"稻作文化节"和最近在天津举办的"中国北方妈祖文化节"，以及即将要在天津开的国际民间艺术博览会。可以讲，这两年中国对中国民间文化遗产的抢救、保护、开发、弘扬在快速地升温，艺术节也到处风起云涌。在这样的一个局面里，我们的艺术节是非同凡响的、非同寻常的，因为我们的节日不仅有活动、有展示，更重要的是有思考。我非常怕我们现在的"民间文化热"一阵就过去，很希望我们在做起来的时候要能静下来思考一些问题。昨天晚上我还在跟一个同志讲一个问题：我们民间文化即使再热起来，跟流行文化也没法比。为什么？凡是去看流行歌舞演出时，观众都会拿着荧光棒摇摇晃晃、如痴如醉，好像吃了迷魂药。其实这是被炒作和夸张成巨无霸的那些明星们、大腕们带动的，是媒体制造的一种带有幻术般的氛围带动的。他们有那些东西，我们民间文化没有，但民间文化有纯朴的自然的东西。它不求红起来，只希望健康地存在着，发展着。但现在有没有一种把民间文化流行化的操作呢？我没想好。我觉得应该不断地思考新的问题。可以说我们这次的思考是很重要的，因为是和县长一起思考，这是"史无前例"的。

我对这两年里参加过的两个会特别有兴趣。一个是跟市长们开的古城会，因为市长的工作是跟一个城市的文化直接联系着的；另一个是在北京召开的全国国土局局长会议，我把那次会说成"跟土地爷聊天"。我对"土地爷"们讲，你们掌管的土地上并不是一无所有，土地下边埋藏着的文化是文物，土地上边还有很多文化。我说你们在动土地的时候千万注意，就像天安门下边那块土地一样，那块土地不是草地也不是野地。那上面有一个天安门，有天安门给那块土地的附加值，你们无法估量。所以，那个会我印象非常深刻，那个会开得很过瘾。

但是，我觉得这个县长论坛更重要。为什么呢？因为我们九百六十万平方公里土地的文化实际是分在两千八百多个县长手里。在将近两年的普查里边，我在全国各地认识了许多县长，通过跟一个个县长聊天，我真正地发现我们中国的县长不一般。城市里有很多知识界的学者们埋怨下边在大量地毁坏我们的文化，实际上我们到了下边和县长聊起来的时候，会真实体会到我们的县长并不是不理解我们的文化，并不是不关注我们的文化，而是和我们知识界同样地焦灼着。可能你们遇见的问题更实际、更直接，而且你们的问题和意见是许多知识分子学者想不到的。所以，我觉得共同认识这一点不需要说特别多，不需要讲你们那方水土的文化是你们那方水土的独特创造，是你们精神文化的载体和特色的载体。如果没有这个，你们那块土地就没有特色了。它是你们那个地方文明传承的一个主要的方式和独有的方式，是你们永远的经济增长点和永远的资源——这是我们大家包括现在所有参加会议的人都知道的。但有一个问题我们需要讨论，就是用什么样的方法来对待它？我认为，第一个点仍然是保护，保护的方法是普查，主要是要弄清我们的家底，弄清这块土地上还有什么。之所以现在的中国城市大量的历史街区被破坏，就是城市的管理者根本不知道这个城市里究竟有什么，它的价值是什么，他们从来没有进行过确认和鉴别。所以，我们先要弄清我们的家底，这个家底有物质的也有非物质的，既有民居又有历史遗存、遗迹、遗址。这些有特色东西的地方，还有民俗、艺术，民间故事、文学，民间各式各样的戏剧、音乐、传说，民间的手艺，大量的口头的、无形的记忆，我们都要把它搞清。我觉得弄清家底是首要的。如果不能弄清家底的话，我们很有可能会走到另外一个极端上去。就是说，我们看见什么去做什么，仍然做不到事情的本质上。第二点就是保护。我们在发现一个重要的历史街区和文化的时候，不能太着急，这不像搞建筑工程一样必须在某个特定的日期之前完成，我们必须把它放在那儿，把相关工作做得细一点儿。今年做不成明年再做，一定要注意其历史原来的真实性，因为历史留给我们这个东西的价值不完全是旅游价值。我们虽然在认识上都承认它存在的价值和意义，但对价值的认识比较单一，更多的还是从经济的角度、旅游的角度、打造地区品牌的角度去认识。

先人给我们留下的历史遗存里面的价值是多方面的，它有史证的价值和研究的价值，还有考古、审美和欣赏的价值，当然还有旅游的价值。另外，

在浙东的一个村子里。

一定也有经济的价值，而且它是经济永远的增长点。在一个民族、一个国家、一个地区，经济是此起彼伏的，谁也不可能永远是经济上的王者，经济兴衰的规律是"三十年河东，三十年河西"，谁也跳不出去，谁也不可能持久繁荣，但你独有的文化是你永远的王牌，永远是有价值的，永远不会贬值，只会升值。当然，它的升值是有一个前提的，它作为一个历史事物必须要保持它的历史真实性和完整性，还有历史的严格性。它不能随便被添油加醋，随便因需要而改造。我说这个并不等于我们就不去改变它，怎么改变是值得研究的。比如说，拿城市改造来说，我们是在榆次开会，榆次的古城不仅修复了而且也改造了，它是怎么改造的呢？我很赞成它的改造，为了这个改造，我和有的专家还有一点儿争论。有的专家认为榆次古城是一丁点儿都不能动，完全要保持原样。我说如果完全保持原样，那我们老百姓怎么在里边生活？我们的原样和奥地利维也纳老城区的原样是不一样的，我们那儿缺水、缺电，卫生条件极差，老百姓生活在现代社会里，如果享受不到现代科学技术给人们带来的方便和恩惠，他们的生活就达不到现代生活的水准。为保存古城的原状而让老百姓生活在困难重重的几百年前的生活方式里，我们也不能这么做。那么怎么做就是个难题，这个难题我们就出给山西省、晋中、榆次，出给耿彦波了。他用了一个方法，我在《人民日报》写了一篇文章，这篇文章介绍了西方也用的一个方法，就是当一个东西残破了之后，它的完整性已经消失了一部分，怎么办呢？在周围的地区，比方说在方圆一百里或方圆二百里，找一个在当地孤零零的无法保护的和它同时代、同种风格的建筑，把它平移过来，然后把它集中起来保护，这种方式叫作民居博物馆式的保护，在西方的很多国家都采用这种方法。民居博物馆式的保护有两种方式：一种是把民居的典型一幢一幢地放在一块地上，再把这个地方圈起来，让大家看不同风格和特色的房子；另一种方式就是在原地把与它同时代的房子集中起来。这个保护有非常高的旅游价值，因为它是集锦式的，把大地上的精华都集中在一起，集中地表现了古代建筑文化达到一个历史的高度。这个方式在世界很多国家被采用。

耿彦波采用了这种方式。但是当今中国还有多种方式，如绍兴的方式、江南六镇的方式、平遥的方式、丽江的方式，是彼此不同的有价值的方式，相对成功的方式。当然还有很多失败的方式，就像很多地方把老的历史街区拆掉之后修一条明清街，这是比较粗糙的一个做法。那么哪个方式更好、更适合自己呢？我们应该有些学术上的理论与知识，所以今天从各地请来很多学者，和我们一起讨论一下我们的保护应该用哪种方式。刚才讲的只是举个例子，只是那些历史民居、古村落、县城这样的一种历史遗产的保护，还没有讲民俗方面、民间艺术方面。听了听刚才发言的题目，我想有很多县长都讲得好，也很会讲。有这样一个机会，使大家特别是县长能够把自己的经验、苦衷，还有种种思考与困惑讲出来，使大家相互了解，深层地了解，以便找到解决问题的路径与方法。我刚才说了我们九百六十万平方公里的文化掌握在你们两千多个县长手里，你们是站在文化第一线的守望者。我们这些学者是指手画脚的人，我们是纸上谈兵的人，你们是干实事的人，我们很想听听你们的一些想法，共同讨论与探索，因为我们都认识到我们面对的是一个全球化的时代。西方的文化，尤其是流行的文化，这种快餐式的消费文化，像"沙尘暴"一样弥漫了我们当代中国人的精神，一方面使我们的文化变得粗糙了，另一方面使年轻一代失去了对我们自己文化的信心和光荣感。所以，我们有共同的责任来做好这件事情，为了每一个地方的文化特色能够更长久，为了一个地域的文明能够得到有效的传承，也为了那方水土文化资源获得更好的利用，以使我们先人留下来的文化能够恩惠及后人，使我们老百姓的生活能够好起来。

这个会议的意义很大，我们第一次举办这种论坛。今后有没有可能在榆次每年搞一次，有没有可能把论坛在这儿安家落户，每年在这儿聚会一次，县长们谁有话要说、有难题要探讨就来，县长来不了可以派副县长来。我们要把榆次这块民间文化热土，变成全国关心民间文化民俗文化的地方，能够使我们的论坛推动民间文化事业和民族文化事业前进，能够和我们的民族命运与精神紧紧相连，这也是我的一个希望。从这个希望出发，祝愿我们的会议能够获得成功！

谢谢！

在首届"抢救、保护和开发民间文化遗产"县（市）长论坛上的讲话
二〇〇四年九月二十五日至二十八日　山西榆次

高擎不灭的火炬

各位来宾朋友：

　　刚才向云驹副秘书长已经说了，两年以前，也就是二〇〇三年的春天，我们在人民大会堂启动了中国民间文化遗产抢救工程。从那时开始，中国民间文化界就开始了一个非常特殊的、艰辛的、精神性的文化历程。两年后，我们又回到了原点，我们到底要做什么？我想有两方面内容：一是对我们两年来的工作做一次回顾和总结。我们既要梳理和反省，也要对未来的工作做一下展望，给我们的明天加一把劲，加一点速度。当我们回到原点的时候，实际上已经跟两年前不同了。首先，这里陈列着一大批成果，这个成果是确实的。在这两年里，中国所有的省份都不同程度地、用不同方式开展了田野抢救。一些具有普查意义的、重点的项目正在深入开展，木版年画就是其中之一；而有些项目已经完成过半了，我们的第一批庄稼就从今天开始收割。从二〇〇五年上半年开始，我们会很快地看到更多的收获，包括一批木版年画、民间故事全书的一部分范本、剪纸的范本、中国民俗志的范本都要出版。周巍峙主席领导我们做的三套集成正在继续加紧地工作。原来我们定有一条原则：凡是三套集成没有完成的省份，我们暂不大力推动中国民间文化遗产抢救工程。这是因为我们的事业是衔接着的，没有老一代的前辈的努力，就没有我们的今天。所以我在昨天的会上提到，抢救不是从我们开始的，严格地讲，是从《诗经》开始的，《诗经》就是一次民歌的抢救。我曾经说过，周巍峙主席在二十五年前领导的三套集成事业对于中国民间文化遗产的抢救是带有先觉性、前瞻性和凿空式的，我们现在做的工作是继续沿着这个事业往下走，所以必须把前面的工作做好。我们的这些成果是硬邦邦的。比如木版年画这本书，就是我们的专家直接进入田野进行科学的、系统的普查所得出的成果，它既是第一手的、鲜活的，在学术意义上又是非常严格和规范化的，甚至是带有创造性的；它既带有美术学的角度、绘画的角度，也有我们民俗学的、文化学的、人类学的多种角度的融合；它所采用的方式除了文字，还有视觉的方式，静态和动态视觉的方式，即摄影和摄像的方式。在这套年画集里不仅有大量的照片、文字，还附有普查获得的第一手的光盘影像资料。这次普查的收获不仅规模空前，内涵也是全方位的。比如杨家埠，他们把当地从十六世纪至今的几百个画店和几百个艺人资料全部整理好，形成一个巨大的"传承谱系"的表格，单从这点就可以看出我们的专家、当地的文化工作者花费了多大的心血。我们两年前就说过，我们的工作一定要严格地、科学地去做。而我们今天也是这么做的，因为这是对中华文化的一次总结，我们不能辜负前人，也要对得起后人。

两年来，我们的工作是非常艰苦的，经费极其短缺。大家老说我们没有红头文件，这也是我们过去的一种老旧的习惯，好像没有红头文件这事就办不成了。当然，从另一方面说，到了地方没有红头文件真不好办事。有的地方可以讲基本没有经费，我们省民协一年的经费也就在一万块钱左右，最多也超不过二万。在这样一种状况下，我们能够把我们的事情做到这个地步也是匪夷所思的。怎么能做到这样一个地步？我带了一个东西，可以特别说明问题。中国民间文化遗产抢救工程在四川绵竹调查时，一批摄影和摄像工作者组成了一个志愿小组。这个志愿小组没有经费，掏自己的钱去做，但是他们做得非常好，对绵竹有很大的帮助，当然绵竹产地也帮助了他们。这个志愿小组在出发之前写了一个声明，我给大家念一遍："中国民间文化遗产抢救工程四川绵竹木版年画调查活动志愿者声明：参加四川绵竹木版年画调查活动的人员有樊宇、陈小润、贾兴国、谭博、孙哲五位志愿者，以上五位志愿者志愿为中国民间文化遗产的抢救出一份力，尽一份责。在调查过程中，难免会出现一些人力不可抗拒的危险和由于自己的原因而造成伤害，鉴于此次活动是一次民间自发的志愿者的志愿活动，如发生危险、伤害，后果自负。"我真的为我们的文化人、为我们的这支队伍感到骄傲！现在是商品经济时代，是一个物欲的时代、物质化的时代，有时我们觉得好像已经没有这样的人，没有这样的志愿者了。不对！有这样的人，有这样的志愿者。这样的一支队伍，这样一种纯精神的、需要纯奉献的品质是我们事业的巨大支撑。两年以前，我们的事业一开始曾陷入一个怪圈，就是一切都得等着经费、等着红头文件，好像没有经费我们就没法做这件事情了。但是我们转了一圈很快出来了。凭什么出来了？凭一种责任心，一种紧迫感。到后来，我们慢慢走出了一条我们这样一个民间团体抢救和保护民间文化遗产的路子。可以想象，在这两年里，我们基本上是用民间的方式来抢救和承担着我们自认为是一个国家和民族的使命。我们不再等待任何经费，而是用行动来争取支持。我们争取哪样的支持？主要是争取两个支持：一个是争取地方的支持，而且主要是争取县一级政府的支持。这是因为通过这两年的考察发现，我们的民间文化的保护工作主要是在县一级政府。这也特别像一八三五年雨果在写《向拆房者宣战》那篇文章的时候，他也说当时法国的历史建筑是在县一级政府的手里管，因此我们就跟县一级政府结合，争取县一级政府的帮助。我们很多文化工作者下到了县一级，和县一级政府的官员充分讲出我们的想法，于是我们得到了很多县一级政府的支持，这也是最实际的支持。木版年画之所以做到了这一地步，全是县一级政府支持的结果。所以我们确定县一级政府是中国民间文化遗产抢救工作的基础。我们主要的工作对象就是他们。去年九月底在山西榆次的第六届中国民间艺术节上，我们搞了一个全国县长论坛，我当时跟在场的一百多位县长讲，我们整个中华民族九百六十万平方公里的民间文化就分布在全国两千八百多位县长的身上，如果你们其中哪一位县长对民间文化没有兴趣，那中华文化的二千八百分之一就危险了。如果我们跟县长的关系越来越密切，而且他们愿意跟我们合作下去，这条路子就走通了。县一级是跟老百姓的文化接触得最直接、最密切的。我们跟县一级政府的结合，使我们直接触到了文化本身。这是第一个支持。第二个就是民间的支持。民间文化，也就是老百姓的文化，这个文化的传承还得是老百姓的传承。老百姓不关爱我们的文化，我们的文化仍然不能传承，只是我们政府关心、使劲，它也传承不了，只是我们的专家使劲，也传承不了。只有老百姓热爱，它才能得到真正的传承。所以，我们无论如何也要想办法，要说服和启发我们的老百姓认识和热爱文化。我们终极的目标就是要让我们的人民热爱我们的文化。在这样一个全球化和外来文明激烈冲击、激荡的时代，我们的人民没有忘记我们的根，守住了民族的精神，这就是我们终极的目标。去年十月份，我们提出了一个概念——民间自救，就是以民间的文化责任和情怀，以民间的力量来帮助自己的文化。这两年来，包括我在去年十一月份成立民间文化基金会，都是出于这样一个理念。现在这种局面正在逐步打开。我们的援助者来自四面八方，就出版社而言，包括中华书局在内很多很多的出版社，几乎包了我们目前想出的很多种书，包括民间故事全书。我觉得这是很难有人承担的，因为我们最终想出的县卷本是两千八百卷，加起来八亿字，那得需要多大的一个费用。我觉得我们越往下走越是全球化时代来得剧烈、来得彻底的时候，但反过来讲，我们那种文化自卫的民族精神反而更要加强。我们的支持者和关心我们的人，也一定会越来越多，道路也一定会越来越宽广。所以不仅是出版社支持，还有各式各样的企事业单位、国内外的一些基金会、学校、大学生，这种支持者、志愿者也是越来越多。

我们今天在这里开会还有第二项内容，就是要展开一个全新的民间文化杰出传承人的调查、认定和命名的项目。这个项目是中宣部批准的，也是我们在两年的考察过程中发现的一个问题。实际上，中华民族的文化很濒危，几乎触目皆是。我们如果走出人民大会堂在东四、西四转一转，北京的特色还有多少？历史文化的遗存还有多少？历史的记忆还有多少？但最濒危的还不是这一个，我们考察后总结是两个方面：一个是少数民族的文化，一个是传承人的文化，这两个是最危险的。少数民族文化和汉文化不一样。汉文化还有巨大的精英文化的支持，当然这其中民间文化也非常重要，但它毕竟有精英文化在支持。汉文字博大精深，而很多少数民族是没有文字记录的，有的少数民族文化基本上全是民间文化，一旦没有民间文化，就什么都没有了。它不像汉族文化，还有齐白石、梅兰芳，还有李白、二十四史。所以我们说，少数民族文化的意义是超文化的，少数民族的文化是他们那个民族的安身立命之本。但是，随着全球化的加剧、经济的发展、老少边穷地区的脱贫，少数民族有些村寨发生了极大的改变，他们不穿自己的服装了，甚至也不用自己的语言了。他们的年轻人背井离乡，去富裕地区打工、赚钱。当然这都是好事，都是社会进步的表现。但是，他们远离了他们的传统，他们的大歌、史诗已经不是对他们的孩子唱了，而是对游客唱了，他们跟自己的文化渐渐远离。一个民族，当它生活的文化渐渐变为一种历史文化的时候，也就是我们所说的文明转型的时候，最危险的是缺少文化的自觉，没有把自己原来的文化看作是一种文化，一种财富。我们讲，历史不仅是站在现在看过去，还有站在明天看现在，这才是一个通透的历史观。他们不会站在明天看现在，所以少数民族文化的濒危是非常严重的。我们要帮助他们。还有一个就是传承人的文化。我们的民间文化正如刚才青岛泰之先生所讲的，是口头与非物质的文化，是千丝万缕地传承下来的。它是靠传承人薪火相传，然后不断地发扬光大，在历史上明明灭灭。如果传承人死了，后继无人了，它也就断绝了。但新的线索又出来了，它是一个动态的、充满变数的过程。现代化的冲击是横着冲击过来的，它是毁灭性的。我们的民族文化是一代一代地传承的，杰出的传承人是民间文化的精英。如果这种民间精英减少了，文化实际也稀薄了，它的含金量也减少了，这也就是我们现在跑遍好多农村觉得文化淡薄的原因。不知大家有没有感觉，你到好多少数民族地区及汉族地区，觉得文化淡薄了，为什么淡薄呢？传承人少了，不知不觉地少了，因为你根本不知道这文化是由谁传承，怎么传承。所以传承人是一个重点。当初在中宣部汇报了我们这个想法后，中宣部领导十天之内就将支持措施批下来了。我们很感谢中宣部领导同志对我们的支持，感谢中国文联给予我们的支持，也感谢文化部、财政部给予我们的支持。文化部实际上跟我们是一家。我也是中国民族民间文化保护工程领导小组的成员，还是专家委员会的主任，我们跟政府一起在做这项工作。有一次，我从报纸上看到家正部长讲了一句话，我赞成。他说"政府的主要责任是保护，因为民间根本没有力量保护。"但是我们可以提供专家的鉴定，提供各种信息，把专家的普查整理成果提供给政府。人民团体要积极地跟政府配合，要协调好，要用一个和谐的整体观来对待我们中华民族文化遗产的抢救和保护工作，这是我们共同的使命。这个使命不是我们要承担起来的，它本来就压在我们的身上。使命实际就是一种压力，你有使命感，就感受得到这种压力。常常看到媒体说到我，冯骥才怎么怎么样。媒体是一个商品经济的媒体，看似有很多招牌菜，可它的招牌菜无非就两样，一个是名人，一个就是时尚，它喜欢把一个人拿来说说。实际上，如果媒体说我多了，我感到很惭愧，因为这确实不是一个人能做的事情，我绝对没有那么大的力量。我首先感到骄傲的是我们中国民协这个队伍，我们整个民协的队伍加起来是五万人，几千名学者。这五万人是非常卓越的。他们承担着巨大的时代的使命，他们没有计较过个人的收入，没有考虑过个人怎么赚一点钱，他们甚至于掏自己的腰包。

我们都知道，每一代人都有一个使命在文化上，就是把前人创造的文化保护好，弘扬好，然后完完整整地交给我们的后人。我们真是不把我们今天的成果太当一回事，为什么呢？因为我们的使命要比我们的成果大得多，濒危的速度远远要比我们抢救的速度快得多，我觉得我们做的微乎其微，我们对不起我们祖先的文化。所以在这本书将要出版的前三天，中华书局的同志给我们打电话说做了一个扉页，扉页的背面需要印两句话。我忽然想起《红楼梦》里贾宝玉和薛宝钗戴的玉和锁上的两句话，薛宝钗的锁上是"不离不弃，芳龄永继"，就是不要离开它，不要抛弃它，芳龄永远是继续的；贾宝玉的是"莫失莫忘，仙寿恒昌"，就是不要失掉它，不要忘掉它，它的运气、寿命是永远的，我觉得特别适合这本书。我就改了几个字，"不离不弃，此艺永继"，就是这个艺术是永远要继承的；"莫失莫忘，其运恒昌"，我们的民族文化的命运是应该恒昌的。我最后想说，我们每一代人都是文明的传承者，我们文化工作者应该是文明的自觉传承者。我们手里边拿着的是中华民族的火炬，我们不能把这个火炬放下，永远不能，我们更不能让它在我们手里灭掉。谢谢！

在"中国民间文化遗产抢救工程首批成果出版
暨中国民间文化杰出传承人调查认定和命名项目发布会"上的讲话
二〇〇五年三月二十一日　北京

扣准时代脉搏　拥抱整个社会

从昨天上午到今天已经讲了很多，大家听觉都疲劳了，今天就和大家谈谈心吧。一位古人把人和人的关系分为四个层次，一个是知彼，这是最低的层次，然后是知己，再上是知心，最高的境界是知音，俞伯牙和钟子期之间就是到了知音的境界。我想我们这四样都有。我们知彼、知己、知心，还是知音。很重要的一点，还是知音。只有我们之间才互相理解我们到底为什么这么干。拿我来说，我的母亲有时候对我掉眼泪，她今年快九十岁了，有的时候她心疼我，看我到处跑，问我到底为什么。我身上有六个职务，哪个职务也不能推，如果我把所有职务的会议都开的话，基本上就是一个开会迷了，一天到晚什么都不干。比如政协会，我从一九八二年就是政协委员，到现在已经开了二十三年的政协会，最早的时候会要开三个礼拜，后来缩到十天、十一天左右，平均每一年有十五天的政协会。后来当了政协常委，又增加了半个多月的政协会，加起来，光在政协开会就超过了一年。换句话说，在我当政协委员二十多年的生命里，一共要拿出一年的时间天天在政协开会，这不是开会迷是什么呢？所以别人不能理解我们在干什么，为什么这么干。但我们能够互相知己知彼，知心知音，知道彼此为什么这么做。

今天上午，我在这里讲了一句话：我们这两年来走出了一条路子，就是以一个社会团体做了一件举国性质的大事，一个国家的工程——抢救和保护我们民族文化遗产的路子。我们不是政府部门，也不是文化厅，为什么要做这件事？我们是真正的文化工作者、专家学者，更懂得我们自己的文化，知道它的价值之所在。同时，也知道哪些事情是紧急的和必须做的，知道这个东西的真伪和年代，这些还都是我们专家的优势。专家有专家的优势，政府有政府的优势。政府的主要工作是保护，专家的主要工作是抢救，因为只有我们才知道哪个东西该抢救，哪个东西是濒危的、是非抢救不行的，它的价值是什么。但是说到保护，我们就没有力量了，只有政府才有这个力量。当然，保护也需要我们专家出各式各样的主意。作为人民团体，我们在抢救的时候走出了一条路子，这条路子跟以往都不一样。以往是什么呢？在全国文联的会议上，李从军副部长提到文联在新的条件下怎么转变它的机制，这个问题记得刘云山部长找我谈民间文化抢救情况的时候，曾问过我：在现在的时代里，文联和各协会的功能到底是什么，应该怎么做？看来中宣部的领导已经想到这个层面了，我认为他们想到了一个非常关键的点。我对他说，坦率地讲，现在有的地方的文联和协会可有可无，有的书协、美协基本就是几个人搞笔会的地方。如果我们的协会一干事就找国家要钱，就跟小孩一样，找娘要钱，没钱干不了，这样的协会怎么能够为我们的艺术家服务，为我们的文化事业服务，为我们国家的精神文明建设服务？实际上，它的机制和功能已经完全僵化了、败坏了。所以，我们这两年的一个思维，就是从伸手向国家要钱转变到动员大家支持的做法，我觉得我们非在这个思路上变一变不行。

回过头来，我们还要再考虑文联、协会到底是干什么的，应该干什么，怎样才能把工作搞好。我想，首先要和时代结合，必须思考，有思想。那么文联的魅力是什么？我觉得首先是思想。我们并没有多伟大，一下子就把中国民间文化的事业搞起来了，但是有一点，我们的思考确确实实契合了时代。我们发现在一个急剧全球化的时代里，民间文化的命运受到了空前的挑战，它关系到我们民族的精神是不是能够传承下去，它关系到民族的凝聚力，甚至关系到民族的命运。我们的这个思考扣住了时代的命脉，我们靠这个思想在会里取得共鸣，把全会统一起来，团结起来。中国民协的每一个同志都有强烈的时代责任感，正是因为有了这份责任感，我们才有了奉献精神，才能在没有经费的艰难条件下，把工作做到这个地步，这让别人看是"匪夷所思"。我们依靠的正是我们的思想、我们的思考与时代契合起来。这是最重要的。其实在哲学、经济学等各个领域里都有这个相同的问题。大背景是一致的。

吴敬琏、厉以宁的很多思考其实都是全球化时代里怎么重构经济学的问题，经济界的知识分子对这个问题很敏感，有思考，有创建，有突破，有很大的进步。但是社科界，包括哲学界、社会学界、文化界并没有过多地想这个问题。前两天，有人建议文学界搞一个研讨会，思考在商品经济的时代里、市场背景下的文学取向。在全球化、市场经济的时代里，读者对文学的要求跟以前完全不一样了，这是深层次的问题。中国民协的一个经验就是能够跟时代紧密结合起来，能够扣准时代的脉搏，找到了时代问题的文化症结。如果不是这样的话，我们还只是仅仅把民间文化作为一种书案文化，把这个东西论证来论证去，搬来又搬去。可它最后就离开田野了，一定原地踏步。在这个飞速发展的时代，原地踏步就是倒退。我觉得这是第一点。

第二是跟社会的结合。拿我们协会来讲，我们不仅要考虑协会和社会的结合，还要考虑艺术家和社会的结合；不仅要考虑艺术家的需要，还要考虑社会对艺术的需要、对文化的需要。在这个时代里，我们只有知道社会需要什么，才知道艺术家的工作是什么。我们不了解社会，不了解社会的精神问题及其背后的问题，就无法找到与社会的关系，自我的坐标就会缺失。中国民协恰恰是在这两点上跟时代紧密地结合起来，中国民协的工作真是与时俱进的，我们找准了这一点。刚才庚胜说了，我们不是"三贴近"，我们是"三拥抱"，我们的抢救工程也好，其他工作也好，整个跟社会拥抱在一起了，我们扣到了时代的脉搏。早期我们写"伤痕文学"的时候收到读者的来信，都是一麻袋一麻袋的，读者写信时眼泪掉到纸上，你揭一摞信纸的时候都有沙沙的声音。这个时候，你的心灵是感动的。你知道你的哪句话能够让读者感动，哪句话是突破了禁区而让他的精神解放出来了，因为你剪断了他精神的锁链。而我们现在的文学已经不是这样了，有一句话说得也很有意思，说我们现在的文学太关心脐下三寸了。但是我们的民间文化却知道了时代的脉搏在哪儿，知道了老百姓的心态与心灵，我们和老百姓的这个心灵对位找好了，并越来越清楚。我们协会的工作应该好好地总结，包括我们现在做的事情。我们的理论如果好好地升华、总结、梳理，就可以提供很多能供整个文艺界思考的一些问题。我希望庚胜、云驹这些做协会理论工作的同志应该思考这些问题，他们也是每天要接触大量的实际工作，应在理论上梳理这些问题，为文艺界的建设提供我们的一些经验、思考。

另外，中国民协还有一个问题值得考虑，就是协会的专业建设问题。现在我们所做的抢救工程，实际上是对我们整个文化进行总结，必须要有学术性、专业性，必须要有积累，而且必须是有序的。但是民间文化太广泛，跨学科，多民族多地域，还有许多未知领域，我们不可能全懂，我对民间文化很多领域也不懂，必须有专家的帮助。刚才余未人同志提到培训问题，专家问题、培训问题都是必须要解决的。不仅是中国民协，各个协会实际都应该有一个专家组。而我们现在的理论研究室提不出有建设性的专家意见来。这些都是我们机制长时间老化的缘故。中国民协目前所做的工作已经要求我们在这方面必须要改进。

这次会议非常好，很亲切，而这亲切的感觉与以前也有不同。在杨家埠那次看大家也很亲切，那时候年画的抢救经费一点也没有，苦恼全藏在心里，表面上微笑。当时我坐在台上往下看，就那么点人支撑着整个木版年画的抢救以及更多的文化抢救。这次感觉不一样了，当然很多人还是有困难的，我也知道大家困难在什么地方。但是有一点，每一个人的背后都有很多力量，特别是我们之间的交流不仅有亲切感，也使我知道整个工程哪里兵强马壮，哪里比较薄弱，哪里甚至还有困难。中国民协从现在开始心里非常坦然。不管多少困难，反正我们拿民间文化当命根子就够了。我们的会马上就要散了，希望大家工作顺利，希望大家路子越走越宽，也希望互相多多联系，祝大家一路平安，有缘我们今年再见。

在"中国民协 2005 年全国联席会议暨抢救工程工作会议闭幕式"上的讲话
二〇〇五年三月二十一日　北京

傩文化的盛典

各位专家、各位朋友：

很高兴今天下午在这个会议上和大家相聚。实际上世界上最好的一种相聚，就是为一种迷人的文化大家相聚到一起。今天上午我在会场上注意到了上千张雨伞和雨帽下，闪烁着一些惊奇的、兴奋的目光。我们的傩文化很迷人，但是傩文化不仅仅是迷人，它还有非常宽广又深刻的认识价值和研究价值，所以我们今天下午举办了这个学术研讨会。

文化我想它有几个方面：一方面，傩文化是我们民间的文化世界中一个重量级的领域，因为它包含了我们古代的信仰、传说、神话、各种各样民间的艺术，也包含了我们的民族，它几乎包含了我们各类民间文化的全部。它又来自于远古，而且至今还能活在中国大地上，也活在一些国家的大地上。我们直接可以触摸到远古先人一种灵魂性的文化，或曰文化的灵魂。而在它流变的过程中，又受到各种文化的地域化。所以它是灿烂的，活生生的，古老而依然存在的。

面对这样的一个文化，我们应该给予它一个怎样的"学术"？我们的学界这些年里非常致力于把傩文化学术化。我认为我们学界应该明确而自觉地建立傩学了。到底怎么建立傩学，应当是这次会议"启动"的一个话题。

这样的一个研讨会，既有傩文化复活性的表现，又是研讨会，感觉似乎很好，但是坦率地讲，我的心里有点悲观。我的悲观是什么？不是说我们搞这个活动，要是这样悲观的话，我们这活动就不搞了。我的悲观来自于两个方面：

一个是我们面临着全球化的时代，社会发展的速度从来没有这么快过。如果有一个城市我们两三年没去，再到那个城市可能会迷路。我们的现代化的速度飞快，大量的历史文化飞速地消逝了。这是背景。二是傩文化。我已经注意到有些地方的傩文化开始进入了市场，开始商业化了。为了旅游，改变了我们的文化。它不再是民间原有的那种傩文化。它变成了一个光怪陆离的，被神秘化的一个外壳，从形式到内容正在被肆意地添加，审美上也被庸俗化地改造了。比如说山西的布老虎，五年前的时候，山西从事民间文化研究的同志跟我讲，山西的布老虎有几百种。那时看山西的布老虎，真的感到非常震撼。带有活化石味道的非常原始的民间的布老虎，有的布老虎后背是一个蝴蝶，有的是肚子下边带着很大的生殖器的雄性布老虎。但是我去年到山西看一个博览会，所有的布老虎全穿上亮片的衣服了，像歌星。一问，原来带亮片的好卖，布老虎商业化了。我们的傩将来是不是也会这样？商业化是一个不可抵挡的趋势。所以在今天的学术讨论会上，我想提出我的一个想法。我呼吁我们的学者，暂时放弃一点书斋里的研究，先到田野里普查。因为我们研究的对象，那种原生态的傩现在越来越难找了。我们首要的时代使命，是为我们后一代的人多留下一些这样本真的遗存，为我们后代的傩的研究者多留下一点舞台。如果我们今天再不对我们大地上的傩文化进行抢救性的普查和存录，那么可能再过十年、二十年，我们的后一代就会两手一空，面对一片空白。所以我们第一个任务是要进行普查，进行科学的、原生态的、真实的记录。我说的普查跟调查是两个不同的含义。调查可能是个人的行为，是个人为了一种个人化的学术研究，进行田野的作业和田野的考察。我说的普查是整体性的、计划性的、地毯式的、不留死角的、全面地来把它记录下来，就是把我们中华大地上现在还存在的傩文化全部记录下来。

我们中国民间文艺家协会所做的中国民间文化遗产抢救工程，今年以来把我们抢救的重点做了一个重新的认定。到底哪方面是重点，是我们必须要抢先抢救的？我们基本确定了三点：第一点就是少数民族的文化；第二点就是传承人；第三点就是活化石。我们之所以要把少数民族文化设为第一点，就是因为我国从今年开始，要加快少数民族地区的经济建设。少数民族的文化是最脆弱的，因为它本身力量就小，同时又不断地受到汉文化的冲击。少数民族的存在就在它的文化上，一旦它的文化消逝了，这个民族也就消亡了。

论坛是我们传播思想、交流认识和唤起行动的地方。

第二点是传承人。民间的文化跟精英的文化一个最大的不同，就是精英文化是可以著录的，能够著录的文化的传承是可靠的。但是民间文化的传承是口传心授，靠着千千万万的传承线索一代一代地往下传。每条线都很脆弱，只要一个传承人没有后代了，这条线索就没有了。所以今年我们把对中华民族的杰出的、卓越的传承人的普查和认定列入我们的项目。这个项目国家给了支持。第三个重点就是活化石。比如傩文化，还有萨满文化，从中直接可以触摸到我们祖先的灵魂。我们对于各类民间文化，比如民间故事、古民居、民间音乐、美术和手艺，我们都要做也都在做，但是我们把这几个重点要抓住不放，这是我们不能失去的东西。而傩是在这三个重点里面都拥有的。它既有少数民族的东西，又是靠传承人来传承的，还是活化石，它特别重要。我们的旅游化正是把它的活化石这个成分给毁掉了，传承人正在变为专职的演出人员，它内在的成分正在被抽空，所以我说我们面临的问题是严重的。

在今天这个会议上，我想，我们中国文联、中国民协和江西省政府合作举办这次傩文化艺术节，我们一方面要弘扬它，一方面还要研究它。我们不要让它在旅游化、商业市场化的过程中消失。同时，我们当务之急是要开展普查。我们需要政府的支持，因为这个工作的涉及面太大，专业的人手又不多，怎么办？

我认为，应该把人力集中起来，建立一个专门的傩文化保护的组织。因为江西的傩文化之乡很多，这个保护性组织应该先在江西的各个傩文化之乡建立联络，进行文化介入。否则，以下两个情况很快就会出现。第一个，是那些文物贩子，一看见傩文化现在闹起来了，热起来了，要升值了，明天就到乡里去买服装、面具。在前七八年的时候，我在北京潘家园的一个店里面看见几百个傩面具，都是非常古老的。如果他们一看我们的傩文化要升值了，跟着就一拥而入地进村了。就像武强木版年画一样，一旦让古董贩子知道了，大批古董贩子在你还没抢救之前他们已经进村了。所以我们现在必须把工作做到乡里。另外一个，是开发旅游。只有乡里把旅游和保护的问题解决好了，我们才是真正地保护了傩文化的原生态。最怕就是在它的原生地变味了、变质了，这是最可怕的问题。我觉得乡、县一级如果有条件的，应该有那一级的博物馆和博物史，这并不难。我去年访问阿尔卑斯山地区、奥地利地区，每个村庄都有村庄的博物馆，都有非常精细的历史文化保护，这不难做，只要用心，就能做好。我希望江西省能够接受我们的建议。

还有一条，就是请注意保护古村落。江西现在仍保留着大量古村落，在中国应该讲是尖端的，完全能与山西、安徽、浙江和江西三省交界地区的一些古村落媲美。我们中国的历史文化、民间文化保护最好的地区，一个就是老少边穷地区，因为这些地区开发力度还没有到；还有一个就是多省交界的地区，因为行政干预少一些，自然形态就保护得好一些。但可悲的是，我们民间文化不是自觉保护下来的，它是自然保留下来的，被遗忘在一边的。如果一个民族的文化因为被遗忘而保留下来，这是可悲的事情，只能说明我们没有文化。所以我想在这个会议用一种沉重又庄重的声音，呼吁我们傩文化的学者——一方面我们团结起来，互相支持，共同把我们真正的傩文化保护起来，通过研究，真正地、深刻地拥有傩文化。另外一方面，我们跟政府合作，动手去做我们的普查工作。我也特别希望深谋远虑的、高瞻远瞩的江西省的政府与社会各界，能够在我们中国傩文化的抢救和保护上，承担起更大的一个使命，能够在全国树立起一面文化保护的旗帜，让全国佩服我们的江西人，也让我们这一辉煌的、迷人的、历史的花朵在未来结果，让历史的光在未来闪耀！

谢谢。

在"中国江西国际傩文化学术研讨会"上的讲话
二〇〇五年六月十二日　江西南昌

古村落是中华文化的箱底

各位朋友，各位同志：

这两天我们在婺源，像是节日般的感觉。一个文化的节日。我们享受着婺源的诗情画意一般的自然和人文，同时我们也感受着非常深厚的、沉甸甸的、此地独特的迷人的风土人情，独特的非物质文化遗产。昨天的晚会使我强烈深刻地感受一点，就是有文化的婺源人他们深爱着自己的文化。有文化的婺源不等同于有文化的婺源人。世界上很多地方，比如说埃及文明，比如玛雅文明，它们都中断了。它们中断了以后呢，只有伟大的埃及历史文明，但与今天的埃及人断裂了。我们这里既是有婺源的文化，更是有文化的婺源人，深爱着自己的文化。我觉得这是一个理想的文化境界。昨天晚上看到的不是"民俗表演"，而是一种纯粹的老百姓自娱自乐。民间的文化一个最大的特点，它是老百姓自发的，不是谁组织的。所以我们昨天看万人空巷的场面，老百姓欢天喜地，令人感动。

现在，我们到了论坛里，就要冷静下来思考了。我们就不能回避一个问题，就是古村落的现状和明天，还有大家所关心的——村落的保护和开发。论坛这个题目《乡村文化保护和开发》很有意思，因为只有古村落才有开发问题，一般的乡村文化没有开发问题。

如果我们讲到古村落，就必须要提几个问题。第一个问题就是，古村落是一片一片风情各异的迷人的老房子吗？是一批等待我们翻修或者是重建的破房子？是一个一个巨大的、可以使我们赚到钱的旅游资源？如果我们这么简单地对我们的古村落发问，我们说：当然不是！那么古村落是什么？古村落是一个生命。这是因为我们是一个农耕的社会，改革开放以来，才开始现代化和全球化的步伐，我们比世界慢了好几步。西方早在一百多年前就开始转型了，转型的时候就注意到遗产。实际上注意遗产是应该从克里特岛和迈锡尼文化遗址的发掘开始的。只有时代和社会转型的时候，人们才会把上一个历史时代的创造当作遗产来对待，才开始珍视。

我们的古村落不仅有一个一个精美的老房子，有很多非常好的规划和桥梁、祠堂、庙宇等等，还有大量的非物质文化遗产。首先是民俗，生活的民俗，生产的民俗，商贸的民俗，衣食住行的民俗，婚丧嫁娶的民俗，节日的民俗，信仰的民俗等等；然后是各种体裁的民间文学，故事、传说、笑话、寓言、歇后语、方言；还有各种色彩缤纷的民间的艺术——民间的美术、戏剧、音乐、曲艺、舞蹈等等，以及各种手工技艺。这些都是生命性的，都是生命。

古村落是人生活的地方。因为我们是农耕社会，在农耕社会里，村落是最基本的最基础的一个个社会的单元。这些单元里面除去那些大量的文化遗产之外，还有大量的历史的记忆，这些历史记忆通过各种各样的细节保留在村落里。另外我们中国的文化又是多元的。一方水土养出一种文化，互相不能取代。这种文化又养育成我们彼此不同的地域性格，不同性格的人。最深刻的文化就在人身上，跟人最密切的文化就是非物质文化。如果我们旅游只是看物质，没有注意非物质，我们还是最浅层次的旅游，还是粗鄙化的旅游。所以我说我们每一个村落里它的物质、非物质和大量的历史记忆融合在一起，它才是沉甸甸的，而且是一个活着的生命。你能感到这个生命的性格、情感、遥远的历史、它迷人的地方。谁要在这里搞旅游谁就必须懂得文化。最深刻的文化就是乡土文化。我们去巴黎看，巴黎最迷人的不是埃菲尔铁塔、卢浮宫、巴黎圣母院。真正的巴黎旅游，是你要在巴黎的街头坐一会儿，要一杯咖啡，欣赏来来往往巴黎的人，千姿百态。那是巴黎最重要的东西。咖啡店的主人会告诉你，你坐的这个座位，过去毕加索坐过，或者莫奈坐过，或者雨果坐过。它们原封不动地放在那儿。没有人告诉你，你坐这座位的话要多加十块。真正的文化不会那么肤浅。

我们的古村落是我们民族文化的箱底儿。它是最深的根，我们所有的城市都是从乡村发展来的，我们民族的精神，我们民族的情感，彼此的个性与互相认同、民族认同，我们民族的DNA，都在我们的村落里。但是我们的村落少了，我们的社会转型了，农民到城里打工去了，我们的很多村落空了，只住着一些老人，很多房子破败了，霉变了，政府没有钱整理，就是整理了还得有人住。年轻人都希望在城里买个单元房，他们跟上一辈的想法不一样了，过去的人赚了钱都要回家盖个大院子，威风威风，自己住也供给家族人住。现在人们的观念好像变了，生活习惯也变了，人们希望享受到现代科学技术带来的种种好条件。他们有权利享受，有权利选择新的生活和新的生活方式。可是另外一方面，这些荒凉又苍老的村子又是巨大的遗产。这个难题摆在你们的面前，也摆在我们面前，也摆在众位的面前，这是我们这个时代的人共同要解决的难题。为什么？因为我们已进入全球化的时代，在全球化的时代，我们中华民族不能失去我们的文化，不能失去我们精神的根脉，不能失去我们的家园和古老的文化的凝聚力。

在这里，我想谈为什么我把现在的旅游开发说成旅游冲击。古村落要开发旅游，我们实际上就是把古村落推向商品市场。要把古村落变成一种商品，我们就要包装它、打造它。我们千方百计让它变成一个旅游的名牌，从旅游上得到效益。这样就带来一个问题。最近，学术界、文化界、知识界正在批评一种观念，就是"经营城市"的观念，认为单纯的经营一定带来破坏。我们中国现在六百六十个城市，从文化遗存角度来讲，我认为中国城市已经完蛋了。六百六十个城市基本上没有个性了，文化遗存基本上没有了，基本上千篇一律，没有吸引力。但是我们的古村落还有。去年我参加中央电视台的《魅力名城》的评选，我真是觉得非常难受。但是今年我刚刚参加了《魅力名镇》的评选，感觉很好，真有不少很美的古老的生命还在。我这么讲，有的同志可能会想，冯骥才一定反对旅游吧，好像对旅游有反感。为什么呢？跟大家讲，我也在旅游，年年要拿出时间旅游一下。但是我现在旅游呢更多的是和考察结合在一起。我不反对旅游，但是我反对"旅游开发"，旅游开发是一种商业行为，旅游开发的目的就是把我们的古村落推进市场。推进市场以后，你就必须符合市场的规律。市场规律就是只有你感兴趣的、能成为卖点的你才开发，不成为卖点的就得把它扔在一边。你站在赢利上对待它，绝对不会只站在文化的立场上来对待它，一定是这样。我们的古村落，我们的旅游产业，仅仅单一的拿它赚钱是不行的，也不是我们真正旅游业所追求的，我们还是要让人们了解和享受到完全不同地域、不同时代的文化。这只有市场才能操作，因为我们是市场经济的社会，我们需要开发。但是我们的问题出在哪儿？出在我们很急躁，片面追求经济效益，浅层次地野蛮开发。我曾经写过一篇文章叫《深度旅游》。西方的旅游，首先博物馆是游客要去的地方。但是我们国家的一般博物馆，老百姓很少去看，旅游基本上还是走马观花似的，到此一游，吃点当地特色小吃，拍张照留念，买点大同小异的纪念品，基本还是这么一套。所以我们现在改造成景区的古村落，基本上是老房子再加上真假民间故事，或者真假民间传说，有一部分是真的，有一部分是添的，是旅游承包商找一些文化人编的段子。听来有意思，加一点笑料，什么金屋藏娇啊，加一点半荤半素的东西，调节一下，完了。非常浅薄的一种旅游。这对于文化来讲，是把我们的文化浅薄化、庸俗化。还有一个问题就是，在旅游开发过程中，拆建过程中，对村落历史原真性的破坏。

在这种情况下，我们必须要讨论一下，现在我们的保护开发到底有哪些方式。咱们先说保护方面。我最近去了很多地方，包括江浙一带，也去了安徽皖南的一些古村落。我们中国目前的古村落的保护方式，大致有这么几种。第一种方式是景区式。景区就是完全把它作为一个景点，各个出口安装铁栅栏，卖门票，里面有一些地方还保留着原来的居民，有的地方居民基本搬走了。非常明显的是乌镇。我对乌镇很置疑，我认为乌镇是非常可怕的，尽管我们这次《魅力名镇》评了乌镇了，但是我仍然认为乌镇有很大的问题。乌镇做得很漂亮，很适宜照相，适合外国人参观，没来过的，第一次来这里看中国的水乡，会觉得表面很漂亮，但是里面掺假了。乌镇有一些木板墙板是仿旧，一打听，是商家找八一电影制片厂的美工，拿喷灯烤"旧"的。我觉得最可怕的就是晚上游客都走了以后，这基本是一些死街，一个死镇。没有人就没有记忆，没有传说，没有风俗。活态的生命力全部没有，完全把乌镇变成一个空壳儿，就是改造成单一的赚钱的工具。赚钱不少，一年一百五十万。卖票的村落景区还有两个地方，一个是周庄，一个是上海朱家角。上海周边的水乡已经不多了，上海的朱家角一年收入是一百八十万元，门票可能是五十万，能赚不少的钱，但是朱家角的商业气氛太强，基本上是商家云集。有一次在云南丽江，丽江的书记叫我给他们提意见，还说欢迎你批评。我也没客气，就说你们那些做买卖人写的那些招牌，我发现起码有十分之一是错字，这大大影响你的世界文化遗产的品质。一个世界文化遗产，怎么能有那么多的文字上的错误。他说他赶紧解决。我说，你们有四千多个字号，应该请一些好的书法家帮你们写。

我们的旅游古镇和欧洲的不一样，欧洲的一些城镇历史的积累非常深厚，旅游的细节很多，一年到头总是在修。修不是修葺一新，而是怕历史的痕迹没了。我们呢？"文革"时砸，平时拆了建，建了拆。现在就像一锅蒸出来的馒头一样，冒热气儿的，刚刚出锅儿的，它没有纵深的东西，连原住民都迁走了。作为景区式的就有这样一个问题，景区里你一定都有原住民，原住民应是主体，还要把非物质那一部分，把古镇的生命保留在里面。第二个就是博物馆式。我认为做得比较好的是山西晋城的大院这一部分。当时做这个的人叫耿彦波，是王家大院所在灵石县的县委书记，后来被调到榆次当书记。我跟他交往以后，多次与他商议古城的一些保护方法。他那里是我们中国民协村落保护的一个示范基地，也是我们中国民协在那儿的主要的工作点。他保护王家大院用的一个办法，就是把附近的古村落里同代的建筑平移过来，再进行组合。这个做法我不反对，因为如果某一个村落只剩下一个建筑，不是所有的古村落都得要保护，都能开发旅游，那不一定。有的古村落仅仅还有两三所房子，建筑不错，有一定的文化含量，可以采取集中保护的方式。这个呢，在西方很多国家，像美国、欧洲的一些国家，包括希腊及东欧一些国家都有这么做的，我看过，这个叫作民居博物馆。再一个方式就是分区的方式，老的村落不动，在周围找一个地方建新村。罗马就用这个方式，罗马就是一个新城一个老城。还有巴黎，巴黎它把最现代的建筑包括后现代主义建筑，全部放在一个新区，但是巴黎的老区是完全不动的，这是分区的方法。

这个分区的方式呢在中国现在有两个地方采用了，一个是渡河，在这次的《魅力名镇》评选中也获奖了，就是世界上采用象形文字的古镇；还有一个就是天津的杨柳青，采用老的和新的结合这种分区的方式。还有一个就是生态处理方式，生态处理方式就是也不卖门票，你可以随便进，但是严格地保留其固有的生态。挪威曾帮助我们在贵州黔东南做了一个生态区，是苗族的一个寨子，叫"梭嘎"。在这个寨子里做了一个博物馆，做得很严格，严格地保留寨子里各种各样的历史。这个只有欧洲能做，美国人都不行，美国人包括印第安部落，做得都不好，我到印第安村落去考察过，美国人做得都比较粗糙。我昨天看了咱们婺源的思溪和延村，基本上也是这个方式，他们并没有按照景区的方式来做，基本保持了原始的生态。我对这两个小村落还是非常有信心的。但是接下去怎么做，要仔细研究，不要急。

现在有一个问题，就是说我们的古村落应该由谁来管？这是这两年考虑的问题。问建设部，建设部说村落好说，但古村落还有文化问题，文化问题应由文化部管，这古村落不归建设部管，但是建设部也评历史文化名村，因为我是历史文化名村专家委员会的成员，也评这历史文化名村。建设部认为，它里面包含的东西太多了，一级政府管的，你建设部门把政府推开了说全部归我管也不行，文化部全管也不行，因为里面有很多老百姓生活问题。那么古村落归谁管？古村落就归地方政府管。这是应该特别明确的。那么，地方政府怎么管？我在西塘的时候，西塘的书记跟我讲了四个观点，令我非常感动。第一、说是当经济利益和文化利益发生冲突的时候，文化利益绝对大过经济利益，因为文化利益是长远的，经济利益是暂时的。第二、政府责无旁贷地要承担古村落管理工作，包括保护古村落的生物。第三、我们要教育老百姓全民保护，只有全民保护，这个地方才能保护下来，只是政府在那喊，镇长、乡长在那着急，开发商在那使劲，不行！必须全民保护，因为它有个整体问题，环境问题。第四、最关心的是古村落未来的价值。我听了很赞同，我说历史事物的最高价值就是未来价值。可是，这个村子如果要归开发商呢？那怎么办？反正这个问题现在没人能回答。我在安徽的时候，黄山的一个市长谈了谈他的观点，他讲了一句，我认为这句话基本上是讲到位的。他说开发商介入，也得政府管理，必须得政府管理，你要交给开发商，就毫无希望。我想，政府要是管理，政府根据什么管理？政府怎么管理？这是我们需要研究的。我的个人观点，我认为从一个地区、一个省或者一个市来讲，必须有规划，应该是省和市级出头。一个县里的村落，应该是县一级出头，因为权力在县里。那么一个省市的规划，权力应该在省市。他们应该全面地考察这些古村落的现有的状况，根据各个古村落不同的特点，制定管理规划和发展规划。

谈到规划，必须是几方面的专家一同研究。一方面是建筑规划方面的专家，因为他们是这些方面的内行，建筑物怎么维护它，怎么维修它，他们才懂。第二个就是文化方面的专家，因为文化方面的专家才知道什么是非物质文化遗产，哪些是属于非物质的一部分。再有就是旅游方面的专家，因为旅游方面的专家才知道怎么做才适合旅游，才能使当地的老百姓与社会生活获益。

一个关键问题是我们到底应该怎么做。我们保护什么？要保护三个东西：一要保护它的生态，就是活态，我们尽量让它活着，不要让它死了。当然有人有一个观点，说这个古村落早晚要完，以后是工业文明，农耕社会就没了，农民他也不种地了，没有收获，他还会跳舞庆丰收吗？慢慢民间的那些舞蹈都变成一种表演艺术了。这说法没错，但是我们不能因为我们的爷爷早晚会故去，就提前把他杀死是不是？所以我们无论如何要延续这个文化生命，哪怕将来把它转变为另一种存在方式和文化方式。何况我们现在还是农业国家。所以我们必须要保持、保护它的活态。这个活态主要是非物质文化，保护的方式就是传承。

再谈一个大家关心的问题，就是大家经常说的原汁原味儿。什么是原汁原味儿？原汁原味儿就是历史的真实性。但是这里要强调，文物和民居是不一样的，不是所有的民居都是文物。民居不能说绝对不能动，是可以动的。但是有一个，村落里面原始的规划不能动，有很多规划体现着古人的很多思想。包括我们说的风水思想。风水就是人和自然融合，人利用了自然有利自己的因素来创造的生存环境，就是选择最好的地方，采光好、空气流通，周围通畅，令人心情好，在这种地方建房、盖屋。所以原始规划不能变，村落的原始格局不能变。再有就是物证。这个我希望大家特别注意。我这回在皖南发现了一个特别严重的问题，就是西递和宏村商业味太浓。旅游商店里有大量的民居的构件和家居物品，到处都是这些东西。当然也有一些是仿制品，也有老的。当地历史生活的细节，有历史见证价值，很珍贵。也有相当一部分来自于江西，婺源，还有一部分是安徽的，属于徽文化。我看了一个狮子不错，是一个辟邪。我说不错，我问是哪儿的，说是婺源的。为什么？因为这些早期开发的古村落，为了增加他们景点的吸引力，为了游客走时能买点老东西作为一种纪念，他们自己的房子是不拆的（因为已经保护起来了），就拆其他还没有开发的地方，所以慢慢地就把周边地区的村落掏空了。等这些地方要保护要开发的时候，这些东西特别精彩的部分已经没有了。所以我们无论如何一定要进行普查，对建筑，对建筑的构件，对桌椅，对家居物品和细节一定要普查。我曾经写过一篇文章叫《从潘家园看民间文化的流失》。在二十年以前，最早在潘家园卖的东西都是瓷器，都是细软，都是字画，然后开始卖屋里的东西，文房用品、镜框、桌椅板凳等，家具卖完了呢就卖窗户扇儿，最后卖柱础房柁。卖到这个地步的时候，房子也就没了。我们说民间文化就是这么丢失的。现在卖什么呢？卖假的，因为真的已经没有了。我希望大家无论如何要对村落做一次详细周密的普查，特别是一个村落要开发旅游之前，必须做普查。

一边是搞清自己的家底，守住自己的好东西，一边是不要随意增加景点。我前两天还讲了一个笑话：浙江有一个画家叫吴天明，是我特别好的一个朋友。他说他们那个地方开发旅游，出了一个笑话。他家住在杭州附近，回家的时候，一进他们村儿啊（他们村有山），他不认识了。他仔细一看山上站着一人儿，有七八米高一大石头人儿，还是个古人站那儿，挺面熟，再一看又不认得了，犹豫，他就问村里的人这是谁啊，人们笑着说："咱村前一阵子不是开发旅游吗？想找本地的名人立个像（他那个地方也没有景点），找了半天村里只有两个姓，一个吴、一个蓝，蓝姓非常少。可是想想姓吴的，找了半天，除了吴三桂，好像没有其他人了。后来结果就想起'蓝采和'——八仙的那个！"就把"蓝采和"当作他们祖宗给刻出来，立这山上了。所以我说如果你这个地方景点没那么多，你不要硬加景点，也不要随便减。现在我们很多地方的庙，实际是商庙，因为古代人建庙的时候，凭着一种信仰，所以我们古代的庙总是在山里面，非常优美的地方，宁静的地方，世外的地方。我们现在建庙的地方呢，主要是为了让你旅游，为了赚钱，扩充一个景点。结果就把当地的文化搞乱了，因为我们那个地方没有这样的一个庙，没有这样的信仰。这是我们特别要注意的一个问题。

我想最后一个问题就是开发要有度。我们的文化遗产现在就是这样，要不然就在那等着它自己一点点烂掉，谁也不关切、不设法帮助它；要不然就进入旅游开发，胡乱折腾它，想法折腾出钱来。记得一次在四川乐山，当地为了争取游客，给游客方便，就在大佛脚下开辟出一个停车场。我对当地官员说，意大利庞贝古城的停车场距离古城要走半个多小时。后来我问他们："你们的停车场怎么那么远？"他说："你们是来朝圣的，你们当然得走着过来，又不是酒店，你们车开到门口哪行？"他那种强烈的文化尊严感使我吃惊。他们对自己的文化充满自信，不会求着你，绝不拿自己的历史文化财富去换几个小钱，几个现钱。我们是中华文明的拥有者。我们的老百姓不见得马上能认识这个，我们必须要让老百姓有一种文化的尊贵感。这是一个教育问题。所以我想呢，我们要考虑这个度。我最后要提一个建议：先选一两个村，把一两个村真正做好，真正做精，做绝了，叫别人回去跟别人说，婺源那个乡村太好了，从来没见过。外人看会永远记着。再一个个做下去。

婺源有非常好的地理，这是上天给婺源的一个恩惠，也是我们老祖宗给我们留下的一个宝贝，这个恩惠我已经感觉到了。这两天我很关心天气，我怕下雨。我知道你们准备一个活动使很大力气，结果我没想到的是，所有雨都是夜里下的，白天活动是一滴雨点没掉。这个地方真有灵气，上天直到今天还在眷顾着这块神奇的土地。我这两天画画的欲望很强，这么好的一片丛林、山峦、水的倒影，与粉墙黛瓦马头墙融在一起。还有那么好的风土人情，独特的民间艺术，和大量丰富的非物质文化遗产。你们是富有的，你们是富翁，你们千万不要把自己搞穷了，应该搞得更富有。这是我衷心对你们的一个期望，完了，谢谢！

在"2005 婺源·中国乡村文化旅游节"上的讲话
二〇〇五年十一月七日　江西婺源

只有全民族关心了，
我们的文化才有希望

今天这个会是一个非同寻常的会议，因为我看到来参加会议的明显是两部分人，非常明显：一半是我们文化界的人士，一半是出版界人士。刚才我们举行了一个形式非常独特的签约仪式，但这个签约不是经贸协定，也不是买卖成交，它的精神文化的意义是第一位的。因此，今天的会首先就是我们文化界对出版界表达感谢。为什么这么说？在三年前，也就是我们刚刚启动中国民间文化遗产抢救工程的时候，那时候感觉特别地空茫、孤单，缺乏知己，知音寥寥。当时的经费也非常缺乏，出书非常困难。为了木版年画第一卷的出版，我们曾找了七家出版社，由于没经费，每次都以"失败"告终。但是很快情况就发生了变化，首先认识到我们做这件事意义所在的还是出版界。所以开始的工具书，比如普查手册；思想理论方面的书，比如《守望民间》《开封论艺》等；还有我们的第一本理论刊物——《民间文化论坛》，这些都是出版界主动承担起来的，而且是免费的，这些书在当时是绝对不赚钱的。当时我们在出版界那里感受到一种温暖，特别是中华书局伸以援手，接下了大规模的木版年画全集二十卷，当时我们都感到很惊讶，我们怕出版社承担不下来那么大一个工程。在近三年里，我们在民间文化抢救这条很艰难的、很寂寞的、但是又不能放弃的道路上走的时候，遇到了一个又一个的伙伴，他们来自出版界和社会各界。今天的情况就更不一样了，今天我们承担这些普查成果出版的总量，所要花费的经费是三四个亿。有的书大家恐怕还不知道，比如说《民俗志》《民间故事全书》是县卷本，中国现在有两千八百多个县，那就等于每个县必须有一卷，这样每套书都是两千八百到三千卷，工程浩大。

比如《中国古村落集成》这部档案化的图典可能要出一百二十卷，它要把我们具有千年以上历史的中国古村落的所有重要的历史文化信息全放进去。正如柳副署长说的，如果完成了，我们就给后人留下了一部"四库全书"式的文化遗产，我们就可能把我们古人的一种口传心授的文化变成一种经过文字记录的文化，这是一次重要的文化上的转化，在我们历史上是从来没有过的。我以前讲过，中华民族的文化就是两个"一半"：典籍的一半，民间的一半。民间的一半从来没有记录过，没有出过书。后来周巍峙主席在搞"三套集成"的时候开始考虑把这些东西整理出来，如果整理出来的话，我们就可能为后人留下一部"四库全书"式的遗产，所以我们必须要做。当然，首先帮助和支持我们的就是出版界，今天这个会首先就是感谢出版界。

今天的会还有一重意义。在全球化剧烈地冲击我们出版事业的时候，出版界应怎样坚持自己的文化选择和精神选择，这是世所关注的事情。凡是有眼光的人都在关注我们的出版界如何应对全球化和商业文化的冲击。近年来，特别是最近一年来，一个非常可喜的局面出现了，那就是我们确实有一些出色的出版社，他们深具文化眼光，有非常纯正的文化立场。另外，他们有社会良心，有社会责任，他们不是单一的、单纯的出版商，他们是精通市场、懂得市场并能在市场上获得成功的出版家。他们深知出版界对于社会的健康发展、对于人的精神生活负有责任，对我们民族文化的传承、文明的传承负有责任。而且他们是主动承担起来的，正像柳副署长刚才讲的，这不完全是文化界的事，这也是出版界的事，他们要把它当作自己的事情做起来。这表现了我们国家出版事业的境界，一个很高的境界，我们对他们表示敬意。

今天的会又是我们共同承担责任的一个会。在这个全球化的时代里，实际上世界上各个民族都注意自己的文化个性和文化身份，它必然就要关注与此相关的文化遗产问题。我们的政府现在很重视文化遗产保护工作，在文化部启动民族民间文化保护工程以来，国家已经基本上建立起了一个文化保护体系，这个轮廓现在越来越清楚了，它包括我们的"非物质文化遗产保护法"，这个法现在人大还没有完全通过，但是已经经过社会各界的充分讨论。而且文化部法规司也一直把它抓得非常紧，这个法是非常重要的。还有一个就是

"文化遗产日"的确立，国家也开始注意确立中华民族的文化遗产日。比如欧洲，特别是在马尔罗（法国前文化部长）主张的文化普查以来，文化遗产日对整个欧洲文明的传承起着重要的作用。还有，国家有一个全面的、大规模的、包罗万象的，要整理民族文化家底的，而且要保护民族民间文化的工程。这个工程最近开始启动的一个重点项目就是评定国家级非物质文化遗产名录，这个工作非常重要。名录基本搞清楚以后，我们对国家的非物质文化遗产的家底就基本清楚了。同时有很多地方的教育界也准备把文化遗产的教育引入教材。一些地方也建立了很多地方性的法规。可以讲，中华民族在一个文明转型期里自觉地保护自己文化遗产的保护体系开始形成。在农耕社会向工业文明转型的时候，保护自己的遗产是我们的一个时代责任，这种责任是过去之后不再来的。保护遗产不是面对过去，而是面对未来，这是一个前沿的思想。比如说，历史上对古希腊的考古实际上表示了人类朝着现代文明的前进，因为人类只有一只脚跨入现代文明的时候，他才把过去的生活、过去留下的文化视为遗产。

短短几年来，有人说你们文化界做得不错，你们呼吁得很好，你们发动得很好，社会的声音越来越强了。我说不完全是。我觉得我们毕竟是一个文化大国，我们的民族有文化自觉性，这是我们做这件事的一个强大的力量。如果人民不热爱我们的文化，光是我们这些人做是没用的。真正的文明传承是人民的传承。最近几年来，社会上对保护和加强我们自己文化的声音越来越强，但是我们也要看到现代化、全球化、城镇化、工业化对我们文化的冲击，这种自觉的、不自觉的冲击是非常猛烈的、残酷无情的。最近几个月我跑了几个省的古村落地区，也参加了中央电视台"魅力名镇"的评选。中国有二千八百多个县，一万九千多个镇，几十万个村庄，如果是自然村恐怕就过百万。我们的村庄因为地域的文化板块不同而千姿百态，各地方的文化特色都不一样。但不是所有的村落都是古村落，我们讲古村落是有代表性、有典型性、文化积淀深厚、有一定体量的。估计现在的古村落总还有几千个，而且大部分我们并不知道。村落是农耕文明的一个基本的社会单元，是农耕社会的一个基础。但是，每一个村落都是一个巨大的文化宝库。我们的非物质文化遗产大部分是保存在一个一个的村落里，这些村落里人民的生活并不富裕，人民渴望改变自己的生活。越是古村落越是保留在那些贫困的地区，而经济发达的江浙一带水乡除去同里、南浔、乌镇、西塘之外，很少保留原汁原味的古村落，因为那个地方发展得快。这也是我们前十多年一味追求发展留下的问题。我们的文化不是自觉地保护下来的，而是自然地保留下来的，这也是我们的一个悲剧。但这也是历史的必然，因为转型太快，我们是从"文革"进入改革的，我们来不及认识它的时候，它已经被推倒、铲除了。但我们挽救它是来得及的，我所说的"来得及"是指我们挽救多少就给后代留下多少。

每一个村落里实际上都是物质文化遗产和非物质文化遗产结合起来的一个一个的历史生命、文化生命。它是我们中华文化的"箱底"，是我们的根的所在。我们最深的根是在这些村落里边。我们从农耕社会向工业文明转化的时候，要注意最根本的根。但是，我们的根陷入一个最大的问题：农村一方面要城镇化，一方面要旅游化。越有文化价值的古村落越会被开发商所看重，我们现在的古村落被开发商破坏得非常严重。开发商用很少的钱把村落的管理权买下来后就进行开发。所谓的开发，按照商业的规律，就是凡是能赚钱的，能成为卖点的，就把它拿出来卖；不能成为卖点的，就统统地撇在一边。这就是古村落面临的重大问题。那么，我们现在要做中国古村落代表作，当然就有一个问题出来了。

在古村落保护上，中国民协打算在榆次每年搞一次县长论坛，我们还打算在婺源搞一个中国乡长论坛，明年春天在西塘还要搞一个古村落保护的高峰论坛。我们要去和那些县长、镇长直接商量"到底怎么办"。我们给出主意，也要看看对方怎么想，甚至我们找开发商来谈。这些都是很重要的事，也需要出版界的支持，要对古村落开展普查，搜集资料，整理、编撰档案。谁来支持这项工作？现在，民间文化的重中之重、最困难的实际是两块：一个是少数民族文化。少数民族文化跟汉族文化不一样，汉族文化还有自己的文字，少数民族的很多文化是没有文字的，这些少数民族的村寨一旦没有了，这些东西就全没有了。他们的文化没了，这个民族也就没了。还有一个是传承人，民间文化的传承就是靠着一代代人口传心授地相传。传承人是传承载体。如果传承人不再传承，线索马上中断。我去过不少少数民族村寨和村落，里边已经没有传承人了，都走了。这些工作都很难做，需要支持，需要各界的支持。有大量的艰巨的工作需要做，我们不能不做。如果我们不做的话，我们的后代永远不可能知道。我们中华民族的文化，我们的底蕴，我们的坚实感，我们背后的文化靠山，就需要我们这代人把它做好。有时候我们感到有很多支持，我们有中宣部的支持，有文化部的支持，还有出版界的支持，有社会各界的支持。一个民族的文化只有全民族关心了，才有希望。今天我们和出版界签约的时候，记者出了个主意，让我很受触动：我们互相拉着手，握紧了拳头举起来，表示我们在文化上的一个强强联合，这个同盟军形成了。我想，不管今后的事情多艰难，我们这两方面的同志无论如何要形成合力，为了我们民族伟大的复兴，为了我们中华文明的传承，为了我们可爱迷人的文化，为了我们中国人在世界上永远值得骄傲的文化，让我们共同努力。

　　谢谢！

在"出版界支持中国民间文化遗产抢救工程成果发布会"上的讲话
二〇〇五年十一月十三日　北京

明确任务　调整队伍

各位领导、各位同志：

首先感谢中宣部、文化部、国家民委等单位的领导同志、负责同志参加这次理事会。按照中国的民俗，正月里拜年都是拜年。这个春节刚过，中国民协就有一个超大规模的团拜会，说明中国民协吉星高照。我代表主席团向各位理事拜年。

大家从四面八方来，有的同志可能好几年没有见了。这几年我们很少大规模聚会，但是在全国民间文化的普查、抢救、研究等活动中不时相遇，有一种特别的亲切感，有一种一家人的感觉。我想，我们今天从全国四面八方来，从工作第一线来，从田野来，带着很多很多新鲜的、实际工作中的感受与思考来参加今天的理事会，我们的理事会一定会开得很好，会有很多收获。

我来报到的时候很有感触，上届换届的时候就在这个宾馆。我发现报到桌还在原来的位置上，餐厅的摆法也跟上次一样。我想，我们的民间文化如果也这么保护该多好呀！五年的时间过得太快了，像一阵风一样过去了。我们到现在有那么多事还没有做，甚至有的事情想到了也没开始做，有的事情还是一团乱麻、千头万绪，但已经到了换届的时候了。

这次理事会有两项任务：一个任务是总结我们五年来的工作。理事们要对我们五年的工作说长道短，要提建议，要批评，要总结，要评价。这样，我们才能从纷乱的、千头万绪的实际工作中整理出一个比较清醒的未来。这是我们要做的一个工作。还有一个任务是为我们的七大、为我们的换届做准备。

要完成这两个任务，就不能不看看我们的工作情况。中国民协设在北京的总部只有二十几个人，五年来发挥了超级的能量。我们的民间文化事业无论是民间文化的抢救、普查、研究，还是各式各样的民间文化活动，都是空前的热烈。现在的工作正处在一个黄金时期。我们现在认真总结一下这五年干了些什么。

首先，我们重新审视了民间文化，这是很重要的。就像一个人一样，总要有一个阶段想一想：自己是谁？自己为什么活着？自己怎么活着？总要想这些问题。一个组织、一个事业也是这样，到某一个阶段，也要想一想。比如，到底什么是民间文化？民间文化到底是什么样的处境？到底有什么价值？民协首先要做的工作就是把民间文化放在全球化的大背景里思考，放到我们民族精神现实里来思考，放在市场里来思考，也放在先进文化的建设中来思考。这样，我们才能认识到民间文化到底要做什么？为什么做？怎么做？五年来，我们首先明白的是这么一个问题。因为弄清了问题，所以我们提出了抢救工程的概念。我想，这个问题大家都已经很清楚了。

几年来，我们是围绕着民间文化抢救、保护、研究、弘扬、发展这五个方面来做工作的，但抢救第一。我们都知道民间文化现在的情况，它面临全球化的、市场化的冲击。我们的文化实际上是三块，一是精英文化，二是大众文化（包括民间文化），还有一个是商业文化。但是，前两种文化都被商业化了，所以中国文化在当今的纵横坐标上都处在难点上。从历史进程来讲，人类文明的转换就两次。第一次是从游牧到农耕的转换。大家都知道，游牧文明是一种马背上的文明。它不可能定居，要追逐猎物、寻找水源，所以没有什么文化积淀。农耕文明是在一个地方安营扎寨、种田、定居下来，文化就开始有了积累。这是重大的文明飞跃、文明转型、文明改变。第二次是从农业文明向工业文明、现代文明转换，这是历史的纵线；历史的横线就是商业化，商业文化要把历史上一切文明都经过商业的挑选，能成为卖点的成为卖点，不能成为卖点的搁置一边。具有精神价值的文化是被搁置的。我们正是在这样的难点上工作。

我们主要做的是非物质文化遗产的抢救。物质文化遗产靠文字记载，非物质文化遗产靠语言、行为和技能传承，是无形的。这又是我们的难点。我们这五年做的是把我们的书桌从书房搬到田野，搬到我们文化的原点上。这使得民间文化研究获得巨大的生命力，学术也充满了活力。文化部做非物质文化遗产名录，使非物质文化遗产得到了有序的整顿。这是原来没有想到的，包括今年传统节日气氛的回归。我想，回到原点对我们的学术是一个很大的激发，特别是把民间文化的工作本质与时代最尖锐、最核心的问题——全球化联系起来。在这个历史变革之中，在这个大的转换期，这个充满冲突的时代，也是中西文明冲突的时代，我们要找到中华文明的根基，找到我们不能舍弃的、不能闲置的根基。我们找到了我们的工作点，并将它与文化的命运联系在一起。

因为这样，我们身上忽然有了一种庄严的感觉。它就是责任感。责任感可以燃烧事业，大家碰在一起都激情地握手甚至拥抱。这样的工作气氛我有过两次感受，一次是粉碎"四人帮"以后的"伤痕文学时期"，那时，大家在清算"四人帮"，都参与有关"两个凡是"的思想大辩论，推动改革。那是充满责任感的时代。那时的作家充满激情。最近，我的工作室搬家时翻出几个麻袋，都是读者的来信。打开时，信纸经常是粘在一起的，因为读者写信的时候眼泪滴在上面，揭开的时候沙沙响。那个响声让我感动。那个时期的作家充满着责任感、使命感。

到民协工作后，我又感受到了这种久违的激情。我们在这种情况下提出自己的想法。最重要的还有一点，我们的想法得到了领导机关的支持，直接得到中宣部云山部长等领导同志、各局的支持。一天下着雨，在云山部长的楼上一个房间跟他汇报民协工作的时候，他说的一句话让我很感动。他说："民协同志的这种责任感让我感动！"我们"民间文化遗产抢救工程"开始时就是中宣部直接批准的，然后文化部的家正同志也让我到文化部讲了一次。我想，我们一直得到了党和政府的关怀和支持，包括我们的传承人的项目。我想，有这样的支持，工作起来更得力了。这几年，我们国家保护非物质文化遗产，从某一个角度来讲是保卫了我们的精神个性，对于全人类来讲它是保护文化的多样性。经济全球化的时代与政治多极化的时代，文化一定要多样化，不应该是美国化，也不应该是商业化。我们要保护我们个性化的文化根基。这就是我们的文化价值观。

现在可以讲，非物质文化遗产保护的体系基本上有了一个成形的态势。这种态势的第一个表现是非物质文化遗产保护法的立法，它已经讨论得差不多了。这是很重要的。法律保护是第一位的。第二是建立了非物质文化遗产名录。国家对自己的文化遗产、自己的文化精神财富要有底数，要清楚。日本、韩国有，欧洲也有，日本叫"文化财"，这个，文化部已经开始做了。我是国家非物质文化遗产小组负责人之一，还是专家委员会主任。原来说今天下午拍板定五百零一项公示的。原来是一千三百五十五项，后来评了一千二百六十六项，我们最后一次审是九百多项，公示出来是五百零一项。当时有两种说法：一种是说多一点好，中国非物质文化遗产太多了，一万项都不算少；另外一种是说第一次还是少一点好，我也支持这个观点，它可保留权威性。另外，申报过程也是引起人们关注的过程，现在是五百零一项，在报纸上登出来对中华民族是一件大事，表明我们国家开始重视这么一大块精神财富。第三是确定每年六月份第二个星期六为国家遗产日。这是有关政协委员在政协会上的多次提案，国家也接受了这种想法。后来，在中南海华建敏同志主持的会议上，我还就为什么要建立遗产日谈了想法。二十世纪六十年代法国文化普查后，越来越多的国家确定了这个节日。就在这一天，大到一个城市，小到一个乡村，全民族都对自己的文化遗产进行宣传。你可以举行诗歌朗诵会、音乐会，开展展览、交流、演讲等各式各样的活动。这是一件大事，是全民的文化交流。另外一个是我们已经形成了政府主导、民间参与的保护格局。政府主导主要指文化部，民间参与就是包括中国民协、各个大学、研究机构，共同形成一个保护体系。我们的力量不断地加强。

另外，各个地方的自觉性越来越强。我去年去西塘，西塘的书记说了一句话：古村落的保护，毫无疑问是政府的事情。在经济和文化出现矛盾的时候，政府坚决地站在了文化一边。这样的官员现在越来越多，这是我们没想到的。前几年绝对不可能，今年忽然就变了。这是一个认识上的飞跃，这是时代的进步，文明的进步。

这么大好的形势摆着，但问题也很多。首先，我们的保护方法没有解决。

我们有那么多保护点，有那么多进入名录的保护区。我们用什么方法保护它？这需要我们的专家解决，特别是由民协这样专家集中的地方解决。这是政府要听专家意见的地方。另外是旅游化和商业化对文化的冲击。今年我们准备在浙江召开古村落保护会。第一，我们的非物质和物质文化遗产的实际结合体是在农耕社会，它的基本单元是村落，特别是古村落。我们中国有两千八百多个县，一万九千个镇，要按行政村算有十几万、二十万个村落，加上自然村要几十万，我想真正的古村落有价值流传后世的有几千个。这几千个村落到底怎么办？现在的旅游文化很厉害。我去年到了七个省，基本上是和村长谈，必须和村长谈。很多人把村庄卖给商人，把五年的管理权卖给商人。开发商在城里没有地皮炒作了，就开始炒作古村落，因为可以旅游。他把村庄几个路口安上栅栏门，把里面一打扫就开始卖票。村庄的问题不仅仅是旅游化的问题，还有更多复杂的问题，包括生活的改变，身份的改变。比如，一个传承人赚钱了，不传承了怎么办？太复杂的问题了。可是，要是放手这么下去，我们的文化消失得就更快了。

我这次来跟庚胜说，要思考锦涛同志讲的建设社会主义新农村问题。我们要提前研究，不要像城市一样，六百多个城市已经雷同了，到了雷同的时候才考虑为什么雷同，那已经晚了。文化界有文化界的责任，我们必须在大搞新农村之前，提前地考虑这些问题。

我们的队伍、人员有限，我们的研究人员太少了。近几年普查才知道，相当多的领域里基本上没有研究人员。大量普查上来的资料在整理时把民协的人员累得四脚朝天。一方面我们不断取得成就，一方面面对着专业人才匮乏的问题。由于专业思考不够，我们的工作还走了一些弯路，所以必须总结。我们要从纷乱的今天整理出一个清晰的明天。另外，我们要调整、加强、充实我们的队伍，要用更强的队伍应付明天的工作。用一个什么样的机会调整我们的队伍呢？我们要利用换届。不是被动的换届，不是到了五年不换届不行，而是我们的事业必须换届，因为换届的时候才能重新审视我们的队伍。用什么眼光审视队伍？用工作的眼光、事业的眼光审视我们的队伍，这样才能更积极地调整。我们的事业里不包括任何人的升迁问题，只有一个问题：怎么做对我们的工作有利，对我们的事业有利，对我们的民族有利。在这样的背景下，希望我们的理事们充分表达自己的意见，以使我们把换届的工作做好，把我们的队伍调整好，迎接明天的挑战。祝这次会议能够达到目标，圆满成功！

在"中国民协第六届理事会第二次全体会议开幕式"上的讲话
二〇〇六年二月二十日　北京

古村落是我们最大的文化遗产

尊敬的青岛泰之先生、各位领导、各位专家：

感谢大家来出席这个会。这个会我们策划已久，计划已久。最近四年以来，我个人是在两方面工作：一方面是中国民间文艺家协会在做的"中国民间文化遗产抢救工程"，现在正在全国各省市全面铺开。中国民间的木版年画、剪纸、唐卡、泥塑、民间美术、民间故事、民俗志、杰出传承人等一系列的普查和抢救项目正在生气勃勃地进行着，有很多项目现在已经普查过半。另外一方面，我又帮助政府文化部方面在做"中国民族民间文化保护工程"和"国家非物质文化遗产名录"的认定。

在做这些工作时，一直没有忘了开这个会——古村落出路问题的研讨会。为什么？首先，我一直认为古村落是我们中华民族最大的文化遗产。在所有文化遗产里，不管是物质的还是非物质的，古村落这个遗产是最大的。我希望大家有个共识。去年在婺源举办中国乡村文化节的时候我也讲了这个观点，有位记者便问我："能比万里长城还大吗？"我说："是，比万里长城大得多。"为什么这么说？首先，它悠久而博大。从河姆渡文化开始，我们有五千年到七千年的农耕社会，有五十六个民族，有九百六十万平方公里。我们有多少村落？算算吧，我们有一千五百九十九个县，一万九千个镇，三万多个乡，六十二万个村委会。长城是一条线，古村落遍布中国。当然，不是所有的村落都是古村落，因为有很多村落的遗产都已经被我们自己搞没了。江浙一带大批的古村落，大批所谓"小桥流水"的江南古村，在近二十年里已经搞完了、搞光了。现在我们中国到底有多少古村落，我跟一些专家们探讨过。我问李玉祥，他是中国专拍古村落的摄影专家，我问他中国还有多少古村落，他说有三千到五千个。今天上午我问从贵州黔东南地区来的一位学者，我说你们黔东南有多少古村落？他说搞不清，反正公路边儿上的愈来愈少，像样的古村落都藏在深山里。我们的文化不是被我们自觉保留下来的，它是自然保存下来的。所以越是边远的、不发达的地区，古村落反而保护得越好。尤其是省和省的交界的地方、行政力量比较弱的地方，村落反而保存得好。因此我特别担心西藏铁路通了以后，西藏的古村落会急速消失。尽管如此，我们现有的古村落的数量仍是世界第一的。李玉祥的估计差不多，三千到五千。第二，在农耕时代每一个村落都是一个基本的社会单元，也是一个文化的容器。村落规划、建筑群落，以及桥梁和庙宇，是物质的文化遗产。同时里面还有大量的非物质文化遗产，这包括各种民俗，生产生活、婚丧嫁娶、商贸节日、信仰崇拜等等民俗；还有民间文学，神话、故事、谚语、歌谣，都是无形的口头的；还有大量的民间艺术，民间戏剧、音乐、美术、舞蹈、制作工艺等等，都是村落的非物质文化遗产。刚才我和西塘这里的沈书记接受中央电视台采访时，我举了个例子，我说昨晚我和沈书记在西塘吃饭出来，一个很窄的巷子里边有一个人卖新毛豆。沈书记顺手抄一把毛豆，说："你来尝一尝。"他想叫同来的人都尝一尝，伸手又抄一把。我当时就问沈书记："你是不是仗着你是书记，就随便抓人家的这毛豆？"沈书记笑了，他说："完全不是，这是我们这儿的一种文化。买东西之前你可以尝一尝。"这是此地的一种人际的关系，一种人情，一种文明。其实这些东西就是他们的非物质文化遗产，他们独特的民情、民风。我在奥地利萨尔斯堡住过两三个月，那个地方的风俗非常有意思：碰到下雨你可以就近从旅店里拿出一把伞打。雨停了，你随便找一个旅店把伞放在里边就行了。意大利也这样，叫人感到一种人情。我们中国人也一样。楠溪江那边的那些亭子的柱子上，现在都可以看到一些钉子。那钉子是挂草鞋的。人们打草鞋时多打一些，拴成一串儿挂在柱子上，路人鞋穿破了，可以从这里换一双。这些鞋是给陌生人的，给路人的。这种民风、民情，是他们物质文化遗产里面升华出来的一种文明。文化遗产不是供人赏玩的，它里边蕴寓着一种灵魂，文明之魂，这也是我们保护文化遗产真正的目的。我们中国有五十六个民族，把各个民族的民间文化——舞蹈、音乐、歌谣、传说、民俗加起来，不比万里长城还大吗？第三，我们的古村落不仅有它的历史文化价值、研究价值、见证价值、学术价值、审美价值、欣赏价值，多方面的价值，最重要的一个价值是它的精神价值。这是因为我们所有要传承的遗产，最终的目的是传承我们民族独特的精神方式，就是把我们民族的身份、血型、基因传承下来。现在国际上把文化遗产分为物质的和非物质的两部分。物质文化遗产和非物质文化遗产的关系是这样的：物质文化遗产是以物质的形式存在的，而非物质文化遗产是通过人的行为方式体现的。非物质的方式大多时候是无形的。比如，舞蹈通过人体的动态和动率表达出来；音乐通过声音表达出来，声音也是非物质的。当然，非物质与物质也不能截然分开。比如我们的民间版画、年画，是通过木版印刷表现出来的，最后的载体却是物质性的年画。但是为什么我们把年画归到非物质文化遗产里边呢？主要因为年画有制作的技艺、口诀以及使用年画的民俗。这些东西代代相传时不是靠文字著录传播给后代，而是通过口头和行为传承下去，如果传承中断，无人再制作和使用年画，年画便失去了非物质的意义，而转化为单纯的凝固的历史遗物。所以我们将年画归为口头非物质文化遗产。剪纸、皮影、刺绣等等都是这样。

非物质文化遗产的本质是活态的。它必须是活态的。我们对它的保护，就是保护它的活态。

因而，我说无论从规模、内涵还是价值来讲，我们的中国古村落都是一个最大的文化遗产。但是它现在碰到一个巨大的问题，就是从改革开放以来，我们的文化遗产就像城市一样，受到空前的冲击。第一，我们面对的是全球化，全球化就是一种文化的同质化，就是要把你的文化都变成它的样子。第二，它又是一种商业文化。它必须要在你原有的文化里挑选卖点，能够成为卖点的，才受到关注，但还要进行商业改造；不能够成为卖点的，便被搁置一旁，形同抛弃。在这个巨大的变化之中，我们中国的六百个城市的历史遗存，我认为全完了。如果追究责任，我认为这是我们这一代文化人的失职，因为在当代中国城市改造的二十年里，我们的知识分子基本上是缺席的。前不久朱家角的一个建筑师的会议上，我说今天我不谴责官员和开发商了，该谴责你们这些建筑师了。就是因为你们的无能、急功近利、趋炎附势，你们把我们的所有城市都搞成一个样子了。你们在电脑上急功近利地反复翻用那些现成的、畅销的建筑图纸，你们在相互抄袭，中国的城市能不一样吗？开发商的标准当然是越畅销的越好，然而什么样的房子畅销却是建筑师推荐给他们的。全世界没有任何一个国家，迅速地把自己千姿万态的城市变成了一个样。多愚蠢的民族啊！我们多愚蠢啊！这么多沉甸甸的令人神往的城市，这么深厚的城市记忆，全部毁了。而现在，新农村热潮卷地而来之日，正好是开发商们在城市里找不着多余的地皮可以炒买炒卖之时，他们的目光一定要转向新农村这个大得没边的市场，因为那里可以大量地生产房子，可以赚大钱。而我们新农村的"新"，还没有一个非常明确的概念。于是，新农村的"新"一定离不开一个思维，就是形象。这个形象很容易跟政绩形象在思维上合二为一，那就太可怕了。现在非物质文化遗产没有法律保护，国家文物法只保护物质的、文物性的。我们的非物质文化遗产保护工作刚刚开始。古村落根本没有保护法。古村落到底是放在文物这一边，还是放在非物质这一边，现在谁也说不好。没有法律保护，完全凭大家做成什么样就是什么样。前不久天津的开发商们搞了一个峰会，他们创造出一个主题词，就是："有多少城市可以重来？"我看到吓了一跳，在会上就抨击他们。我说在世界上我知道只有两个城市是"重来"过的。一个是杜塞尔多夫——二战的时候被炸平的德国城市，还有一个是唐山。再没有什么城市重来过。城市是一个生命，你怎么能随意宰割它、挥霍它？城市里承载着大量的历史文化，你怎么能把它推倒重来呢？这是多无知的口号啊！重来就是胡来。我们的城市保护一直是一个最大也最困难的事。面对着困难我坦率地讲，我是不乐观的，甚至是悲观的。这些年我像堂吉诃德一样四处奔跑，最终我趴下了，感觉到彻底的失败。曾经有一个网站对我提问："你对你的成功有什么感受？"我说："我没有成功，我是个彻底的失败者。"我还有什么脸面说我自己成功呢？我致力保护的城市的历史文化全完了。我凭什么说自己成功呢？现在，我开始担心城市的文化悲剧在农村上演，我必须大声说的是，我们中华民族文化的多样性在农村，文化的根在农村，非物质文化遗产主要在农村，少数民族的文化全部在农村。如果少数民族全住进华西村那样的房子的话，少数民族就没有了，我们就不是个多民族的国家了，我们民族也被全球化真正地全球化了。这是个多可怕的问题啊。这关乎我们民族的精神呵。在"文革"期间，我们什么都替老百姓决定了：老百姓的吃、穿、糖、麻酱、副食，一切都替老百姓选择了、规定了。思想也是，告诉老百姓怎么想，老百姓就得怎么想；告诉老百姓说什么，老百姓就得说什么。我们没有想到人的精神情感，现在我们以为老百姓只要发财赚钱，不需要历史文化，不需要精神遗产吗？下一代也不要吗？如果后代想要，找谁要去？

我们这个时代正经历着一个特殊的时代，就是文明转型期。整个人类的历程中，总共有两次大的转型。一次是从渔猎文明向农耕文明的转型，一次是由农耕文明向工业文明的转型。由于当时农耕文明对渔猎文明没有认识，转型期间没有保护意识，所以渔猎文明的遗存今天基本上没有了。当农业文明向工业文明转型的时候——也就是二十世纪以来，人类很了不起，想出了一个词叫"遗产"。这遗产是指人共有的、精神文化遗产。它体现着人类文明的核心价值、多样性的历史创造和自身的尊严。人们保留遗产是需要不断地重温它。我们过一个文化节日，不完全是为了喜庆，我们还享受一种来自遥远的祖先绵延至今的、无可替代的亲切的人类情感。我们在海外出差不能回去，给家打一个越洋电话的时候，那种激动跟平常打电话是不一样的。那是一种文化情感。这些东西才是我们中华民族五千年生生不息的民族凝聚力的根源，这才是我们最深的独有的根。但是我们必须清楚，我们要保护的遗产早已经支离破碎。我国是一个正在急速变化的国家，而恰恰又是从"'文革'进入改革的"。我们不是线性地发展过来的。"文革"的时候传统文化基本上被掏空了，什么都没有了。在批红楼、批水浒、批克己复礼的时候，中华文化已经只剩一个空架子。然后进入了改革，而迎面而来偏偏又是商业文化，是超市、NBA、时尚、时装、汉堡包，是一种快餐性的、沙尘暴似的、一过性的、粗鄙化的消费文化，吃起来非常痛快，消化起来也很快，商业文化是谈不到积累和建设的。面对这种情况，我们又没有任何的文化准备，来不及挑选。我们对原有的城市根本没有做过文化普查，也没有经过任何文化认定。只认为北京文化的代表是天安门和故宫。其实北京的文化特征不在故宫和天安门上，那只是文化的象征。北京文化的特点在四合院和胡同里。一个地域的文化是在它的民居里的，而不是在它的宫廷或者是皇家建筑的经典里面。我们所讲民族的根、民族的魂、民族的情，都在我们的民居里，在老百姓的生活里面。但很长时间，人们并没有认识到这一点。

应该承认，这两年有了变化。国家的视野里也出现了非物质文化遗产的概念。一方面非物质文化遗产保护法的立法正在加紧进行，另外国家非物质文化遗产名录现在也开始确立。今年申报名录的是一千三百五十五项。我非常尊敬浙江省，我计算了一下，浙江省报得最多，这证明浙江比较重视自己的文化遗产。名录经过几轮筛选与评定，最后确定的是五百一十八项。有人认为国家第一批非物质文化遗产太少了，但这已经相当于日本国家"重要无形文化财"的总数。韩国搞了几十年，现在国家认定的"无形文化财"也只有一百项出点头。我们确立国家名录是一件大事，表示我们的国家对自己的文化遗产的尊重。今年的六月十日我国还将首办"文化遗产日"。它表现我们中国人对自己的文化开始有了一种自觉的珍惜和尊重。我们中国有无数个文化性质节日，但是这是第一个自觉的文化节日，一个为文化设立的节日。应该说，只有现代人才会尊重历史，因为尊重历史是现代文明的一个重要内涵。但是有了节日不等于就有了一切，关键怎么把这个节日过好，并把这个旨在珍爱文化的节日确立起来。

讲到这里，我似乎变得乐观起来，这使我想起去年在各地考察时的一些感受。去年的三月份到七月份，我主要是搞古村落的考察，去了七个省，秋天到了婺源，没想到婺源的文化保护搞得这么自觉。此后来到江浙，一进西塘我非常吃惊，我说我来晚了，应该早来。这么好的一个典型，做得这么优秀，而且它的方式——活着的西塘——我非常赞成。我感到现在古村落保护已经出现一些优秀的典型，一些具有现代精神的基层领导人物出现了。他们凭着自己的先知先觉和相当高的见识来做。他们的修养和知识结构越来越好。

我觉得跟他们一交谈就能成为知己。不像我在前十年到处跑的时候，怎么说也说不明白，很费劲。比如刚才会上谈了好多见解，有的问题我也没有想到过，非常好，对我很有启发，值得我们思考。而且已经出现不同类别的村落保护的典型。第一个要说的典型就是西塘，我认为西塘是注意生态的、活态的、以人为本的，注意保持这个地方的历史生态的延续，这是非常难得的。上回到西塘来的时候，沈书记陪我在河边散步。路边有一扇窗户支着一根细木棍，此时天已经凉了，窗台上摆着一个花盆，屋内老太太想把花盆拿进去。她拿起花盆的时候，花上正落着一只蝴蝶，可能睡着了。老太太把花盆端起来时轻轻地摇了一摇，似乎怕惊吓了这只蝴蝶。蝴蝶飞走了以后，她才把花盆拿进去。当时我特别感动，我觉得西塘把诗意也留下来了。西塘能保护到这个地步，我觉得出神入化了，把灵气都养育出来了。我认为西塘做的是一个活态的典型。第二个是婺源，婺源也是很优秀的。婺源是从文脉上注意它历史的延续。婺源是徽派建筑，粉墙黛瓦，非常漂亮，再加上周围的大片绿色的竹林，黄颜色的油菜花，红色的山里红，还有水塘的倒影与反光，简直就像画一样。初次来的时候特别想画画。大片的色彩，特别美。后来回去还真的画了两幅。可是从婺源出来到景德镇，我发现马上变了。那些瓷砖贴外墙的房子到处可见，丑陋无比。我问婺源的同志这是为什么。他们说婺源这些年来一直坚持一件事，就是他们请专家设计了几种不同的婺源传统的房型。当然卫生间扩大一些，里面增加现代化的设施。老百姓盖房子时不能随便盖，必须从新设计的几种房型中选。这样一来，它的历史建筑和新建筑整体上是一致的，很协调，历史特征十分鲜明。还有一个是丽江市束河的经验。束河的经验基本是古罗马的一种方式：老区不动，另辟新区。新区做得很现代，老区保持原汁原味。另外有一种是晋中大院的形式，如王家大院、常家大院等。它们基本是民居博物馆的方式。这是欧美人常用的方式。比如一些地方老房子大多拆毁了，只剩下几处，单体保存很困难，就把它们集中起来。在晋中，是把它们放在一些保存尚好的大院里。大院原有三分之二，现在把空缺的三分之一老房子补进去。补是搬迁，必须按照文物的搬迁办法，基本是落地重建，但所有搬迁的砖石木件全部标号。在这方面应该说，晋中大院做得不错。

还有一个就是乌镇和榆次的方式，基本是做旅游景区的方式，就是非常明确地把它做成一个旅游景区。这样做的问题是，到了晚上基本没什么人了。榆次古城就更明显了，原住民都迁出了，夜间成了空城。乌镇也只保留了少数的人。这种类型基本是作为一个景点、景区的方式。当然，乌镇做得很成功，经济效益很好，也很受旅客欢迎。我刚才讲了几种，但是实际上远远不止这几种。我认为原则应该是一个村一个方法，绝对不能一刀切。要根据自己的情况，从自己的文化、自然环境、老百姓的风俗出发，千万不要用同样的方式。比如说外墙，西塘的外墙基本是意大利的方式。它是不动手的，所有历史的记忆都在墙上。但维也纳是不断地刷新，不断地把老墙刷成新墙。在中国婺源也是刷墙的，因为婺源人喜欢他们的白墙，他们在历史上就不断地刷墙，脏了就刷，刷成耀眼的白墙是那里的特点。所以他们就要沿着传统与习惯的这个特点和线索做下去。关于什么是古村落，首先需要强调的是，不是说所有的村落都要保护不能动，我们要保护的只是古村落。不是古村落保护什么？关于古村落的标准有四条：第一要有悠久的历史，而且这个历史都被村落记忆着。第二就是应该有较完整的一个规划体系，比如较完整的村貌、建筑、街道以及庙宇、戏台、桥梁、水井、碑石等等，应该是一个基本完整的体系。第三，应该有比较深厚的非物质的文化遗存，包括各种民俗、民间文学、民间艺术等等。当然可能这个村庄没有剪纸，那个村庄可能根本没有民间戏剧，但是它应有较丰富的非物质文化遗存。第四，要有鲜明的地域特色，有它的独特性。独特性就是不可替代性，不可替代的价值。如果按这些标准确定是古村落了，就一定保护，绝对不能破坏，这是原则。谁破坏了，谁对不起前人，也对不起后人。古村落不是一成不变的，需要注入现代科技的生活含量，也需要改建甚至重建。新建和古建的关系主要是注意文脉上的联系。要注重原汁原味。我们讲原汁原味，实际就是历史的真实性。你说这古庙小一点，拆了盖成大的行吗？当然不行，因为历史的局限性就是历史的真实性，历史的局限性就是历史的美，不能破坏它原有的体量，不能随意地增扩。再一个问题大家都很关心，就是古村落开发旅游的问题。说老实话，前两年我特别反对把古村落开放旅游。尤其皖南那些古村落，把旅游权卖给了开发商，但开发商并不真心保护，而且在村前村后两个村口各装一道铁栅栏门，二十块钱一张票，就算开发了。最多把几幢像样的老房子里的住户请走，腾空后买点老家具放在里面，买点假字画挂在墙上，当作主要景点。再在外面街道上放几个垃圾桶，表示他们很注意旅游区里的环境。垃圾桶基本是两种，一种是熊猫形的，张着嘴等着你把烂纸往它嘴里扔；还有一种是足球状的，跟古村落根本说不上话。可笑的是，那些重新装修的老房子里边的对联，常常是上下联挂反了。更可笑的是，导游所讲的关于房主人的故事大多是胡编乱造的。通常在讲到房主人的生活起居时，要领你到后面看一间小屋。老房子里总是有个犄角旮旯的地方。他就说："您知道这个地方是干吗的吗？"几乎所有旅游的故事都这么讲——"您准不知道，告诉您吧，这是老爷金屋藏娇的地方。"好像我们的古村落主要的文化就是金屋藏娇。旅游庸俗化，我们中国现阶段的旅游文化就是这样一个水平，跟西方的旅游是不一样的。我们到法国去看梵高的故居，绝对没有这样的事情。那些遗存保留得非常真实，房子里的野草和厚厚的尘埃都保留着。你能感到梵高当时生存的痛苦，一幅画卖几个法郎的生活是什么样的景况。但是我们把旅游都变成一种浅薄的、低级和媚俗的游乐了。但这种旅游现在是我们"保护"古村落的主要方式之一。怎么办？有人认为旅游是古村落重要的出路，因为我们必须得有钱养它。我并不完全反对开发旅游，关键怎么开发。我想我们要专门做些调研和研讨，研究古村落的旅游的保护和开发，必须解决这个问题。

那么，我们现在要做什么？首先，第一个工作就是普查，要做你们地区的普查。弄清家底，看看目前还剩下多少古村落。这一点我跟婺源的陈书记谈过，他说他们已经做过普查了。他们把一千零六十个村全部普查完了，最后确定了有二十多个真正作为古村落保护。这很好。有一点还要讲明，古村落普查不仅仅是建筑普查，还要做非物质文化遗产的普查。大家已经知道非物质文化遗产包括什么，我就不再说了。第二个工作就是普查完以后要确定古村落的发展规划。规划一定要做。但规划也最容易犯错误。在城市改造中，破坏城市改造的罪魁祸首就是"规划性破坏"，因为它们仍延续过去的功能性规划，不考虑历史文化。这一来就把城市原有的文化整体解构了。城市这边改成一个商业区，那边来一个娱乐区、休闲区或住宅区。一个城市有它历史积累的过程，是一个互相交叉的很丰富的、沉甸甸的整体。当把它解构开了之后，这个城市文化就解体了。变成了一个机械的、单调的、功能性的城市，一个浅薄的平面的城市。所以，古村落的规划一定要避免城市"规划性破坏"的那种规划，要考虑它的历史形象、文化形态，和它的独特性，要把文化保护融入农村的建设中去。我认为我们每个古村落都能有一个小博物馆，哪怕只有三五间屋。不管这博物馆多大，它是你独有的历史文化的浓缩与归宿。这是应该列入规划中首位的。再一个，要把这个古村的民俗保护、自然特产的保护、传承人的保护列入规划。规划不仅仅是它的建筑、生活设施、旅游的规划，还有文化的规划。当然还要建设新的文化生活，包括构筑现代的文化设施及开发旅游等等，要统一考虑，相互协调，不要对立，更不要"除旧更新"。我希望新农村建设能够想好了再干，别忙着干。我也希望在普查的过程中，特别是规划的过程中，学者和专家多参加进来，不能光指着几位知名的老教授在那使劲地卖命。尤其年轻一代，希望他们别再缺席中国现阶段文明转换期——特别是我们的文明的传承受到威胁的时候，为古村落多尽一份力量。说到面临威胁，我深感十分严重。我在讲话一开始就说，我甚至还有一点悲观。当然——我又十分坚定地认为，不管多么艰难，我们有责任把我们祖辈创造下来的东西保护好，完整地交给我们的后人。我们不能让后代的人认为代代相传的文化是从我们手上失去的，鄙夷我们的无能与无知。我们应让后代的人认为我们这一代是了不起的，因为我们是为他们来做这些极艰难的事情的。所以我很希望在这次会上，各地方的代表多贡献一些自己的经验，相互启发与促进，能够使我们的千年古镇，得到很好的呵护，使我们千年的古树，在未来还能开花。讲完了，谢谢！

在"中国古村落保护（西塘）国际高峰论坛"上的讲话
二〇〇六年四月二十七日　浙江西塘

在"中国民间文化遗产抢救工程《中国民间剪纸集成》中期推进会"上的讲话

尊敬的闻市长，各位领导、各位同志、各位朋友：

第一次到扬州来，感到惊奇。为什么呢？因为我对现在中国的城市都不看好。你在年轻的时候，领悟古人的诗，对这地方有很美好的印象。可是你过来时，面目全非，你完全不认识，很失落。这是我对现在城市文化的感受。

我们到南昌，还能看到"落霞与孤鹜齐飞，秋水共长天一色"吗？在成都，我们还能看到杜甫所描写的"花重锦官城"吗？但是，我们昨天坐船在瘦西湖里，真的能够感受到烟花三月时候扬州大地上的绚丽和精致。这是我没有想到的。现在，我们中国六百六十多个城市，基本上都是趋同化的，千篇一律、千城一面的。这样一种情况下，扬州怎么能是一个另类呢？这是我没有想到的。所以，我现在有点后悔，应该早来扬州。这几天，我们跟扬州市的领导同志交谈，听他们讲城市建设的理念，跟我们文化界讲的理念是多相似啊。我们多么希望城市保持一个原有的历史板块，因为一个城市的真正特色是在它的历史板块中，一个城市的历史记忆和非物质文化遗产、真正的生命历程是在历史板块中。扬州还有这样的历史板块。昨天，我也看了看德国人帮他们做的（规划），我很赞成。因为，二〇〇〇年我在法国巴黎考察期间，伯尔基金会请我去德国做了一个演讲，我在题为《留住城市的记忆》的演讲中讲我当时为保护天津城市历史而做的工作。为我主办演讲的组织的名字很特别，让我感动，叫作"小心翼翼地修改城市"，德国人有文明的高度。我记得，我讲完之后，很多人站起来说："冯先生，你需要多少钱啊，我们马上就能给你。"有个老太太说："我现在就可以开支票。"当然，我们保护中华文化不能收外国人的钱，我只想叫人家了解我们的思想、我们的理念、我们的见解。要保持历史的原汁原味，同时把现代科技带给人们生活的便利注入历史生命里，因为所有住在历史街区里的老百姓都有享受现代科技带来便利和优惠的权利。扬州是主动地、精细地来对待我们的历史文化。历史文化是扬州的一个永远的财富，是前人留下的，是给我们的，更是给我们后代的，但它必须要经过我们的手，我们无权把它毁掉。在这一点上，我很钦佩扬州的主管领导有这种文化上的自觉性，但一个城市的文化不能只靠一届领导或几届领导，而是要用法规的方式固定下来。巴黎做得非常好，巴黎有个规划博物馆，巴黎城市要改变哪个地方，规划博物馆都要把它展示出来，谁都可以提意见。不像我们中国。在浙江西塘的会议上，西塘书记沈国强讲了一句话，他就讲得非常好。他说："冯骥才你讲的是 DNA，中华民族的 DNA。政府官员关心的是 GDP。通过这个观点，我明白了当 DNA 与 GDP 发生冲突的时候，GDP 应该给 DNA 让一步。"所以，当我在听扬州的领导讲"我们不着急把这东西马上修起来。我们现在修不了，可以留给后人一点儿一点儿修"，我觉得这是对历史的态度，也是一个历史的观念。什么是历史？我讲过一句话：历史不仅是站在现在看过去，还要站在明天看现在。我们后人要看我们这代人怎么做，这就是历史。因为这样的一个理念，使扬州这个城市很安详。我们不是讲和谐吗，我觉得我们在扬州城里走一走，就能感到这么一种气息。我不知道扬州人的地域心理是怎样的。不像上海那样的喜欢竞争，北京那样的喜欢张扬，天津那样的喜欢斗气，扬州人的地域性格什么样，我不知道。从一个外来人的角度看，扬州人的心态非常平和，城市的天际线非常平稳，没有高楼林立、乱箭穿空的感觉。这离不开扬州对自己的历史文化、自己的城市遗产的重视。特别是这次在扬州开的剪纸会议，让我们看到了扬州市领导和各界对扬州剪纸的重视。我很钦佩张永寿先生，可惜他现在已不在了。我认为张永寿的剪纸有扬州八怪的影响，跟北方的剪纸完全不同了，它有绘画感，带有江南吴越文化的气质。

为什么要开这个推进会？我深深地感到在我们目前的工作中，有两种速度在较量。一种是我们文化遗产消亡的速度，还有一种是我们抢救和保护的速度，这两种速度强烈地较量着。我在二〇〇〇年北师大的一次会议上说过："我们做民间文化工作的同志，要关心我们工作的对象，我们的对象每一分钟都有一批在死亡。"当时，还有人认为冯骥才有一点夸大其词。那么这么短的时间，从那时到现在，不过六七年，我们的城市基本上都变了。九十年代末在《实话实说》节目中，崔永元问我："冯骥才你最担心什么？"我说："我最担心以后在城市里会迷路。"他说："你这句话什么意思？"我说："就是那时城市彼此全都一样了。"现在，城市基本都一样了。当然，这是太愚蠢的事儿了。我们是一个文明的古国，是龙的传人，我们创造了多样的、灿烂的文化。但我们这一代人迅速地把所有文化变成一样了，这是不可思议的事情，文化最重要的是文化的多样性。我们多样性消亡的速度有多快！当然，它的原因很多，包括我们的现代化、城市化、城市的变迁和更新，当然还有市场化。老实讲，最近五年来我们抢救的速度还是比较快的，但我们跟欧洲和日本不能比。欧洲和日本的现代化是逐步的线性的过程。我们是从"文革"进入改革的，是突然的急转弯一般进入一个现代的商品时代。在这个时代里，我们原有的生活迅速解体，原有生活架构上的文化也迅速解体。

应该说，我们文化人的文化自觉不算太晚，我们是二〇〇〇年提出民间文化遗产抢救的，联合国教科文组织确立世界非物质文化遗产保护公约差不多也是这个时候。何为遗产？一个传统的概念，是物质性的个人的私有遗产，我们祖先留给后代的。还有一个概念，直到最近一百年才开始形成：人类还有一个共有的公共的遗产，这个遗产不是物质的，是精神的，它就是非物质文化遗产。这个遗产怎样产生的呢？前一个文明解体——农耕文明解体、工业文明取而代之。这是几千年一遇的大的文明的更迭。这时，就产生了一个新的遗产观，就是认识到非物质文化遗产的价值和传承的意义。对于文化遗产，日本人、欧洲人为什么觉悟得比较早呢？因为他们的历史文化是一直线性发展下来的，没有像我们这样经过"文革"的腰斩。"文革"是一个奇怪的时代，我们把自己的文化作为自己的敌人。"文革"给我们留下最大的问题，就是对我们自己文化的冷淡和蔑视。这使我们的文化存有一个隐性的裂痕。虽然我们不是失落的文明，不是希腊文明、埃及文明、玛雅文明、古印度文明，但是我们有隐性的裂痕。这种隐性的裂痕表现在，并不是对自己文化的无知，而是对自己的文化缺乏情感。如果两代、三代人都缺乏情感，这种文化的裂痕就从隐性的变为显性的了。

我们自本世纪初确定了民间文化遗产抢救工程，由中宣部批准，列为国家的超大规模的工程。紧跟着我们中国文联和文化部合作，做起了中国民族民间文化保护工程。保护工程里边有重要的一项，就是国家非物质文化遗产保护名录，用政府的行政手段来推行。同时，知识界又向政府呼吁，确定每年六月的第二个周六为国家文化遗产日。它的目的就是呼唤起人们对文化的一种情怀。由此看，我们整个工作的速度不算慢。但是，我们这个抢救的速度跟消亡的速度没法比。消亡的速度比我们抢救的力度和速度都大得多。所以说，消亡和濒危依然是现实，是我们身上的压力。中国民间文艺家协会从二〇〇二至二〇〇三年起全面启动中国民间文化遗产抢救工程，现在已经五年多过去了。这个五年，我们应该把它叫作第一阶段。这一阶段，我们的工作主要是发动、启动、铺开。我们有一系列的项目在全国展开，有《中国民俗志》《中国民间故事全书》《中国木版年画》《中国民间剪纸》《中国藏族唐卡》《中国泥彩塑》等等一系列的项目，也做了萨满、傩、民间民族服饰、陶瓷等项目。现在已有十几个项目在全国展开。但是，我现在仍然感觉到，我们做的事情赶不上民间文化消亡的速度。这种消亡是一种正常的消亡。农耕社会向工业社会转换的时候，原有农耕社会的文化一定有一部分要消亡的，毫无疑问。但是，不能因为它是正常的，一定要消亡，就像我们的老奶奶，她一定会故去，一定要离开，但我们能连她的照片也不留了吗？我们民族的精神、我们今天的传统、我们民族的个性、我们民族的基因、我们今天的家园、我们的价值观、我们的审美都在我们的文化遗产里。所以，我们就得要保护我们的文化遗产。遗产是什么，是我们祖先留给我们有价值的必须传承的宝贵财富。我们现在正在推动做这件事。拿剪纸说，譬如蔚县，就把整个蔚县剪纸的历史文化档案普查和整理出来了。

民间文化中什么是最濒危的？什么是我们最关键的、最应该率先抢救的？我认为第一是古村落，古村落是我们的家园，古村落是我们剩下的最后的家园。

但是，古村落的问题比较大，因为没有一个部门可以包下来。我见到国家文物局的局长单霁翔，与他交谈探讨，他说文物局只能做建筑那一部分，非物质那部分由文化部非遗司来管。可是文化部也管不了古村落里老百姓的生产和生活问题。老百姓待在村里没有活干，生活质量很差，最后只能空巢。所以，古村落保护遇到非常大的问题。近一两年里边，我们古村落正在大量地消失。可是，古村落是我们最大的文化资产。我们非物质文化遗产的根在古村落，我们非物质文化遗产的绝大部分在古村落，我们少数民族的文化基本上都在村落里。少数民族生活在自己的文化里边，如果我们的古村落没了，少数民族就没了。如果我们让我们的苗族兄弟都搬到"莱茵小镇"或"西班牙花园"里，那个苗族肯定不存在了。没有这个民族的文化就没有这个民族。我们中华民族也是这样，天天吃汉堡包，天天唱日本的卡拉 OK，天天穿法国时装，我们这个民族就没了。古村落的保护，是我们从根上的最后的保护。没有古村落，我们的非物质文化遗产百分之八十就消失了。所以，下一步，古村落应该是我们抢救的重点。

再一个就是我们的传承人。非物质文化遗产的主角不是我们，而是传承人。没有传承人就没有非物质文化。传承人是很脆弱的，很多民间文化是家族式传承，传男不传女，不传外姓的。传承人一故去，一改变身份，他们去做买卖了，去打工了，这个传承线索就断了，文化就灭绝了。如果很多人不再传承，一批文化就灭绝了。这是我们感到民间文化日渐稀薄的一个很重要的原因。保护传承人就是我们特别重要的一项工作。前年中宣部特批我们的一个项目——中国民间文化杰出传承人普查、认定和命名。传承人是我们工作的重点，是我们的命根子。没有传承人，我们的文化就由活态变为死态的。在去年遗产日的时候，在国家历史博物馆举办了一个展览——非物质文化遗产保护展，展厅里挂满了年画和剪纸。一个记者问我一句话："你认为这个展览怎么样？"我笑道："把非物质办成了物质展览了。"非物质遗产是人，没有传人，它就是物质的。韩国原来定了一百零五项，之后变成了一百零三项，就因为传承人死了。没有传人了，就不能叫作非物质了。它是由人体现的，以人为载体，它是活态的，跟精英文化不一样。如果它没有活态和生态，仅仅有物质的见证物，它就变成了物质的文化遗产了。这也说明了保护非物质文化遗产主要是保证传承。保护好传承人，就是保护好非物质文化遗产的命脉。但是，我们中国到底有多少传承人，有多少舞者、乐师、技师、画师、武师、绣娘、民间手艺人……我们谁也不知道。我们不知道的永远比我们知道的多，这就是我们伟大的中华文化。这么多的传承人，我们怎么办？我们需要认定，需要省一级的认定、国家一级的认定。

今后，我们的工作有两个重点中的重点，就是：古村落和传承人。当然，我们已经开展的项目全要做，全要做好。新立的项目要慎重，因为我们的精力、人力、财力都比较有限。为了古村落抢救的启动，我们正跟各式各样的人去谈，跟官员谈，跟开发商谈，因为古村落的普查需要一笔很大的资金。

当下，对非遗的工作有两个，两个工程：一个是中国文联和中国民协正在做的中国民间文化遗产抢救工程，由中宣部批准的一个超大规模的文化工程，为期十年；还有一个二〇〇三年由文化部、中国文联、国家民委联合做的中国民族民间文化保护工程。这个保护工程由政府来做的。"抢救"和"保护"这两个名称还是有所不同的。我们国家的提法是"保护为主，抢救第一"。抢救是保护的一个前提。抢救要到田野，要到第一线，不然你抢救不到东西。这两大工程是我们目前文化保护中成体系的较大规模的两大块。但是，我发现目前的工作有点乱。我们民协做的工作，文化厅也在做。如果交叉起来，相互配合并不坏；配合不好就乱了，不但乱了，还会争执。怎么办呢？需要协调。国家在做这个工作的时候，提了一个概念："政府主导、社会参与、相互协调、形成合力"。以专家为主体做的抢救工作和以政府为主体做的保护工作，其区别在什么地方？就是专家主要是抢救，政府主要是保护。首先说保护，只有政府才能保护，民间没有力量保护。保护工作主要是政府的工作，这不仅在中国是这样，世界各国都是这样。联合国教科文组织有位官员对我讲，全世界保护都是政府的事情，所以政府才定名录，政府才向联合国申报世界文化遗产的名录和代表作。专家为主的这一块主要做抢救。在田野、在我们文化的原生地去发现、鉴别、挑选有价值的遗产，认定它是遗产。专家还要做的事是整理和分类，建立档案库和信息库。专家还要用理论支持来弘扬和发展。这也是政府没法做的。这需要专家和政府相互配合做。

五年以来，中国民协通过不懈努力，把抢救工程做得从无到有。五年以前，我们的公众恐怕还不知道"非物质文化遗产"这个概念。一个概念，后面带来一大串理念，一大串理念就带来了一种世界观、一种价值观。因为有了这样一个概念，我们就有了对遗产的认识与理解，我们的百姓也就有了对自己文化的关注、尊重和热爱，这社会的文化素质也就随之提高。应该说，今天我们的民间文化界所执的理念，所做的事，跟传统的民间文化领域里的做学问有很大的不同。从"五四"以来，我们一直把民间文化作为一个学术对象。到了今天，这个学术有了质的改变。就因为，我们整个人类从农耕文明向工业文明转化，中国又是急转弯地转化。我们这个转化，容易丢掉的、容易中断的是我们对文化的传承，而我们要传承的正是在我们的文化里，它关系着我们民族的精神命运。所以，我们现在的工作不仅仅是一个学术和学问本身的工作，更重要的是我们关注到了我们民族的命运，我们参与进来了。

前几天，我看了内蒙古和林格尔和河南豫西的剪纸，非常感动。我们民族真是太伟大了。我们的百姓穷得一无所有的时候，几张小纸片把无限的理想、生命的情感、审美的追求全附着上了。而且，一个小小的青蛙、一个小人放在窗户上，世界好像都活起来了。所以说，如果我们这一代人不把我们的遗产留下来的话，我们的子孙是永远无法见到的。我们的民间文化抢救事业，正像现在的扬州花红草绿，很快地我们要让中国的大江南北的田野大地全都花红草绿，这需要大家共同的努力！我的话完了，谢谢！

二〇〇七年四月八日　江苏扬州

我们这个时代的文化使命

近来我基本在三个领域忙碌：一个是文学，一个是美术，一个是文化遗产保护。文化遗产保护的问题现在在困扰我，我今天把困扰我的问题交给大家，希望大家一起帮我思考。

历史不仅是站在现在看过去，还要站在明天看现在

我认为文化最迫切的问题就是文化所面临的挑战，我讲的是中华民族文化所面临的挑战。

每个时代有自己的文化使命，这个文化使命是被文化的困境逼出来的。这个使命不是自己确立的，是受一个时代性的驱使，时代性的逼迫。刚刚说的文化的困境是什么？就是文化遇到挑战。我们的文化遇到了什么样的挑战？首先，人类的文化都遇到挑战，主要遇到两个挑战。第一个挑战就是全人类的文明已到了一个转型期。人类的文明史上最大的转型期有两个：一是渔猎文明向农耕文明转型，还有一个就是农耕文明向工业文明转型。就是我们脚底下这个时代，整个的人类文明都在转型。原有的文明阶段不管多灿烂，都要瓦解，新的文明要确立。人类文化的多样性，人类各种文化的传统，各个民族文化的基因，还有大量的文化财富，都是在原有的文化里面，但是这个文化整体性现在瓦解了，这是一个全人类的问题。

十九世纪中后期，一些考古学家到希腊的迈锡尼和克里特岛进行考古，到埃及去考古，到西亚去考察苏美尔人和巴比伦人的文化。实际在那时期，

人们还不是特别清醒自己做这些事最深刻的意义是什么，他们这么做的背景是什么。我认为是人类的文明在悄悄地向现代转型，因为人类只有进入一个现代社会，才将原来的文明和原来的文化作为一种历史文化对待。

人类的文化转型现在遇到了一个新问题。从十九世纪末到二十世纪初，转型愈演愈烈。到了工业革命以后，尤其是在当代，全世界的文明在迅速转型，遇见了诸多新的挑战。而我们那个时候在搞"文化大革命"，那个时候有个比较大的概念出来了，就是现在我们不断从报纸上看到的词汇：遗产。我们一直认为遗产就是过去的、老的东西，都是所谓历史丢下的东西。杨澜在中国申办奥运会成功后说了一句话，就是中国人要考虑给这一届的奥运会留下什么遗产。我认为这句话说到最关键的、最现代的一个概念，就是现代人的遗产概念。

历史是什么？历史不仅是站在现在看过去，还要站在明天看现在。我们这个时代有了新的遗产观，遗产观并不是说站在现在看过去，而是要站在明天看现在，看我们在这个文明转型期保住了人类文明的什么东西。杨澜的意思就是说从明天看奥运会历史，这次北京奥运会中国人用什么样的文化、什么样的精神注入到奥运会的遗产里，给奥运增添了什么有永久价值的东西。

把文化遗产当作精神财富继承，是人类了不起的一个进步

人类的遗产观在历史上从来都是个人的、私有的、物质性的。到二十世纪，人类的遗产观开始发生变化，人类开始把人类共有的、精神性的东西看作是遗产。这个遗产是什么？就在人类文明的转型期才出现了新的遗产概念，这个概念就是文化遗产。

在二十世纪的时候，人类就开始有了这样的概念，这个时期我们中国人没有，我们正在进行"文化大革命"，疯狂地毁坏我们这个不知叫遗产的东西，我们中国人应该为"文革"感到羞耻。创造了世界上最伟大的东方文明的国家，却把我们的文化当作我们的敌人来扫荡。人类在这一个文明转型时期时要有一个觉悟，就是从农耕文明向工业文明转型与从渔猎文明到农业转型不一样，

十年来，我们靠着不断的宣讲与传播，把知识界的思考普及到全社会。

从渔猎文明向农业文明转型时，文化基本未留下东西，人类没有遗产观；但这一次人类非常自觉，有了全新的遗产观，不是把遗产当作物而是当作精神。人类开始把遗产当作人的精神财富来继承，这是非常了不起的一个进步。

人类的文明史一共就几个阶段，一个是自发的文明，一个是自觉的文明，一个是文明的自觉，三大步。在墙上信手画一画，那是自发的，后来把画画、跳舞当作生活中的一种文化，当作一种仪式，当作一种艺术，这就从自发的文化变成自觉的文化。而我们把它当作一种事业，一种传统，要保护和传承它，我们就有了一种文明的自觉，也就是文化的自觉。

二十世纪人类在文化上很伟大，有了文明的自觉性，有新的遗产观出现，把遗产作为精神，而不是作为物质对待。对遗产的看法不是回头看过去，是为了未来，为了继承。这是一种很前卫的观念。

我看过一个材料很有意思，讲的是西方人在易拉罐刚刚出现的时候，马上就有人认为易拉罐的小拉环污染环境，很快就有人发明了新的拉环，就是按进去掉不下来的那种。而制作易拉罐的厂家宁愿把原来的模具毁掉，改模具，也要保护环境，这是一种前卫的、自觉的文明，是文明的自觉。但是我们在"文革"时，批孔子，批《红楼梦》，一切都批了以后，我们就剩一个空架子，我们的那代人对整个中国文化认识都是空空如也。跟着我们又把这样"空空如也的文化"都放到市场经济下，放到全球化时代，我们当代文化的轨迹不是线性的，我们和西方人不一样，西方人进入全球化时代是从古代从传统线性的进来的。这就是我要说的第二个问题，就是全球化的挑战问题。

全球文化正在遭遇商业化解构

我们的整个文化进入了全球化时代，遇到了一个非常重要的商业化的过程。就是说原有的农耕文明进入现代之后，它要被现代文明取代一部分，还有一部分就是被商业文化所改造。这是因为商业文化要从原有的文化中挑选卖点，能成为卖点的它才接受，不能成为卖点的它就扔到一边。

我曾经说过，民间故事、民间文学马上就要消失，而且消失最快的是口头文学。因为只要一个电视信号，或者只要一有电脑，民间故事就消失得很快。我们现在日常生活中的文化菜单都是什么样的内容？我在天津大学教书，有一次我的研究生们来找我，三个女孩子，想当超女。我说："你知道超女是商品吗？"一个女孩说："商品有什么不好？"这个问题很有意思。我说："商品有商品的规律，一个是促销，不断地炒作促销，然后是热销，之后是走红，所有的生活细节都能成为媒体的猛料，然后越炒越热，到一定的时候，新一代的超女出来，这时候就开始滞销。商业化的最大特点就是永远要有新的商品代替以前的商品，否则商业无法发展，商人也无法获利。比如手机，今天可以是彩铃的，明天是和弦的，再过两天就是立体声的，一代代变的过程中，不断地从你口袋中掏钱，这就是商业最本质的一点。做超女你就要做好有一天被清仓处理的思想准备。"

商业文化的残酷性就是商业文化不追求永恒，商业文化不对文化本身负责任，商业文化只需要从文化里牟利，商业文化不需要建设，对于原有的文化是挑选卖点，能成为卖点的就要，不能成为卖点的就撤掉。商业文化一定要对一个民族一个国家原有的文化进行解构，重新改造，把表面的能成为卖点的拿出来，对文化不负有任何责任，不负有传承责任。

在商业文化的霸权里面，文化菜单就剩下两道主菜，一个是名人，一个是时尚。虚构的人物林黛玉没有陈晓旭有媒体的价值，千方百计惹起公众的兴趣，这就是商业文化的特点，因为陈晓旭是名人，林黛玉是虚构的。媒体的主菜就是名人，名人的逸事、生活、爱好、穿戴、绯闻、车祸都成为公众的兴趣，是现在大家文化生活、文化消费里的重要一道菜。

商业文化菜单里另一道主菜就是时尚。现在的时尚和唐代尚胖、楚王好细腰、三十年代流行旗袍不一样。现在的时尚是商家事先制造出来的，明年流行紫色，他就先造势紫色，然后明年再生产紫色。所有现代的时尚实际都是商业的陷阱。在这样的文化环境里，人们是孤独的、浮躁的，没有人对你的文化负责，你也不会对你心灵中的文化的建设负责。在这样一个商业社会里，人不可能深刻，这就是我们一个时代的、文化上的一个问题。

"旧城改造"不能让文化的载体消失

人的价值存在于自己独立的价值中，民族的价值也存在于民族独立的价值中。东方的智慧，我们的传统，我们独有的价值观、审美观在我们的文化里。但是我们文化的载体正大量地从我们的生活中消失，而且是不知不觉地就失去，首先就是我们的城市。

全人类最伟大的创造就是创造了人类文化的多样性。大自然最伟大的创造就是多样性的大自然。我们保护濒危的动物，但是我们却没有保护好我们濒危的文化。我们的城市在"旧城改造"这个口号下，已经变得完全一样了，没有人怜惜它，因为中国人有一句话叫"旧的不去，新的不来"，旧的一定要把它毁掉。

在农耕社会里人是厌旧的，春夏秋冬是一轮一轮的，每年在冬天以后，在春天要来的时候，都希望万象更新。因为农耕社会太长，所以我们中国人在历史感上和西方人不同。在欧洲都可以深深地感受到他们每一个欧洲人的历史感，包括农民的家里面，都会把他老祖奶奶的一把椅子放在非常显眼的地方。他们是充满了历史感的，情感记忆的。他们不会把冰箱搁在房间正面，觉得气派。

我们的城市在迅速地消退。我说的城市问题是个非常严重的问题。改革开放以后中国多少城市，都是新建筑，都是玻璃幕墙，都是庸俗不堪的门帘，都是"福"字倒着写。我曾经在敬一丹的节目里说过，"福"字是不能倒着写的。按照中国的风俗，一般在垃圾箱上、水缸上"福"是倒着贴，因为它要倒出来，倒出来就把福倒掉了，所以倒写矫正。住房最里面的柜子上福字是倒写的——福到——到里面，不是到你家大门口就不进去了。另外，中国还有一个门的文化，大门是恭迎客人的地方，应该是大方的，所以"福"字必须是端端正正写的，不能是颠三倒四的。这个倒贴"福"字其实是从香港那边来的，福字倒贴就有了卖点，实际也是商业化的结果。

保护古城、古村落和民族民俗文化刻不容缓

在古城消退的同时，就是我们大量的古镇、古村落、大量的民族民俗文化在丧失。

最近我在忙的一个事情就是中国古镇的调查。现在中国江南的村落，除西塘、周庄、同里、乌镇这几个所谓的"江南六镇"保护得比较好——但是也基本旅游化了——中国的古村落在迅速地消失。最近我们请一个民艺学家对山东的民居做了个调查。中国到底还有多少村落？我给了他三条标准：第一、是鲜明的地域代表性；第二、村落基本体系完整；第三、有非物质文化遗产，有活态的民俗，有自己的民间艺术，或者有自己的民间艺术传人。因为我们想三年之内搞清这些问题，希望向中央建议，保护好我们整个的古村落，能不动的就千万别动了。

现在城市里已经没有土地开发了，就开始到农村买村庄了。有的地方在村庄前面、后面装上铁栅栏，然后打包卖给开发商，找几个比较像样的房子装修一下，找几个人扫扫地，两边都搁上熊猫抱着足球那样的垃圾桶。开发

旅游总得有两个漂亮的房子，不够漂亮的时候就请人来刷刷漆，然后再请当地的一些文人们编点故事，一般都是一个老爷有六个妾，参观的时候便领你到一个黑屋子里说，这是老爷金屋藏娇的地方。所有的古村落都有一个金屋藏娇的地方，现在的旅游开发，就是这样糟蹋我们的村落遗产。

我们在第二个文化遗产日时，请了大量的民间的艺人，这些人有民间的乐师、琴师，民间的画工，民间的手工艺人、绣娘，还有各种各样身怀绝技的人，也有鲁西南地区印木版画的七八十岁的老人，我觉得每个人身后都是沉甸甸的文化。

非常重要的一个问题就是这些人在大量地消亡，他们的后代对他们没有兴趣。前一段时间我去贵州访问，黔东南地区有三十二个少数民族，每年有四十万人到江浙一带打工。这些初入大城市的女孩子们被花花绿绿的商业文化弄得眼花缭乱。到春节，把什么任贤齐、毛宁的光盘都带回去了，一回到村寨里面，还在寨子里的那些女孩子都围过来，立刻被吸引，跟着也出来了。这些人再回去，换上了 T 恤衫、牛仔裤，完全不一样了，给那个地方带来一个很大的冲击。现在这些少数民族地区，甭说穿少数民族服装，连说自己民族语言的人也越来越少，每年都有两三个村寨不再说母语。

前几年一个法国女人，很有眼光，她住在贵阳，使了一些小钱，让一些古董贩子到村寨里专门去收购百年以上的苗族的银饰、项圈、手链，还有刺绣，非常漂亮的老的服装。她在每样东西上加个标签，标上什么年代，什么样的人家，干什么的，属于哪个村寨，都写得很清楚，然后运回国。她做了六年，最后她在贵州说了一句很狂的话，她说十五年以后中国的少数民族到法国来看。

于是我们这几年做了一个事，就是把贵州所有民间艺术做一个普查，请了当地很多大学的学生，把贵州的九个地区，八十五个县，几千个村寨的，大到民居，小到荷包，做了全面的普查，然后做了个信息库。我在两会提过一个提案，就是重要的古村落全要建一个博物馆，把这些东西留在博物馆里。就像在意大利、奥地利，让这些古老的村庄像诗一样，那样的优美。我这个想法是不是过于浪漫？

我曾经到多瑙河边卡缪那个地方，看到一个女孩子从一个教堂下来，穿着很长的裙子，手里拿着一串很大的钥匙，钥匙很古老。她走到一个大拱门，把门打开的瞬间，我仔细一看里面，就像茨威格小说里描写的一样，都是古老的家什，还有艺术品，就是一个普通的人家，他们这么热爱自己的文化。而我们呢？包括宏村、西递已经列为世界文化遗产的地方，我们进了这个地方往里一看，基本上都是新东西。他们不是喜欢新东西，而是卖老东西才能多卖钱。我们的古村落基本被文物贩子给掏空了。

我注意了北京潘家园十几年的变化，后来写了一篇文章在《北京青年报》发了，名为《从潘家园看中国文化的流失》。最早这里的人家卖的是人们家里的细软、镯子、小银饰、小孩的长命锁、古董珍玩、文房四宝，然后就卖墙上的字画，字画卖完就开始卖家具，这些都卖完了以后就开始卖窗户。你看越好的饭店里老窗户就越多，都变成装饰品了，那些窗户从哪来都不知道。最后卖什么？卖柱础，卖柱子，这说明房子已经拆了。

这个世界必须要有没被商业化的精神绿地

雨果在一八三五年写了一篇《向拆房者宣战》的文章，把那些没良心的开发商臭骂了一顿，说他们把法国历史的精华，把那些石头上尊贵的记忆都毁掉了。后来又出现了一个作家，是《卡门》的作者梅里美。他成立了一个法国古典建筑保护委员会，他保护的不是建筑，而是法国人的精神。后来又出现一个很了不起的法国小说家叫马尔罗，他当过文化部的部长，其间他对法国整个的文化做了一次普查，大到教堂，小到羹勺，都做了彻底的调查。调查完以后，他说经过这次普查，他们知道美国人是军事和政治上的超级大国，但是法国是文化上的超级大国。法国人不随便说英语，就说法语，他们有强烈的文化自尊。全世界每年有六千万人去法国旅游，那么尊崇法国，就是因为法国有一些先觉的知识界的人，他们站在了时代前沿，捍卫着法国。

有人说我们的问题是因为太穷，等到富了，这些问题我们就一定能处理好。穷的时候没有办法，只有先解决肚子问题。可是，现在中国恐怕是世界上饭店最多的国家，肚子里鸡肉鱼肉都有了，为什么还没想到文化？一个国家富当然好，要富到哪里去呢？不值得思考吗？富到哪里去才能回来怜惜怜惜养育我们的生命的文化？

我们一代一代人之所以能够交流，是因为我们有共同的文化。文化不只是语言。我们用一种表情、一种方式，我们就会有一种感应，这种感应就是文化造成的，因为我们从小在同样的摇篮里，听同样的儿歌长大。我们对绘画的水墨就有感觉，西方人对水墨就没有灵感。我们到年三十那天如果没回家，非得给家里打个电话，那个电话就和平时不一样，因为那时有节日气氛，有民俗情感，这就是我们民族特有的情怀、凝聚力。

我在美国一个小城镇访问时，到一个保险公司，老远看到一个雕塑矗立在那，是英国雕塑家亨利·摩尔的作品。往前走，有毕加索的雕塑。整个保险公司放满了现代艺术和现代雕塑。我问那个公司的老板这是为了什么，老板介绍说，第一、是因为现代的艺术大多是试验性的，他们需要人支持。第二、是为了让职工在一个非常高尚的地方工作，他们就会有一种尊贵的感觉。我想我们大学生也是如此，不是到大学里拿一个罐装点知识就走，他们在这里要建设自己的心灵，使自己高贵，变成一个独立的、有自己思想的人，走向社会。

去年在天津，在我的艺术学院办了一个画展，从意大利弄过来达·芬奇、米开朗基罗等一批大家的作品，全国大学生来参观都免费，每天有七千人。我们就是想在大学里有一片净土，有一片把美视为神圣的地方，有一个精神的殿堂，没有商业化。这个世界上必须要有一片精神上没有商业化的绿地。我觉得大学生们在这个阶段最重要的就是人生的理想、价值观的确立，还要建设自己高贵的灵魂，要对我们的国家、民族负有责任。

在东南大学的讲演
二〇〇七年六月十七日　南京

传统民间美术的时代转型

一直期盼有机会能和民间艺术家们面谈关于民间美术的保护、传承和创新等问题。这个话题很现实很重要也很紧迫，攸关传统的民间美术的存亡，因此大家都非常关切。其实这也是整个民间文化领域中一个共通的话题。在今天的艺人节上能够邂逅来自全国各地各民族的民间美术家和民间文化的研究者——这可是个千载难逢的机会，不能错过。

一、现状

我国民间美术历史悠久、博大深厚、灿烂多元，这大家都知道，自不必多说。我国民间美术有多少种，谁也说不清楚。前年我们曾召开一个民艺学方面的学术研讨会，专门研究我国民间美术分类问题，分类分到三级，就出现了数百个类别，还远没有按地域和地区分呢。比方山西的布老虎和面花，相邻两个县甚至两个村就大不相同。我们国家的民间美术的种类比大地上的野花种类还要多。可是这样巨大的艺术遗产和艺术体系目前正在遭遇着全球化和现代化空前强烈的冲击，这一点大家都有着共同和亲身的感受。这里之所以用"遭遇"二字，是因为冲击来得突然，我们完全没有准备，既没有心理准备也没有文化准备。千百年来民间美术代代相传，平稳而有序，但如今突然迎头撞上这么拦腰一击，这么剧烈和灭绝性的扫荡。一种从未遇到过的困境便摆在面前：一方面大批民间美术在不知不觉中迅速衰亡，谁也不知道怎样去挽救和保护；另一方面大批民间美术为了生存，拼命挤向现代市场，却又手忙脚乱，莫衷一是。许多技艺高超的民间艺人在商品社会找不到自己位置，许多传衍了数百年的民艺名品遭到市场无情的拒绝。可是——这是社会与文明转型期间必然出现的现象。

请大家留意，我这里用了一个概念：转型，这是今天我要讲的主题。这里说的转型有两层意思。从社会层面看，是从计划经济向市场经济转型，从传统经济向现代经济转型；从文化乃至文明的层面看，是由农耕文明向工业文明的转型。这转型是社会发展的必然趋势，是不可阻挡的，是进步的；但是转得太快太猛烈，猝不及防，就必然带来事情的负面——破坏。人类文明的进程中，一边要更新，一边要传承。如果只更新，没有传承，文明中断，就是一种破坏，更新本身也会成了无根之木，长不高大。

然而，在这种缭乱又急迫的状况下怎样传承呢？首先看一看，当今民间美术遇到了哪些具体的问题。

我国民间美术分为两大类，两类遇到的问题并不相同。

这两大类，一类是城市的传统工艺，一类是广大农村的乡土美术。前者所使用材质较为贵重，如象牙玉、宝石、金银等，制作的工艺技术含量高，追求精工细致，多属独立的欣赏品，制作者为生活在城市中的专业性的能工巧匠。近代把这种城市的传统工艺，也称作"特种工艺"。后者使用材料大都是身边的自然物，如泥土、草木、砖石、羽毛、纸和布等，制作的技术含量不高，但地域性鲜明和情感色彩强烈，不求精致，但求神采。作品多为民俗用品和生活文化。制作者很少是专业艺人，大都是乡间的普通百姓，农忙时干活，农闲时为之。

前者是传统的工艺品，在城市市场上流通；后者为广大百姓自娱的艺术和生活情感的载体，只是偶尔也会拿到集市上换些零钱或以物易物罢了。

这两大类民间美术由于多方面的区别与不同，当下面临的具体问题也全然不一样，需要再进一步分析。

先说城市的传统工艺，尽管它也存在着后继乏人的苦恼，但最大的问题是市场问题。虽说城市的传统工艺一直是面向市场的，但现代市场与传统市场全然不同。传统市场的审美要求比较稳定，甚至长期不变。在历史的进程中，也会有一些时代性的嬗变，但属于一种缓慢的线性的流变，没有颠覆性的改变。到了现代市场就大不相同了。现代市场受时尚审美潮流的左右，一时一变，朝兴夕灭。同时这种商品化的时尚审美是强势的，它瓦解传统艺人的自信。尤其是当今——艺人们尚不能在现代市场中确立自身的价值时，就会顺应时尚，放弃自己原有的艺术特性，卷入到花花绿绿的市场审美的潮流中。许多传统艺术就是这样被瓦解和走向消亡的。

与城市的传统工艺相比，乡土美术遇到的是另一种挑战。这种挑战与农村的变革息息相关。首先是大批农民进城或外出打工，民间美术由于无人传承而断线。传承人是乡土艺术的生命。历史上虽然也有一些民间艺术（包括舞蹈、吹奏音乐、民歌、故事传说、手工技艺等），在传承中由于后续无人而中断，但那是个别的、枝节的，就像生命繁衍中的死死生生，很正常。整个的文化环境和文化生态相对稳定。但这一次，几乎是所有民间美术都遇到这个攸关存亡的冲击。与之紧密相关的，还有乡村生活方式急剧改变、传统民俗的快速消退等等。民间美术是生活文化，多从属于民俗，当民俗瓦解，相关文化随即消泯。最突出的例子是近数十年中间年画退出了生活。年画是多重要的民间美术呀，但它基本上已经在生活中泯灭了。更致命的问题是，乡土美术的制作者并不知道他手中的艺术——小小的一片剪纸或一个香包究竟有什么价值。生活的艺术依赖着生活的应用，许多民间文化就是在它失去了应用功能时立即消亡的。那么，在乡土美术失去它生存的土壤时，我们是应当为它培土还是将它向别的方向移植？那么谁来做这些工作？如果不去管它，任其自生自灭，它就会一大部分灭亡，很小一部分挤入市场。而挤进市场的又一定是被商品变异了的，实际上也失掉了它原有的真实的文化生命。究竟它何去何从？一种剪纸没了好像无关大局，可是当所有乡土民间都失去了，中国文化就会死掉十分灿烂的一部分。现在中华大地上的民间美术不是以极快的速度消亡着吗？

转型期的民间美术到底应当怎样应对这一时代性的挑战？一定要这样"死伤惨重"？命中注定地没有生路了吗？当然不是。我们应该做哪些工作？

二、保护

要想一棵大树永葆青春，首先要维护和强壮它的根。这个对于"根"的工作就是保护。这里说的保护不是一般性的保护。在上述的紧迫性的时代背景下，民间文化的保护是抢救性保护。也就是说首先要进行抢救，跟着建立保护体系。

先说抢救。我国民间美术遍及各地各民族一切生活文化之中。从房屋的建筑装饰、家具衣物的样式与纹饰到各种各样艺术性的民俗用品，民间美术无所不在。如果我们深入大地山川、市井农家就会发现，我们不知道的民间美术永远是多于我们知道的。早在上世纪五十年代初，民间年画经过一次普查之后，我们不是一直以为对所有年画产地都已了如指掌了吗？但是二〇〇六年民间文化遗产大普查中，我们在豫北黄河边的滑县慈周寨乡一带，却发现一个悠久历史、规模颇大、工艺独特、审美体系完备的年画产地。我们已对该产地进行了为期十个月的田野调查，其文化十分厚重与独特。所以说，民间美术的抢救必须采用普查的方式。普查是最费力的。这里说的普查是地毯式、不留空白的调查。

当前对民间美术的调查有两项全国性工程进行着。一是文化部的"国家非物质文化遗产名录"申报工作。主要依靠各级政府通过行政力量组织人力进行重点调查，形成系统材料，由下而上逐层申报，再由文化部组织专家做终极评审，决定进入国家名录的名单。我国第一批非物质文化遗产名录的民间美术，共五十九项。这是政府的工作方式，当今各国包括联合国的世界文化遗产名录也都采用这种方式。一旦进入国家名录，再做保护就有确凿的经济和管理上的保障。

另一项是中国民协进行的"中国民间文化遗产抢救工程"。主要是在学术分类的基础上确定项目，组织专家进行田野普查，调查是全方位的。一方面采用民俗学、历史学、人类学、民艺学、美术学等多学科综合角度，一方面通过文字、摄影（静态视觉）、录音录像（动态音像）全面的记录手段，并在此基础上进行存录、立档、建立数据库。对每一立项的民间美术的作品遗存、应用民俗、分类方式、工具材料、工艺特点、传承谱系、传播区域，以及相关的村落、生活、习俗、地理、气候、物产和民间传说和口述记忆，都要进行分门别类的调查，并建立系统而完备的资料。现在正在开展的民间美术方面的项目有木版年画、剪纸、泥彩塑、唐卡、壁画等，以及以省为单位民间美术品中的全面普查。民间美术之外，还有中国民间文学、中国民间文化杰出传承人和中国古村落等重大的系列性的普查工作。这是学界的方式，各国民俗学、文化学界也都采用这种方式。

两种方式都很重要，互不能替代。依我看，在这场史无前例的民间文化保护活动中，专家和政府理想的分工应是：专家主要在考察、甄别和认定方面工作，然后提出保护方案。这里说的甄别与确认，即在真伪、年代、文化和艺术价值上进行认定。专家都是个体的，不掌握着财力与人力的资源，无力去实施保护，保护主要由政府实施。因此说，只有专家与政府各司其职，相互紧密配合，宝贵的民间文化（一称非物质文化遗产）才能得到真正的确认与保护。

然而即便如此，对现有的民间美术的抢救与普查的速度仍然赶不上它消亡的速度。有许多八十年代尚且"健在"的非常重要的民间美术，现在已经连踪影也找不到了。不久前，我在古董市场的地摊上发现一些河北省白沟的泥玩具的木模，有寿星、娃娃、吉祥物，都很美。白沟玩具曾经大名鼎鼎，神采飞扬，有人把它的历史向上连接到宋代的"摩合乐"。但近日途经白沟跑去一问，竟然没人知道，连空洞的记忆都没有。这样的例子举不胜举。抓紧普查是首要的，同时还要尽快立档，把抢救到手的保护起来。八十年代周魏峙同志领导文艺界进行了大规模的民间文艺普查（即十大集成），那次普查抢在大规模现代化经济高潮之前，极有远见，所获资料珍贵之极，有些今天再调查也查不到了。十大集成是县卷本。没有选入县卷本的材料都由各个地方保存，但很多地方由于没有立档，不少材料又丢失了，十分可惜。这些珍贵的东西一旦失去就不再来了。

从保护的角度上说，仅仅立档还不够，还要在原产地建立保护体系，这包括：

（一）保护传承人。传承人是非物质文化遗产的生命。如果一种民间美术无人传承，它会立即中断。遗产中非物质性的、活态的部分立即消失，只剩下物质性的部分。确定传承人是至关重要的和严肃的。它事关这一民间美术传承内容的正统性，应由政府聘请专家来确定。传承人必须是传承有序、具有较高水准、能代表这一传统民间美术的传人。

（二）建立小型博物馆，目的是把历史遗存留在原地。小型博物馆要因地制宜，不一定是"馆"，一两间屋也行。眼下的任务是把这块土地的文化精华保留下来，不要当作废弃物扔掉，更不要叫古董商贩挖走。现在许多地方十分著名的民间美术已经没有任何遗存，全叫古董商贩弄光了。

（三）将民间美术引入当地小学生的乡土教育。这件事有关方面在与教育部门研究。

（四）建立传习所。如今已有一些地方建立了传统艺术的传习所。它的好处是扩大传承的范围，引起更多人的兴趣。

（五）聘请专家做当地民间美术的顾问，保持住民间美术的生态，并帮助乡土美术寻找更多的出路。这个问题下边会谈。

所有保护工作的具体细则，都必须请相关专家帮助制定。保护必须是科学的、严格的、长期的。文化遗产保护不能大轰大嗡，不能作为地方官员的一种政绩，只热心申报遗产名录或花上几百万搞个文化节，过后扔在那儿没人管。遗产是一个民族世代相传之宝，必须时时和永远地呵护。

三、转型

民间美术的时代转型是个大问题，大难题。为什么说是难题？因为它在两难之间。一方面它面临社会生活的急速转变。当今从社会结构到人们的生活方式再到审美观念都在改变。作为生活应用性的民间美术，就必须适应这种转变。另一方面，是怎么变，变什么，哪些变哪些不能变。这都没有先例和范例。如果变得面目全非，非土非洋，也就失去了自己——这是另一种消亡。一种在市场上的迷失后的消亡。

先说民间美术不能变的是什么。我想主要不能改变它的文化特征与审美特征。这些特征主要是什么？

第一、它的内容是理想主义的。民间美术主要表现人们生活理想与精神理想。理想主义的艺术都具有浪漫成分。可以说民间美术（尤其是乡土美术）不是现实和写实的艺术。

第二、民间美术的核心价值观是祥和。祥和是社会与人间一种很高的境界，它包括人际间的和谐，人与大自然之间的"天人合一"。民间文化离不开团圆、祥和、平安和富裕这些概念，这是所有民俗的终极追求，也是民间美术千古不变的主题。

第三、民间美术有自己独特的审美体系。这种理想主义的艺术，在表达方式上是情感化的，在艺术手段上主要采用象征、夸张、拟人等，在色彩上持其独有的生生观和五行观。由于民间美术多用于生活的装饰，符号化和图案化是其重要特征之一。再有就是广泛使用的与语言相关的谐音图像——这是我国民间美术最具文化内涵与审美趣味的方式。

第四、我国民间美术具有地域性，体现其无比丰富的多样性。传统的民间美术（尤其是乡土美术）是在各自封闭的环境中渐渐形成的。不同民族和地域的不同历史、人文、自然条件，致使各地的乡土美术有其独自的表现题材、艺术方式与审美形态。在全球化时代的今天，这种地域个性鲜明的艺术，便成了独有的文化财富。

第五、还有一点很重要：它是手工的。手工是一种身体行为，手工艺术是人的情感和生命行为。手工艺术处处直接体现着艺人的生命情感，机器制作则无法体现。在进入工业化时代后，手工技能本身就是一种重要的遗产了。

我上边说了五个方面。如果要把中国民间美术的特征讲清楚，得用一本书，这里我只是讲了几个主要方面。也就是说，这些主要的特征是必须保留而不能改变的。

如果民间美术不再是理想主义的、情感化的，不再拥有浪漫而炽烈的审美形态和千姿万态的地域个性，不用再是手工的；如果它变成写实主义的、商品化的、机械制造的，彼此大同小异，民间美术就没有了。

未来社会将愈来愈工业化，保持着原汁原味的传统工艺就一定愈加珍贵。在这方面日本人做得尤其好。我们对于各民族、各个地域的民间美术，必须要留下原生态的根脉，必须严格地保留住这些重要的民间美术品种的传统材料、传统工艺和代表作。在这些方面必须是原样保留，不能改变。比如泥人张彩塑，不管怎样去尝试创新，那几种传统代表作《渔家女》《钟馗嫁妹》及制作技艺，必须保留住，传下去，永远能做才行。就像梅派、荀派的传统剧目，必须有一代代梅派和荀派的传人还得能原汁原味地演唱。

那么，民间美术应该怎样发展呢？是不是改做圣诞老人和超女，进了市场卖了钱就是发展了？当然不是。

民间美术的发展并不等于成批地进入市场。不是所有民间美术都可以像汽车工业那样"做大做强"。俄罗斯民间美术被产业化的，只有套娃和彩绘漆盒，埃及也只有纸莎草画。艺术品过于泛滥反而会失去魅力。所以，发展民间美术不能贪大求快求多。

首先是民间美术要为整个民间文化的弘扬服务。我国的许多民间美术都是民俗生活中不可或缺的。比如婚丧民俗，再比如节日民俗，都有许多人民喜闻乐见的民间美术品。不过由于时代生活及其方式的改变，有些已不适用。比如由于现代家居装修的改变，没有对开的大门了，原先那样的成双成对、驱邪迎福的门神已无处可贴；而且现在的门框太窄，对联难以应用；再有，手工年画也无法像以前那样粘在墙壁上。可不可以做些改良呢？比如把门神作为一种传统的吉祥图样，改成小型单幅，装饰在门心（房门的正中）上，行不行？这两年春节时一些地方出现了一种"生肖剪纸"，专门贴在门心上。比方今年是猴年，刻一只聪明活泼的猴子的剪纸贴在门上，明年是鼠年，再换一种聪明机灵小老鼠的剪纸。年年更换，惹人喜欢，很受欢迎。这种生肖剪纸过去是没有的。但它的出现，既弥补了门神的缺失带来的节俗的缺失，又为剪纸找到一个新的"生活岗位"。民间美术本来就是民俗用品和生活文化，离开民俗就如同离开母体，孤立难存。民间美术要在设法丰富和加强民俗生活中，重新找到自己的存在价值。近十多年来，天津的剪纸市场（天后宫剪纸）之所以蓬勃发展，主要是剪纸艺人千方百计与生活所需紧紧拉在一起。

比如这两年，一种两三厘米见方的福字很流行，它是专门贴在电脑屏幕上方的。别小看这小小的福字，它可以使数千年的年的情怀一下子将当代的生活点燃起来。它还使我们明白，在时代转型期间，其实不是人们疏离了传统，而是传统的情感无所依傍，缺少载体。如今，传统节日将要成为法定休假日，各种节日的民间美术不是有了很宽广的用武之地吗？

接着还有一个问题更重要：传统民间美术到了今天，除去使用功能和审美功能之外，还有别的功能和价值吗？其实在传统民间艺术由生活中的应用文化渐渐转化为历史文化时，它已经发生了一种质的变化——在文化上质的变化。它由日常使用、司空见惯的寻常事物，悄悄转为一种历史的纪念、标志、符号、记忆，乃至经典。就像马家窑的陶器，原来只是再寻常不过的盛水的容器，现在却被视为尊贵物品，摆在博物馆的玻璃柜中，还要装上报警器保护起来。现在不是已经有人开始把老皮影、手工版画、古代女工的绣片、朱金木雕的千工床上的花板，装在考究的镜框里，用来装饰豪华的酒店吗？据说对这种古老艺术品感兴趣的多为外宾。他们把这些艺术品当作东方古老文明一些美丽的细节。但我们自己为什么没有这么看这些昨天的民间美术？也许这些东西离开我们的生活还不久，我们还不能"历史"地看待它们。但随着时间推移，我们也会渐渐将它们珍视起来。这就是说，传统民间美术到了明天，不再是能不能被应用，而是要转化为一种历史记忆和文化经典。我们的民间美术工作者是否能够走在时代前面，用一种新时代的角度与观念来对待这些传统文化，让这些古老的民间艺术以另一种——遗产的形态重新回到我们今天的生活？这是顺应时代转型的一种积极的方式，也是我们必须转变的观念。文化的转型和文化观念的转变应是同步的。最理想的是超前，最糟糕的是滞后。观念转变了，眼前的路就会无比宽阔，转型就容易得多。

再一个问题，是将民间美术与旅游文化相结合。我国现阶段旅游纪念品的千篇一律，已是旅游事业中的大难题。旅游纪念品的最大的特点与价值是，只有在旅游当地可以买到，到了其他地方就绝对买不到。反过来说，即使能买到也没人买。比方在巴黎附近的奥维和梵高故居可以买到一种特别的干花——梵高爱画的向日葵，这在巴黎圣母院是买不到的。倘若圣母院有向日葵卖也没人买，因为向日葵在巴黎圣母院没有任何纪念意义。从这一点说，民间美术最能成为旅游纪念品——这是由民间美术的地域性所决定的。乡土艺术尤其如此。如今我国已经有一些地方的乡土美术成为当地著名的旅游纪念品，十分受欢迎。比如蔚县的剪纸、陕西陇东的布艺、南阳的泥泥狗、武强年画、苏州刺绣等等，但为数不多，主要是因为现阶段人们对这些民间美术的"开发"为很少是从旅游文化和旅游者的心理需求考虑的，人们还没有认识到乡土美术在旅游文化中的特殊价值，或者还不知道怎样使乡土美术成为当地的旅游文化的一部分。这也是文化转型中一个重要的话题。这项工作我们准备召集专门的会议研讨。

上述谈了几方面的想法。这里有个关键问题：由谁来做？当然，民间艺人是主角。民间艺术的创造者是艺人，艺术当然首先是艺术家的事。民间艺术本来就是从民间艺人心里发生出来的。

然而，把所有难题都放在艺人身上是不行的。为其打开思路、排忧解难、建言献策是文化学、民艺学和美术设计学的专家学者包括学习这些专业的学生要主动承担的。

这是因为，民间艺人是在长久的封闭的天地一隅之中代代相传。他们对外界的信息所知有限，对自己艺术的价值也并不十分清楚。当今民间美术面临的现代文明的冲击，空前猛烈，猝不及防，同时商业化的"话语霸权"又是不可抵抗的。身在田野的乡土艺人恐怕来不及想明白，就已经被这文明更迭的风暴吹得晕头转向。完全凭仗他们一个个人单薄的力量，很难完成这一时代性的转型。比较而言，城市的传统工艺由于原本就生存在市场之中，凭仗着材料的贵重与工艺的精湛，仍在市场里有一席之地。而对于以草木砖石为材料的乡土美术，谁能看到其文化价值和遗产价值？这必须由当代的专家学者——文化学、美术学、民俗学以及旅游方面专家学者出手相援。这也是我们一再呼吁专家学者把书桌搬到田野里去的最深切的缘故。

我国民间美术博大精深，灿烂多姿，但这是过去。今天我们的民间美术正在翻越一座大山。这大山就是转型，而且是全方位的转型，既是民间美术赖以存在的生活与社会的转型，也是它的应用方式和存在性质的转型。但面对这座高山时，我们大家一个也不能缺席，还要一起努力来翻越。翻越大山绝非易事。单是传统审美与时代审美之间的问题怎么解决，就不是小事。可是如果翻越过这大山之后，最终只剩下少数的民间美术和不多的民间艺人，后世之人就一定咎罪于我们，责怪我辈的无能。我们不能坐等后世的口诛笔伐，而要迎上去，帮助我们的民间美术翻越这座时代转型的大山，让历史之花开放到未来。

在杭州"中国艺人节"上的演讲

二〇〇七年十月十九日

在故宫博物院 "紫禁城文化论坛" 上的讲话

按礼貌来说，不应该我先讲，应该是这几位我所尊敬的老先生来讲。

刚才听了郑院长讲的一百五十万件故宫的藏品，我听了脑袋都大了。绝大部分我没有看过，我自二十世纪八十年代以后，特别是九十年代黄金周以来，就很少到故宫来了。

我最初来故宫的时候，还是在五十年代末、六十年代初，当时做仿古画，所以我必须要来故宫绘画馆看。当时我学的是两宋的山水，后来有一段时间，我又迷上了明代的画，所以我经常来看画。有时候看技法，当时没有照相机，拿笔记，脑袋记，记完回去以后，如果某一部分不清楚了，就会坐火车赶回来再来看。

我还记得有一次在故宫看画，当时我印象的绘画馆是在一个曲曲弯弯的长廊中，当时看画太入迷了，鼻子按在玻璃上，哈气把玻璃弄脏了，当时故宫博物院的工作人员，估计现在都退休了，把我训斥了一顿，非要让我把玻璃擦干净了，印象非常深刻。

七八年前，我回忆当年写了一本关于绘画的书，第一篇文章就叫作《我与故宫，深远的情缘》。我学画最早的时候，看的是故宫一部三四十年代出的画册，叫作《故宫周刊》，我家里当时买了一套，易培基先生题的字。后来我到台北故宫博物院看到那些画非常的亲切，因为有一部分画运到台北去了。比如像苏汉臣的《货郎图》，那一部分画都到台北去了。所以和故宫有一个很深的、很亲切的感觉。

今天听到郑院长刚才讲的另外一个世界，说起来这个是鲁班门前不能要

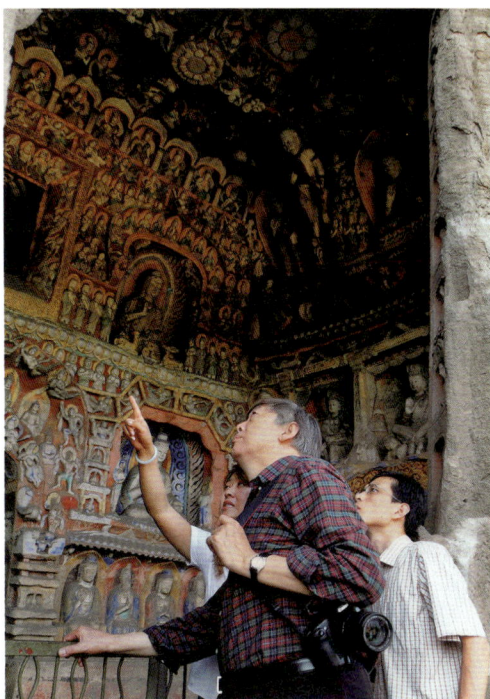

前后五次去大同，为了摸清这一文化古都的家底。面对这些宝贵的遗存，应该看得细些再细些。

的，不能讲特别具体的东西。但是我对故宫紫禁城文化的研究，很有兴趣。

当时亚民给了我这个材料之后，我认真看了看紫禁城文化的提出。昨天晚上又谈了谈，他讲到了郑院长关于"故宫学"的提法，我晚上想到了十二点多，非常认真地想：这个概念能否成立？如果它成立了，价值是什么？我一直在想这个问题。因为在前不久的时候，我去了两个地方，这两个地方都要做文化大省、文化强省。中国近来很疯狂，文化一进入了官员的政绩之后，提法愈来愈大。一些地方都要搞"这个学、那个学"，后来我被一个省请去做"××（省）学"的顾问的时候，当时提了一个概念，说并不是什么都可以建立一个学的。尤其是行政划分的地区，尽管文化有一定的地域特征，但是它不能成为学。当然我现在不好讲这些省。

当时我举了一些例子，比如说敦煌学、藏学。我认为要成为"学"应该有三个条件：第一个条件，这个文化一定是博大精深的、千头万绪、浩无际涯、深不见底的。第二个条件，应该是自成体系的，必须是一个严格的体系。第三个条件，它应该有一个巨大的学术空间。甚至还有一些学科能够国际化，拥有能够广泛无限交流的学术空间。我想最起码应该具备这样三个条件。

比如说敦煌学。敦煌学的背景有几条大的线索，它是丝绸之路史，是人类历史上最长、最伟大、历时两千多年的几大文明的交流史，它是佛教史，它是中古史，它是西北少数民族的变迁史，它又是敦煌艺术史，它有四万五千平方米的壁画和两千多件雕塑作为后盾，还有近五万件的藏经洞的文献，中古时期的文书和经卷作为它的背景。它可研究的学术空间无限大，它的文化自成体系。我专门写过一篇文章叫作《敦煌艺术的样式》。最近，敦煌研究院院长樊锦诗给我打了一个电话说：我们从国家财政局申请了一笔钱快批了，要把敦煌数字化，你能不能写一个半个小时用的东西把敦煌概括下来？我说半个小时如果是广播就是三千字到三千五百字，它无法把敦煌概括下来，因为它实在是太博大精深了。所以说，敦煌是可以成为敦煌学的。

那么故宫呢？故宫能不能有一个故宫学？我觉得郑院长提出来的问题非常具有挑战性，非常有启发价值，让我们思考。我首先觉得这个思考是了不起的，我们过去没有过这样的思考。我们公众和学界把故宫基本按照两个含义定的，一个它是中国古代的重要的历史文化遗迹，是名胜古迹，还有它是一个巨大的博物馆。所以我们对故宫的研究离不开鉴定，离不开对它的收藏品的研究和评价，还有对艺术史的研究。大概它是在这个范畴内。这个研究我觉得它受制约的东西是什么呢？是我们长期把故宫作为封建统治阶级盘踞的地方看待，这种意识形态的桎梏使我们不可能用文化的眼光来看。这说明改革开放之后我们对文化有两个阶段的认识非常重要，一个开始把历史遗留下来的东西当作文化来看，用文化的概念重新审视、重新认识我们历史遗留下来的东西。

我们说文化的概念，文化的概念非常多，在字典上的解释就有很多。我们也可以把一个人受教育的程度、掌握知识的程度、有文化、没文化作为文化的概念。我们也可以将其视作一种文化艺术的特质。一般来讲，我们还是把文化作为一段时间、一个地域、一个历史时期中，一切的物质、精神的遗留财富的总和。当然文化还有另外一个定义，就是一定的意识形态，可是长久以来我们只把文化当成了意识形态。所以我们只看到了它作为文化的一角，而实际上还没有把它作为文化。八十年代以来我们开始把它当作文化来看。当作文化学的角度来看，紫禁城的文化是特有的、丰富的，甚至也是博大的一种文化。但是我们把这种文化容易看成是一种宫廷文化、皇家文化。当然这个文化因为它内涵丰富，也是无所不包的。我们从文化学来看紫禁城的文化是没错的。

从二十世纪开始，整个人类眼中的文化又多了一个角度——遗产的角度。整个中国现在面临一个转型期，是从计划经济向市场经济的转型，但是整个人类是从农耕向工业文明转型，这一转型使人类对原来遗留的东西有了一个看法，这个看法改变了一个概念，就是遗产。从历史来说，遗产的概念是单一的概念，是个人化的，祖辈遗留给我的个人的东西叫作遗产。在人类文明转型的时候，人类中先觉的知识分子，就产生了一个观念，把以前一代人或者一个历史阶段、一个文明阶段遗留下来的东西作为一种公共的财富，这样的一种遗产观在二十世纪开始产生了。个人遗产我们基本上说是物质性的，我们从来没有把爷爷奶奶对我们的一句训诫当作遗产，而是把细软当作遗产，它是物质性的。后一个遗产是精神性的，就是我们说的文化遗产。人类有了文化遗产的概念之后，自我的感觉就忽然良好了，因为他们不光有这些东西，还有了这些文化。人类对自己文化的遗产的认识也分为两步。一开始是物质性的，我们把故宫、金字塔、长城、卢浮宫当成遗产。另外我们发现还有一部分，比如说民间的歌舞和音乐是无形的，是非物质性的，是口传的，这些东西也被列入了遗产，当然最早还是日本的贡献比较大。世界开始逐步地认识到，一直认识到二十世纪的九十年代，非物质文化遗产才逐渐被联合国接受作为人类的一种共识，在我国才产生。这是人类在对文明认识上伟大的进步，人类重视到了精神层面。

从遗产学角度看故宫，不仅看到它的物质性的遗产，还有精神性的遗产。我们的一百五十万件放在北京和放在台北是不一样的，放在北京是对中原这块大地的见证，放在台北就没有这种见证意义了。它有重要的、无形的价值，包括认识价值。所以，当人类有了遗产学的观念之后，就特别地注意遗产中精神的价值和文化的价值。

当然遗产的概念中还有两点需要稍微区分一下的，政府想讲的遗产和我们学界想讲的遗产还是有所不同的，政府是从政府管理的需要出发，把遗产项目化；而学界认为的遗产有它的整体性，不能肢解，恐怕这还有一点不同。当然政府还有政府的职责，从联合国来说，所谓的遗产保护主要是政府的职责，就是保护。学术界和政府遗产保护上的分工是什么？学术界的知识分子的责任是鉴别，他们来说这个东西有价值、没有价值，真的假的，什么年代的，这是学术界说了算。但是保护的责任是政府的。

因为有了遗产学这样一个观念，再来看故宫，那就不一样了。精神的、文化的、非物质的，也加上物质的，这是从一个全面的角度来看故宫。我觉得故宫首先讲它的背景就是两三千年中国的政治史、中国的宫廷史、中国的文化史。中国的宫廷和西方的宫廷还是有点不一样。中国的宫廷有变化和变迁，但是没有本质的改变，一脉相承到今天。虽然在明代永乐之后有了故宫，但是现在的故宫可以说是中国几千年封建时代政治史的一个非常具体的标本，一个政治标本，一个文化标本，它的博大精深无可估量，它里面的文化自成体系。它的规划、建筑、礼仪、规制、游艺、审美、颜色、图案、形式都是完全、完整、严格甚至于苛刻的，包括它的禁忌和习俗都有完整的一套，而且它是经典性的。

从工艺美术来说，工艺美术有两部分，一部分是城市的工艺美术，叫作特种工艺美术，还有一部分是老百姓制作的工艺美术，叫作民间美术。城市的工艺美术材质很高贵，技术含量非常高；乡间老百姓、大娘们做的东西，用的都是身边自然的材料，土的、砖的、石头的、木的、草的，这些东西材质不贵，技术含量也不高，但是它的艺术情感、地域文化的特征非常强烈，文化价值很高，不可替代。紫禁城中的工艺美术是城市特种工艺的极致，审美标准是由皇家确定的。

我们中华民族的经典性文化分成两部分，一部分是属于皇族，就是紫禁城里面的这部分；另一部分是在精英知识分子那里，包括哲学、思想、文学、艺术都在他们那块。比如绘画，吴道子、周昉、马远、夏圭属于宫廷的，苏东坡、米芾、倪云林、吴镇属于精英知识层的。

所以我想，刚才我讲了这两点，能构成学的两大部分，它的博大精深、深不见底、浩无际涯这些方面，故宫全具备了。它的学术空间还有大量的领域是空白的，我认为它甚至和敦煌学一样，包括了政治学、经济学、文化学、宗教、科学史、鉴定学、博物馆学，各种艺术学、工艺学、建筑学、园林学、天文学、科技史、中外交流史，它几乎所有学科都可以介入，相互综合，相互交叉，彼此之间分类，有着多丰富的学术空间呀。所以，从学术空间这一块来讲，甚至于我觉得它的很多的学术可以国际化，但是它不见得能够成为国际显学，因为敦煌和西方早期那些探险的学者分不开，因为那些人把敦煌的宝藏挖走了，再去研究，所以敦煌学成为了国际性的显学。世界很多国家有宫廷文化的研究，所以国际交流会很多。所以我非常支持郑院长关于"故宫学"的概念。我觉得这个想法很了不起。如果把故宫文化的研究放在故宫学的架构上来进行建设的话，我们就会把以往的对于故宫那种平面化的、泛泛的研究纳入一种立体的、建构性的研究或者是叫作结构性的研究。走出以往的各种各样的各自独立的专题性的研究，来进行一个整体的、立体的、结构的研究。这对中国整个社会的认识和对故宫文化本身的认识都会产生更新的一个境界。另外它为整个学术界，包括各个领域的，史学的、艺术学的、文化学的各个领域，都展开了一个新的、很大的空间。

当然故宫不仅是紫禁城的问题，还有一个泛故宫的概念，包括北京周边的一些园林，一些皇家的历史设施，包括全国各地的皇家文化，包括台北故宫博物院的一些收藏。台北故宫博物院只能收藏，他们建立不了故宫学，只有我们才能建立故宫学。我想需要两岸学者进行合作。当然还有一些问题，如何吸引更多新的学者、新的课题，怎样组建这样的一个研究队伍，这是我们需要想的问题。我想有两个问题首先应解决：需要有一个研究的组织，另外需要有一个队伍，这个应该像敦煌学一样，有国内的学者、海外的学者，有院内的学者、院外的学者，这是一个很大的研究队伍。这是一个非常令人神往的学术研究领域，有无限的空间、无限的可能、无限的处女地。这是非常美妙的一件事情。

此外，我先谈谈关于博物馆展览的问题，可能会与故宫有关。现在世界上的博物馆应该有两个新观念，一是人在其中要身临其境，二是要有研究作为支撑。但是我们过去中国所有的展览都是平面性的展览，艺术展的划分无非几个，第一个是通史性，按照历史顺序排列的。第二个是断代的，比如说清代、明代绘画。第三个是按照画家流派划分的，比如扬州八怪的展览。第四个是按照题材划分，比如我是花鸟画的。但是它不是用研究作支撑的，这和西方现代的博物馆学有一点不同。

我有一次在荷兰阿姆斯特丹看了一个关于梵高的展览，分三部分，前一部分是梵高之前的早期印象派的作品，马奈、莫奈、雷诺阿等，第二部分是梵高，这是核心部分，第三部分是梵高之后画家的作品。看完了展览之后，你会知道，梵高之前的画坛是什么样的，他们的审美，他们的绘画语言，不同的风格，整个时代潮流和趋势是什么样的。而梵高出现之后，与他们有什么不同，他的哪些东西是叛逆的，哪些东西是标新立异的，哪些东西是带有一定继承和受到前人影响的，这些你看得一清二楚。再看第三部分，主要是看梵高对于后世画家与身后画坛的影响了。这个展览整个把一个绘画的历史非常鲜活地放在你的面前。这是一个研究的学者搞的展览，研究者用历史的作品来表现他研究的成果。后来我在慕尼黑看过一个康定斯基的展览，也是类似的一个展览，把研究成果放在那里。

我们回到故宫来谈，比如说皇帝的审美应该不应该是一个研究的"点"？皇帝的审美如果是一个研究点的话，我们可否研究一下宋徽宗？看看宋徽宗的书画，看看他喜欢哪些画家，再看看当时社会上非宫廷的画师是什么样的，都可以进行比较研究。所以说，如果我们有了这样一个故宫学的研究，我们对于故宫本身藏品的精神层面和非物质层面的认识与开掘就会深刻得多，故宫所给人家的东西就远远超过了人们通过视觉感受作品的本身。所以在这里，我只是有感而发地提一提感想，都是即兴的，有很多地方都很唐突，在座的许多故宫人我很敬慕，我有说得不对的地方，大家别笑话，多批评。

二〇〇七年十一月十日　故宫博物院

年画抢救和保护几个关键性的问题

五年以前，二〇〇二年的十月二十八号，我们在开封这个地方召开第一次中国木版年画国际研讨会，到现在应该是五年多一点。五年前，我和中国民协的一些同志来开封开会的情景至今难忘，也像今天这么冷，似乎比今天还冷，记得我在会场上讲话的时候，嘴巴完全冻木了。那时我看到有六七万老百姓聚集在广场内外，还有一些老百姓站在房顶上、土墙上。我当时非常感动，我为这块土地上的老百姓对自己文化的热爱、这种情怀而感动。尽管天那么冷，这块土地是温暖的，因为人们热爱自己的文化。

那天，我们发动了中国民间文化遗产抢救工程。当时抢救的并不只是木版年画，我们要对中华民族九百六十万平方公里、五十六个民族的所有民间文化进行普查，但把年画作为整个工程的"龙头"。应当牢牢记住，这个龙头工作是在朱仙镇开始发动的，因此我不会忘了这个历史的时刻，我们对这块土地一往情深。

五年之后，我们又回到了当年发动木版年画抢救的原点上。这五年来，中国木版年画普查是我们所做的十多个重点文化抢救项目之一，收获确实是不小，尽管还有很多力所不能及的，比如说，因为经费问题，一些产地缺少甚至没有专家，还有当地政府缺乏力度等等。不是每个产地都跟朱仙镇一样，有这样强的文化自觉。尽管如此，我觉得普查的成果是丰硕和巨大的。五年以来，经专家确定，中国的木版年画重点的活态产地共十九个，最近又在河南的豫北地区发现了一个新的年画产地——滑县，这样加在一起二十个。这二十个产地正在做文化档案，如今四分之三已经基本上完成了普查，有三分之二已经基本上把档案做出来了，其中一部分已经出版了。我们这次对中国木版年画全面的、地毯式的、大规模的普查，在历史上是空前的，基本上弄清了我们的年画家底，绝大部分产地被纳入国家非物质文化遗产名录。二○○六年国家公布了五百一十八项非遗，其中年画占了十二项，而且给了十二个编号。比如剪纸，只给了一个编号，但包括有九个剪纸产地。而年画是一个产地给一个编号，一共给了十二个编号，是三百号到三百一十一号。我们所有的产地基本上完成了普查，这是第一个。

第二个，我们有了许多新的发现，比如说云南甲马。在云南启动普查的时候，专家估计甲马大概有一百种左右的年画。但是根据大理白族文化研究所提供的资料，我们认为甲马年画的种类恐怕还要多得多。于是我们跑到云南，在大理启动了全省的甲马普查，到现在调查出来的甲马年画的种类超过了一千种，是一千二百种左右，而且每一种年画后面都有一个民间故事或传说。比如像内丘神码，二○○三年我去做摸底调查的时候，有四十多种，现在当地已经基本上把内丘纸马调查清楚了，有二百多种。再比如说桃花坞，我们过去一直认为桃花坞的年画产地是最悲惨的，"文革"期间古画版绝大部分被烧掉，还有一小批是"文革"后八十年代初烧掉的。"文革"后，灾难已经过去，但人们对文化的轻蔑并没有完全改变，我觉得"文革"对我们伤害最大的还是文化的观念。我们一直认为桃花坞没有什么遗存了。这一次普查，有大量年画从民间出现，而且有不少的古版，甚至于找到了清朝的前三代的古版年画。而且我们这次还发现了一个新的产地，就是河南安阳地区的滑县。河南的民间文化遗产抢救我认为是全国做得最好的省份之一，全面而透彻。在我们古村落普查没有动手之前，河南先把古村落普查基本做完了，对传承人的认定，也是河南率先完成的。再比如说文化遗产日，当我们国家的文化遗产日还没有确定的时候，河南率先建立了省一级的国家遗产日。我觉得河南是一个有文化先觉的省份，这是让人特别高兴的，因为河南是中州，是中华文明的一个腹地，这个地方如果有了文化的自觉，对全国是有辐射力的。一个民族，不管有多么辉煌灿烂的文化，但如果后世对自己的文化不热爱了，没有自觉了，文化就失落了。再说滑县年画，二○○六年夏挽群同志曾对我说，发现了一个新的年画产地。我有一点犹豫，因为，美术界自二十世纪五十年代就做年画调查，全国的产地基本都摸清了，还会有一个全新的产地在什么地方深藏不露吗？而且滑县跟朱仙镇的距离很近，中间只隔着一条黄河，两边相距不过一百多公里，还会有一个全新的、独特的年画体系和文化体系吗？我非常怀疑。后来到河南开会，是一个传承人认定的会吧，我抽时间跑到滑县，亲自做一次调查，极为震惊！的确是个过去不曾知道的产地。从那时，我带领我的研究生们，把滑县年画的普查全部做完了，我们调查的年画有五百二十六种，种类繁多。对于滑县年画，我们先做了一件事，就是把滑县年画跟朱仙镇年画做了一个比较，因为它离朱仙镇太近，朱仙镇年画的影响力太大，连远远的豫西的陕县、灵宝、卢氏这些地方的年画风格基本上都跟朱仙镇的年画风格是一样的，难道近在咫尺的滑县会完全不一样，怎么可能？我们做了一个比较研究，发现这两地年画竟全然不同。比如说人的面部，朱仙镇年画人物的眉毛全是燕式的，滑县的人物眉毛都是弧形的；朱仙镇年画的人物的双眼皮全在上面，滑县的双眼皮全在下面。我们还发现，从造型、颜色，到人物的比例、构图都全然不同，是一个非常独特的体系。连此地一些年俗也不一样。滑县的《神农像》上边总有四个字"神之格思"，当地人认为是"思格之神"，再追问什么是"思格之神"，谁也不知道了，年深岁久失忆了。后来我查查资料，居然出自《诗经·大雅》里面的一句，表示神的即刻到来。《诗经》的诗句竟出现在年画里，表明这里年画的古老。还有一些怪异的字，人们也不能够辨认。至于它的印制，它的应用风俗、营销办法、工艺流程，包括使用的工具，应用的方言，跟朱仙镇都大不相同，我们确定它是一个独特的产地，所以我们赶紧做这个地方的普查。今年春天，我们还准备请一些摄像人员，到那里去做一些动态的录像。

这次普查，我们不仅有新的发现，最重要的一点是，多元灿烂的中国木版年画，基本可以完整地、清晰地、井然有序地整理出来了。我们不但整理了我们国内的各个产地物质和非物质的遗产，同时我们也请了李福清院士这样著名的专家，对俄罗斯收藏的中国木版年画遗存进行了彻底的调查。早在十九世纪，俄罗斯就有一批学者到中国来收集年画，阿列克谢耶夫收集的那些年画，不仅藏在艾尔米塔什博物馆，还藏在冬宫博物馆、圣彼得堡国家地理协会，以及其他地方的博物馆，我们请李福清院士把这些年画整理成俄罗斯卷。我们这次还将日本的学者请来，跟他们商量，也想把日本收藏的中国年画做一次全面整理。

我说过，我们这一代人有一个神圣的责任，就像火炬传递一样，我们把前一代人手里的火炬接过来，不能让它灭掉，然后完好地交给后一代人，让后一代人高高举起，所以我们必须把我们的文化遗产，包括年画遗产整理清楚。现在我们基本上做了三分之二了，我们计划，在二〇〇九、最迟二〇一〇年的上半年全部做完。如果如愿完成，在整个社会由农耕文明向现代社会转型期间，我们将把中华文化遗产中非常重要的一项——年画整理好，以利保护，不再担心丢失。这也是我们这代人必须做的，也是下一代人想做做不了的，这是我们的责任，也是我们的福气。

第三个我们做这次普查有几个特点是以往没有的。首先我们是多学科的，不像以前的单纯的艺术普查。以前，专家们到一个产地去，把那里的画收集起来编上号，然后分类，写上说明，布置一个展览，前面再写一个前言，如果有条件再印一本画册就完了。我们这次做的是一次文化普查，我们不仅要用艺术学的、美学的，我们还要用历史学的、民俗学的、文化学的、人类学的视角进行多角度交叉与综合的考察。这个考察是一次文化考察，不是艺术考察，因为我们是整理遗产，制作民族的文化档案，这是最重要的一点。为什么我们非常尊敬俄罗斯的学者？俄罗斯最早到中国来调查的学者阿列克谢耶夫这些人，并不只是作为一个艺术调查，他们把它作为一种独特的东方文化的形态来调查，他们搜集的不仅是一种艺术品，更是一种文化形态、文化符号、文化形象，所以是一种文化的调查。俄罗斯人之所以当时能那么做，而我们中国人当时连想也没这样想，因为我们当时还在应用它，我们跟年画距离太近了。而俄罗斯人呢？他们与中国年画有一个距离，距离产生认识的高度，也产生新的一种价值判断——文化价值的判断。俄罗斯认为中国年画"美"，这显然有一种"文化美"被他们看到了，这是不同的民族不同的文化形成的一种距离使然。但是我们中国人现在开始对年画进行文化调查了，为什么要做文化调查呢？因为我们现在跟我们的年画也有一个距离了，它是时代的距离。我们是现代的、城市的、全球化时代的人，回过身看一个农耕时代的艺术，它也是一个距离。这个距离，使我们要改变以前调查的立场和观念，不能再是艺术调查了，而应该是文化调查，而文化的调查就必须是多选择多角度的。

其次，我们这次调查是全方位和彻底的。既要对每一个产地进行一次地毯式的、不留死角的调查，还要把这个地方的历史、自然、习俗、物产、心理、社会、年画的种类、不同年画的功能、张贴的方式、工艺流程、工具材料及其制作方法，还有画店和艺人的谱系，以及与年画相关的民间传说民间故事，全部纳入我们的视野。我们像把花从地里挖出来一样，不能光把这个花拔出来就完了，还要把它周围的土一齐取出来，越大越好。比如这次《杨家埠卷》，就把每个画店内的传承关系都搞得清清楚楚。我把《杨家埠卷》给一些海外的年画专家看，他们很吃惊，说杨家埠人在没有任何文献可供查阅的情况下，居然把他们自明代以来，十七代艺人的传承谱系全部排清楚了，令他们感到"不可思议"。所以，我们这次的普查特点是全方位的。

再有，我们非常注重口述记忆，就是艺人口头传承的这一部分，因为我们说非物质文化遗产，是没有经过文字记录的，它的生命往往是在口传的过程，口述具有非常重要的价值和意义。口述记忆、口述史的方法是我们这次调查的主要方法之一，这是和以往更加不同的。

最后，是多手段。我们记录文字的方式既有静态的视觉方式，也有动态的视觉方式，就是录像，说明本次普查是一次立体的、全面的、着眼于生命本身的调查。我们前一段日子把滑县的木版年画调查清楚以后，在天津大学北洋美术馆里面布置了一个年画展览。当时哥伦比亚大学来了几位教授，他们说："没想到你们还能这么作学问？"在他们印象里似乎只有日本人才这么认真做学问，当然这是在夸日本的学风好。他们说你们怎么做得这么严格和细微？我说，如果我们不认真，我们手指缝里流走了多少，后人就少拿到多少。

我们的大普查只是为木版年画做了"第一步"，下边怎么办？后面有两句话，一个是保护，一个是发展。前段时间我在广西举办的关于文化遗产问题的论坛上讲了一个观点：怎么做才叫保护。我提了一个概念——"建立保护体系"，就是说年画做好了后，必须有一个非常完整的保护体系，才不会"得"而复失。第一个必须是档案保护，建立严格的档案，而且必须有数据库，所有的历史作品、历史遗存、音像资料，必须都要编号，必须得有一个数据库，这是第一个。

第二个就是传承的保护。传承保护，首先必须确定传承人。我现在在做国家非物质文化遗产传承人的认定工作，无论是文化部的认定工作，还是中国民协的认定工作，都有很多问题，很多地方都有不正之风。你要评传承人，他就把这个书记啊、那个村长啊、那个搞非遗产业的老板啊全报上，全变成传承人了，这个是绝对不行的。这个认定，必须得是专家认定，专家认定了之后，才是确定。传承人必须是正宗的，有传承谱系的，这样才能保证这个艺术是不走样和不走味的，我觉得这是非常重要的一条。

第三个就是教育保护。这个教育保护刚才有的同志谈了，我非常赞成。我认为公共的文化遗存必须进入小学和初中的教材。我刚才知道开封做了传承人收徒的工作，我赞成。另外，我还听说朱仙镇年画进了课堂，这都很好。教育保护很重要，能让后一代的人能够了解自己的传统文化，因为现代人与传统文明毕竟还是有距离的。刚才来自台湾的几位学者拿出一些为孩子做的弘扬文化遗产的图片，告诉孩子们和年轻人这些东西的历史价值和美在哪里。这些事情对我们有很好的启发，我们也应该做，这是教育保护。

还有一个保护就是博物馆保护。今年在两会的时候我提了一个提案，讲到我们的村落文化正在出现空巢现象。有些古村落，比如宏村、西递这样的皖南村落，表面看很好，青砖灰瓦马头墙的徽派建筑，后边竹树环合，还能拍《卧虎藏龙》，觉得很漂亮，但是如果推门进去看看呢，里边什么都没有，或是原住民搬走了，或是老东西卖光了，没有记忆了没有细节了。这是为什么？当然跟当地人的文化意识、文化观念有关系，跟他们的精神生活有关系。我觉得有一点很值得认真对待的，即现在古董市场疯狂发展，还有《鉴宝》节目的推波助澜，造成了人们对待古文化的价值只认识它的价格。实际上文化进入市场以后，价值和价格往往不是一码事。前两天，北京有一个活动，评十大收藏人物，非要让我写几句话，我就写了几句，从严格意义来讲，我从来不看藏品的财富价值，只看它的历史见证价值，它的文化价值和审美价值。可是古董贩子何其多！他们受利益的驱动，远比我们文化保护者还有劲，他们能够走街串巷，甚至搞地毯式的田野作业，似乎比我们更能吃苦，当然他们想获得的和我们是不一样的。这就带来了一个很大的灾难性的问题：很多地方的老街老房子实际上只是徒有其表，内涵没有了。比如滑县的年画古版，大都被天津蓟县一个古董贩子用大麻袋收走了，卖到各地方去。一个地方的文化，只要它被拿到市场去以后，它所负载的对这块土地见证的意义就立即消失了。

非常重要的一点，就是我们必须要有博物馆保护，把我们这块土地，现在仅存无多、甚至于屈指可数的文化遗存，留在博物馆里边。博物馆不见得大，不要和什么政绩结合起来，小一点很好，两三间房子，只要是把东西收好或展示一下就好。所以我在今年两会提议，希望中国所有被认定为国家非物质文化遗产的地方，先要有一个博物馆。在天津老城拆除之前，我召集几十个志同道合者把这个城市考察了一遍，然后将重要的东西全都记录下来了，出了一本画册。我把这本画册送给当时的市委书记等，一人送了一本，我在扉页上特意写了一句话：这是你心爱的天津！我希望他能够爱惜自己的城市。结果没想到，这本书对天津的书记没起到多大作用，对天津的古董贩子倒有一个极大的启发，他们不用我送，自己掏钱各买一本，按图索骥，一件件去找，把老城里那些砖雕木雕全部都弄走了。后来我着急了，我就向主管城建的市长说，城里边有一个大院你给我，我要建个博物馆把这些东西留下。他说，博物馆没法建，我没有钱给你买藏品。我说，我来搞中国第一家捐赠博物馆。后来他把这房子拿出来建"天津老城博物馆"。我就在那儿先搞了一个现场会，自己拿出一笔钱来，把城里的老东西买进了一批，捐给了老城博物馆。我有一个观点：捐赠博物馆的好处是谁捐谁就会想着这个地方。结果现在这个老城博物馆老百姓捐的东西非常多，多到博物馆都放不下了。我为什么要着急做这样的事情呢？因为我到云南和贵州去，那里的村寨里很难找到古老的少数民族的服装了，大部分都被文物贩子买走了。有一个法国人在贵阳待了六年，她使了一些小钱，让那些小贩到黔东南那边走村串寨，收集古老的服装。她是一个学者，在每一件征集到的衣服上都贴了标签，写上是什么民族的、哪个村寨的、多少年的，然后打包运到法国，后来她说："十五年以后，中国少数民族的服装到我们法国去看吧。"当地政府这才觉悟了，把这位女士请出了贵阳。少数民族地区的文化保护是最重要的，因为从文化上来讲，少数民族是一个弱势群体，他们对我们汉族来讲是弱势的，我们应该帮助他们，少数民族是生活在自己的文化里，一旦他们的文化没了，他们的民族就没有了。我这两天刚接到一个材料，东北那里为了保护森林、保护动物，把世居其中的鄂伦春人从树林里请出来了。鄂伦春族现在还有七千人，散落在全国各地的有五千人，留在鄂伦春旗里的只有两千人，但是这旗里还有大量汉族等其他民族的人，平均每三十个人里面只有一个鄂伦春人，已形不成气候，如今能说鄂伦春语的都是七十岁以上的老人，大部分人都不能说这种语言了。当地有几个热心的小伙子，他们做了一件事，就是用汉字的语音来注译古老的鄂伦春语，他们希望我支持，我说我坚决支持。我说一个民族如果它的语言没了，这个民族就彻底消失了，单凭记忆是不可靠的。刚才我讲到了博物馆，在少数民族的地区，特别是有特色和丰富文化蕴藏的地区，必须要建博物馆。

还有一个就是法律保护。国家现在正在制定一个非物质文化遗产的保护法，我估计今年差不多可以出台。已经讨论了好几年了，最近又征求了一次意见，盼它早日出台。

另一个就是政府保护。政府保护是主要的，我说过这样的话：保护力度最大的是政府，破坏力度最大的也是政府。这是因为如果让我破坏，我只能破坏我们家的房子，我不可能拿拖拉机把那一片老房子、一个历史街区全推了，只有政府才能干这种事。如果政府想把它保护起来，绝对有力量去做，而且谁也不敢去动它，所以说政府的自觉是第一位的，是最重要的。世界文化遗产、国家文化遗产为什么要由政府审批？因为这是政府的事，是政府天经地义的责任，是政府的天职。我觉得我们政府这些年有了自觉，有些方面做得还不错。比如，对传统节日的法定放假不是一件小事，不是说放假就放假的，一天多大的产值和效益呵，但传统节日放假就使我们有了享受与传承节日的一个空间了。

还有一点就是专家保护。专家保护也非常重要，专家和政府的分工是什么呢？我认为专家的责任第一个是认定，政府不能够说这个东西有价值那个东西没价值，这不是政府的责任，政府也没有这个判断能力。西方也是一样，西方是政府支持专家做这些事，由专家认定这个东西的价值、年代、真伪，然后政府下力量保护。当然，还要由专家制定保护法、保护条例、保护标准等，政府和专家缺一不可，必须互相支持。

最后是全民保护。只有老百姓都保护了，我们的文化才有希望。如果只是政府、专家在那里折腾，老百姓对文化没有兴趣，文化还是传承不下去，我们再忧患也没有用，最关键是老百姓热爱，要唤起全民的文化自觉，从而达到全民保护。

对于文化遗产，我们怎么发展？应该不应该改变？变什么，不变什么？我想，我们现在谈保护，主要谈哪些东西不能变。比如年画，一是地方年画的经典是不能变的，代表作是不能变的，你必须永远保持你的传统节目，永远得用传统的方法、传统的工艺去做（活态）这种历史经典，这是重点保护或保护重点。

民间艺术还有几个因素不能变。一是民间艺术是理想主义的，这点不能变。二是民间艺术核心的价值观不能变。它核心的价值观是追求祥和，这是民间的精神追求。我们的民间艺术永远离不开几个主题：一个是祥和，一个是团圆，一个是平安，一个是富裕，一个是吉祥。这样的价值观是一个终极的追求，如果把它变成暴力、反传统、审丑，是绝对不行的。三是民间美术有它自己的审美体系，因为它是理想主义的、情感化的，在艺术手段上多采用象征、比喻、夸张、拟人，色彩上采用五行观。民间美术多用于生活的装饰，所以符号化和图案化是它重要的特征。另外它广泛使用与语言相关的谐音的图像，这是中国民间美术一种独特的表现方式与审美形式，这些东西是不能变的。四是民间艺术的地域性不能改变。五是手工不能变，手工是一种身体行为，唯有手工才能直接把生命情感和生活情感表达出来。所以说，如果不是理想主义的，不是情感化的，不是有祥和的价值观的，不是有地域个性的，不是手工的，就不是民间艺术。我刚才说的这五个基本要素是不能变的。

我所说的不变，就是保住自己，记住自己。至于变，就是站在这个原则上去变，变是另外一个大话题，以后再谈。

我们做这些事情就是让未来永远记住历史。朱仙镇有一千年迷人的历史，我希望她有比一千年更长的骄人的未来。

在"中国木版年画抢救保护发展国际高峰论坛"上的讲话

二〇〇八年一月十六日　河南开封

担当起文化救灾的责任

我们为什么要召开今天这个会议，会议的名称为什么要冠以"紧急"两个字？就是因为这个会的意义非同寻常。大家都知道这次大地震给人民的生命财产造成了空前损失，是灾难性、悲剧性的损失。刚才大家用了一个词汇，就是"毁掉了我们成百上千个家园"。这既有物质生活家园，也有精神文化家园。所以，我们文化界的同志必然深切地关注大地震所带来的文化损失。我们特别关注温家宝总理在抗震救灾关键时刻，在地震废墟现场提出的关于保护灾区文化遗产，特别是保护羌族古老文明的讲话。这个讲话在文化界引起的反响非常热烈。世界各国在大的自然灾害面前，并没有同时关注到文化遗产问题。这显示了我们国家领导人的文化视野，这也是文明古国所具备的文化情怀。

在地震发生的那一瞬间，我们当然为人的生命焦灼，同时我们也为文化遗产的损失焦灼。有人问我，在人命关天的时候，你却关心文化遗产的问题，关心博物馆的问题，怎么可能呢？我上午还响应严隽琪主席的号召到民进搞书画赈灾，好多天连夜作画为灾区筹款。但是，作为文化人不能失去我们的责任，我们是从事文化工作的，而且是从事遗产保护的，当然也要为文化遗产的损失而焦灼。国家领导人在这个时候讲这样的话，显示了现代文明的高度，我们为之骄傲。我们是文明大国，这个时候也同样关心我们的文明。因此，今天的会议也是对温家宝总理讲话的一个响应。

四川地域辽阔，气候多样，民族众多，文化板块也多。我们有五十六个民族，四川就有五十三个，羌族是我国最古老的民族之一。曾经有无数历史学家论述、提出羌民族对中华民族历史的贡献。但是这个民族今天只有三十万人，她又是一个弱小的民族，一个处于震灾中的弱势群体，她当然应该得到大家的关注。如果她的文化没有了，她的文化存在没有了，这个民族也就不存在了。这样的话，我们民族文化的多样性、文化的灿烂性就减少了一大块，何况她又是与我们中华民族的根脉联系在一起的民族。国家非物质文化遗产保护工作也非常注重羌族文化，第一批、第二批国家级非物质文化遗产名录都有羌族文化被列入，包括羌笛、羌族刺绣等。我们国家的文化是灿烂的，在我们还没有来得及对羌族文化进行整理的时候，这个文化受到了迎头的、摧毁性的打击。这个打击不是对文化本身，是对一个民族的文化生命和文化存在的打击。文化是有生命的，跟民族的生命连在一起。这就是我们紧急保护少数民族文化的初衷。

中华文化的多样性主要表现在非物质文化遗产上。我们的少数民族文化大都是非物质文化遗产，而大部分又不在城市里。物质性的东西受到损毁可以进行修复，甚至可以重建，但是非物质文化遗产一旦消失了，比如传承人没有了，文化的根脉就断绝了，就永远没有办法衔接上。在我刚得到四川大地震消息的时候，我马上联系了四川省民协的同志，让他们赶紧问一问绵竹的老艺人是否安好。他们是一九一九年出生的陈兴才、一九三二年出生的李方富，一个北派艺人，一个南派艺人，我记得特别清楚。恰恰是我们的非物质文化遗产保护工作做得好，把他们列入了非物质文化遗产传承人名单，当地政府很重视，给他们盖了新房子，地震中房子没有塌，两位老艺人幸免于难。但是我们并没有大批羌族民间文化传人的名单，他们的情况我们也不知道。有很多古村落还未来得及普查，羌族大批的古村落都在山谷、沟壑里，它们的状况我们也不知道。不能让它们在我们的眼皮底下受更大的损失，我们对文化生命的救援实际上与战士去救援人的生命是一样的。所以，今天的会是一个非常紧迫的事，不是一个坐而论道的会，是一个务实的会，一个操作的会，是一个把温家宝总理的讲话由响应到落实的会。

我们已经做好了准备，要成立工作委员会、专家调研组。这个工作是一个全新的课题，因为没有碰到过这样的遗产保护问题。跟一般的田野普查是不一样的，它既是紧急的，同时又是学术性很高的，我们的专家必须抢先下去，到第一线去。所以我们把工作分为三部分：第一就是到现场调查，不仅针对羌族，还包括藏族、土家族、彝族和汉族。在灾区以羌族为中心调查文化遗产、传承人情况，特别要调查震后情况和现状。第二、对调查结果要进行归纳、分类，并分出等级。第三、根据分出的等级，专家提出保护方案。所以今天我们特别请来各方面的专家，包括从四川专门请来羌族文化的专家，来研究这样一个方法。

在五年以前，我们说文化遗产濒危，要抢救。那时曾经举过一个例子：我们每一个人都是民间文化养育大的，民间文化是我们的母亲文化。我们的母亲一旦有病了，出现问题了，我们要出手相援。现在我们的母亲被压在废墟下，我们一定要用最快的速度进行抢救。请各位专家为我们的工作提出指导和建议。

在"紧急保护羌族文化遗产座谈会"上的讲话
二〇〇八年六月一日　北京

传承羌族文化是我们的神圣职责

今天开的会实际上是我们对三个月前的那次会议的一个兑现，那是由民进中央、中国文联联合举办的专家座谈会，当时，我们也是在人民大会堂，因为地震的关系，我们特意选择了四川厅，选择了一种情感，也选择了一种爱意。这是因为温家宝总理在北川有一个讲话，第一个提出要抢救羌族文化。为了响应温总理的号召，我们在会议上提出了《紧急保护羌族文化遗产倡议书》。于是，我们决定奔赴四川第一线，并把成都作为我们的工作基地。接下来半个多月的时间里，我们的学者不仅在四川地区做了考察，还召开了专家座谈会，把专家们提的一些非常好的意见整理成上万字的建言书，提交给温总理，总理也做了批示。关于建言书和专家们的意见，就是今天大家手里所拿到的一本书——《羌去何处——紧急保护羌族文化遗产专家建言录》。

随后我们到灾区调研时就决定要出一本《羌族文化学生读本》，首先把羌族历史文化放在这本书里送到灾区，帮助年轻一代做好他们文化的传承。

我们的目的全写在了《羌族文化学生读本》这本书开篇的寄语中。我们过去都没有专门给孩子写书的经验，也不知道教材应该怎么做，所以这本书要写的时候，诚惶诚恐。我们写完以后，决定给三方面的专家看。第一是请民进中央看，因为他们是以文化和教育为特色的党派，先给这些从事教育、负责编写教材的专家们看，请他们审阅、提意见。第二是给研究羌族文化历史的学者们看，我们就给北京的、特别是四川的一些羌文化学者看，请他们审阅、批评。第三是把书稿寄给了上海《咬文嚼字》编辑部看，请他们挑问题。我们的目的是对孩子们负责。今天这本书面世了，它需要各方面的同志、各界的人士不断地提意见、不断地修订，希望它能够在羌族文化的传承上起到作用，希望受难的人民不仅得到生活的复原，文化也能得到复原。

像羌族这样受到这么大的自然灾害的民族，复原有很大的困难，我总觉得这次地震好像是一次恶作剧，好像是针对着我们这个非常古老的、为中华民族做出过卓越贡献的、有灿烂文化的、但是人口又少的民族而来的。地震重灾区如汶川、北川、理县这些地方，全是羌族的主要聚集地。百分之九十五的羌族人住在重灾区的中心地带，这次地震，羌族的三十万人就损失了三万多人。无数的家园被损毁，他们的自然环境、生存条件、周边生态、生活家园被毁掉了。有些古老的山寨从两千多米的山坡上被推到山谷里，甚至推到堰塞湖里。他们赖以生存的自然环境、耕地都被破坏了。尽管这些年来，我们对羌族文化做了一些抢救，但是我们刚刚摸到边。我们民族的文化实在太灿烂了，我们的民族太多了，我们列入国家非物质文化遗产名录的羌族文化也不过就是五六项，大批羌民族文化在我们还不知道的时候已经消失了。很多杰出的羌族文化传承人，我们还不认识他的时候，甚至根本谈不上拜访，他们已经离开了我们，已经是人亡艺绝。

我对跟我同去的罗杨同志说，我们的民族文化那么博大精深，尤其是这次处于地震核心区的羌民族，这里有古村落、羌族民族文化典型代表的羌寨碉楼，有作为非物质文化遗产传习所的"绵竹年画村"，还有非物质文化遗产的专题博物馆，这些都记录着羌族文化的宝贵财富。我说无论如何，我们都要担负起抢救和传承羌族文化的重任，如果我们不出手帮助的话，羌族文化就会很快淡化、消失。我们中华民族有五十六个民族，每一个民族的文化都是我们的精神家园，我们五十六个民族一个都不能少，特别是少数民族，特别是没有文字的少数民族，他们的文化就存在于他们的非物质文化遗产中，如果没有这个文化，这个民族就没有了。民族文化是民族之本，所以保护、帮助我们的兄弟民族羌族，特别是这个在历史上创造过奇迹的伟大的羌族，产生过禹和炎帝的羌族，是我们神圣的责任。我们仅仅做一本书是远远不够的，接下来还有大量的工作，怎样能够在文化复原的过程中保持它的原性，是我们神圣的责任。我们文化界要投入到抗震救灾这个远远没有结束的工作中，使我们中华民族的文化的整体永远发挥它的光芒，永远保持它的辉煌。

在"《羌族文化学生读本》首发式
暨向四川地震灾区学生捐书仪式"上的讲话
二〇〇八年九月七日　北京

在全民的热爱中传承节日文化

今天我主要想讲的是：关于中国传统节日的现状到底是什么样的？我们到底应该解决哪些问题？我们的人文知识界需要做哪些方面的工作？

改革开放三十年以来，经济界、科技界的知识分子走到了前台，在实现经济转型、确定市场经济的过程中，发挥了巨大的作用。但是在这个过程中人文知识分子基本上是缺失的，很少听到人文知识分子的声音，即使听到也很微弱。这是一个很大的问题。如果不缺失，中国的六百六十个城市为何会"千城一面"呢？城市审美为什么充满了浮躁和伪豪华？为什么商业文化占据了主导？而相反人文科学的理论与批评如此软弱无力？如此这般，怎么能提升软实力？社会需要人文知识界的声音，因为人文知识分子是软实力最关键的代表。

传统节日是生活的高潮，是一个民族的综合与终极价值观的载体，是民族精神 DNA 最鲜明和集中的表现，也是一个民族集体的文化创造。但是我们的传统节日在淡化和消弱，这是一个严峻的事实。淡化的原因有这样几个方面。

第一、传统节日源于几千年的农耕时代，当社会由农耕文明向工业文明转化的时候，传统节日必会与我们产生距离。第二、在全球化的时代，我们的生活也会全球化，这也会使我们与传统生活方式疏远。第三、我们现在采用的是阳历，而传统节日基本上都是阴历，年轻一代不太会换算，有时候换算不清传统节日就过去了，这也是一个问题。第四、是历史的原因。清末民国以来，以及上世纪七十年代，一直主张革新，而且是破旧立新。在那样的时代里人们自然会认为传统文化陈旧过时，笼统摒弃，许多文化在那个时期

通过媒体放大自己的声音。

开始中断。第五，是我们缺乏历史情怀，缺乏文化情怀。一个民族如果一代人与自己的传统发生断裂，问题还不会太大；如果三代以上的断裂就会出现文明的失落。

为此，从二〇〇三年以后，国家开始了全面的非物质文化遗产的保护，很多专家学者投入到这项工作中，做了大量的质量很高的工作。特别是二〇〇三年到二〇〇四年，我国开始了针对中国民族民间文化遗产的保护，并开始了对国家非物质文化遗产名录的审定。

现在国家已把中国传统的七个节日列入了国家非物质文化遗产名录，这七个节日是清明、端午、中秋、春节、元宵、七夕、重阳。并对其中四个节日（清明、端午、中秋、春节）法定放假。这很重要。这使传统节日的传承有了时间条件的保证。然而，传统节日放了假不等于就万事大吉了，节日不同于一般福利性的假日。假日没有特定内涵，节日有特定内涵，如果放了假却没有过节，节日就会变成一般性的假日了，节日即同虚设。我们传统节日的现状究竟如何呢？我从节日的主要方式、崇拜对象、精神内含、风俗习俗、饮食、新的内容等几个方面，对其进行现状分析。这七个节日都是全国性的节日，但是根据现状基本上分为两类，一类是现在仍然是全民性的，它们是春节、清明、中秋、元宵，还有一类只是在局部地区还是活态的，大部分地区已经消失，它们是端午、重阳、七夕。现今春节仍是非常活态的，城市、乡村和海外华人都过春节，而且春节还有新的形式，如春节晚会、电话和短信拜年等。可以说春节的生态状况最好。如今的清明节主要是祭扫，传统的清明节还有很多其他内涵，比如踏青等，已经疏远了。可是清明节增加了对革命先烈的祭祀。中秋除了吃月饼之外，赏月、拜月的活动基本没有了。元宵节除去吃元宵，有灯会和花会的地方也不多了。端午、中秋、七夕这三个节日的状况都不好，端午只有不多的几个地区保持活态，重阳基本上没有了。重阳原有的含义是登高和赏菊，现在这些节日的精神内涵基本消失了，只是近些年增加了一些敬老的内容。

从目前的现状看，我们所有的节日民俗已经七零八落。由上面的分析得出这样的判断：春节是活态的，最好的；清明节也是活态的，较好；端午节是局部地区有，整体淡化了；中秋节也是整体淡化了；元宵、七夕和重阳都是整体淡化了；七夕快消失了，有人还在七夕这天感到神圣的爱情节日又来到身边吗？

所以我根据这七个节日的现状排个顺序，第一个是春节，第二个是清明，第三是中秋，第四是元宵，第五是端午，第六是重阳，第七是七夕。如果我们再不对节日文化提高重视和加强保护与建设，有些节日渐渐还会继续萎缩，直到把最后留下一点痕迹都抹去。怎样拯救我们的节日文化呢？只有重建我们的节日文化。第一、要充分运用媒体，在节日期间大力地营造节日氛围。希望媒体对节日中一些新生的文化现象与细节给予关注。第二、节日文化教育应该也必须从孩子做起。学校、社会、家庭要培养孩子的节日情怀，节日教材要进入课堂，但是不要给孩子增加负担，要循循善诱、潜移默化。要让下一代了解传统节日的精神内含和传统习俗，培养孩子们的节日情怀。第三、社会各界要做公益的活动，承担传统文化的广泛弘扬；同时企业也完全可以进入，和节日文化结合起来，像西方的商家进入情人节和圣诞节一样。应该说，节日经济比假日经济的空间还要大。第四、专家学者，包括工艺美术设计家都发挥自己的作用与才华，但要注意遵循节日文化特有的规律和特点，对节日文化进行创造性的尝试，使传统节日文化与时代融合。

传统节日是全民的，我们每个人都是节日文化遗产的主人，只有把传统的节日建设成全民自发性的文化节日，传统节日才能在我们的生活中发挥它的魅力与作用。

在"我们的节日——第二届中国传统节日（寒食、清明）论坛"上的讲话
二〇〇九年四月三日　山西绵山

呼唤全民的文化自觉

今天，来自日本、韩国的专家学者，还有国内各大专院校和科研机构以及台湾的专家学者到我们学院来举行论坛，共同研讨抢救和保护文化遗产的"田野的经验"。天津大学是中国历史上第一所大学，它岁数最大，同时又是最有活力的大学。我们文学艺术研究院是天津大学的人文中心之一，所以也最适合各位专家学者在这块沃土上栽种思想的种子，开放学术的花朵。

自二十世纪中期以来，"非物质文化遗产"这个概念渐渐地进入了全人类的视野，被全人类所重视。这在遗产学上是一个非常重要的、里程碑式的概念。从物质文化遗产认识到非物质文化遗产。我常常想这样一个问题：如果我们现在还没有"非物质文化遗产"这个概念，还没有"保护非物质文化遗产"这个观念，那么半个世纪以来，在全球化、工业化、商品化、城市化飞速发展的时代，我们全人类的非物质文化遗产至少要损失一半。所以，它的意义非常重大。

可是，非物质文化遗产不是在博物馆里面，不是在书本上，它是在生活里，它是一个生命。它不见得是看得见摸得着的，但是它在你的血液里。它时时要以美轮美奂的、富于魅力的方式表现出来。所以说，非物质文化遗产是无所不在的，它在我们的生活里面。我们只拿分类是解决不了非物质文化遗产的问题的。它是整体的、活态地活在我们的文化里。它影响着我们的生活方式，影响着我们的思维方式，是我们生命里的非常重要的内容。我们的田野，实际上就是我们的生活。也许我们过去有一种误会，我们是城市人，认为田野就是农村。我们离开城市到农村去，才是去做非物质文化遗产的调查、抢救或保护。实际上，我们每个人身上和周围都有文化历史的积淀。所以说，我们的田野工作应该是我们做文化遗产抢救和保护的一个出发点和终结点。我们离不开田野。世界上，这么多的国家和民族都有非常灿烂的文化遗产，都有独具特色的田野调查的经验，我们需要交流。

中国文联把文学艺术分为十二大类，有文学、戏剧、舞蹈、电影、音乐、摄影、书法、美术、曲艺、杂技、电视、民间文艺十二个艺术家协会。我们中国民间文艺家协会，在全国有几千位民间文艺工作者、专家学者和民间文化传承人。在上世纪末，我们遭遇到了共同的重大问题，就是全球化、工业化、城市化。我们田野上的五十六个民族的民间文化全面受到现代化的冲击，全面濒危。我们民间文化工作者认为，我们有一个责任——要去抢救和保护。但是，在几千年的农耕社会里形成的民间文化到底有多少种、有多少形态，我们不知道。我们必须把这个"家底"全部搞清。所以，从二〇〇二年底开始，我们正式启动了"中国民间文化遗产抢救工程"。我们要对九百六十万平方公里上的五十六个民族的所有的民间文化进行系统、全面、地毯式的普查。这个普查，实际上就是一个大型的田野调查的工作。它不同于以前的专家个人的调查，而是一个集体行为，面对的是一个民族的文化遗产。它既要对过去文化的创造者负责，也要对未来文化的享受者负责。这是我们这代人文知识分子神圣的责任。就像传递火炬一样，我们要把前一代创造的文明之火接过来，完整地交给下一代。

中国民协开展的这项田野调查，有以下特点：一、集体性；二、多学科；既有民俗学、文化学、历史学、美术学、美学，也有人类学的方法和视角；三、多种方法，它不仅要用传统文字的、照相的记录，还要用声音和动态图像的记录。我们做任何项目和任何领域的调查，首先都要做一部《工作手册》。它必须是统一标准、统一规格，出来的成果才是严格、科学和系统的。我们做的传承人普查、认定和命名，中国木版年画集成，古村落，民俗志等项目都有《工作手册》。因为，不只是我们专家做调查，还要动员当地人来做。只有当地人重视了他们的文化，文化才能保护下来。不能光指望专家来做，专家走了，当地的文化照样消亡。所以说，我们必须在当地做培训工作。比如说，中国民协副主席余未人在做《中国民间美术集成》示范卷《贵州卷》时，就在当地搞了很多的培训班，所以他们才能够把贵州省的八十九个地区、八十五个县、两千多个村庄全部普查了一遍。他们的普查成果《中国民间美术集成·贵州卷》在美国获得了一个大奖。我们在普查的基础上，建立了民间文化遗产抢救工程档案数据库。

我们还肩负着一个责任，呼唤全民的文化自觉。包括确立我们国家的文化遗产日，都是文化界呼吁的一个结果。不仅是专家的保护，专家还要促进全民的保护。也只有全民的保护，文化遗产才能真正保护下来，因为非物质文化遗产是属于全民和全人类的。保护各自民族珍贵、独特的文化遗产，也就是保护人类文化的多样性。这是世界上所有文化学者共同的目标。让我们为这共同的目标而努力。

在"田野的经验——中日韩非物质文化遗产保护方法论坛"上的讲话
二〇〇九年六月十二日　天津

收尾就是把好最后一关

欢迎大家远道而来到我们学院开会，这是一个关于木版年画专题的非常实际的工作会议，刚才向秘书长把基本情况都说了，我大致再把这个事情的来龙去脉捋一捋。我们文化界做的中国民间文化遗产抢救工程是从二〇〇三年开始的，但是二〇〇二年我们做了一些事，先组织了一个精悍的专家组，在整个中国大地上大规模的田野普查启动之前，先做了一本《普查手册》。当时我们组织了一批民俗学、民间文学、民间艺术方面的专家，还有从事民俗摄影摄像的专家，组成了一个小组，在山西的晋中地区，对一个古村落，就是后沟村，以及以剪纸著称的祁县做了田野调查，目的是为即将启动的中国民间文化遗产抢救制定统一的规范和方法，即《普查手册》。这一切都经过专家们的研究，是非常严肃的、学术性的，后来我们的整个普查都依据这个《普查手册》来进行。此后，也就是二〇〇二年冬天，春节之前的时候，我们在河南的朱仙镇举办的国际年画节上，发动了中国木版年画的全面普查和抢救，所以刚才向秘书长说，这是一个"率先的举动"。原来打算在两会之后启动，当时中央已经批下来的，并确定为"国家社科基金特别委托项目"。这样我们必须找一个项目开始，可能是民间戏剧，也可能是民间文学，必须要找一个项目，于是在朱仙镇的年画节上就决定从年画开始吧，按当时的说法我们把年画作为整个抢救工程的"龙头"。

然而，这不是随机和即兴的，而是源于一种思考。因为我们看准了年画在中国民间文化中的一个特殊意义，后来我在《中国木版年画集成》的序言《中国木版年画的价值及普查的意义》里面写得很清楚，因为中国古代人们基本上是农耕生活，老百姓生活的高潮就是节日，农耕时代里最重要的节日是春节。人们生活的节律和大自然的春夏秋冬一轮的节律是同步的，所以冬去春来对农耕时代人的生活至关重要，它是新一轮生活的开始，点燃了新一轮生活的希望，这时候人们所有精神、理想、愿望，包括梦想，都在春节里自觉地表达出来。后来我写过一篇文章说，春节是把生活理想化，把理想现实化的节日，春节为什么要吃得特别好，穿得特别好，就是因为人们把日常的理想与向往在春节时"实现"了，也就是尽可能把理想的生活在春节的时候成为"现实"。所以说春节是民族情感的大爆发，人们所有对人间的理想、愿望、情感和诉求也都在春节里表现出来，它也特别具体地、特别充分地在五彩缤纷的年画里呈现出来，年画里面所包含的精神文化内涵是其他的民间艺术不能比拟的。还有我们中华文化的最重要的一个特点是：多样性——现在之所以保护人类文化遗产，就是要保护人类文化的多样性，而我们中华文化自己也是多样的。我说的多样性是指地域特点的多样与斑斓，这点在各产地的年画中可以看得非常鲜明。还有一点，就是年画的技艺的多样和高超，年画本身集中了雕刻、印刷、绘画等各种技艺手段，它跟生活、跟民俗结合得非常紧密，所以我们把年画作为整个民间文化遗产抢救的龙头来做。

此外还有一个潜在的想法，就是想把它作为一种示范或范本来做，这是我们做《普查手册》那时候的想法，因为我们对中华民间文化的大普查是历史上的第一次，前人没有做过，我们没有现成的方法可以遵循，我们的一切的方法、标准、规范都要由自己创造，至于专家们制定的手册是否可行，必须在年画普查中来试验，做好了就是示范，所以刚才向秘书长用了一个词，叫"标志性的"，这个概念我非常同意。所以说从田野普查到学术整理再到建立文化档案，整个的过程都要建立我们自己的非常完整的学术方法。

另外，我们的视角是用多学科交织的办法，既有文化学的、美术学的、历史学的、民俗学的，也有人类学的，各种各样的方法，多种视角同时来做，我们当时的想法就是，把一棵花从地上挖起来，如果让它活着的话，必须带着它的原土，越大越多越好，因此它必须是一个全方位的立体的调查，区别于以往学者做的个人化的民艺调查。比如过去的年画学者偏重于收集年画，偏重注意物质性的本身，我们更注意非物质的。这样，从人类学的角度，全面地进行调查，必然包括历史、地缘、生产、生活、民俗，年画的分类、张贴、工具、材料、印刷过程、销售以及画店、艺人和传承，这是全面的调查，这个调查以前没有人做过。最近我们学院在做一个展览，还有一个国际性论坛，叫"田野的经验"，活动中向日韩学者展示我们普查系统性的方法，后来我听韩国和日本的学者跟我讲，他们没有这么做过。

除去我们采用的多学科交叉的普查角度，我们还同时并用了四个手段：文字的、拍照的、录音的，还有动态的录像。动态的录像特别重要，因为我们更注重非物质的那部分，非物质的部分一般是以动态的形式呈现的，没有录音、录像，就没法记录它的非物质性，文字和拍照记录的大部分是物质性的，所以我们用的是多种手段同时并举，也是前所未有的。这套方法与经验我们后来在剪纸、唐卡等民间美术普查中也采用了，当然根据不同的艺术门类略有变动。这套方法使我们在遗产普查中能够做得完整、做得充分，更符合非遗的特性，这在后来的二〇〇六年开始的国家非物质文化遗产名录的认定中发挥了作用，也使各地方政府的非遗普查在理念和方法上有"法"可依。

当然，我们延续地还做了一些工作，如帮助各产地建设博物馆，保护传承人等等，这些工作以后要专门开会研究。一个地方的文化遗产整理出来之后，怎样保护、怎样发展，这是一个大课题，这个课题当然要解决，如果不解决，我们中国民间文化遗产抢救的成果很可能就是当地官员政绩的盘子里的一块肉，或者是开发商盘子里的一条鱼，从而使文化遗产保护落到一个新的瓶颈里，这是一个新课题新难点，今天先不说。还接着刚才的话说，在我们建立起一整套普查体系之后，就有了我们自己的方法和经验，这个经验非常重要，我们在这个方面所取得的经验的意义并不比年画遗产本身的整理次要。这是我要说的第一个方面。

第二个方面，今天我们要开一个会，是木版年画这个项目里的最后一次会，叫收尾工作会。前一段我们开了无数的会，启动、推动、研讨、交流，发起不少次抢救的行动，从武强旧城村屋顶年画的抢救，到滑县木版年画的发现和抢救，到地震灾区的绵竹年画抢救等等，我们有了大量的丰富的收获。

再比如云南甲马一直被认为只有几十种，不会超过一百种，但是这回我们普查到的货真价实的品种是一千二百多种，这不是年画的数量问题，是我们对于白族为主的少数民族信仰世界的认知，也使我们对纸马的认识比以前要充分得多，这个价值非常高。

从今天起收尾工作分三个部分，第一部分是已经做了的十一卷，包括杨家埠、杨柳青、武强、绵竹、滩头、朱仙镇、内丘、云南、高密、滑县，还有俄罗斯藏品卷。俄罗斯藏品卷是刚刚印出来，我们学院有个展览，你们可以看一看，这个很重要，在我们中国人没有把年画当作一种文化的时候，俄罗斯人从十九世纪末就大量地收集中国的木版年画，到现在将近七千种，而且多是精品，要论精品，俄罗斯收藏的比中国大陆现存的一点儿也不少，何况他们还有黑水城挖出来的那几幅宋代的年画，我们年画研究的鼻祖在俄罗斯，这话不过分吧。所以这一块也是我们工作的一个重点，故而邀请了俄罗斯科学院的院士、国际著名年画专家李福清写了一篇八万字的长文，记载俄罗斯学者研究中国木版年画的全过程，还有近百年来俄罗斯学者研究中国木版年画的论文的目录，这本书的学术分量非常重。这是第一部分，属于已经完成的部分。

然后，现在进入编辑出版程序的是六卷。一个是平度东昌府，这卷做得非常好，很规范，中华书局也认为不需要改动了。还有重庆梁平、山西新绛、陕西凤翔、福建漳州、广东佛山，这几卷基本上成形了，经过编辑出版的程序之后，就可以印刷了。这几卷的工作是严格把好质量关的。

目前还有四卷是需要下劲儿的：桃花坞、小校场、临汾、拾零。但是这四卷我们基本上心里也有谱了，桃花坞是高福民在做，他原来是苏州市文化局的局长，对苏州的文化了如指掌，做了大量的非物质文化遗产抢救，我们现在看到的苏州的有几个非常重要的文化遗产，甚至列入了世界文化遗产的，都是福民那时候做的，他现在在政府做副秘书长，但仍然文化之心不死，正在努力做这卷，"南桃北柳"中"北柳"早出来了，"南桃"正等着开花，所以"南桃"还要抓紧。其他临汾、上海小校场、拾零各有各的问题，有的问题不小。这几卷是我们今天讨论和研究的重点。我们要想出好办法，能解决问题的办法。

今天的会有这么几点请大家注意：一是实实在在的工作会，二是把未完成的卷本落到实处，三是解决所有实际的问题，四是制定时间表，倒计时。

中国民协明年有几个大的工作。其中一个是全国古村落代表作的整理。第二个从八十年代三套集成开始直到现在，收集和整理的口头文学达八亿多字，我们要把它们全部数字化。另外，民协明年是成立六十周年，一个甲子，要有一个大的庆祝和论坛。还有一个工作，就是咱们这个木版年画抢救和普查工作明年要结束，要在人民大会堂召开表彰大会，这是个大事，要有表彰大会、研讨会、全国年画大展，现在已经有好几个产地提出来明年年底搞年画节。这次我们搞年画节心里有底了，因为所有的年画都心里有数了。面对上边这些计划，必须要在今天的会议上把未了事宜全部落实了。

最后，十分感谢与会的各位同志的支持，有了大家一同使劲，我对咱们的收尾工作信心十足。

在"中国木版年画集成收尾工作会议"上的讲话
二〇〇九年十二月八日　天津

从北川到玉树，一种精神在行走

尊敬的各位领导和朋友：

这是一次非同寻常的文化遗产抢救成果的发布会。在我们长达八年的非遗抢救工程中，这是一个例外。

这个例外由两次震惊中外的大地震相连：从北川到玉树。大地震不仅造成千千万万家庭悲剧，也给那里极其珍贵的文化遗产以近似毁灭性的破坏。

在文化遗产面临的各种冲击和破坏中，唯地震是最猛烈的、不期而遇的、中断性和粉碎性的。特别是对非遗。许多古老村寨、家园被毁，迁徙异地，其中的文化就会因特定的文化环境的改变而涣散；一些珍贵的代代相传的传统技艺，会因为传承人"人亡"而"艺绝"。这些，都在汶川和玉树发生了。

我们是不会"坐而待毙"的。早在世纪初，我们开始中华大地上的民间文化抢救时，就确定了"濒危优先"的原则，而且把少数民族濒危文化的抢救一直放在重中之重。因为我们知道，对于少数民族来说，文化与民族共存。

两年前，汶川大地震刚刚发生时，由民进中央、中国民协、中央文化学院，就联合召开"紧急抢救羌族文化座谈会"，并组成专家工作组驰往成都，与那里的专家们成立前沿的工作基地。经过四川和北京羌文化学者和各方面相关人士持续不断、坚持不懈的努力，不仅做了大量的调查，提出种种针对性的方案，在汶川地震灾区的文化重建中发挥重要作用，并着手为这个遭受重创、极其古老的羌民族建立全面的文化档案。去年整理出版的四卷本的《羌族口头遗产集成》和今天发布《汉羌大词典》《白石·释比与羌族》都是这一工作的重量级的成果。我们认为，为一个少数民族建立科学的文字性的文化档案，对其文明的传承将提供可靠的、必不可少的依据。

在一个月前发生的玉树大地震，也给那里的生命财产，还有文化——特别是藏族文化遗存的非遗带来严重破坏。玉树是《格萨尔》重要的流传地，也是锅庄舞和唐卡的艺术之乡。大地震不仅夺去了许多人的生命，也严重伤害了这些地区宝贵的文化生命。

既破坏了物质生活家园，也破坏了精神的家园。

所以说，灾区的重建既是生活家园的重建，也是特有的精神文化家园的重建。

然而，经过藏汉学者及各界人士共同努力，经过长达三年的田野调查和学术整理而完成的《中国唐卡集成·玉树藏娘卷》已经出版，今天首发。这是这个有着悠久历史、高超画艺的唐卡艺术之乡历史上第一份完整的文化档案。

玉树的唐卡文化档案出版非常及时。有了它，使我们十分清楚在这次地震中它失去什么，哪些传承人还幸存，我们应该做什么。

这叫我们更坚定一个想法——为每一项文化遗存建立完整的立体的、详备的档案的重要性。尽管如今非遗已经热起来，很多地方政府重视遗产保护，甚至整理出保护名录，但这些遗产大多没有科学的详备的文化档案。没有严格的文化档案的遗产（特别是非遗产）还是叫人不放心的。

这项工作还是要回到大地山川中。抢救性地收集遗产的全信息，用专业和学术眼光去识别乡土的精华，认真负责地为每一项非遗建立起科学的档案与数据来，这样才能在各种冲击包括意外的破坏中，不会失去其文化的原真与根本，同时也为保护与发展提供标准。这是最基础也是最艰巨的工作。

同时，我们还想到，从北川到玉树，为什么灾区都是文化重镇？地震是绝不会有意挑选文化重镇破坏的。这说明，我们中华文化太灿烂、太深厚、太多样了，到处是宝。近些年，我们虽然为了抢救和保护文化遗产做了不少工作，但远远不够。中华文化深不见底，浩无际涯，未知的仍是多于已知的，所以，我们仍然要坚持做下去。

然而，从北川到玉树，有一种精神在行走。那就是具有文化责任的专家与文化工作者以及出版工作者。他们和自己民族的文化真正地心连心。在文化受难时，他们像抢救亲人一样抢救自己的文化。今天发布的这些成果就是明证。

我们向他们致敬，学习他们的精神。

在时代的转型中，任何国家和民族文明的传承都是崭新的问题，都是大事。需要思想和理论，需要长时间大量的、默默的、艰辛又坚韧的工作，更需要一种具有神圣感的责任。

我们的文化抢救和保护已经做了长长的八年，现在可能需要吃劲的时候了。

这使我想起郑板桥那个名句："咬定青山不放松"。

我们会咬定自己要做的事，并把它定格在永远，为了中华文明的再度复兴。

在"从北川到玉树——紧急抢救地震灾区文化遗产成果发布会"上的讲话

二〇一〇年五月十二日　北京

为了中华文明的传承

今天，全国民间文艺工作者喜笑颜开。我们共同的值得自豪的专业团体——中国民协，迎来它的甲子大寿。

在这个日子里，我们首先想到中国民协创业的岁月和它的发起者；想到郭沫若、老舍、周扬、赵树理、郑振铎、钟敬文、贾芝、冯元蔚等等闪光的名字和他们作出的非凡的贡献；想到漫长的六十年中一代代民间文化的学者、专家、工作者默默而艰辛的努力和他们留下的沉甸甸的成果。这些成果可以装满一座图书馆和一座博物馆。

任何崇高事业的历史都是一种精神的薪火相传。对于民间文化事业来说，这种精神就是为了我们中华民族灿烂文化的发扬光大和传承下去。

在八十年代以来，中国进入天地一新改革开放的时代；同时，人类社会正在经历由农耕社会向工业社会日益深刻的转型。我们长期面对的民间文化，骤然发生松动、瓦解和消散。我们文明的核心发生动摇；文明的磁场出现干扰；文明的传承产生障碍。

然而，具有强烈文化责任和学术敏感的我国民间文化工作者没有失职。先是在八十年代启动的超大规模的"中国民间文学三套集成"的普查与整理，继而是进入新世纪后发动的更广泛的、涉及所有民间文化领域的"中国民间文化遗产抢救工程"。在中宣部和中国文联有力的领导和支持下，这两项工作连接成一条红线，贯穿着中国民协后三十年的辽阔又昂扬的行程。这先后两项工作共同的特点是，坚持与时俱进的学术精神，始终站在时代前沿和现实生活中积极思考并付诸行动，主动承担社会和文化的使命，还有我们常常引为自豪的一种可贵的奉献的精神。

正是这种精神，使我们对事业充满神圣感；正是这种精神，使我们中国民协的同志们跋涉于山川大地、田野山村，特别是那些文化积淀厚重却十分艰苦的地方；正是这种精神，使我们在抢救民族民间文化遗产、整理文化家底，唤起社会文化自觉，弘扬中华文明传统，增强国家精神文化核心体系等方面，发挥强大作用，得到了党和国家领导的称赞，受到社会各界与公众的认可与称许。

同时，文化遗产抢救带来的历史上空前规模的田野普查，点燃了我们对民间世界的文化情怀，以及思想活力和学术想象。当我们与民族的文化命运紧紧融为一体时，我们便重新发现自己的价值，并获得协会之存在之根本——即专业思想的高度与深度。

站在我们六十岁的生日里，最重要的是着眼于未来。为了让文化遗产生生不息，并在未来大放异彩，我们必须冷静地思考和客观地审视现在。应该说，尽管收获累累，却犹然忧患重重。我们总是在一边充满信心，一边忧虑缠心地工作着。尽管普查工作做得相当宽广和深入，但我仍然坚信，我们未知的仍然大于已知的。虽然已有一千余项文化遗产进入国家名录，数千项文化遗产进入省级名录，但由于缺乏专家和专业的指导与参与，有可能在市场中陷入茫然，甚至失却自己；再有，我们现今的保护方式是否符合民间文化的本质，仍然没有明确的答案。也就是说，我们的理论还不能有力地洞悉和把握纷纭的现实。

应该说，当民间文化遗产进入了当今的全球化时代，它何去何从，在所有国家都是一个新问题。比如"非物质文化遗产"和"传承人"这两个当今最时髦的词汇，都是近十年才闯入我们的学术领域的。然而，我们中国的知识界和文化界并没有落后于世界。在二〇〇三年十月联合国教科文组织颁布《保护非物质文化遗产公约》之前，在中宣部、中国文联直接领导下，我们中国民协就发动了"中国民间文化遗产抢救工程"。这表明我们不缺少文化眼光与文化自觉，我们在文化保护国际领域中没有缺席。但这并不表明，我们做得很好。因为，我们的民间文化太博大、太丰富、太灿烂。多民族的中

我们必须与自己的母体文化融为一体。

华文化的本质就是多样性的，我们很难一下子把它们全弄清，并抓在手里。再有就是我们的生活变化太快，有些文化转瞬即逝，我们面临的困难在世界上也是"领先"的。

然而，中国民协没有被这些巨大的困难所阻遏，相反把它视作历史使我能够更加大有可为和大有作为的一个机遇。历史总是把困难交给能够胜任它的人，我希望这就是我们中国民协。

因此，我希望将中国民协这个大喜的日子，作为我们为之奋斗的事业的一次再启动。就像八年前，中国民间文化遗产抢救工程启动时——也是在人大会堂这里——当时我们心怀抱负，踌躇满志，雄心勃勃，心中溢满神圣的文化情感。

今天我们依然故我，我想，如果生命让我们倒回到八年之前，我们一定还会选择"抢救工程"，而且会干得更好。我们不会因为获得一些成绩就停下来歇一歇。我们没有权利懈怠，因为五千年文化正经过我们一代人的手传给后人。我们不能让它们丢失，或者成为仿制品。我们做的事是要向历史交卷的。我们要让明天满意。

愿我们中国民协的八千名会员齐心合力，永怀文化的使命与责任，永不放弃学术良心，永远传承我们协会几代人的传家宝——奉献精神，为了中华文明的发扬光大，为了我们伟大祖国真正强大，再接再厉。

在"中国民协六十周年纪念大会"上的讲话
二○一○年六月十二日　北京

在"第二届历史建筑遗产保护与可持续发展国际论坛"上的致词

各位先生、女士，各位朋友：

今天，一个关于历史建筑遗产的前途思考与研讨的国际会议在津举行，我却因一桩要事不能不远赴山西。为此，除了深表遗憾之外，还要对诸位与会学者表示敬意，衷心祝愿此次论坛取得成果。

人类历史一边在不断的创造中前进，一边把创造的精华留给后人，这历史精华就是人们共有的文化遗产。

先人留下的遗产不仅属于我们，还属于一代代后人。因此，每一代人对历史遗产的首要责任是保护。保护所需要的，是一种神圣的历史精神，也是神圣的未来精神。

历史建筑对于我们，不仅是美丽的景观，更是无形的历史的有形的见证，是依然存在的历史空间和历史生命。它的精神内涵大于它的物质存在。它给我们的感受重于它给我们的信息。然而，这一切都离不开历史建筑的真实。

所以说，保护物质文化遗产主要是保护它历史的真实性；保护非物质文化遗产主要是保护它的原生态。历史建筑的真实性是我们保护的关键。这真实性包括历史建筑本身，它的现存状态与所有细节以及周边环境的原真性，都不能改变。

中国社会正在进行高速的现代化，历史遗产的保护受到空前强大的冲击。面对这样的冲击，我们一方面要强化全社会对文化保护的自觉，一方面还需要各种不断进步的理念、办法、经验，来解决历史建筑保护的现实问题。

在这个背景下，今天的论坛极有意义。

人的思考常常由别人发动。我就不止一次拜读法国作家雨果先生发表于一八三二年的文章《向文物的破坏者宣战》，并从中获得清晰而坚定的文明的立场与捍卫文明的激情。

论坛是许多睿智的大脑集中与碰撞的地方，这个地方一定会迸发火花，照亮我们的视野。

我非常欣赏这个论坛的主办方，既有政府主管部门，也有大学及专家机构。政府是历史遗产的"第一保护人"，专家提供科学保护的标准与理念。这样的通力合作的论坛肯定具有实效性，能使思想影响现实。

我预祝论坛成功，并期望它继续下去。

二〇一〇年九月二十日　天津

让灿烂的口头文学永远相传下去

今天，我们要启动中华民族的口头文学的数字化工程。

我们之所以选择年前最后一天做这件事，是因为这件事实在过于重要，过于庞大，过于紧迫。好像拖过今天，就拖过了一年。

口头文学包括史诗、神话、故事、传说、歌谣、谚语、谜语、笑话、俗语等，数千年来，像缤纷灿烂的花覆盖山河大地；如同一种神奇的文化的空气在我们的生活中无所不在；并且代代相传，口口相传，直到今天。

一个文学大国的文学，总是分为两种：

一种是用文字创作、以文字传播，这种文本的文学是看得见的、确定的、个人化的。这是文人的文学多采用的方式。

另一种是用口头创作、以口传播，这种口头的文学是无形的、不确定的、在流传中不断改变和加工的，而且是集体性的，这是民间百姓的文学方式。

可以说，口头文学是数千年来老百姓自己的精神创造。它最鲜明和最直接地表现中华民族的精神向往、人间追求、道德准则和价值取向。中国人的气质、智慧、审美、灵气、想象力和创造力，充分彰显在这种口头的文学创造中。

我们的一代代先人就用这种文学方式来传承精神，表达爱憎，教育后代，传播知识，愉悦生活，抚慰心灵；农谚指导我们生产，故事教给我们做人，神话传说是节日的精神核心，史诗记录文字诞生前民族史的源头。

由于我们历史悠久，地大物博，地域多样，民族众多，故而我们的口头文学其样式，其种类、其内涵、其风格、其数量，之大之深之多之广，无法估量。

更别说它是无以数计的戏曲名作和小说名著的源头。

不少没有文字的少数民族的文学史都是一部纯粹的口头文学史。

然而，这种无形地流动在民众口头间的口头文学，本来就是生生灭灭的。在社会转型期间，很容易被忽略，从而流失。特别是当前这种从农耕文明向工业文明的"文明转型期"，前一个历史阶段的文明必定要瓦解。这之中，口头文学最易消亡。一个传说不管多么美丽，只要没人再说，转瞬即逝，而且消失得不知不觉和无影无踪。所以说，最脆弱的非物质文化遗产是口头文学。

中国知识界凭着文化的敏感与责任感，很早就开始了口头文学的搜集整理。中国民协成立于一九五〇年，前身名称是"中国民间文学研究会"，表明口头文学由始就是我们的学术重点。六十年来，大规模的口头文学抢救性调查共三次。第一次是一九五七年的民歌调查运动，第二次是一九八四年中国民间文学三套集成（故事、歌谣、谚语）普查编纂工作。第三次则是始自二〇〇二年实施的中国民间文化遗产抢救工程。

六十年来的普查成果，有一大批填补了中国文学史、文化史的空白。如少数民族鸿篇巨制的三大史诗和众多斑斓多姿的神话作品，华北、中原与西北地区活态神话群的发现，江南和中南地区汉族民间叙事长诗的发现并记录下口头作品百余部之多，再有则是少数民族的叙事长诗与抒情长诗已发现和记录的达千余部之多。

六十年来，中国民协调动数十万人加入这支口头文学的抢救与普查队伍中。有一份材料是上海市民间文学集成办公室的《捐赠上海档案馆资料目录》，上边说，单是上海当年投入民间口头文学的人员就达五万人。各街道、乡、镇资料共二百零九卷四百五十一册。

中国民协各省、直辖市、自治区上报的口头文学普查资料乡、镇、县卷本，现在保存我们手中的共五千一百六十六本，总字数超过八点四亿字。而现今，第三次口头文学抢救还未结束，这个字数还在与日俱增。

上边说的这些材料全是第一手的，它们直接来自田野。其中一千多册是手抄本和蜡版刻印的油印本。其本身已具有珍贵的文物价值。

这是多么巨大而珍贵的文化财富、文学财富、精神财富！然而，更重要的工作摆在我们面前，就是将它数字化，建立中华民族的口头文学数据库。这一工程得到文化部和中国文联的有力支持，并且列入文化部国家资助的项目。我们要用数字化的方式使这些失不再来的文化财富可靠地保护起来。我们要给古代文明安一个现代的家。这个家必须是：严格的学术分类，科学的程序编排，完善和方便的检索方式，以利于确切地保存，还有传播，使用与弘扬。

有人问我它到底有多珍贵。我说将来它就是另一部《诗经》，或者说是无数部《诗经》。大家都知道，两千五百年前，我国历史上第一部文学作品《诗经》中最精华的部分——"国风"和"小雅"，就是当时采集的民歌。那么这个集中国口头文学之大成的数据库将有怎样的价值？我们为什么称它将是"中国民间口头文学的四库全书"？

这次将被数字化的民间口头文学，是五千年来农耕社会流传到近半个世纪的最宝贵的口头遗产。它的原始性、原真性、文献性、整体性、资源性无可比拟。可以说，历史上大量的传说故事、谚语、歌谣只能在这里找到。因为六十年来，许多口头讲述它的人早已不在，连收集整理者不少也已辞世。这使我们想起半个世纪前中国民间文学普查时，提出的原则："忠实记录，慎重整理。"那几代人就是本着这样的原则一字一句地进行收集与整理。这八亿多字里，凝聚着多少前辈文化工作者的心血？

每每面对这八亿多字，我们对那些曾经在田野大地默默劳作、不计报酬的前辈学者和文化工作者，真是心怀着深深的感激与敬意。如果没有他们的努力，今天恐怕连一半也无从得到了。

我们会接过他们的工作，实现他们的愿望，将人类这一宗无可比拟的文化遗产保护好，并让这无比灿烂的口头文学流传下去。

最后我想说，经过长期的千头万绪的田野普查，一项不能或缺的阶段性的工作已经摆在面前，那就是对普查成果进行学术整理。一方面，是我们必须为每一项遗产建立科学和严谨的档案，这档案是一个国家必须拥有的；另一方面，遗产的保护更需要科学依据。特别是在非遗进入当今的市场化的时代，如果没有经过学术认定的原真性的科学依据，没有专家指导，没有清醒的自觉，就会丧失文化的本色与个性的本质，致使非遗迷失在花花绿绿的市场中。

近期我们启动的"中国古村落代表作项目"和"口头文学的数字化工程"，都是在这样的思考中展开的。

对前人的文明创造负责，对后人真正的文化传承负责，是我们这一代人文知识分子的使命。

我们一定做好，希望领导和社会各界支持。

在"中国口头文学遗产数字化工程启动仪式"上的讲话
二〇一〇年十二月三十日　北京

清明节的意义

我们今年已经是第四次在绵山举行清明文化论坛，我们在清明节的源头探讨清明节的意义、节日文化的意义，也探讨了中华文化终极的价值。这次有一点特殊，是三地两岸的学者一起来探讨，一起探讨的本身就显示了一种价值，就是中华文化的价值。作为清明节的故乡——绵山，她是我们中华民族一个共同的精神家园。特别是上午我们感受了一场清明雨，借用杜甫的诗"好雨知时节"，这雨的确不同于一般的雨，"清明时节雨纷纷，路上行人欲断魂"，清明节的雨是不影响人游玩的，我们感受了这细雨霏霏，在柔情的雨里面人们载歌载舞，只有在清明节的故乡我们才能感受到这清明雨。

今天我们来探讨清明节的意义，需要提一下特殊的背景，节日文化跟大陆上社会的发展分不开，也跟整个中华民族面临的背景分不开，也跟人类的背景分不开。我们人类的文明史有两次历史阶段的转型，一次是从渔猎文明进入农耕文明，这是一个很大的文明转换；另一次转换是从农耕文明进入工业文明。从工业革命开始整个世界都从农耕文明进入工业文明，我们大陆整个社会是从原有的比较封闭的计划经济的体制进入市场经济的全球化的时代。在时代转换的过程中，一个很大的问题就是文化的传承，文明的传承。人类的文明史也是这样，从渔猎文明进入农耕文明的时候，留下渔猎文明的历史与财富不多，因为那时候人类没有文化保护的自觉。在我看来人类文化的历史分三个阶段，一个是自发的文化，第二个阶段就是自觉的文化，比如一开始人们往岩石上刻岩画的时候，是一种自发的文化，当岩画变成绘画的时候就是一种自觉的文化；但是人类还要进入第三个历史阶段，就是文化的自觉。

人类进或没进入文化自觉是不一样的，进入了文化的自觉才有了文明的进步。在前不久在北京开两会的时候我说了一句话，在这样一个大的变化之中，我感到很骄傲，我们中国的知识分子有这样文化的自觉。二〇〇三年联合国教科文组织有了非物质文化遗产保护的时候，我们中国知识分子在二〇〇二年就展开了九百六十万平方公里、五十六个民族的所有民间文化的全面普查，接着在二〇〇三年国家就有了民族民间文化遗产的保护工程，确定了国家的文化遗产名录。从二〇〇六年到二〇一〇年，国家级的非遗名录我们确定了将近一千四百项，对我们民族前一个历史阶段，即农耕时期的文化创造和文化财富进行了保护。对于我国非物质文化遗产，目前是四级保护的方式。最基础一级是县级，然后是市级、省级、国家级的，目前四级名录合起来将近六千项。国家一级的名录专家有严格的保护标准和方法，对每一个名录的传承人国家要给予支持，最近国家级传承人的补贴由一年八千涨到了一万元人民币，我们国家要拿出一大笔钱来支持文化的传承。

为什么要支持文化的传承？因为我们文化里面有民族的精神，有一代一代我们民族独有的崇尚，我们道德的准则、价值观、独一无二的审美。它是我们民族的骄傲，是我们血液里的 DNA，我们每个人的身上都流着这样的血。如果我们身在美国，大年三十的时候一定要给家里打个电话，打电话的声音跟平时都不一样，因为文化的 DNA 在我们的血液里"发作"了。这是世界上的许多文明像玛雅文明、埃及文明都中断了，但是我们中华民族的文化生生不息的最深刻的原因。当然我们保护我们的文化，还为了保护人类文化的多样性，特别是全球化的时代。我们常讲灿烂的中华文化，就是文化的多样性才使我们的文化灿烂。我曾经说过，经济是全球化的，文化的走向应当是相反的，是本土的、多样的。

我感到很骄傲的一点，中国成千上万的知识分子在第一线，默默无闻地工作。我随便举几个例子。前年我曾经在我的学院给摄影家郑云峰举办过展览，这个摄影家在二十年以前知道长江会发生改变，他把他在徐州的影楼卖了，用全部的家当和积蓄买了一条船，在长江里飘了二十年，所有的山都爬过了，多少次几乎掉到长江里去。他为了把养育了中华民族将近七千年的这条母亲河，把她所有的最后的形象留下来。还有一位北京的摄影家李玉祥，他也没有结婚，鳏寡孤独一人，背着很沉重的照相机，肩膀都歪了，我们中国现在很多的古村落都消失了，但是古村落的数十万张照片在他的暗箱里。还有内蒙古的郭雨桥，岁数比我还大，成年累月地背着一个布包，几本字典，十几个药瓶，一个破相机，一个录音机，调查草原民居，从内蒙古一直到新疆，已经一辈子了。他们都感动了我，这就是文化人的精神，我们凭什么坐在这里说话，我们凭着对我们的民族，对人类文化的一种责任。

我们今天在这里探讨我们的清明节，是一件非常认真的精神的工作，从传统上我们很多的节日是不放假的，从新亥革命时期我们的春节是按照阳历一月一日放假，年三十是不放假的，但是我们中国人真正过年是从三十那天开始，要准备鸡鸭鱼肉，准备亲人回来。那个时候还在单位上班，屁股坐不住凳子，单位的领导觉得不放假不合适了，开恩让你早走。我们知识界就提出我们的节日应该回到年三十放假，另外几个重要的节日，端午、中秋、清明，也应该放假，学者给政府提了很多建议，我们一起努力，最后国家同意放假了。放假不是一件容易的事，放假了并不等于我们多一个假日，放了假的节日还是节日，因为节日的内涵和假日的内涵是不一样的。假日是一个国家给公民的福利，节日是有特定的文化内涵的，是有文化承担的。第一次清明文化论探论坛，我们重温节日的历史，讨论的是清明节的历史内涵，清明节有哪些风俗这样一些常识性的问题。第二年我们讨论了节日的现状，节日如何回归和复兴的问题，记得那次开会我把节日分两类，把春节、清明和中秋分一类，我觉得国人都过这样的节日，有这样的情怀。去年我在报纸上写了一篇文章《春运，是一种文化现象》，要从文化角度看春运，世界上还没有哪一个国家一亿两千万人非要回家过年，这是真正文化的力量。还有一类节日，比如七夕、重阳、元宵、端午，这种节日往往是局部的，是可有可无的，这些节日怎么办，第二次我们探讨了这样一些话题。第三次我们讨论的话题是清明的传承，我们要不要传承，传承什么，怎样传承这一系列的问题。那次我讲了一个观点，要在节日中享受节日的文化，享受节日文化正是传承节日文化。责任是知识分子和官员的，老百姓只是享受节日。

这一次我再延伸着讲一讲关于清明节的问题。清明节的形成是在农耕社会，我们不管由头是从哪来的，人们只要把它确定为节日的时候，它是约定俗成的，是自然积累的，不是法定的。人们要把自己各式各样的理想、愿望、情感往这里放，只放不行，还得约定俗成，得老百姓共同认可才将成为节日。不包括少数民族的节日，我们现在被列为非物质文化遗产的是七大节日，我觉得我们中华民族主要往节日里放进了两个东西，一个是人间的亲和，一个是人和大自然的亲和。在古代的民族社会里面和现在不同，那时候没有城市，更没有城市化，人和自然是接近的，或者说人是在自然之中的，人的生活的节律是跟生产节律分不开，而生产节律又跟大自然的节律分不开。春天一定要播种，夏天一定要耕种，秋天一定要收成，冬天一定要冬藏，等待着第二天春天再来。这样一个大自然的节律是与农耕社会生产的节律，人们生活的节律是一致的，所以那个时候人更依赖于自然，人和自然的感情是一致的。我们的七大节日比如清明、端午、中秋、重阳、元宵都是大自然运行中一个重要的节点，也是人们生活中一个重要的节点，特别是春天。当然所有节日里面最重要的春节，春节要把过去的一年送走，要把新的一年迎来。在这个时候，人们一定要把所有的愿望、情感、追求、审美，都放在节日里面，让它充分地表现，再也没有哪个节日比春节人们放进的民俗或者说创造的民俗更多。在这个节日里除去对自然的亲和以外，还要放进人间的亲和，人间的理想，比如团圆。我始终认为，所有节日里面，团圆是第一主题，中秋、元宵也都是团圆节。春节的节律很有意思，大年三十是一条线，三十之前我们所有忙的事情都是往家里忙，到了三十晚上，最重要的是全家在一起吃年夜饭，不许外人进来。三十一过，初一我们首先给最近的人拜年，然后给亲友拜年，然后给社会上的朋友拜年，逐渐地走向社会。可见，年三十是一条线，在这之前，把劲往家里用，三十之后把劲往外用，非常清楚的一条线，这条线上最重要的点，就是团圆。这是中华民族人的情感中非常重要的一个内容。还有就是亲和，人对朋友的友谊，人与人之间的忠诚，还有更广泛的如屈原、介子推等中华民族价值观里面非常重要的一些东西，都在我们的节日里。我觉得节日文化里最重要的是我们民族的亲和，这是中华民族的气质。大陆上知识界提过一个想法，中华文化怎么走出去，我讲只要春节走出去就行了。文化是人带出去的，只要我们的唐人街里面过春节，只要外国人到唐人街跟我们中国人过一次春节，他就知道什么是中国人，中国人追求的是什么。我们追求的就是家庭的团圆、和谐，人和人之间很美好的感情，对人的诚实和忠诚，我们对美好生活的向往，这就是我们中国人的人文形象。我想，清明节实际上也是这样两个内容，一个是人间的内容，对亲人的怀念。在春天即将到来这样最美好的日子里，农忙还没有开始，人静下心来思念自己的亲人。这是我们清明节里一个很重要的内容，美好的人间的追求。还有一个是对大自然的一种追求，即人和自然的亲和。这种亲和表现在风俗上就是插柳、子推燕、蹴鞠等等，很多民俗都是为了表现我们与自然的亲近。我们怎么样过好我们现在的清明节，就像前面学者说的那样，一切节日的创造，都应该是顺向的，而不应该是反向的，就是说必须符合我们节日的本质和特性顺向地发展。为什么春晚能够在中国人的春节生活中占有重要的位置，就因为春晚是顺向的。尽管春晚演出之后很多人有意见，但是如果中央电视台宣布今年春节不搞春晚了，那网民不大骂才怪，再说中国还有八亿农民要看春晚。春晚为什么是顺向的，因为春晚最起码有三条符合规律，第一它是合家团聚式的，一家人围起来看电视，符合我们春节团圆的气氛；第二它以笑为主，因为春节的传统是不能哭的，东西掉地上我们必须要说岁岁平安，所以中国的笑星像赵本山、姜昆、冯巩，都受惠于中国的春晚。我曾经跟他们说："你们真应该给中国的文化烧一炷高香，如果没有春晚，就没有你们那么多笑星。"第三个春晚还有一点是顺向的，它是过十二点的，中国所有的晚会没有超十二点的，春晚必须超过，不然大家会觉得不满足，因为它符合中国人守岁的习俗。就是因为它顺向，所以受到了人们的欢迎，春晚在我们节日文化里边立足了，特别是社会转型期间，我们一些传统的春节民俗逐渐淡化的情况下，它补充上来。但是有一点它不符合春节的特性，因为春节里所有的民俗都是可以参与的，春节民俗的一个重要特点是所有的活动人都可以参与，心情可以释放，但是电视晚会是不行的，因为观众是被动的，给你看什么你看什么，所以一定会引起人们对春晚节目的不满，这正是它跟风俗之间产生的问题。所以我想我们要从文化最根本的本质和原理考察问题，我们静下心来研究，就能找到很多因素，我们不断充实、丰富、发展我们的传统，使我们的传统能够承载一代一代人所留下的那么美好的关于生活的理想、追求、我们生活的特性，我们民族的 DNA，能够把它传承下去。

在今天我们跟世界的文化大量接触的时候，我们既不能够拒绝外来的文化，母亲节、情人节都已经进入我们的生活，因为我们传统节日里没有这样的内容。我们接触一下外来的节日并不坏，三八妇女节，五一劳动节，也是接受外来的节日，我并不反对，但是我们不能妄自菲薄，因为我们的传统节日在我们心里面根扎得太深了。

最后我想谈一个小的问题，我们的节日文化到了今天有一个问题需要注意到，十年以前我们的知识界有了对文化的自觉，经过了十年的努力，逐渐被政府和国家认识到，有了国家和政府的自觉。现在我们国家一些很高的领导人，包括政府的文件里，也重视对文化遗产的保护，我觉得国家有这种文化自觉是非常重要的，因为我们是文化的大国，我们是地球上最大的东方的书香门第，我说过文化的珠穆朗玛峰也在我们中国，我们是引以为自豪的，我们是骄傲的，所以我们必须要传承自己的文化。现在我们国家有了文化自觉，专家的文化自觉转化为国家的文化自觉，但这是不够的，只有由国家的文化自觉转化为全民的文化自觉的时候，社会的文明才能进步。但是由国家的文化自觉转化为全民的文化自觉中间出现了一些障碍，很多的文化遗产包括节日文化，还停留在政府和专家的层面，而没有真正进入老百姓的生活，这是我很忧虑的。我觉得这跟在某些地方把文化跟政绩结合太紧有关系。或者在某些地方，把一些文化的遗产，特别是当一个文化确定为文化遗产了，有了资源的价值的时候把它进入产业有关系，把它作为一个发财的由头极力地推向市场有关系，没有把文化最重要的价值即精神的价值发挥出来。这个话题我今年不多讲，希望留在下一次我们的论坛，也就是我给下一次的清明文化论坛出一个题目，如何把国家的文化自觉转化为全民的文化自觉。这个时候我突然想起上回我开会的时候提过我看过宋代人写的一首词，印象极深。

"他皆携酒寻芳去，我独关门好静眠。唯有杨花似相觅，因风时复到床前。"

词中写到了清明那天人和自然的关系，人和自然的理解，我觉得我们古人不仅创造了非常美好的文化，而且强于我们的是，他们把生活诗化了，没有把文化都变成了钱，还把文化作为精神不断地追求，追求精神的高尚，精神永恒的价值。我觉得这是我们文化人要做的事。

在"第九届海峡两岸中华传统文化与现代化研讨会"上的讲话
二〇一一年四月一日　山西绵山

中国当代生活中的文化传统

（在芬兰赫尔辛基大学演讲提纲）

一、我的题目有两个关键词

（一）当代生活

（二）文化传统

⊙一般认为当代生活与传统文化一定是冲突的。

⊙像中国这样一个文明古国，在高速现代化中，一定发生激烈碰撞。

冲突是必然的，不可避免的，甚至是正常的。

⊙但在中国城市已看不到历史街区。高楼大厦，酒店，超市，广告。一定会怀疑还有传统吗？这也是人们常常忧虑的。

二、但是，请注意我这里用的是：

文化传统——不是传统文化。为什么？

传统文化不同于文化传统。

⊙传统文化是历史积淀下来的既定的文化形态。

看得见，摸得着。

⊙文化传统是依然保存在我们生活中，代代相传的历史精神。

看不见，摸不着。

在外在的既定的传统形态逐渐从生活中淡出，人们还会保持自己的文化传统吗？

三、举例，汶川地震

二〇〇八年五月十二日，我在欧洲，捐款，我给民协打电话，我们做什么。

羌族，羌族的损失，成立专业工作组，前沿工作基地。

在北川、德阳、绵竹，感受强烈。

北川的文化损失，八一帐篷小学，羌族文化读本，保护羌文化建议书。

⊙给我内心极大冲击的是各地的支援和志愿者。

当时是有危险的。当时灾区的景象，废墟之外的两种帐篷。

⊙最强烈的印象是一些久疏的词汇突然出现在眼前。

一方有难，八方支援。

众志成城，救死扶伤。

生死与共，义重如山。

这些传承了数千年的字眼变得充满激情。

它们平时在哪儿？夜总会上、超市里看不到。

但它并没失去，而是在人们的血液里——DNA——这就是文化传统，是真正的文化传统的力量。

这种传统精神就像世界杯上的国家荣誉感一样，平时看不见，但它绝不会被轻而易举地扫荡掉的。

四、中华文化的传统来自两个系统

或说由两个体系建立起来的。

（一）精英的、自觉的方式。个人化的，通常靠文本，物质性的。

（二）民间的、自发的方式。集体化的，通常靠口头，非物质的。

我们习惯了偏重精英的传统，容易忽略民间这个传统。

别小看了民间。

比如儒家真正在中国大众的影响，主要是它通过被民间化的。

只有不间断地从形而下的调查到形而上的思考与总结中来回往返，才能深深扎入与抓住我们的文化现实。

它不是靠四书五经的条文，而是靠着被演义成的民间戏剧、民间故事、民间艺术、民间谐音图案以及民俗，来普及与传承。这是一种活生生的传统。

⊙民间的传统是人们通过自己的文化方式建立的文化传统，它根植心中，进入血液，成为全民族共有的精神元素。

⊙佛教的中国化恰恰是民间接受与再创造的结果，才使佛教在中国的文明中立足。观音是民间的创造。

基督教和天主教就没有立足，没有被中国化，中国接受外来的文化是靠同化方式。吃牛肉不会变成牛，吃草却能变成牛肉，这是生命的方式。任何强大的文化个体与生命个体都不会被强迫地接受外来文化，而是选择自己适合的文化，并把它变成自己传统的一部分。

传统是自然形成的。传统不是一种学问，是一种个性的文化生活，一种生活是一种自发的情感。

春节，春运，手机。

我上边要说的是，传统在中国当代生活和中国人血液里依然活着，它不会因社会更迭轻易泯灭，不会轻易消失。

五、但在文明转型时期问题就严重了

文明是更替性的，这种冲突包含着对传统的破坏，文化传统的削弱在传统文化的消亡中，比如七夕。

我们不能听之任之。

自发的文化，自觉的文化，文化的自觉。

中国知识界有这种文化自觉，十年来——

（一）学界重视国学研究。

（二）学界重视民间文化遗产保护。

六、民间文化保护现状

（一）中国文化遗产面临困境。

⊙急转弯式转型，没有文化准备。

⊙从应用文化转变精神文化过程，很难使全民先知先觉。

⊙经济利益的驱使。

（二）知识界率先自觉与积极应对。（举国规模的抢救工程）

（三）国家政府保护体系的形成。

（四）困难仍然巨大。

⊙经济利益的强势介入。

⊙文化的博大与专家的缺乏。亚鲁王。

七、我们明白自己的使命

（一）中华文明是未开发的人类宝库。

（二）保护自己的传统，也是保护人类文明的多样性。

（三）历史经我们的手，到达下一代人手中。如果它从我们手中漏掉，既有负先人，也有负后人，不能叫文化在我们手里中断。

（四）未来需要历史。人类的脚步太快了，人类的物质欲太强了，人类太自私了。我们的工作，是减轻当代人类的自我过失，不使人类在未来的绝望里觉醒之时两手空空。

二〇一一年五月二十五日

中国文化遗产保护现状

（在芬兰图尔库大学演讲提纲）

一、非遗的传承特征

（一）非遗的传承从来就是不自觉的。

（二）非遗的概念来自于人类的一种文化自觉。

（三）非遗保护是当代人类文明传承中的大事。

二、中国文化遭遇前所未有的冲击与困境

（一）文明转型与社会转型都是急转弯式。

（二）物欲魅力与乐呵呵的破坏。

（三）作为生活文化的非遗从来没有清理过，心无底数。

（四）急速现代化过程中，每一种都有一部分文化消失（千城一面）。

三、文化自觉从知识界开始

（一）始自本世纪初的"中国民间文化抢救工程"。

（二）为什么做？做什么？怎么做？

首次全民族民间文化的抢救性大清点（日韩没做过）。

（三）科学设计，采样，与统一规范和标准，培训。

（四）二〇〇二年启动，二〇〇三年铺开。

（五）十年的成果。

四、政府保护

（一）官员是第一保护人。

（二）政府保护工程和专家角色（普查融入名录）。

专家——抢救；政府——保护。

（三）保护体系的形成

1.非遗法和法律保护 2.名录保护 3.传承人保护

4.博物馆保护 5.村落保护 6.教育保护

7.教育保护（遗产学）8.节日保护

最重要是专家保护（科学保护）。

最终目标是全民保护。

五、新问题与新应对

（一）文化遗产的产业化。

传统模式与产业模式。

手工方式与大规模生产模式。

（二）文化的政绩化。

文化政绩的曲解与纠正。

（三）文化的城镇化。

城市化的世界潮流，载体的消失与非遗的突然死亡。

（四）缺乏专家指导。

六、不会放弃的使命

（一）南乡"临终抢救"的方式。

源头记录。

（二）再抢救。

二〇一一年五月二十五日

文明建设是城镇化的重中之重

一、从经济社会的提法中吸取教训

城镇化一个不容忽视的大问题是文明建设。反思三十年来，一个概念需要思辨就是对"经济社会"的提法。改革开放初期，我们这个关乎社会属性的提法来自"以经济建设为中心"，这是相对于此前的"以阶级斗争为纲"的"政治社会"提出来的。这个提法符合时代与现实，极大地激活了社会生产力，直接带来三十年来中国经济与社会的高速发展与空前繁荣。但也应该看到这个提法的片面性。到了今天，富裕起来的中国社会确实有个"要富到哪儿去"的问题。一个重要的社会目标摆在面前——文明。可以说，我们现在绝大多数问题与社会文明相关，与我们片面地重经济发展有关。

文明是一个国家的软实力，是社会幸福的终极标准，也是经济可持续发展的精神保证与社会保证。

城镇化一定要把文明建设摆在十分重要的位置。

二、社会转型的文化难点

从社会学和文化学角度看，城镇化是一种社会文化的转型。从农耕社会向城市社会转型，从传统的农耕文明向城市文明的转型。在着力推动的人为的短期实现的转变中，由于两种社会及生活方式的不同，两种文化的性质、形态和习惯的不同，传统农民进入现代城镇的生活与文化会茫然无措，未来的城镇文化将是不可知的。一方面会出现文化的断裂，一方面社会文明会出现问题；一旦问题形成便不好纠正。我们对社会文明的前景必须心中有数。城镇化最终是人的城镇化。城镇化中的文明建设是不能回避的新问题。

三、文明建设需要战略设计

文明建设在城镇化的总体规划中是不可或缺的。经济成效往往是一时的，文明效应是长久的。城镇化的文明建设需要整体的、长远的、科学的、以人为本的战略设计。包括文化、教育、法制、管理等诸多方面，而且要综合考虑。所谓科学就是符合事物的性质与规律。

四、文化遗产保护是城镇化的一部分

近三十年来的城市建设中，由于错误地将经济发展与历史文化遗产保护对立起来，造成了惨重的无法弥补的损失，这个教训应该记取。我国五千年历史基本是农耕史。悠久的历史源头，无数传统的根脉，大量农耕文明的创造和载体在农村；一千多项体现民族文化灿烂性与多样性的国家非遗在农村；少数民族的核心聚集地及其文化在农村。对其中具有代表性、民族多样性和重要历史文化价值的传统村落必须保护，传统村落保护应以发展生产为保证，这是作为农耕古国的中国农村的城镇化的独特使命。目前国家四部委已启动中国传统村落的普查与认定，势头很有，建议国家有力推动，并确立为中国城镇化总体规划中首要的内容之一。

在国务院参事室讲话要点
二〇一三年五月二十八日

传承人面临的新问题

——"非遗后"时代民间文化传承与思考

一、传承主体的新困境与问题

今天会议主题是当前("非遗后"时代)的文化传承问题。传承是我们多年来进行的文化抢救与保护的终极目的,因此我们不约而同把关注的焦点放在传承人身上。

传承人是非遗主体。非遗怎么样就看传承人怎么样。因为,非遗活态地保存在传承人身上。

传承人在非遗在,传承人干得好非遗好,传承人不干了(或去世了)非遗就消失了。名录里的这一项便立即就变成空白。在传承人和文化传承之间就是这么一个简单、直接、因果的关系。传承人的状态决定着传承的状态。

因此说今天这个会的目的是:

通过对传承人当前境况的了解与认知,找出问题的根由,寻求办法去帮助与支持传承人,以保证非遗顺畅与良好的传承。

二、我们已经为传承人做了什么?

本世纪初前十年,即非遗(即民间文化)抢救和保护工作开始时,我们就把传承人的认定与保护作为核心工作之一。

自二〇〇三年,中国民协启动的"中国民间文化遗产抢救工程"将民间文化杰出传承人的认定列为专项。二〇〇七年认定口头文学、艺术、手工技

探访民间艺人。

艺和民俗技能四大类一百六十四名杰出民间文化传承人。出版传承人口述记录丛书。仅中国民间木版年画一项就对所有产地的代表性传人进行了口述调查，出版了档案性的年画艺人口述史。并通过大量的、各门类的文化活动广泛传播传承人高超和独特的技艺，得到社会认知与赞赏。

国家文化部自二〇〇六年国家公布了非物质文化遗产名录，转一年即认定与公布了国家非遗代表性传承人，目前已公布四批。

第一批，二〇〇七年，二百二十六位。

第二批，二〇〇八年，五百五十一位。

第三批，二〇〇九年，七百七十一位。

第四批，二〇一二年，四百九十八位。

总数为两千零四十六名。对于上述传承人国家有明确认定标准和要求，并对传承人予以年度万元的资助。《非遗法》对传承人有专门的保护条款。应该说在国家层面上，我们对非遗传承主体有了较完备的支持体系。

但不是因此大功告成，文化传承可以高枕无忧。

三、"非遗后"时代的新问题

"非遗后"时代是指经过十年的抢救、保护、整理与建设，基本摸清非遗家底，建立了初具系统的保护系统。但随着时代快速发展，城镇化、工业化、现代化的加剧，生活方式的迅速改变，传承环境与传承主体都发生变化。新问题出来了，有些是始料未及的。

（一）城镇化加剧，一天消失九十个村庄，大量农耕人员与劳力进城，造成乡村空巢，传统生活文化空间正在瓦解甚至消失。传承失去人文土壤与环境，失去需要。

（二）传人离开本土，进入城市或旅游景区寻找出路，其文化失去原有的地域民俗和精神情感的内涵。目的的改变带来了形态的商业的变异。谋生成了最重要的，传承难以顾及，实际上进入另一种消亡。

（三）传承人认定后，我们关注只在传承人身上。群体传承转变为代表性传人的个人传承。这种单线的传承十分脆弱，成败存亡全在一身。

（四）不少地方政府对文化遗产及其传承意义仍缺乏应有的认识，往往在完成申遗进入名录后，不再承担必需的管理与帮助。把国家对传承人的传承资助当作经济补贴，使国家的支持无助于传承本身。实际上，我国人大通过的《非遗法》有一整套有利传承的条例、标准和法规，但至今没有执行非遗法的案例。这说明相关政府部门的失职和不作为，缺乏文化自觉，更多是文化政绩。

（五）从市场角度看，当非遗进入名录，便成了天赐的名牌商品，有了市场含金量。民间文化的市场能力有限，大力开发和产业化使非遗变异。

（六）专家缺位。民间文化本来在各自封闭的环境下创造生成，文化的拥有者不完全知道自己价值的所在。这需要专家帮助，需要科学把握，但专家人数有限，与非遗距离太远，甚至缺位。

以上是大家今天都谈到的问题。这些问题都是新的、遭遇性的、挑战性的，但都是必须去解决的。

四、应对的设想

民间文化本来是自生自灭的，但在时代性巨大的全线的冲击下，不能任其自生自灭，使我们的传承载体烟消云散。

（一）政府的管理是第一位的。

（二）要与传统村落保护结合起来。

（三）不要把非遗全推进市场，科学管理，专家认定。要一对一制定底线。

（四）非遗专家不是书斋学者，永远在田野，与传人在一起。

（五）传承人要有所承担。义务。代表性传人不只是光荣称号，有义务承担传承。日本114名人间国宝，致力于保存与传承。

（六）教育与传承。

最后回到传承人。我们都是传人。传承多种：

（一）个人传承，家族，单线，（泥人张）。

（二）地域群体，产地，集体性（绛州锣鼓、华州皮影、地方庙会），团体传承。

（三）全民传承（节日）。

时代转型期的文化的传承需要自觉。

认识它的意义，承担它的使命，想方设法推动传承。

在"呵护传承人 关注守望者

——非遗后时代民间文化传承的实践与思考会议"上的讲话

二〇一三年六月六日　北京

关于传统村落评定工作的
几个关键性问题

　　这次是我们关于第二批中国传统村落名录的评定，经过这次评定，又一批农耕文明的历史创造进入了国家的保护范围，这是特别重要的事情，也是历史性的事情。我们现在这个时代是由农村文明向现代工业文明转型的期间。前一个历史时期的文明创造，必须经过总结与认定，才能进入自觉的保护与传承的范畴，后代才能看到和享用，所以大家的工作特别重要。特别需要严格性、需要学术性、需要科学性、需要严谨性。因为我们做的事要对后代负责。

　　刚才听了五个专家组的意见、想法及有关评审的过程，觉得很好。住建部、文化部非遗司、财政部这些国家的主管部门，一年多来一直是非常紧张又稳健地工作，紧张与稳健都非常重要。首先，不紧张不行，按照国家的统计数字，现在一天我们就消失八十个村落，如果我们放松一天，八十个村落就没了。当然这个八十个村落不见得都是传统村落，但是里面一定有传统村落。因为历史上我们没有对村落进行过普查，对村落的内涵不知道，没有文字的村落史，现在村落消失了，我们便不知道究竟消失了什么，这事太可怕了。所以我们必须紧张起来，在第一批传统村落评定之后又紧紧地抓住了第二批。还有一个就是很稳健，稳健也特别重要，因为传统村落的评定是一个新的课题，全世界都没有做过。我今年三月份在巴黎的科学院谈到传统村落的普查与认定，他们说法国也没有做过。我们翻遍了联合国教科文关于文化保护的文件，里面只有不多一些村镇保护的个案，没有村落的全面的普查与评定。但是我们中国必须要做，因为我们五千年的历史基本上是农耕史，村落是我们根性的一个家园。同时，我们又赶上一个全面的急转弯式的转型，村落大量消失，所以我们必须做全面普查，就像非物质文化遗产的全面普查一样，必须要做。

但是，这件事很难，因为它是一个新的事物。村落不同于物质文化遗产和非物质文化遗产，它还不仅仅是物质和非物质文化遗产的综合，还有村落本身的记忆，有宗族的文化，有乡规乡俗，有它自己的历史以及与自然环境相关的非常完整的村落文化，它是一个全新的问题，而且缺少更多的国际的借鉴，缺少十分清晰的理论把握，所以确实是一个难度很大的事情。必须诸位专家共同的努力，一边仰仗大家的经验、学识和创造性，还要一边总结一边摸索，一边实践一边进行法规建设和学术建设。

这次我们开会评定传统村落。刚才我在想，最好的评定应在哪里？实际最好的评定应是专家到村落里。村落是个活态的，专家只有面对村落才好评定，这是最好的方式。但是这样做有难度，因为我们现在剩下的村落最起码有二百五十万个，每天要消失八十个，如果我们现在屋里的人分成几个组下去，跑三个月评定的还没有它一天失去的多。所以采取了由地方政府向上申报的方式，这也是政府的工作方式之一。也就是先由下边把调查与初步认定的工作做了，报上来再由我们评审。这是一种符合实际的方式，但也存在问题。就是政府申报往往跟政绩特别是跟经济挂钩。最近习近平同志还特别讲，不能以 GDP 论英雄，但是地方一些官员的政绩观不是那么容易解决的。如果他力争申报是为取得政绩，要保护经费，那么就会夸张、添加水分和佐料、谎报。如果他想拆这个村子，想在城镇化的政绩上得分，就可能瞒报。面对这样一个问题，怎么办？一边是二百多万村落，称得上是巨量海量，而且遍布全国各地，特别是有一些地区交通艰难；一边是我们没有那么多的专家下去。我做非遗很了解专家的情况，我们现在国家非遗是一千二百一十九项，省市一级的非遗是八千多项，但我们百分之九十的非遗后面是没有专家的，这点跟日本韩国是不一样的，日本韩国每一项非遗后面都是一群学者在那儿做研究，帮它做档案，帮它想办法，但是我们非遗后面基本上没有人，只有自生自灭。村落的专家更少，该怎么办，我想今后，是不是多利用地方的专家？比如各个省市的大学与相关的研究所，建筑学院和人文学院的专家，利用他们的力量和团队去做基础普查，跟地方政府结合起来做科学的调查，这是第一个。

第二个就是对调查的人，应该做培训，最近我们在做一个项目，就是对西藏、青海跟四川这三个省的藏族唐卡的调查。我们先请藏学和西藏美术史的专家，对相关的一些大学的研究生进行培训，然后由教师专家带着研究生下去调查。培训特别重要，培训不仅统一方法，更重要的是统一标准，我们的依靠是科学标准而不是专家个人的经验。这是第二个。

第三个说说申报材料的科学性。在经过地方专家调查和审定之后，政府申报的材料，应该由专家小组来写，这样就确保了我们的材料的科学性、真实性和规范性。专家写好后，由专家小组和政府负责同志结合签字，必须有专家小组的组长签字。这样的材料就有保证了，到我们这儿工作也有根了，我们不再会觉得这个材料怎么不够充分，是不是得留到下一回？下一回如果是地方政府再报，还是稀里糊涂的，因为它没有科学标准和规范。我们必须有一个比较可靠的、学术上的确保。

此外，我想还要注意几个事，第一个就是刚才方明同志讲的地域性的问题，今年中央一号文件也特别用了这个词，就是有地域特征的传统村落，就是某个地域独有的代表性的村落。在建筑上可能不精美，但有特点和代表性；少一个，我们文化的多样性就受到了损失。这需要一种全局的眼光，不能叫它漏掉。这是第一个。

第二个就是少数民族的村落，这是一个特别重要的问题，因为少数民族的文化基本上是在村落里，如果村落没有了，少数民族就消失了，所以少数民族的核心聚集地，特别是历史文化积淀深厚的那些村落，有代表性的村落，必须要严格地保护好。这里还有一个重要的环节不能忘掉，就是我们必须要吸收少数民族的一些学者，他们比我们对少数民族的文化更在行，必须请他们参与进来。

再一个就是要重视非遗，特别要重视省级以上的非遗。因为我们的非物质文化遗产，至少一半以上是以村落为载体的，如果村落消失了，非遗就彻底消失了，皮之不存，毛将焉附？特别是国家一千二百一十九项，是必保的，更坚决，我想文化部肯定也重视这个问题。

在此之外呢，我觉得还有几项工作——即那些列入了国家的名录之后的村落，该怎么办，也很重要，必须要做好，不能得而复失。

第一个就是凡是列入了国家传统村落名录的村落，和它的上级单位，必须要签署承诺书，就是保护承诺书，联合国就这样做，只要你被批准了世界文化遗产，必须由遗产所在地的政府签承诺书。你不能光要我一个名义，你申报，我给你一个名义，但从此没人管不行，你必须承诺严格管理。首先是村落的法人要签署承诺书。还有，县那一级的政府也要承诺。最起码得有这两级政府必须签承诺书，省里必须备案，省政府相关部门还要负责监督。具体方式可以讨论，但必须做。不能申报成功，万事大吉，必须要有保护承诺，承诺特别重要，这是第一个。

第二个就是承诺的时候，我们同时要给它一个保护标准的文件，村落保护的标准是什么，必须明确告诉他，将来要按照这个标准来检查。如果你要利用村落发展旅游，必须报你的规划，得到批准以后，才能够去做，得不到批准不能去做。我们的依据也是这个标准，把握和执行这个标准必须是非常严格的。

第三个就是监督机制。最近文化部非遗司有一件事做得十分好，就是对一百零五个非遗做了调整，有几项非遗就干脆让它退出了，这也是专家们多少年来一直在提的一个建议。我也曾提出"要把申遗变成审遗"，不审就坏了，有很多非遗都已经变味了。我们传统村落刚刚评定，还没有进入这个时间段，但是现在应该开始考虑监督的程序、监督的机制、监督的标准。实际上我们的认定标准、保护标准、监督标准是一致的。但是在监督上，还得多一个惩罚，当然那个惩罚绝对不像足球那样，输一场球不发钱，用钱惩罚达不到目的，惩罚就是要让你退出，退出时要在网络和报纸上正式公布的。联合国要是把某个国家某一项世界文化遗产除掉，就是对那个国家的文化的一种羞辱，一个不重视文化的国家是让人家瞧不起的，同时它也表现了文化本身的尊严。所以我特别希望专家委员会帮助政府做好这几方面的研讨，比如承诺书的内容、保护标准、监督机制和监督的办法等等，我觉得这实在是一些太大的事情。我们民族和五千年文化的根就在我们的村落里面，所以我们要有一种高度的文化的责任与精神，真正的知识精神与学术的精神，把该做的事情抓紧做好。

在"第二批传统村落名录审定专家委员会"上的讲话
二〇一三年七月十二日　北京

在"党风民风建设座谈会"上的发言

两节将临，刹奢靡之风，激浊扬清，非常必要。不然这几天应该是大花钱、花大钱的日子，"月饼战"应该就要打响了。去年在北京开会正赶上中秋节的前一天，是送礼的高峰。岐山同志做过北京市长，深知北京的交通。我当时从东城到西城堵在路上一个半小时。我在车里面就想到了一句话："我们节日的内涵被偷换了。"

说到节日，应该说老百姓是非常在乎节日的。一个人一年里最重要的日子是自己的生日，一个民族、一个国家一年里最重要的日子是节日。节日多种多样，全民性的节日主要是三种：国家的节日、传统的节日、宗教的节日。中国不是宗教国家，我们没有宗教节日，我们就是国家和传统的两种节日。国家的节日有，国庆、党的生日、劳动节等等，这种节日更不是大吃大喝，尽其享乐，要体现节日精神。比如国庆要体现国家的精神，体现人民对国家的情感。美国迪斯尼乐园每天闭馆的时候都要举行小小的降国旗仪式，各国游客全要肃立、唱美国国歌。国庆节就是要彰显国家精神、全民表达国家情感，但现在我们的国庆已经"看不到"国家，这是一个问题。

至于传统节日，和国家的节日是不一样的，国家的节日是法定的，传统的节日是慢慢形成的，是一代一代人的文化创造，是老百姓日常生活中的高潮。我国的五千年是一个农耕社会，我们与自然的关系非常密切，所谓"天人合一"。大自然以春夏秋冬为一年，它既是生产的一轮，也是生活的一轮。所以在春夏秋冬四个季节里各有一个重要的节日：清明、端午、中秋、春节。人们在这些节日里表达对大自然的情感和对生活的愿望，绝不只是吃喝和送礼。比如说，春节，旧的一轮走了，新的一轮来了，在这个时候要除旧迎新。在迎接新的一年来临的时候，人民总是要把内心对未来的向往，对人间团圆、和谐与幸福，对生活的各式各样的渴求，都放在年里，并创造出各式各样的、丰富多彩的、优美的民俗和民间文化把它表达出来。所以说，节日的本质更是一种精神、文化情感的生活。比如现在，一些人跑到城里工作，生活得不错，物质条件较舒适。到春节来临时，乘车、乘飞机再难，为什么也得赶回家，去见爹妈乡亲？因为情感的需要。在那个日子里乡情、亲情、友情、故乡、故土、故人比什么都重要。至于吃，人们当然要吃得好一点，因为过去吃得不好。过年吃得好一些，好把平常对生活的理想变成一种现实，享受现实也更享受理想。至于送礼，说句实话，谁也不在乎礼有多重，压岁钱多少也不重要，只是把它作为一种人情的载体，"礼轻情意重"嘛。今年，我在牛津大学对中国的留学生说，你们了解自己的文化吗？在除夕之夜，如果你们回不了家，给爹妈打电话的时候，连声音与平常打电话的声音都会是不一样的，你会感觉分外亲切。为什么？那是你身上中华民族文化的"DNA"在"发作"了。在传统的节日里，实际上是我们民族亲和力、凝聚力的一种表现与爆发。我说过一句话：节日，是不需要政府和国家花一分钱，老百姓自己去增加国家与民族凝聚力的日子。

这样一个美好的节日，近些年被愈演愈烈的奢靡之风糟蹋了，变了味儿了。从我做文化工作来讲，我觉得这是对传统文化的破坏与糟蹋。反对奢靡之风，必须反省我们的价值观，因为这种坏风气还是从扭曲的价值观中来的。前年全国政协的一次记者招待会上，有一个记者问我："什么是国家价值观？"我说："国家的价值观不能由我说，应该由国家来说，我只知道什么是不能写进国家价值观里的。反正有一个字是不能写入国家价值观，这个字就是'钱'字。"会上有一位委员说："我不同意你这句话，我们国家现在不是钱太多，而是钱不够。"我说："钱是我们的需求但不是我们的追求，而价值观是我们的追求，我们终极的追求。"当金钱至上的价值观甚嚣尘上，坏的风气就一定会起来，从政风官风到民风世风，甚至带来整个社会文明的下降。我觉得价值观是一个非常重要的问题，特别是官员的价值观。当一个美好、纯朴、情感的节日正在渐渐演化为奢靡、庸俗、单一物化的节日，如果不加制止，它还会激发人们潜在的一种仇富心理，把贫富差异的矛盾外化。所以，刹住它绝对是正确的，从知识界到社会各界和老百姓都十分赞同。

应该说，老百姓和党中央的想法和情感是完全一致的，党中央的做法完全做到了老百姓的希望里。然而，现在老百姓心里边的想法也要看到。中国人有一句话"人在做，天在看"，现在是"党在做，老百姓在看"，想法办法再好，但是到了地方，它是会被"变通"的。现在，各地都在雷厉风行地改变作风，但是主动地改还是被动地改？会不会是把一种形式主义转化为另外一种形式主义，从一种极端变成另外一种极端？如果价值观问题还在，观念没改，作风一时改了，仍有"回潮"的可能甚至必然。老百姓担心这个问题。存有疑虑。老百姓的担心是对的。我觉得我们能否确立真正的威信正在这个地方，这是关键的一个问题。中央现在抓的问题是最关键的问题。我生活在百姓之中，深知中央的做法对老百姓是有触动的，他不见得会说出来，但是他在观察，却不是观望，老百姓是有立场的。老百姓对"四风"深恶痛绝，对禁绝"四风"心怀期望，我们不能让老百姓失望。这需要勒住绳索不放松，还需要制度上严格切实的规范，需要体制上得力的保证，还需要真正的、有效的、长期的监督机制。

完了，谢谢！

二〇一三年九月六日　天津

传统不仅代表过去，更应代表未来

今天，各位朋友，特别是海外朋友远道赶来，使我感动；突来的一场冷雨也没有浇掉我们对文化的激情。我们聚在一起，为的是讨论的一个话题——当代社会和传统生活。在高速发展的现代科技和全球化的背景下，这是一个人们并不关心的话题，不关心当代的社会和传统的关系。实际我们每一个人，每一个国家，每一个民族，都是从昨天进入今天，我们每个人身上都带着历史，也带着传统，并且有意或无意地从历史和传统中选择我们的生活，但是我们的选择多半是不自觉的。因此我们必须思考，在社会转型期间以及全球化的时代背景下，我们应该如何对待传统，对待历史，我们为什么选择和选择什么。我们需要这种自觉。我们所谓的传统并不等于历史，传统是文化。传统并不在我们的过去，更应该在我们的未来，所以我们要关切现在的生活还有多少传统？它有什么价值？在我们生活中应是什么位置？我们怎样评价自己的传统？这个需要自觉，首先需要我们学界的自觉。

为此，我们为这次研讨会找了一个切入点，这个切入点就是天津皇会。天津皇会源起于妈祖的祭典形式，它包含多项国家非物质文化遗产，包括妈祖祭典和数道法鼓，这是天津人民卓越的历史创造。天津是一个从码头发展起来的城市，人们逞强好胜，热情义气，崇尚市井的英雄主义和民间精英，这是天津这块土地上特有的文化，它强烈地表现着天津地域的独特性。地域的独特性实际上是人类文化的多样性。

我们选择天津皇会作为切入点还有一个重要原因，是因为它至今还没有旅游化，没有商业化，也没有被官员政绩化，它依然是一个民间自娱自乐的

在南京的东南大学演讲时，年轻学子们对文化保护的话题兴趣极大，令我十分高兴。

纯文化，依然信由自己的性情来发挥自己的艺术的才能，依然运用这个活态遗存发挥他们的传统精神。为此我们这次精心布置了一个天津皇会文化展，向大家展示传承了几百年的天津皇会。我身后就是天津的两道皇会使用了几百年的仪仗执事，其中挂甲寺庆音法鼓銮驾老会是国家非物质文化遗产。这些执事都是康熙乾隆年间的，它们经过几百年的风风雨雨，经过了义和团运动，也逃过了"文革"，全凭老百姓的精心呵护传承到了今天。这里只是两道皇会的执事，实际上天津依然存在着大大小小的会数十道，这反映出皇会文化本身的丰厚与辉煌。我们会场左边这个小小的展厅，我希望大家特别重视一下，这是一个黑色的空间，这个空间里展示了本地历史上一道名会——中营后同乐高跷老会的历史遗存。这道会拿手的"拉骆驼"曾是天津妇孺皆知和喜闻乐见的绝技。但是这道老会传承无人，人亡艺绝，失去活态，只剩下遗物。它警示我们，如果我们不重视活态的传统的生活本身，皇会的未来就会陷入这样的绝境。

在今天的开幕式上，还有两项事情要进行。一项是我们学院为天津皇会的十道老会做了文化档案，就是把那些记忆在人们心里的、无形的、不确定的"文化遗存"，通过口述史方式变成文字的、确定的、有依据的档案。我们一向认为，给非遗编制档案的工作当务急需，许多保存在人们记忆中的遗产去不再来，这项工作必须抓紧做。今天我们要把这套《天津皇会文化档案》奉送给各会会头。

还有一项非常重要的事情，是我的好朋友、也是大家熟知的，称得上当代文化的视觉符号之一的绘画大师韩美林先生。当他听说我这里今天要举办这个展览，他的基金会向天津皇会慨然捐赠五十万元。这使我特别感动，韩美林今年已经七十七岁了，他用心中的金银绯紫创造出的艺术精品献给社会，然后把社会给他的回报再次奉献给社会，这是一种双倍的奉献。

一位让我们尊敬的艺术家！这个捐赠活动是今天开幕式上的高潮。我们要感谢韩美林先生。

最近十年来，我国在非物质文化遗产的保护方面做了大量切实的工作。我们已经有了一整套的保护体系。国家有了《非遗法》和非物质文化遗产名录，有非物质文化遗产保护协会，不少大学都建立了研究所，另外在大学在学界，开始建立非遗保护方面的学术体系。我们在非物质文化遗产田野普查方面已有一套自己的完整的经验，同时，不少地方都建立了非遗博物馆，举办着形式多样旨在弘扬的文化节庆活动。这是可喜的一面。

但是我们必须清醒地看到，它仍然还是濒危的。我们的现代化速度太快，非遗保护还没有完全成为社会的共识，人民对文化遗产的保护的热爱才是文化遗产保护的最根本的保障，所以我们前边的工作非常之多。我希望社会各界共同努力，为了我们民族为之骄傲的历史创造，为了我们今天文化的传承和弘扬，也为了未来我们的文化振兴与繁荣，大家一同努力。

在"天津皇会文化展
暨当代社会中的传统生活国际学术研讨会开幕式"上的讲话
二〇一三年十月十三日　天津

传统生活的当代遭遇
——社会转型期文化传承几个深层问题的思考

我没有准备讲，想听听大家的意见。我现在做的是两个比较大的项目：一个是非物质文化遗产的全面普查，这个普查开始于十年前，当时我们计划要对九百六十万平方公里五十六个民族的一切民间文化全面进行调查。大家都知道中国现代化的速度非常快，和印度和日本都不一样。比如说日本和印度的发展还是一个线性渐变的过程，中国是从二十世纪八十年代之后，由"文革"进入改革，是急转弯式的。不仅是社会转型，经济上也由计划经济体系转型为市场经济体系。从原来封闭的社会进入到一个开放的社会。中国近现代的社会开放是两次：一次是一八四〇年到辛亥革命这一时期；一次是二十世纪八十年代的改革开放。但是第一次开放不是自己打开大门的，而是西方列强从外边打开中国大门的。由一八四〇年到第二次鸦片战争到义和团运动，西方人一次次敲开中国大门，但那一次"敲开大门"在文化上没有出现太大问题。西方的文化进入中国的时候，实际上是经过了站在中国前沿的知识分子的挑选，那时候一批学贯中西的知识分子，就像刚才巴斯大学的学者余德烁先生讲的泰戈尔一样，他们去选择西方的文化，主要选择的是西方精英文化。那一代知识分子此前对西方世界虽然不了解，但是在很短时间，几乎几十年来就把西方几百年历史上的精英和经典都弄明白了。

第二次的改革开放，这个大门是中国从里边自己打开的，中国打开大门是为了发展经济，在文化上并没有非常明确的理性的选择，我觉得这是一个很大的失误。虽然当时也有一批知识分子跑到前沿来选择当代的西方文化，在二十世纪八十年代的时候从哲学、文化学到文学、艺术各个方面，对西方

听听城里百姓的意见。

进行选择。但是很快被经济大潮给覆盖了，进来的全是商业文化，几乎像沙尘暴一样覆盖了中国。我想最近三十年来我们在中西文化上一个重大又荒谬的问题，接受和吸收的更多的是外部的商业文化。

还有一个更重要的问题应该直说，在"文革"和"文革"前的一段时间，我们在文化上一直在自我破坏，造成了文化传承的断裂。对于传统的自我颠覆，毋庸讳言，这个问题再不反省，我们没有办法跟历史接上脉络。在文化遗产保护方面，应该讲，中国知识界的自觉并不落后。日本和韩国上世纪五六十年代开始做"无形文化财"，我们叫"非物质文化遗产"，这是同一个概念，联合国接受这个概念是二〇〇三年，确立了世界非物质文化遗产保护公约，中国的知识界在二零零零年前后的时候就已经开始启动了对全国的民间文化遗产普查。而且这个普查力度是非常大的，就是想抢在经济大潮对传统文化破坏之前，对民间文化进行一个全面的调查。这个工作到现在我们一直在做，现在已经认定的国家级非物质文化遗产是一千二百一十九项，省级的非遗八千余项，应该说中国大地上五十六个民族到底有哪些民间文化遗产基本上是清楚了。可是——虽然认定了，清楚了，知道保护了，也建立一系列的保护法规了，但是仍然在破坏之中。

比如说农村的城镇化，中国现在走快速城镇化这条道路，这条道路有很多问题需要思考。我们的很多文化遗产实际上在村落，可是现在村落有两个问题：一个是老百姓不愿意在村子里面住，愿意到城镇里面去，城镇里面条件好，抛弃了村庄，村里没有人了，造成大批村庄空巢化。前年我在河南开封开完会，从新乡向北进太行山，看到很多山村基本上都是空的，这个现象在太行山、吕梁山里面随处可见。此外，还有一个是人为的强制性的问题，就是城镇化，把几个村庄合并起来，建一些新区，让农民搬到新区里面，原有的村庄被推平，里边的文化遗产也就立即消失。

这种消失是惊人的。最近十年里面，中国的自然村落消失了九十万，这恐怕在世界上都是少有的。我们目前的自然村应该还有二百五十万个左右，所以我们从去年开始启动全国的村落的普查、认定。现在已经认定了两批一千五百六十一个，这是国家确定必须要保护的村落，我们学界积极地帮助国家制定保护的标准、保护的原则、保护的方法、保护的规划，再请专家们帮助做。但是我国确实地大物博，民族多样，自然条件多样，山水多样，村落的形态千姿百态，风俗各异，这是无法简单地用语言表述的。我们有很多的村落，有的村落有数百上千年，甚至两三千年的历史，大批这样的村落都需要认定。但我觉得，我们的工作怎么也赶不上破坏的速度。背后的原因到底是什么呢？我觉得要弄清原因。更重要更深层的原因是什么呢？是人们的思想观念。坦率地说，就是我们不拿文化的精神的事情当回事。认为我们的生活没有传统是可以的，最好的生活并不来自于传统。所以在一些人脑袋里传统跟我们现代生活是对立的。这些观念来自于各方面，一个是来自于官员和地方政府，来自于他们。因为你所有的对传统的保护，都跟他的政绩无关，官员是没有兴趣的。第二个来自于强势的开发商，因为你对传统的珍惜和保护，都跟他们现实的利益发生冲突。

再一个问题是，中国从某种角度来讲是一个无宗教国家。你说它也有宗教，但这宗教是支离破碎的。在中国民间更重要的不是宗教而是信仰，信仰和宗教是两回事。宗教后面有一整套的思想，它对宇宙观、生命观、人生观、都有一套完整的自己的体系，但是信仰往往没有这个体系，信仰更多的是对生活需求和生活向往的一种心理上的寄托。宗教是纯精神，但我们的信仰很功利化，所以在市场社会中很容易被商品化。现在中国的庙宇，大部分是旅游产业中赚香客钱的商庙。文化是一种精神性的东西。这种功利主义的国民意识和功利化的社会，是传统的自我淡漠乃至自我破坏的社会基础。

由此我想起来十几年前，在北师大的一次民俗学的研讨会，大家讲了很多纯理论。我当时说："你们讲民俗学，你们知道我们的民俗在田野中快死亡、快消失了吗？你们像医生一样，你们的病人快死了，还大谈与病人生死无关的理论吗？"我说我们的书桌应该搬到田野上去，我们要跟我们文化命运拴在一起。

所以在今天研讨会的主题中，我们说"传统生活"，而不说"传统文化"。我认为我们讲的非物质文化遗产，实际上是一种生活文化或者说文化的生活，这种生活是精神性的，文化性的，但是是一种生活，一种跟老百姓生活吃喝拉撒婚丧嫁娶融契在一起不可分离的生活，有感情的生活。民间的文化，我觉得最重要的一点是，它是非理性的，是自发的，是情感化的。所以如果我们不关心文化的命运，不跟文化完全融合在一起，我们所有的文化理论，不管多么高屋建瓴，都是无的放矢，都是与这个文化无关。

现在回到开始时的话题，我一直在思考我们所面临的困难背后的原因，因为我觉得比理论更重要的是思想，思想是可以穿越时空的，但是权力不能。我们需要思想，需要认识目前社会深处一些纠结的问题，甚至是悖论，要把这些问题分析通透，认识清楚，找到症结。因此把这样一些必须思辨的问题放在今天的研讨会上——当代社会跟我们的传统到底是一个什么样的关系，传统是不是历史？传统是不是过去时？说到"过去时"我想说一句话，如果讲物质文化遗产和非物质文化遗产的区别，就是——物质文化遗产是过去时的，非物质文化遗产既是过去时，又是现在时，也是未来时，而最重要的是现在时。它是存在于我们生活中活着的有生命的遗产，所以我们叫它传统生活，没有叫传统文化。

我希望能够听听大家的高见，说白了我也没有完全想透。如果这些问题我们没有弄清，就无法保护，更不知保护什么。

我觉得还有一个概念需要弄清楚，就是民间文化和文化遗产两个概念的区别，过去学界都称作民间文化，现在动不动称作非物质文化遗产，好像这是同一个概念。实际上非物质文化遗产不是学界的概念，而是政府的概念。联合国教科文组织在遗产保护上，最先是保护物质文化遗产，那时候没有想到非物质文化遗产，开始保护的都是文化遗址、古城、宫殿、教堂、庙宇，都是历史经典的建筑，都是物质文化遗产。后来大家认识到人类的历史创造除去重要的物质文化遗产之外，还有承载在人身上的活态的传统文化，即非物质文化遗产，也是必须保护的。由于遗产保护是政府的责任与工作。政府保护就要项目化。但是民间文化是不能够项目化的，它是一个整体。在一个村落里，各种文化融合在一起，无法分开。你把木版画做成一个神像，作为民间艺术，但是它和民间信仰有直接关系。你把皮影看作民间戏剧，但它还有民间的雕刻、绘画与手艺。再比如我们今天看到的皇会，既有民间信仰，也有民间音乐、民间舞蹈、民间工艺美术。但在政府非遗名录中它只能占一项，不能信仰、音乐、舞蹈、美术全占着。这就必然肢解了皇会文化。所以今天还要呼吁我们的学者，在做民间文化研究的时候，还是要回到民间文化的本身，回到民间文化的理念与概念上。我们在协助政府做事的时候，可以用物质文化遗产和非物质文化遗产的概念，但这时也不能丢掉民间文化的理念与概念，否则就会失去我们知识的理念乃至学术的立场。讲完了，即兴的话比较乱，请谅解，请指正。

在"'当代社会中的传统生活'国际学术研讨会"上的发言
二〇一三年十月十三日　天津

在"'中国唐卡文化档案'项目论证会暨二〇一三全国各卷主编联席会"上的讲话

各位专家、主编，大家上午好！

我们今天召开这样一个论证会，主要对建立中国唐卡文化档案这一学术工作进行再论证。这是一个重大项目，是我国唐卡文化研究史上一个划时代的举措，已经被列为国家社科基金的特别委托项目，得到中宣部领导的重视和支持。这项工作也是中国民协未来三到五年的重要工作。

借此机会，我想讲三个问题，这三个问题都在我们这个项目的题目里——《中国唐卡文化档案》里一个是"唐卡"，一个是"文化"，还有一个是"档案"。

先说说"唐卡"。从宗教意义上说，唐卡是藏族人民非常重要的、神圣的一个法物；从美术学来说，唐卡是中华民族一宗无比珍贵的绘画遗产。汉族绘画的主流，到了宋代的画院后，就从民间画师渐渐转化为文人画家，而唐卡始终在民间，始终保持了非常高超的工笔重彩的技艺。从文化学和人类学角度来讲，唐卡是藏族人民表达精神情感的非常重要和美丽的一种方式。藏族是一个极具绘画才能的民族。绘画对于他们来说是一种广泛通用、通行的审美语言。他们对佛国的想象，对于生活的种种感知，都用绘画的语言来表达。藏族人民的绘画不仅表现在唐卡上、寺庙里，还在他们的日常生活的居室里、各种器物乃至服装上，也都有非常充分的充满才情的表现。其中唐卡是藏族人民绘画才能与技艺的极致。唐卡在国际上也广受关注，广受喜爱，既是重要的艺术藏品，也是藏文化研究的重要对象。因此说，为这样重要的文化遗产建立档案，是有着非常重大意义的。

再说说"档案"。唐卡是一种民间文化，民间文化与精英文化最大的不同是它们大多都是自生自灭的，在历史上唐卡是没有完整的档案的，物质性的唐卡极易流失，非物质的唐卡极易失传。为了保护传承好唐卡文化，我们就必须为唐卡建立档案，这是我们的职责，也是我们的本分。在这点上我们有比西方国家更好的条件，因为西方学者做研究的时候，基本是个人化的，往往为了个人的学术目的做调查，而我们可以发挥"举国行动"的优势。现在，国家高瞻远瞩，对唐卡项目十分重视，拨专款支持这个项目，这是我们的幸事，我们要抓住这个难得的机遇，给唐卡这个中华民族的宝贵遗产、藏族人民伟大的艺术创造，建立一套完整、科学的档案。

最后说"文化"。我们这次要建立的不单纯是唐卡艺术档案，而是唐卡文化档案，这两者有很大区别。过去研究唐卡，大多研究唐卡作品本身，研究历史遗物。这次不同了，我们研究唐卡的文化，它的整体，它依然活着的生命。这包括唐卡的历史与宗教内涵，它的自然环境、人文环境和文化空间，它的画派、画法、画技、风格、程序、工具、材料，使用方式，它的传人与传承，它相关的传说等等；所有这些都是唐卡的文化。所以，我们这次要做的调查是整体调查，是把唐卡作为一个文化对象来调查。要做好这项工作，需要有关各方紧密配合，运用多学科方法和多种技术手段。为此，我们邀请了有丰富田野经验的专家，经过半年反复研究讨论，确定了调查的范围、指导思想、工作原则、方法与标准等，形成了今天拿到大家手中的《唐卡文化档案田野普查工作手册》，为大家工作提供了调查之本，希望大家一定要熟悉它、掌握它。

建立唐卡文化档案不是个人的著作，而是集体合作的学术项目；不是局部的单项工作，而是全国性的科学性很强的一项工程。为了做好这项工作，我想再强调几点：

一是调查中要重视文献的收集，哪怕是零碎的文献与线索，都不放过。民间文化一个很大的问题就是缺乏文献，所以，收集唐卡文献的工作特别重要，一定要高度重视并做好，这也是做历史档案必须遵循的原则。

二是要做好口述调查。对于非遗调查，口述史方法是最关键的，因为非遗主要承载在两个方面，一个是人的大脑的记忆，一个是体现人身体上的技艺。唐卡也是如此。这两方面的记忆必须通过传承人的口述表达出来，传承人消失了就意味着"人亡艺绝"了。再有，口述不仅是个人口述，还要重视集体口述，因为个人的记忆往往会有错误，需要通过集体口述来反复印证。所以，我们的调查要不怕费事，多了解、多问，确保档案的真实性。

三是要尽可能多收集资料。我们的调查不是为了写一本书而收集资料，我们调查得到的很多成果不见得都放在档案里，就像电视工作者一样，毛片拍了十多个小时，最后用到电视片里的可能只有三十分钟或者二十分钟，剩下的那些素材片到将来可能会是重要的资料，所以，不要以为有些材料不会写到书里就不收集。

四是要为我们的工作本身立档。我们开展的这项工作可以说是史无前例的，会记入我们的文化史。所以，我们要有档案意识，记录好我们的工作。这并非自我树碑立传，更重要的目的是为明天反省今天，比如反省我们今天的学术构想与采用的调查方法到底如何。

五是加强对参与人员的培训。培训的目的就是要统一标准、规范与方法。加强调查的科学性。

我们已把上述想法体现在这本工作手册中了，希望大家对此进行论证，以确保我们这一重大的文化行动设计合理，目标无误，方法得当，以实现我们共同的一个理想：为我国宝贵的唐卡文化留下一份科学、确切与周详的文化档案。

二〇一三年十二月二十八日　天津

在"第四批国家级非遗名录评审委员会会议"上的讲话

一、十多年的非遗保护和八年多的名录评审工作成就显著。二〇〇六年以来，我们开展了四批国家级非遗名录评审工作。文化部对国家级名录的评审自始至终保持着严格、科学的态度。国家级名录的评定及一系列非遗保护的工作实践，对于推动《中华人民共和国非物质文化遗产法》的出台发挥了巨大作用，同时摸清了中华各民族的文化家底，使得国家和全社会都知晓了我们有如此丰厚的世代相传的文化财富，也使世界了解中国灿烂多彩的非物质文化遗产。目前，我国入选联合国教科文组织非物质文化遗产名录、名册的项目数量排名世界第一，很多保护经验被国际社会所称道，非遗保护走上了健康可持续发展的道路。

二、适应新形势的要求，细化评审标准。近年来，由于评审对象发生了变化，各批评审对象有所不同：第一、二批名录评审时，列入项目都是家喻户晓和影响较大的，因而争议较小。从第三批开始，主要工作是查漏补缺，使之前散落在祖国大地上的具有较高价值的文化遗产受到珍视，保护好中华民族每一项宝贵的历史创造，不使其遗失。但切忌"矬子里面拔将军"，把一些达不到国家级的项目选上来。我们评选的尺度必须始终如一。随着社会各界对非遗关注度和参与意识的提高，关于入选名录的争议也会增多，情况也越来越复杂。如"文化大革命"以来，一些本来已经消失的非遗又出现了。其中有些是有识之士捡拾并复活起来的民间瑰宝，有些是因为存在商机而被"打造"出来的，这种以盈利为目的遗产，存在很大的编造性。在这种复杂的形势下，需要一双慧眼，以一种非功利的科学眼光和专业眼光，来判断其真正的价值。

具体说，标准应该严格和具体，概念应该清晰。比如扩展项目怎样对待？从学理上来说，临近地区的项目应该扩展，文化的土壤越宽广越有利于保护；保护单位如何定？在项目不增加的情况下，增加符合标准的保护单位会有利于项目的整体性保护，但要防止一些地方为了"地方利益"而巧立名目，对新立的项目一定要分外严格。历史上没有的称呼不能使用。

三、改进评审形式，充分依靠地方专家。目前的条件下，参加国家级名录评审的专家不可能了解所有申报的项目情况。建议专家在评审之前介入，先要深入到项目申报地进行实地考察，使我们的评审工作掌握第一手的确凿的根据，避免项目造假。同时，要依靠地方专家。传承人与专家不同，他们世代传承某项文化遗产，往往对自己身上或手中的文化的价值缺乏认识，因而在时代和生活变迁中，会很自然地放弃传承。也有的传承人为了谋生，离开项目原生地到旅游景点卖艺，造成非遗另一种形式的流失与消亡。怎样使传承人留在本乡本土？日本和韩国的做法是，由一些当地的专家介入，以专家的科学眼光和专业知识，帮助传承人认识其所传承遗产的价值与精华，促使他们自觉地保留与传承，同时注意对其所依托的文化土壤与文化空间的维护。

四、完善四级名录体系，调动地方积极性。要真正体现四级名录体系的意义，四级之间上下要沟通，特别是把国家级名录与省级名录界定清楚，分清各自标准与职责。对于地域性较强而影响不够广泛的非遗，建议由省级文化行政部门担负起保护的责任，不要硬往国家名录里推，动不动找国家要钱要政策，文化部不能大包大揽，也无法大包大揽。地方色彩浓郁的非物质文化遗产属于当地民众，必须本地人民热爱，保护才有保证，才真正永葆生命力，才是根本。目前官员的政绩和企业的盈利是影响文化遗产保护的两种因素。毋庸讳言，不少地方是"文化当门面，非遗当礼品"。我们要向政府领导部门呼吁，加强对政府官员的文化培训，要使官员真正懂得遗产的价值与意义，真正树立地方政府和官员的文化自觉，调动起地方政府的积极性。中华文化的根不在上边，在下边，不在根上保护不行。特别是在县、村这两个级别，对于各级非遗的承载地，应该实行县长、村长"保护承诺书"制度，非遗保护要与政绩挂钩。新上任的县长、村长要重签承诺书，违反承诺的就要执行《非遗法》。

五、加强名录的动态管理，发挥社会的监督作用。前三批国家级名录已经有一千二百一十九项，加上第四批名录的一百多项，国家级名录已经有了很大的规模，在世界恐怕是首屈一指了。国家文化行政部门对国家级名录进行动态的监督管理是一项巨大的工程。我很赞成项兆伦副部长提出的建立地方应定期报送非物质文化遗产的保护工作情况的制度，并通过网络动态地管理起来，这个制度和管理办法可以切实有效地把被动变为主动。

此外，要加强对国家级名录项目的监督审查机制，建立红黄牌警告的管理机制。现在很多地方涌现出不少有水平的文化志愿者，对国家文化遗产很热爱，也很真诚，可以在地方聘请非物质文化遗产保护监督员，调动社会各界的积极性。只有全社会的积极参与，文化传承的正能量才能充分而有效地发挥出来，我们中华的文明才能更好地传承下去。

二〇一四年九月二日　北京

必须建立传统村落严格和科学的
保护体系

当前，传统村落问题是全社会关切的焦点之一。一方面，国家重视，政府立项，财政拨款，知识界投入，媒体高度关注。另一方面，面对着城镇化的大潮，它首当其冲，情况复杂，矛盾尖锐，难点多多。虽然国务院一批批将传统村落名录公布出来，但每公布一批都是这些传统村落责无旁贷的全面保护工作的开始，一种挑战的开始，而不是结束。公布名录绝不是大功告成。

传统村落的保护是一项前所未有、十分复杂的工作，既无历史经验，也少国际借鉴。村落保护涉及到的部门多和学科多，它自身又因民族的多样和地域的多元而千差万别。传统村落保护工作庞大而艰巨，必须科学地认识它的本质与性质，从实际出发，抓住问题关键，建立起一套严格的行之有效的科学的保护体系。

因此说，今天由全国政协出面，邀请各方，共同研讨传统村落的保护与发展，十分必要与及时。

现在提几个相关的建议，供大家思考：

一、首先是传统村落的科学认定

认定的第一工作是制定明确的标准。标准要经过反复的专家论证，标准确定后应该公诸于众，以使全民认知。认定的标准不只用于认定，还要与保护标准与监督标准统一起来（三个标准应是一致的）。当然，

考察山西古村落。

对传统村落的认定不能只凭标准、条文和地方申报的资料，关键的是评定的专家必须到现场做全面的详尽的科学考察；涉及村落的各学科（农业、人文、建筑、历史、民族、遗产等）的评定专家都应齐备；评定程序必须严谨规范。确定的传统村落如同鉴定国宝，是要传世的，必须慎重、严格。

二、传统村落要有责任保护人

村落的管理权是属于当地政府的。政府在申报列入国家名录时必须书面承诺保护，获准后要签署《保护承诺书》。联合国教科文评定世界文化遗产就履行这样的手续。承诺书的签署人应包括村、县、市的主管领导。他们对传统村落保护负有主要责任。保护不力就要受到问责。

三、监督是科学保护的重要保证

日常的监督工作主要在地方政府。国家部门全面监管，关键是地方的自我监督。地方各级政府的相关部门对传统村落都应有监督机制，设主管人和监督员，监督情况通过网络及时和动态地上报国家主管部门。国家主管部门对监督结果应进行年度审评。

四、传统村落保护必须有法可依

国家物质文化遗产保护有《文物法》，国家非遗保护有《非物质文化遗产法》。同样，传统村落的保护要有《村落法》，这符合我国"以法治国"的原则。科学保护必须有法律保障，没有法律保障，国家确定的传统村落就可能得而复失。《村落法》应抓紧制定，并使监督与执法紧密结合起来。

五、传统村落一俟确定，首要的工作就是科学的保护规划

规划包括保护与发展两大内容。传统村落不只一个景观独特的古建筑群，而是一个依然活着的古老的生产单位与生活社区。如果一个村落没有活干，人们就会纷纷离去，村落就会变成遗址。传统村落一边要传承好中华民族根性的历史文明，包括物质遗产与活态的精神性的人文传统；一边要把现代科技引入村落的生产与生活，使老百姓在里边安居乐业，在这个意义上，传统村落的规划就不是一个城建规划部门所能承担的。要由历史、人文、建筑、农业、经济、文物与非遗等各方面学者集体参与，反复论证，慎重制订长远与近期规划。防止规划性破坏。

六、村落最终应由谁来保护？

应是老百姓（特别是原住民）保护。老百姓是村落主人，他们生活在村

落里，如果老百姓不保护谁也没办法保护好。所以，启迪老百姓的文化自觉才是最关键的。一个有文化自觉的传统村落才是真正保护好的村落。我以为，首要的工作是对传统村落的相关政府领导进行培训，启发文化自觉，确定正确观念；继而是对各村落监督人员的培训，掌握科学标准，树立文化责任；进而是对村落原住民的文化自觉的启蒙工作。传统村落保护不是单纯的事务性工作，也是一种文明的普及、建设与复兴。

我们都认为，传统村落是中华民族伟大复兴的历史根基与文明根基。但老实说，我们在认识上、观念上、方法上，还相当缺少科学性。这很容易带着大量政府的财政支持而进入误区。所以说，建立一整套科学的传统村落保护体系是当务急需。

全国政协在京召开双周协商座谈会，就"城镇化进程中传统村落保护"问题提出意见和建议。此为在会议上的发言。

二〇一四年十二月十二日

十三年来，我们想了什么？

各位同志，各位学者：

我把今天下午的会议看得特别重要。

实际上今天上午的会议是一个仪式，是一个纪念，是我们对十三年来全国的民间文化普查的一个结束性的剪彩。我上午没有用"结束"这个词儿，但实际上这个全国性民间文化（非遗）的大普查基本上结束了，因为我们国家已经掌握了全部的非物质文化遗产；国家名录一千二百一十九项，省级名录超过八千项，还不包括市级和县级的。可以讲，我们对中华民族大体上五千年农耕文明的文化创造心有底数，做到了我们在十三年前在后沟村提出的承诺。当时我们说：要进行地毯式的普查，要盘清家底，这件事儿我们基本做完了。

今天上午中央电视台记者问我："你们下一步做什么？"我说我们从二〇一二年就把工作重点转移到中国传统村落的调查认定和保护上。那么今天下午的会议，要做的是一个梳理和总结。这个总结现在有了一部《档案》（《中国民间文化遗产抢救工程档案 2001–2011》），由祝昇慧博士整理完成的。它特别重要，最重要的是它包含着文化界十三年来的思想。在整个文化遗产抢救中，我最看中的是思想，只有思想才能穿破时空。这思想就是这一代有良心的文化人对我们文化命运的一个责任性的思考、思辨、认识、发现，有了这思想，然后才是行动上的承担。在这部《档案》中，包含着这些思想，还有相关的文献，各种理性的表达，无数的观念，以及科学的田野的方法。

在晋中榆次巡礼会上。

上午我所说的是我们这十三年做了什么，下午要说这十三年中我们想了什么。

我曾经写过这样一句话："人的一生，不在乎你都做了什么，主要在乎你都想了什么。"反过来还有一句话："人生不在乎你都想了什么，还在乎你都做了什么。"这是一个悖论，但要想这个问题。刚才几位的发言对我有很大的触动，乌丙安先生所讲的"文化情怀"的话题特别令人感动。前两天在河北省召开的全国传统村落立档调查经验交流会上，我说文化人的本质只有两点，一个是文化的真知，一个是文化的情感。乌老之所以是个大家，是因为他有这个文化情怀。文化不完全是一个学术概念，还是一种情感，这对于民间文化尤其重要。因为民间文化跟精英文化最大的不同在于它是自发的，是情感化的。它无不表达着人民对生活的感情、敬畏与虔诚，对生活的热爱和期许，这些都在他们的文化里。也是民间文化的全部。我们从事民间文化的工作，怎么能对这样的文化没有情怀？

我与向云驹搭伴儿进行了十年民间文化抢救，当时我们俩一天至少通四五个电话，讨论各式各样的问题，后来跟罗书记也是这样，我们都是同一个战壕的战友！他们比我年轻，但是我们一起做事情。云驹做了很多思考，有一点说到我心里了，就是当年到后沟做采样调查的一批人，还有开始做文化遗产抢救的一批干将，现在都是大家。什么培养人？我觉得事业培养人，责任培养人，只有大事业才培养人，小鼻子小眼儿的自己关着门儿做点个人化的小东西，出不了大家。

我讲几个想法。

第一，当年从后沟村做起的这个事情不是一个偶然的事件，不是我们听到耿彦波的一个消息，就心血来潮地跑来了，我们是有备而来的。那个时期，这一代的知识分子正赶上了这个时代的转型，小的来讲我们是从计划经济向市场经济转型，大的来讲我们是从农耕社会向工业社会转型，这个转型是整个人类的转型。它给中国社会带来翻天覆地的变化，我们都是亲历者。所以在北师大的民俗学会议上，我就说在"文革"十年的时候，我们是恶狠狠地破坏我们的文化，我们现在是乐呵呵地破坏我们的文化。因为我们要住进带卫生间的、有电梯的、窗明几净的新房子，在这样的生活渴望中，我们自然乐呵呵地把原来的生活抛掉了，我们不知道原来那里边有文化，有我们的历史，有我们的传统，有我们必须要坚持的精神与准则，人们没有来得及思考。那么谁先思考？知识界。

在当时一个会议上我讲过，知识分子有三个特点：第一个知识分子必须独立思考；第二个他是逆向思维的，顺向思维是没价值的，逆向思维提供思辨；第三个就是前瞻性，就是我们要提前看到问题。那时候我们文化界看到我们的生活出现了一个巨大的可怕的问题："我们的文化在濒危"，这个濒危还不是一些美好的古建拆掉了，而是我们的文明断裂了，年轻人对传统节日没有兴趣了，我们中国人大过洋节。这个时代性的痛点不是人人都感到的。也不完全是我们眼睛看到的痛点，还有精神上的痛点，就是文化的断裂。在社会转型的时候，我们的文化传承出现了问题，当然我们必须对自己的文明、传统、传承以及文化本身进行全面思考。

我接着要说的第二点，我们对民间文化的思考就发现了一个问题。在我们这个时代里，民间文化多了一个性质，就是它的"遗产性"。遗产这个概念过去没有，刚开始做民间文化抢救的时候，我跟向云驹通了个电话，我说不能叫"民间文化抢救"，民间文化始终是活态的，还在不断发展着变化着，被人们运用和享用着，怎么能叫民间文化抢救呢，所以我们加了一个"遗产"的概念，就成了"民间文化遗产抢救"。这是这个概念的来源。向云驹问我遗产的界限怎么划，怎么界定，我说我得回去好好想。第二天我说我有一个概念我们俩探讨一下，我说拿"农耕文明"画一条线，凡是农耕文明时代的创造并且还活态保留着的是遗产，工业文明时代新产生的不是遗产，他说同意这个观点。于是，我们就叫作"中国民间文化遗产抢救"。因为你对它的本质的认识不同了，你就要重新认识它。那么我想，民间文化包含的很多概念也改变了，比如过去说的民间艺人，现在又多了一个传承人的概念，传承人成了我们民间文化遗产的代表人物，没有传承人那么民间文化就消失了，原来我们不这么认识民间文化，这个认识的改变特别重要。这个认识的改变来自于我们的思考，后来又上升到学术理论，这说明思想的重要性。如果我们没有这样的思想和认识，我们就不会有这样有价值的行动。另外，过去我们认为遗产就是过去的，比如老祖奶奶留下了一个戒指，一张老桌子，一幅古画。但是民间文化遗产不一样，它是属于未来的，因为它要传承，而且我们要用未来的眼光挑选我们的遗产，所以我一个历史观点是，"历史不只是站在现在看过去，更重要的是站在明天看现在"，这就是历史的眼光。巴尔扎克、马尔罗等有历史眼光，所以巴黎由于他们奋力地保护而至今依然闪烁着历史和文化的光芒。我们留下来是为了未来，我们传承是为了我们中华文明的发展绵延，上述的这一切是我们从后沟村发起中国民间文化遗产抢救的背景。既然我们这么思考了，我们要做的可不是一两件具体的事儿，而关乎国家民族的事儿，这个事儿关乎我们民族的命运。中国民协主席团经过讨论决定要做这个事情，我在两会提交了提案，之后中宣部就叫我去讲我的想法。于是，中宣部决定支持做这件事情。二〇〇二年列入国家社科基金特别委托项目。这件事就不一般了。

抢救工程一开始只有三十万启动费用，现在我们要三百万都很容易，现在中宣部批准的一个唐卡的项目就有四百万。那时候国家的钱还不多，但是用三十万来启动全国的事情，我们没有做过，但是我们没有太多想过钱。我们想问题的思路是我们要做这个事儿——我们就一定想办法找到这个钱，而不是我们先把钱要来再做这件事情。我们当时确定了一个概念，我们要做民间文化遗产抢救，必须把普查作为首要的任务，就是要盘清我们民族的家底。我们是毫无功利心的。

历史上，人们就生活在自己民间文化的里面，我们就过这样的节日，贴这样的年画，窗户就贴这样的剪纸，就唱这样的民歌，说这样的谚语，听这样的戏。我们在这样的文化生活里边，民间文化不是精英创造给你看的，是老百姓为了自娱自乐给自己创造的，民间文化是一种生活的文化。在历史上怎么可能做过调查，盘点，统计，怎么可能建立档案。谁也说不清中华大地上的民间文化究竟有多少，都是什么。所以我们《普查手册》里面第一部分是分类，分类是最重要的，马克思说过一句话，任何学科分类是第一位。分类学来讲，分类学做得最好的可能是生物学，但是民间文化的分类是太困难了，我曾经组织过一次民间美术的分类，在座的学者有的参加过那次讨论，我们只讨论到二级分类，就讨论不下去了。只是苏州地区民间美术就上千种，无法分，而且往往一项民间艺术包含很多元素，比如皮影，包括民间雕刻、美术、戏曲、音乐，你把它归到哪一类？而且我们从来没有调查过，没有底数，所以我们必须首先做——采样调查，制定统一的调查标准。采样必须选择一个点，我们就选择在后沟村。这是历史的机缘，我们之所以选择一个村落，是因为我们的农耕文化大部分都在村落里面。我们必须选择一个村落，各类民间文化应有尽有，五脏俱全。这时，正赶上彦波给我打了一个电话，我过来看了一下，正是我们要找的村落。我回北京就向民协主席团通报了情况，经过讨论决定把采样调查放在这儿，当然还选了其他几个采样的点，比如剪纸我们选择祁县，蓝印花布选择在山东；后沟村是最重要的，是起点。

开始时，我们把古村落调查和保护列为重点，但真正做下去是最难的，后来一段几乎陷入停滞，前两天在河北邢台的会上我讲过，村落之所以难做，由于三点，村落和其他文化不一样的，村落是一级政府，有生活问题，生产问题，户籍问题，还有和上一级政府对口的各种行政问题，特别是生产问题，老百姓不能够乐业怎么能安居呢。这些问题都不像一般非遗那样单纯。我在

《人民日报》上写了一篇文章，说村落是另一类遗产，应该用另外的方式对待它。多年来我们开了一系列关于古村落抢救和保护的会，在浙江西塘开了古村落村长的座谈会，在江西婺源开了古村落村长的座谈会，但古村落保护问题一直没法"下手"，无法启动。然而我们始终锲而不舍，直到二〇一二年，国家决定立项保护古村落，四部委来做。去年在两会前后，国家就决定对第一批传统村落拨款，拨了一百亿。全世界传统村落没有像我们国家这样进行战略性保护的，我们确实是文化的大国，我们的最高领导有文化的远见。我们要深入地体会国家的文化眼光里看到了什么，比如说习近平同志说乡愁问题，什么是乡愁？为什么提乡愁？他说："望得见山，看得见水，记得住乡愁"，为什么要说记得住乡愁？因为乡愁是一种感情，是对故乡的眷恋、怀念，他这样说，是更深刻而鲜明地指出传统村落承载着我们民族的精神需求，他所强调传统村落的精神功能，传统村落最高的价值是它的精神价值，所以不是开发可以解决的问题。我今天上午在后沟村演讲时用了一个词，不要把我们的历史经典变成了一个个景点。

在我们选择了后沟村做了采样调查，制定了《普查手册》之后，就开始做了一系列工作，做了全国民间文化（非遗）的普查，当时的工作是两点，一点是普查，我们的工程和文化部的保护工程是一体的，我也是文化部保护工程的副主任，我和乌老都是专家委员会的主任，我们很了解国家做的《非遗名录》的重要，我们号召各地民协帮助各地政府做好《非遗名录》的申报工作。我们的专家学者为各地政府的非遗申报贡献巨大。这件事情我觉得刚才云驹用的那个词很好，这是政府和群众团体合作的一次典范，一个正面的、积极的典范，应该坚持。

还要强调，我们把普查作为时代性的文化使命做了十三年，现在总结起来，特别重要的一点，一开始我们就把普查标准化，因为我们做的是举国的，只有我们这样的体制才能做这样的调查，任何国家都没有。我觉得我们的调查必须是标准化的，全国统一标准。下去调查统一标准，上来的资料全部标准化，比如我们现在已经做成的年画的数据库，是全部标准化的。传统村落的立档调查也都是标准化的，专家把村落包含的各类内容全部确定了，详细注明。比如这次对古村落的立档调查，河北省做得很规范。53个进入国家名录的村落档案全部做完，名录外还做了一百六十多个村落。郑一民主席这里掌握的文字调查资料是五百多万字。我们的民间口头文学、民间的史诗、叙事诗、神话、故事、歌谣、谚语、传说等等，进入汉王数据库的是八亿八千七百万字，整个口头文学做完四十亿字。由于这件工程超大规模，又"史无前例"，我们做的方法必须科学。在田野调查中我们创造性使用了口述史方法，在村落立档调查中我们还采用了视觉人类学的方法，这表明我们一直努力把先进的方法使用到工作中，使我们的工作更富有成效。都是现代的科学的方法。前两天邢台政府领导同志提到的一个概念，我一直在思考，我要找机会和专家们讨论，就是"古村落的保护区"，不一定全部采用一个村一个村孤立的保护，有些村落共同在一个区域，自然条件比较相近，历史彼此相关，地域人文一致，作为区域保护，可以互相支持，各种人文力量的相互支持，以保持文化的整体性，这个提法很符合村落实际，有创造性，需要我们思考。

现在我们做的许多事是前人没做过的。我们这一代人赶上了这个特殊的时代，这个时代对我们这代人的智慧挑战，对我们的传统挑战，也是对我们文化责任的挑战。同时我觉得我们是幸福的，因为我们可以发挥智慧，发挥对生活与文化的激情，发挥自己的知识能量，这也是学术界的巨大机遇，以前的学术界从来没有出现过这么多的学术空间。今天来了很多学生，乌丙安老师说得很好："要对生活充满激情，要到生活里面去，要在生活里感受人民对生活的热爱及情感方式。"我们做的事情虽然从小小的后沟村开始，但不是一件小事，是这个时代的大事情，民族的大事情，我们永远不会放弃我们做的事情，也不会放弃我们的思考。我说了，我们的事业是一篇写不完的大文章，没有句号，只有逗号，我们只要一步一步做下去，还会不断面临挑战。但我们永远要用责任用激情，用科学的方法态度去面对它、应对它。

我们对后沟村的明天充满希望。十三年了，我们又回到后沟村来了，这次我们带来很多想法，我们说出来——是向后沟村的汇报。我们感谢后沟村给我们那么多启发和帮助。我们将和后沟村百姓，和山西各界一起努力，不仅把后沟村继续做好，还要把关乎中华文化的事一件件做好，这是我们共同的心甘情愿的责任，说完了，谢谢诸位！

在"文化先觉的脚步——中国民间文化遗产抢救工程巡礼座谈会"上的讲话
二〇一五年六月三日　山西榆次后沟村